Susanne Kogler (Hg.)
Andreas Dorschel (Hg.)

Die Saite des Schweigens

Susanne Kogler (Hg.)
Andreas Dorschel (Hg.)

Die Saite des Schweigens

Ingeborg Bachmann
und die Musik

EDITION **STEINBAUER**
Wien 2006

Dieses Buch entstand mit großzügiger Unterstützung durch:
Das Bundesministerium für Bildung, Wissenschaft und Kultur in Wien
Wien-Kultur, Abt. Wissenschafts- und Forschungsförderung

Titelbild: Ingeborg Bachmann in Rom 1973, Standbild aus dem Film *Ingeborg Bachmann im erstgeborenen Land* von Gerda Haller. Aufgenommen und mit freundlicher Genehmigung von Karl Kofler.

Bibliografische Information der deutschen Bibliothek
Die Deutsche Bibliothek verzeichnet diese Publikation in der Deutschen Nationalbibliografie; detaillierte bibliografische Daten sind im Internet über http://dnb.ddb.de abrufbar.

Edition Steinbauer
Alle Rechte vorbehalten
© Edition Steinbauer GmbH
Wien 2006
Cover: Brigitte Schwaiger
Satz: Maria Klinger
Lektorat: Christine Pollerus
Druck: Druckerei Theiß GmbH
Printed in Austria

ISBN 3-902494-12-3 (978-3-902494-12-2)

Inhalt

9   Andreas Dorschel: Intelligenz. Ingeborg Bachmann und die Musik. Ein Vorwort

12   Susanne Kogler: Die Saite des Schweigens – Ingeborg Bachmann und die Musik. Einleitung

22   Barbara Agnese: „Das Absolute, das ich nicht erreicht sehe in der Sprache". Zwischen Musik und Literatur: das Unsagbare bei Bachmann

35   Karl Ivan Solibakke: „O alter Duft aus Märchenzeit". Idealistische Musikphilosophie und die Literarisierung der Musik in ausgewählten Werken Ingeborg Bachmanns

55   Susanne Kogler: „Wie Orpheus spiel ich auf den Saiten des Lebens..." Zur Dialektik von Leben und Tod bei Ingeborg Bachmann

77   Stefanie Golisch: Musik als Metapher. Zu Ingeborg Bachmann

96   Karen R. Achberger: Transzendenz in der Musik. Beethoven, Wagner und Schönberg in Ingeborg Bachmanns Roman *Malina*

113   Hartmut Spiesecke: Musik als Erlösung? Ingeborg Bachmanns musikalische Poetik

127   Christian Bielefeldt: „Zeit der Ariosi". Ingeborg Bachmann und Hans Werner Henze

161   Antje Tumat: Ingeborg Bachmanns Belinda-Fragment. Vom Scheitern der ersten Oper mit Hans Werner Henze

184 Monika Müller-Naef: Tradition und Erneuerung. *Lieder von einer Insel*, Chorfantasie von Hans Werner Henze auf Gedichte von Ingeborg Bachmann

203 Martin Zenck: *Dunkles zu sagen*. Oralität und Skripturalität der Lyrik Ingeborg Bachmanns in den Kompositionen von Giacomo Manzoni, Luigi Nono und Adriana Hölszky sowie in den Gemälden Anselm Kiefers

240 Elisabeth Oy-Marra: „Dein und mein Alter und das Alter der Welt". Memoria und Evidenzia in den Gemälden Anselm Kiefers für Ingeborg Bachmann

254 Moritz Eggert: *Gegenwart - ich brauche Gegenwart*. Notizen zur musikalischen Entstehungsgeschichte des Tanztheaters von Birgitta Trommler und Moritz Eggert

271 Julia Hinterberger: „Man spürt den Bachmann-Text als Abwesenheit". Zu Adriana Hölszkys *Der gute Gott von Manhattan*

298 Eva-Maria Houben: Wie wunderlich ist die neue Musik? Gedanken zu Ingeborg Bachmanns Essay *Die wunderliche Musik* (1956) mit Blick auf Musik der Gegenwart

319 Die Autorinnen und Autoren

Dieses Buch entstand in Verbindung mit dem Symposion „*Wie Orpheus spiel ich auf den Saiten des Lebens…*" *Ingeborg Bachmann und die Musik*, das am 1. und 2. April 2006 an der Universität für Musik und darstellende Kunst Graz stattfand. Im Hinblick auf das Gelingen des Unternehmens von der Planung bis zur Veröffentlichung sind wir vielen verbunden. Wolfgang Schmid, Professor für musikalische Interpretation am Institut für Musiktheater, hatte die Idee zu dem Symposion; Otto Kolleritsch, Rektor, und Renate Bozić, Vizerektorin der Universität für Musik und darstellende Kunst Graz, haben es durch ihre Unterstützung und Förderung möglich gemacht, das Symposion durchzuführen. Dem Verlegerpaar Reingard Grübl-Steinbauer und Heribert Steinbauer danken wir für die gute Zusammenarbeit im Vorfeld sowie bei der Drucklegung des Bandes. Mit ihrer Darbietung von *Come una colomba – Wie eine Taube* nach Gedichten von Giuseppe Ungaretti in der deutschen Übertragung von Ingeborg Bachmann, komponiert von Barbara Heller 1998, ließen Sung-Eun Heo, Sopran, und Maria Bachmann, Klavier, Studierende von Professor Christine Whittlesey, die enge Verbindung Ingeborg Bachmanns zur Musik bei der Eröffnung sinnfällig werden. Abdruckgenehmigungen haben Andreas Moser und die Erbengemeinschaft Ingeborg Bachmanns, Antoine Beuger, Breitkopf & Härtel, Moritz Eggert, Hans-Joachim Hespos, Anselm Kiefer, Karl Kofler, die Réunion des Musées Nationaux und die Universal Edition eingeräumt. Gerhard Lamm sorgte für die notwendige Technik beim Symposion, Maria Klinger für dessen reibungslose organisatorische Vorbereitung und Abwicklung sowie für den Satz der Beiträge. Christine Pollerus redigierte den Band.

S. K./A. D.

Andreas Dorschel

Intelligenz.
Ingeborg Bachmann und die Musik. Ein Vorwort

In Thomas Bernhards *Der Stimmenimitator* steht gegen Ende ein Prosastück mit dem Titel *In Rom*. Sein erster Satz würdigt die ungenannte, doch unverkennbare Ingeborg Bachmann. Er nennt sie „die intelligenteste und bedeutendste Dichterin, die unser Land in diesem Jahrhundert hervorgebracht hat"[1]. Dem Stück im Ganzen eignet Bernhardsche Schärfe und Hintergründigkeit. Doch es meidet bezeichnend die groteske Pointe. Wenn mit einem Satz seines Œuvres, dann darf Bernhard mit dem zitierten beim Wort und bei den Wörtern genommen werden. Seine Hervorhebung der Intelligenz in einem vorwiegend dem Tod der Autorin gewidmeten Text setzt Geist gegen Zeitgeist. In den 1970er Jahren, als *Der Stimmenimitator* erschien, wäre Erzeugung von Betroffenheit die vom Kontext erheischte Nachrede gewesen.

Bernhards Satz ist auch für Bachmanns Beziehung zur Musik – mit möglicherweise erotischem Unterton von ihr „ein besonderes Verhältnis"[2] genannt – gültig. Dies ist tragende Erwartung des vorliegenden Bandes. Nicht ein paar schöne Phrasen davon, das Reich der Musik beginne, wo Worte enden, sollen gedroschen werden. Vielmehr sind Einsichten Bachmanns zur Sprache zu bringen. Sie zu wiederholen, wäre überflüssig. Sie müssen aufs Neue durchdacht werden. Und nicht im Erkennen der Dinge besteht ja Intelligenz, sondern im Erkennen ihrer Zusammenhänge. Dessen Medium ist bei Bachmann allerdings ein künstlerisches. Es ist weder Wissenschaft noch Philosophie. Was zu sagen ist, sagt sie in Literatur, einer eigentümlich musikaffinen[3] – indes nicht naiv musikalischen, musiknachahmenden – zudem. Also hängt zusammen, was gesagt wird und wie es gesagt wird. Wer sich damit auseinandersetzt, darf Form und Inhalt nicht trennen. Auch das wird hier versucht.

In der europäischen Tradition ist das Sprechen über Musik keine beliebige Zugabe zu dieser. Es ist ein wesentliches, treibendes Moment ihrer Geschichte. Musik, in dieser Tradition jedenfalls, wäre nicht, was sie ist, würden Menschen sich nicht in bestimmter Weise durch Worte über sie verständigen. Diese historische Tatsache ist nicht bloß unserem Denken bekannt. Sie ist unserem Empfinden vertraut. Vielleicht ist sie zu vertraut. Denn sie kann davon ablenken, inwiefern Reden über Musik alles eher denn eine Selbstverständlichkeit ist. Dass Ingeborg Bachmann an letzteres erinnerte, verbindet sie mit einer Reihe von Autoren der zweiten Hälfte des 20. Jahrhunderts. Wie, nämlich wie intelligent, vielfältig und beziehungsreich sie es tat, hebt sie heraus.

Von Bachmann in Beziehung auf Musik zu handeln, heißt, auf vieles zu sprechen zu kommen: die Librettistin, die Essayistin, die Lyrikerin, die Erzählerin. Solches unternimmt dies Buch. Was in Bachmanns Werken sich zuträgt, ist nicht auf einen Nenner zu bringen. Keine Reduktion dieser Art möchte der Titel des Bandes, *Die Saite des Schweigens*, vorschlagen. Nicht einen Nenner, auf den alles andere zu bringen wäre, bezeichnet Bachmanns Reformulierung des Topos von der Musik als ‚meditatio mortis'. Sie ist eher ein Resonanzpunkt, an dem Töne widerhallen, die aus unterschiedlichen Richtungen erklangen. Im Orpheusgedicht spricht Bachmann davon, „auf den Saiten des Lebens den Tod" zu spielen, und zugleich „auf der Seite des Todes das Leben" zu wissen[4]. Da der Ton, sobald er erklingt, auch schon verklingt, galt Musik seit dem Mittelalter als Sinnbild des Todes. Aber selbst noch sie so zu hören, bedarf es der Kraft des Lebendigen.

Lebendige Erfahrung indes begegnet nur kraft des Leibes. Reiner Geist, gäbe es ihn denn, hätte mit Musik nichts zu schaffen. Erst wenn wir Intelligenz, jenes Bernhardsche Wort bezeugter Achtung, als die leibliche, lebendige Erfahrung umfassend verstehen, mag es gelingen, Ingeborg Bachmann und der Musik gerecht zu werden.

---

[1] Thomas Bernhard, *Der Stimmenimitator*, Frankfurt a. M. 1978, S. 167–168. Vgl. auch Ingeborg Bachmann, [*Thomas Bernhard*]. *Ein Versuch*, in: dies., *Essays, Reden, Vermischte Schriften*, hg. v. Christine Koschel, Inge von Weidenbaum u. Clemens Münster, München/Zürich 1978 (*Werke* 4), S. 361–364.

[2] Vgl. Andrea Schiffner im Gespräch mit Ingeborg Bachmann, 5. Mai 1973, in: Ingeborg Bachmann, *Wir müssen wahre Sätze finden. Gespräche und Interviews*, hg. v. Christine Koschel u. Inge von Weidenbaum, München/Zürich 1983, S. 124.

[3] Vgl. Ekkehart Rudolph im Gespräch mit Ingeborg Bachmann, 23. März 1971, in: Bachmann, *Wir müssen wahre Sätze finden* (Anm. 2), S. 84.

[4] Ingeborg Bachmann, *Dunkles zu sagen*, in: dies., *Gedichte, Hörspiele, Libretti, Übersetzungen*, hg. v. Christine Koschel, Inge von Weidenbaum u. Clemens Münster, München/Zürich 1978 (*Werke* 1), S. 32. Das durch den Gedichttitel zugeschriebene ‚Sagen' hebt das lyrische Ich vom Sänger Orpheus ab: die Vorstellung, Bachmann assimiliere Literatur der Musik, verkennt ihre Intention, ihr waches Bewusstsein der Differenz der Medien und Künste. Zur Dialektik von Tod und Leben angesichts der Musik vgl. Bachmanns Umdeutung des Zikadenmythos aus Platons *Phaidros* im Hörspiel *Die Zikaden*, ebd., S. 268.

Susanne Kogler

Die Saite des Schweigens – Ingeborg Bachmann und die Musik. Einleitung

Seit den frühen 1980er-Jahren, als in der germanistischen Forschung regelrecht eine Bachmann-Renaissance stattfand, gilt die am 25. Juni 1926 in Klagenfurt geborene Dichterin als eine der wichtigsten deutschsprachigen Autorinnen der Nachkriegsjahrzehnte – eine Einschätzung, die auch neuere Arbeiten nachhaltig bestätigt haben.[1] Dabei beschränkt sich die wissenschaftliche Rezeption keineswegs auf den deutschsprachigen Raum: namhafte Beiträge stammen auch aus Italien, Frankreich und den USA.[2] Die stets wachsende künstlerische Rezeption, die reiche, teils noch unerschlossene Quellenlage sowie der nachhaltige schriftstellerische Erfolg, der Ingeborg Bachmann nahezu während ihres gesamten Lebens begleitete, geben von der ungebrochenen und bleibenden Aktualität ihres Werkes Zeugnis. Jene gründet nicht zuletzt in dessen erstaunlicher Vielseitigkeit. Wurde Bachmann von Kritikerseite auch immer wieder vornehmlich als lyrische Begabung eingestuft,[3] waren neben ihren Gedichtbänden doch auch Prosawerke wie *Malina* und der Erzählungsband *Simultan*, ihre letzte Veröffentlichung 1972, kurz nach dem Erscheinen auf den Bestsellerlisten vertreten.

Verschiedene thematische Linien durchziehen Bachmanns Œuvre von den frühen Gedichten bis zur späten Prosa: ihr kultur- und gesellschaftskritischer Ansatz, die Auseinandersetzung mit der unbewältigten nationalsozialistischen Vergangenheit in der österreichischen Nachkriegsgesellschaft sowie die spannungsgeladenen Beziehungen zwischen den Geschlechtern. Von zentraler Bedeutung ist die besondere Affinität Ingeborg Bachmanns zur Musik. Vielfältig und komplex, reicht sie von frühen biographischen Bezugspunkten, von Kontakten zu Musikern wie Karl Amadeus Hartmann – in einer Festschrift zu dessen Musica Viva-Konzertreihe für Neue Musik in München erschien 1959 der Essay *Musik und Dichtung* –, Luigi Nono oder Aribert Reimann – beide verfassten Kompositionen nach Gedichten Bachmanns – in nahezu alle Bereiche ihres dichterischen Schaffens bis hin zur künstlerischen Zusammenarbeit mit Hans Werner Henze. Bereits in der Schulzeit verfasste Ingeborg Bachmann Gedichte, Prosa, Dramen und Lieder. Zu den prägenden Erfahrungen ihrer Kindheit zählten die Aufenthalte am Bauernhof ihres Großvaters in Obervellach im Gailtal, dem sogenannten Drei-Länder-Eck an der Grenze Österreichs zu Italien und Slowenien. Die Schlüsselposition der Musik in Bachmanns Werk ist mit dem Motiv der Grenzüberschreitung[4] verbunden, das mit diesen Jugenderfahrungen im Kärntner Grenzland in Zusammenhang gebracht werden kann. Hat sie auch später Musik als Ausgangspunkt ihrer künstlerischen Tätigkeit bezeichnet, entschied sich Ingeborg Bachmann nach dem Schulabschluss 1944 zuerst dennoch für ein Studium der Philosophie, Psychologie, Germanistik und Kunstgeschichte und verbrachte die unmittelbaren Nachkriegsjahre, abgesehen von je einem Semester in Innsbruck und Graz, als Studentin in Wien. Doch bereits in ihrer Dissertation über Martin Heidegger thematisierte sie Kunst und Literatur als Träger existentiellen Ausdrucks. Auch schon in der Wiener Zeit entstand das erste Hörspiel *Ein Geschäft mit Träumen*. In Wien sowie auf ausgedehnten Reisen knüpfte Bachmann wichtige Kontakte und begründete lebenslange Freundschaften wie etwa mit Paul Celan. Für Bachmanns Musikverständnis wesentlich war ihre Freundschaft mit Hans Werner Henze. Bachmann lernte den deutschen Komponisten, von dem sie später sagen sollte, dass sie Musik durch ihn erst richtig verstehen gelernt habe, 1952 bei einer Tagung der Gruppe 47 in Göttingen kennen. Beim nächstjährigen Treffen in Mainz sollte sie den Preis der Gruppe für Gedichte aus *Die gestundete Zeit* gewinnen, der ihr den internationalen Durchbruch brachte. Die erste Zusammenarbeit mit Henze entstand 1953 auf der Insel Ischia, wo Henze und Bachmann nach ihrer Übersiedelung nach Italien als Nachbarn wohnten: Für Henzes Ballettpantomime *Der Idiot* nach Dostojewski richtete sie das Textbuch neu ein. Das gemeinsame Hörspiel *Die Zikaden*, für das Bachmann im Mai 1955 den Literaturpreis des Kulturkreises des Bundesverbandes der deutschen Industrie erhielt, entstand im Winter 1954/55 bei Henze in Neapel. Ein erstes unvollendetes Libretto-Projekt, das so genannte Belinda-Fragment, sowie der Essay *Die wunderliche Musik* stammen ebenfalls aus der gemeinsamen Zeit mit Henze in Italien. Ein prägendes Ereignis war der Besuch dreier Opernabende in der Mailänder Scala mit Henze

1955/56, wo sie Maria Callas als Violetta in Verdis *Traviata* erlebte; die Callas erschien ihr als Verkörperung absoluten Künstlertums:

> Nicht ihre Koloraturen, und sie sind überwältigend, nicht ihre Arien, nicht ihre Partnerschaft allein ist außerordentlich, sondern allein ihr Atemholen, ihr Aussprechen. [...] sie wird nie vergessen machen, daß es Ich und Du gibt, daß es Schmerz gibt, Freude, sie [ist] groß im Haß, in der Liebe, in der Zartheit, in der Brutalität, sie ist groß in jedem Ausdruck, und wenn sie ihn verfehlt, was zweifellos nachprüfbar ist in manchen Fällen, ist sie noch immer gescheitert, aber nie klein gewesen. Sie kann einen Ausdruck verfehlen, weil [sie] weiß, was Ausdruck überhaupt ist.[5]

Das von Maria Callas inspirierte Idealbild künstlerischer Sprache jenseits aller Grenzen reglementierten Ausdrucks wurde zu einem prägenden Faktor für Bachmanns Werk und dessen musikalischen Gehalt. Zeitlebens unternahm Ingeborg Bachmann nicht nur ausgedehnte Reisen, sondern wechselte auch häufig ihren Wohnsitz. 1957 übersiedelte sie nach München, 1958–1960 wohnte sie mit Max Frisch in Zürich und Rom. Auf Einladung der Ford Foundation verbrachte sie die Jahre 1963–1965 in Berlin. Hinsichtlich des Stellenwerts der Musik in ihrem Werk sind neben den Poetik-Vorlesungen an der Universität Frankfurt 1959, wo sie auch Theodor W. Adorno kennen lernte, als weitere Eckpunkte die Uraufführungen der beiden Opern Hans Werner Henzes zu nennen – der *Prinz von Homburg* 1960 in Hamburg und der *Junge Lord* 1965 an der Deutschen Oper Berlin –, für die Ingeborg Bachmann die Libretti verfasst hatte. Die Jahre nach der Trennung von Max Frisch 1962/63 waren von wiederholten Krankenhausaufenthalten geprägt. In den letzten Jahren ihres Lebens arbeitete sie am *Todesarten*-Projekt und an ihrem Erzählungsband *Simultan* in Rom, wo sie am 17. Oktober 1973 an den Folgen eines Brandunfalls starb.

Bezugnahmen auf Musik finden sich bei Ingeborg Bachmann in Texten aller Genres. Sie reichen vom spezifischen ‚Ton' der Lyrik, der Methode der Text-Komposition bis zur Polyphonie der Stimmen und einer Fülle von Anspielungen auf Musik sowie zu konkreten Musikzitaten in der späten Prosa. Als Paradigma künstlerischen Ausdrucks stellt die Musik in Bachmanns poetologischem Konzept eine wesentliche Grundlage dar. Diese unterschiedlichen Kristallisationspunkte der musikalischen Poetik Bachmanns sind bisher in der

Forschung mit wenigen Ausnahmen[6] meist getrennt thematisiert worden; Analysen der Libretti stehen weitgehend unabhängig neben musikwissenschaftlichen Arbeiten zu Henzes Kooperation mit Bachmann, literaturwissenschaftlichen Studien, welche die Beiträge der Dichterin zu einzelnen Gattungen sowie Entwicklungslinien in ihrem Schaffen herausarbeiten, und Untersuchungen zum philosophischen Standort der Dichterin.[7] 1963 in einem Interview in Rom betonte Bachmann die Wichtigkeit einer ganzheitlichen Sichtweise:

> Es ist mir gleichgültig, unter welchen Begriff ich zu stehen komme. Dieser Einteilungswahn allerdings, der macht, daß man ein Hauptfach zugewiesen bekommt, in meinem Fall die Lyrik, und dann womöglich noch Prosa als Wahlfach […] Ich weiß nicht. Ich kann mit diesen Branchenbezeichnungen nicht viel anfangen. […] Vermutlich sind die Leute, mehr als man glaubt, doch an einem Autor als Ganzes interessiert, an seinem einen durchgehenden Wirkenwollen und dessen Aufscheinen in jeder Arbeit.[8]

Der vorliegende Band versucht im Sinne der Dichterin einen Blick auf die Autorin Bachmann als Ganzes: Die Beiträge beziehen sich auf die Lyrikerin, die Librettistin, die Erzählerin, die Hörspiel- und Romanautorin gleichermaßen. Bachmanns Bezugnahme auf Musik wird dabei aus interdisziplinärer Perspektive fokussiert.

Die Aufsätze im ersten Teil sind der philosophischen Grundlegung von Bachmanns Schreiben gewidmet, wobei Funktion und Stellenwert der Musik in den literarischen Werken hinsichtlich ihres Verhältnisses zu geistes- und ideengeschichtlichen Entwicklungen analysiert und intertextuelle Bezüge deutlich gemacht werden. Schweigen und Verstummen spielen in der musikalischen Ästhetik Bachmanns eine zentrale Rolle: „Die Saite des Schweigens / gespannt auf die Welle von Blut, / griff ich dein tönendes Herz. […] Und ich gehör dir nicht zu. / Beide klagen wir nun", lautet eine zentrale Passage aus *Dunkles zu sagen*, einem 1952 bei der Gruppe 47 gelesenen Gedicht. Der Buchtitel, der auf dieses Gedicht Bezug nimmt, verweist auf die zentrale Bedeutung von Klang und Stille als Gegensatz zur Sprache, die wie in den Gedichten auch in den theoretischen Schriften Bachmanns greifbar ist. Die Essays *Die wunderliche Musik* und *Musik und Dichtung* sowie die beiden Essays über Ludwig Wittgenstein *Sagbares und Unsagbares* und *Ludwig Wittgenstein. Zu einem Kapitel der jüngsten deutschen Philosophiegeschichte* dokumentieren dabei zum einen die Nähe von Bachmanns Musikauffassung zur Kritischen Theorie Adornos, zum anderen die Entwicklung ihrer spezifischen ästhetischen Position aus der Auseinandersetzung mit Wittgensteins Grenzziehung zwischen Sagbarem und Unsagbarem: Bachmanns Arbeit mit Sprache zielt auf das Unsagbare – einen Bereich, in dem für die Dichterin auch die Musik ihren Ort hat. Bachmanns Affinität zur Philosophie Ludwig Wittgensteins thematisiert Barbara Agneses Beitrag *„Das Absolute, das ich nicht erreicht sehe in der Sprache". Zwischen Musik und Literatur: das Unsagbare bei Bachmann*. Vor dem Hintergrund von Bachmanns Begriff des Unsagbaren, der mit Wittgensteins Kategorie des Unaussprechlichen korreliert, werden Zusammenhänge zwischen Bachmanns Lyrik, deren besonderer Nähe zur Musik, ihrem theoretischen ‚Verzicht', Gedichte zu schreiben, und der Präsenz der Musik in ihrer Prosa deutlich. Bezüge zur romantischen Musikästhetik, die von Schlegel bis Schopenhauer Musik als Sprache des Unsagbaren apostrophiert hat, erschließt Karl Ivan Solibakke in seinem Beitrag *„O alter Duft aus Märchenzeit". Idealistische Musikphilosophie und die Literarisierung der Musik in ausgewählten Werken Ingeborg Bachmanns* mittels einer Analyse der Beziehungen zwischen Sprache, Schrift und Klang in Bachmanns Werk. Der Blick auf die geistesgeschichtlichen Ursprünge der Literarisierung der Musik erschließt neue Lesarten, in deren Mittelpunkt die Vermischung der Wahrnehmungsmodi und Ausdrucksmedien sowie die Literarisierung der individuellen Erinnerung und des kulturellen Gedächtnisses stehen – Aspekte, die auf die Aktualität von Bachmanns Schreiben im Kontext poststrukturellen Denkens verweisen. Ist Bachmanns Position einerseits bewusst individuell, intendiert sie zugleich dennoch, symptomatischer Ausdruck ihrer Zeit, ihres historischen Standorts zu sein. In ihrer Aufnahme traditioneller Motive und bekannter Topoi, die quasi erinnernd imaginiert werden, verleiht sie diesen, ausgehend von der konkreten historischen Situation des 20. Jahrhunderts, eine neue Dimension. Seit ihrer frühen Lyrik bis zum unvollendeten Romanzyklus *Todesarten* steht die Auseinandersetzung mit Musik im Werk Ingeborg Bachmanns thematisch im Spannungsfeld einer Dialektik von Leben und Tod. Dieses thematisiert der Beitrag der Herausgeberin *„Wie Orpheus spiel ich auf den Saiten des Lebens..." Zur Dialektik von Leben und Tod bei Ingeborg Bachmann*. Mit Orpheus – der zitierte Vers stammt aus *Dunkles zu sagen* – stellt Bachmann eine Verbindung zur orphischen Klage, zum Tod und zum Unaussprechlichen her, aber auch zur Hoffnung auf Leben: „Wie Orpheus weiß ich auf der Seite des Todes das Leben", lautet der Beginn der letzten Gedichtstrophe. Für Bachmann ist Kunst mit einer kritischen Position verbunden, aus der heraus ihre Affinität zum Tod zugleich Parteinahme für ‚das ganze Leben' darstellt – eine Position, die ihre Nähe zur Kritischen Theorie der Frankfurter Schule verdeutlicht. Eine wichtige Grundkonstante in Bachmanns künstlerischem Schaffen beleuchtet Stefanie Golisch in ihrem Beitrag *Musik als Metapher. Zu Ingeborg Bachmann*. Als der abstraktesten der Künste wurde der Musik von Alters her eine Tendenz zur Überschreitung, transzendente Kraft, zugesprochen. Diese entgrenzende Funktion der Tonkunst korreliert mit dem Spannungsfeld von eingesehener Begrenztheit und angestrebter Entgrenzung, das Bachmanns Leben und Werk gleichermaßen charakterisiert. Dass Bachmann Widerspruch und Konfrontation keineswegs nur erleidet, sondern in Literatur und Alltag bewusst die Auseinandersetzung sucht, wobei ihrem Leben in Italien eine wichtige Rolle zukommt, eröffnet nicht nur eine spezifische Perspektive auf Bachmanns Leben und Werk, sondern wirft darüber hinaus auch die Frage nach Selbstverständnis und Bewertung weiblichen Schreibens neu auf. Das Verhältnis von Musik, Todesnähe und Transzendenz lotet Karen R. Achbergers Beitrag *Transzendenz in der Musik. Beethoven, Wagner und Schönberg in Ingeborg Bachmanns Roman „Malina"* aus, in dem eine musikspezifische Perspektive auf Bachmanns späte Prosa geboten wird. Durch Gegenüberstellung der Mord-Thematik und ausgewählter Musikzitate wird deutlich, dass das Verschwinden der Ich-Figur in der Wand auch als Akt von Annäherung an Transzendenz gelesen werden kann. Kontrastierend dazu setzt sich Hartmut Spiesecke in seinem Aufsatz *Musik als Erlösung? Ingeborg Bachmanns musikalische Poetik* kritisch mit dem mit der Musikalisierung von Sprache verbundenen metaphysischen Gehalt von Bachmanns Dichtung auseinander.

Um den Reflex der Dichtung Ingeborg Bachmanns in konkreten musikalischen Werken sind die Beiträge im zweiten Teil des Bandes zentriert, der damit quasi die Kehrseite des ersten darstellt. Die vielfältige Rezeption der Dichtung Bachmanns geht teils auf ihre zahlreichen persönlichen Kontakte zu Musikern zurück, teils auf die weitreichende Ausstrahlung ihrer Werke. Seit Mitte 1953 arbeitete Ingeborg Bachmann als Textautorin und Librettistin für Hans Werner Henze, wobei insgesamt sechs gemeinsame Werke[9] entstanden. Grundzüge dieser in der Musikgeschichte des 20. Jahrhunderts herausragenden

Partnerschaft zwischen Dichterin und Komponist analysiert Christian Bielefeldt in seinem Beitrag „*Zeit der Ariosi". Ingeborg Bachmann und Hans Werner Henze*, ausgehend von Bachmanns Gedicht *Enigma*, dessen Widmung auf Henzes 1963 entstandene Torquato Tasso-Vertonung anspielt. Im Mittelpunkt steht die der Zusammenarbeit zugrundeliegende geteilte Auffassung vom Zusammenwirken von Musik und Sprache. Neue Einblicke in biographische Hintergründe lassen sich aus dem Briefwechsel Henze-Bachmann gewinnen. Während zu den Opern *Der junge Lord* und *Der Prinz von Homburg* bereits zahlreiche Arbeiten vorliegen,[10] ist das Belinda-Fragment, Bachmanns 1956 begonnenes, jedoch unvollendet gebliebenes erstes Opernprojekt mit Henze, vergleichsweise unbeachtet geblieben. Dieses Desiderat greift der Beitrag von Antje Tumat, *Ingeborg Bachmanns Belinda-Fragment. Vom Scheitern der ersten Oper mit Hans Werner Henze*, auf. Anhand bisher unveröffentlichter Quellen und Bachmanns fragmentarischer Entwürfe werden die Hintergründe des Projekts sowie gemeinsame Vorstellungen und Überlegungen von Dichterin und Komponist hinsichtlich einer gemeinsamen Oper dargelegt. Ein reflektiertes Verhältnis zur Tradition, das die Basis für sprachliche und damit auch umfassendere Erneuerung darstellt, nimmt sowohl in Ingeborg Bachmanns als auch in Hans Werner Henzes Kunstauffassung eine Schlüsselposition ein. Es prägt letztlich das gesamte Schaffen beider Künstler wesentlich. Monika Müller-Naefs Beitrag zu Bachmanns *Liedern von einer Insel*, die Henze in seiner Chorfantasie vertonte, thematisiert dieses spezifische Zusammenspiel von alten und neuen Ausdrucksmitteln anhand einer analytischen Gegenüberstellung von Dichtung und Musik. Der Text ist Teil einer bisher unveröffentlichten und daher zu Unrecht kaum beachteten Lizentiatsarbeit der Autorin an der Universität Zürich, die den gemeinsamen Werken von Bachmann und Henze gewidmet ist. Der künstlerischen Rezeption von Bachmanns Lyrik in Dichtung, Musik und Malerei widmet sich Martin Zenck in seinem Beitrag „*Dunkles zu sagen". Oralität und Skripturalität der Lyrik Ingeborg Bachmanns in den Kompositionen von Giacomo Manzoni, Luigi Nono und Adriana Hölszky sowie in den Gemälden Anselm Kiefers*. Die Kompositionen nach Texten von Bachmann verweisen auf innovative Interpretationsmöglichkeiten, indem sie einen performativen und mimetischen Zugang zur Dichtung Bachmanns schaffen, wie ihn auch die erhaltene Lesung des Gedichts *Dunkels zu sagen* durch die Dichterin nahe legt. Einen zu textimmanenten Interpretationen kontrastierenden Zugang eröffnet auch die künstlerische Arbeit Anselm Kiefers, der poetologische Korrespondenzen zwischen der Lyrik Bachmanns und Paul Celans mittels Einschreibungen von Gedicht-Fragmenten in seine Malerei reflektiert. Elisabeth Oy-Marra erörtert, die musikwissenschaftlichen Überlegungen aus kunsthistorischer Sicht ergänzend, in ihrem Beitrag *„Dein und mein Alter und das Alter der Welt". Memoria und Evidenzia in den Gemälden Anselm Kiefers für Ingeborg Bachmann* diese Bezugnahme Anselm Kiefers auf Bachmanns musikalische Poetik. Die ungebrochene Anziehungskraft Ingeborg Bachmanns auf Künstlerinnen und Künstler zu Beginn des 21. Jahrhunderts verdeutlicht der Beitrag des Komponisten Moritz Eggert, der über die Entstehungsgeschichte seines 1997 in Darmstadt uraufgeführten Tanztheaters *Gegenwart – ich brauche Gegenwart* berichtet. Das Werk, das in Kooperation mit der Regisseurin und Choreographin Birgitta Trommler entstand, basiert auf dem Leben Ingeborg Bachmanns. Mit der Rezeption von Bachmanns 1958 entstandenem Hörspiel *Der gute Gott von Manhattan* durch die Komponistin Adriana Hölszky beschäftigt sich der Aufsatz Julia Hinterbergers. Bei der Gegenüberstellung von Bachmanns Werk und dem im Rahmen der Schwetzinger Festspiele 2004 uraufgeführten Musiktheaterwerk *Der gute Gott von Manhattan* wird die spezifische Dramaturgie von Hörspieltext und Musiktheaterstück deutlich. Darüber hinaus erschließt sich aus dem Vergleich des experimentellen Rezeptionsansatzes der Komponistin mit der phonischen Textkomposition der Dichterin auch eine doppelt weibliche Perspektive. „Was hörst du noch, weil du mich nicht hören kannst, wenn die Musik zu Ende ist? Was ist es?! Gib Antwort! ‚Still!' Das vergesse ich dir nie", lautet das Ende des Essays *Die wunderliche Musik*. Wie die Dichterin Musik an der Schnittstelle von Sagen und Schweigen, Stille und Klang zitiert, setzt die Neue Musik Stille, Schweigen und Klang, Hörbares und Unhörbares in immer neue Spannungsbeziehungen. Diese impliziten Verbindung zwischen Bachmanns Literatur und der zeitgenössischen Musik nimmt Eva-Maria Houbens Beitrag *Wie wunderlich ist die neue Musik?* zum Anlass, um in Anknüpfung an Bachmanns Essay *Die wunderliche Musik* der Bedeutung von Bachmanns Musikauffassung für die Rezeption der zeitgenössischen Musik generell nachzugehen. Dabei wird erkennbar, wie weitreichend Bachmanns Musikverständnis in der Kunst des 20. Jahrhunderts verankert und wie weit über diese hinaus ihre Kunstauffassung für ein Verständnis der Kunst der Gegenwart auch im 21. Jahrhundert von Bedeutung ist.

[1] Einen guten Überblick über die Forschungslage bietet das *Bachmann-Handbuch. Leben – Werk – Wirkung*, hg. v. Monika Albrecht u. Dirk Göttsche, Stuttgart/Weimar 2002, S. 22–41.

[2] Wichtige Publikationen sind u. a. Michel Kappes, *Roman et mythes: Rilke, Bachmann, Plath*, Paris 2005; M. Moustapha Diallo, *Exotisme et conscience culturelle dans l'œuvre d'Ingeborg Bachmann*, Frankfurt a. M. 1998; Sabine I. Götz, *The Split Scene of Reading. Nietzsche, Derrida, Kafka, Bachmann*, Atlantic Highlands 1998; Aldo Giorgio Gargani, *Il pensiero raccontato: saggio su Ingeborg Bachmann*, Rom/Bari 1995; Karen R. Achberger, *Understanding Ingeborg Bachmann*, Columbia 1995; Sylvie Hamen, *Hommes et femmes dans l'oeuvre d'Ingeborg Bachmann. Déchirure et altérité*, Nancy 1994.

[3] Stellvertretend sei Marcel Reich-Ranitzki genannt, der seine Besprechung von *Simultan* am 29. September 1972 in *Die Zeit* wie folgt betitelte: *Am liebsten beim Frisör. Eine einst bedeutende Lyrikerin auf sonderbaren Abwegen.*

[4] Von einem „lebenslangen Gespräch über Grenzen" sprach etwa Hans Höller in seiner Biographie. Vgl. Hans Höller, *Ingeborg Bachmann*, Reinbeck ³2001, S. 26.

[5] Ingeborg Bachmann, *Hommage à Maria Callas*, in: dies., *Kritische Schriften*, hg. v. Monika Albrecht u. Dirk Göttsche, München/Zürich 2005, S. 409f.

[6] Siehe dazu auch Corina Caduff, *‚dadim dadam'* – *Figuren der Musik in der Literatur Ingeborg Bachmanns*, Köln/Weimar/Wien 1998 (*Literatur-Kultur-Geschlecht. Studien zur Literatur- und Kulturgeschichte. Große Reihe* 12); sowie Dirk Göttsche, *Bachmann und die Musik*, in: *Bachmann-Handbuch* (Anm. 1), S. 312–316.

[7] Vgl. u. a. Christian Bielefeldt, *Hans Werner Henze und Ingeborg Bachmann. Die gemeinsamen Werke. Beobachtungen zur Intermedialität von Musik und Dichtung*, Bielefeld 2003; Katja Schmidt-Wistoff, *Dichtung und Musik bei Ingeborg Bachmann und Hans Werner Henze. Der „Augenblick der Wahrheit" am Beispiel ihres Opernschaffens*, München 2001; Sigrid Weigel, *Ingeborg Bachmann. Hinterlassenschaften unter Wahrung des Briefgeheimnisses*, Darmstadt 1999; Thomas Beck, *Bedingungen librettistischen Schreibens. Die Libretti Ingeborg Bachmanns für Hans Werner Henze*, Würzburg 1997; Barbara Agnese, *Der Engel der Literatur. Zum philosophischen Vermächtnis Ingeborg Bachmanns*, Wien 1996; Petra Grell, *Ingeborg Bachmanns Libretti*, Frankfurt a. M. u. a. 1995.

[8] Ingeborg Bachmann im Gespräch mit Kuno Raeber, Rom 1963, in: Ingeborg Bachmann, *Wir müssen wahre Sätze finden. Gespräche und Interviews*, hg. v. Christine Koschel u. Inge von Weidenbaum, München/Zürich 1983, S. 41.

[9] *Die Zikaden* (Hörspiel, gesendet im NDR am 25. 3. 1955), *Nachtstücke und Arien* (UA am 20. 10. 1957 bei den Donaueschinger Musiktagen), *Der Idiot*

(Ballettpantomime, Premiere am 8. 1. 1960 in Berlin), *Der Prinz von Homburg* (Oper, UA am 22. 5. 1960 in Hamburg), *Der junge Lord* (Komische Oper, UA am 7. 4. 1965 an der Deutschen Oper Berlin), *Lieder von einer Insel* (Chorfantasien, UA am 23. 1. 1967 in Selb).

[10] Insbesondere zum *Prinz von Homburg* erschienen bereits mehrere Werkmonographien: Antje Tumat, *Dichterin und Komponist. Ästhetik und Dramaturgie in Ingeborg Bachmanns und Hans Werner Henzes „Prinz von Homburg"*, Kassel/Basel 2004; Annette Förger, *Nachtwandler, Außenseiter, Künstler. Hans Werner Henzes Kleist-Oper „Der Prinz von Homburg"*, Mainz 2004; Diether de la Motte, *Hans Werner Henze, der Prinz von Homburg. Ein Versuch über die Komposition und den Komponisten*, Mainz 1960.

Barbara Agnese

„Das Absolute, das ich nicht erreicht sehe in der Sprache". Zwischen Musik und Literatur: das Unsagbare bei Bachmann

Der Titel meines Beitrags verspricht, sich einem ‚Begriff' zu nähern, sofern man das „Unsagbare" einen Begriff nennen kann. Ich werde also versuchen, zu zeigen, wie Bachmann, immer schon ihrer Zeit voraus, bereits Anfang der fünfziger Jahre das Denken Wittgensteins klar verstand und somit auch klar erklären konnte, auch indem sie eine Kontinuität zwischen dem ‚frühen' und dem ‚späten' Wittgenstein sah – Anfang der fünfziger Jahre, d. h. schon sehr früh in ihrem Leben und auch sehr früh im Vergleich zu allen anderen Wittgenstein-Lesern und -Interpreten.[1]

Aber nicht nur die Auseinandersetzung mit der Sprache und „das Unsagbare" nehmen eine zentrale Rolle im Werk und Denken Bachmanns ein, sondern auch die Musik. In einem zweiten Schritt werde ich daher versuchen, den Stellenwert der Musik als Symbol für das zu erreichende „Absolute" in Bachmanns Werk in den Vordergrund zu rücken. Welcher Bezug lässt sich also zwischen dem „positiven Schweigen" Wittgensteins auf der einen Seite und der Sprache (d. h. der Literatur) und der Musik bei Bachmann auf der anderen herstellen?

„Für das, was er [der Schriftsteller] will, mit der Sprache will, hat sie sich noch nicht bewährt", schreibt Bachmann in ihrer ersten Frankfurter Vorlesung *Fragen und Scheinfragen,* denn: „Wir meinen, wir kennen sie doch alle, die Sprache, wir gehen doch mit ihr um; nur der Schriftsteller nicht, er kann nicht mit ihr umgehen", weil sie ihm nicht selbstverständlich ist. Die Sprache ist „zum Gebrauch bestimmt, von dem er keinen Gebrauch machen kann".[2]

Oft scheint das Schlagwort ‚Sprachskepsis', mit dem Bachmanns Sprachauffassung gewöhnlich definiert wird, auf einer philosophisch anachronistischen Betrachtungsweise zu beruhen, wenn nicht auf Unrichtigkeiten in sprachphilosophischem Sinne. Insgesamt könnte man sagen, die größte Schwierigkeit besteht darin, den ganzen Sinn der Wittgensteinschen Lehre in der zeitgenössischen philosophischen Kultur vollkommen anzunehmen, und zwar das Vermächtnis des späten Wittgenstein in Bezug auf die Rolle der Sprache und der Sprachanalyse in der Philosophie.

Bachmann hatte jedoch dieses Vermächtnis vollkommen verstanden und in ihrem Radio-Essay *Sagbares und Unsagbares. Die Philosophie Ludwig Wittgensteins* (1953) seinen *Tractatus logico-philosophicus* (1921) sogar im Lichte der damals gerade aus dem Nachlass bei Blackwell in Oxford erschienenen *Philosophischen Untersuchungen* (1953) gelesen und somit ihrer Rezeption des so genannten frühen Wittgenstein die Perspektive des späten Wittgenstein zugrunde gelegt.

Den Begriff ‚Sprachskepsis' auf Bachmann anzuwenden könnte also bedeuten, auch Wittgenstein nicht verstanden zu haben, und die Sprachproblematik, die auch für Bachmann zentral ist, auf das Kantsche Modell zurückzuführen, das heißt auf eine auf der Struktur Gegenstand-Beschreibung basierte Sprachauffassung, in der die Sprache noch als Entität zwischen Ich und der Welt, als Ersatz für alte philosophische Termini wie Erfahrung, Welt, Ich, Gott betrachtet wird.[3]

Wittgensteins Position ist hingegen vor allem mit der modernen logistischen Begründung der Mathematik und deren Folgen für die Sprachanalyse verbunden. Ausgehend von der Untersuchung über die logischen Formen der Sprache *(Tractatus)* entwickelte er ein philosophisches Tun, das immer mehr auf die Analyse der Sprachgebräuche gerichtet wurde *(Philosophische Untersuchungen)*. Zwischen beiden Positionen, Kantsches Modell vs. moderne Sprachanalyse, nicht zu unterscheiden, käme zum Beispiel dem Fehler gleich, den Bachmann selbst – in ihrem Radio-Essay *Sagbares und Unsagbares* – hervorhebt, und zwar, den Agnostizismus des Skeptikers mit dem ‚positiven' Schweigen Wittgensteins zu verwechseln.[4] Während der Skeptiker die Unmöglichkeit bestärkt, ein Urteil zu formulieren, indem er das Vorhandensein irgendeines Wertes in der Sprache in Frage stellt,[5] nimmt Wittgenstein die dazu antithetische Position ein, sowohl auf der logischen als auch auf der ethischen Ebene. Die Sprache an sich enthält keinen Irrtum; ein Irrtum entsteht erst, wenn die Sprache metaphysisch, also auch skeptisch, ausgelegt wird.

Die Philosophen, die die Beschäftigung mit der Logik als außerordentlich wichtig erkannten – Bertrand Russel in England und die Neopositivisten in Wien –, kamen auf einen zwar naheliegenden, aber wirklich völlig neuen Gedanken; der Grund für diese Paradoxien [die in der Logik und Mathematik festzustellen waren] mußte darin liegen, daß wir durch Jahrhunderte in der Philosophie – und somit auch in unserer Sprache – Sätze verwendet haben, die so aussahen, als hätten sie Sinn – aber in Wirklichkeit gar keinen haben; daß wir einer Mystifikation unserer Sprache zum Opfer gefallen sind, ohne es zu merken, weil wir der Sprache blind vertrauten. Wohl hatten schon Plato und nach ihm andere Philosophen versucht, durch eine streng analytische Methode die Wahrheit von Sätzen zu prüfen. Descartes beschloß bekanntlich sogar, alle Sätze für falsch anzusehen, deren Wahrheit nicht absolut einsichtig war. Aber niemand hatte sich je die Frage gestellt, ob nicht manche Fragestellungen schon sinnlos seien.

So rückt bei Wittgenstein und den ihm verwandten Neopositivisten die Untersuchung des Sinnes von Sätzen und Fragestellungen in den Vordergrund des Philosophierens und wird wichtiger als die Frage nach der Wahrheit. Dem verborgenen Unsinn – dem in der Sprache verborgenen Unsinn – mußte einmal gründlich nachgegangen werden.[6]

Bachmanns Sprachkritik wendet sich niemals abstrakt der Sprache an sich – als philosophischer Entität – zu, sondern der Sprache, wie man sie vorgefunden hat, wie auch in der bekannten Passage der *Frankfurter Vorlesungen* über die „Utopie der Sprache" betont wird. Die ethische Komponente der Sprachkritik spielt darin eine entscheidende Rolle, da die ethische Reflexion ein Bestandteil der Sprachreflexion ist und umgekehrt. Es gibt keine Priorität des Logischen, des gnoseologischen, erkenntnistheoretischen Problems über das Ethische, sondern eine gegenseitige Implikation von Logik und Ethik. Und der Berührungspunkt des Logischen mit dem Ethischen ist eben die Sprache.

Da die philosophischen Schwierigkeiten als in der Sprache liegend entdeckt wurden, verstehen wir, warum Wittgensteins Werk eine Sprachtheorie enthält. Sein Werk wird uns zeigen, wie man die Welt in richtigen und sinnvollen Sätzen „abbilden" kann, wie wir über die Welt „sprechen" können und was die Philosophie als Kritik unseres Sprechens über die Welt leisten kann. […]

Wittgenstein spricht von der Welt, mit deren Gegenständen und Sachverhalten wir es zu tun haben. Diese eine Welt und ihre Sachverhalte werden von uns in Sätzen abgebildet, die prüfbar sind – naturwissenschaftlichen Sätzen nämlich – und er ergänzt an einer anderen Stelle, daß wir obendrein fähig sind, mit unseren Sätzen die ganze Wirklichkeit darzustellen. Gemeint sind immer die Wissenschaften, die die Wirklichkeit erforschen und sie in ein Darstellungssystem bringen.[7]

Bachmann lässt den Kritiker im Radio-Essay genau die Frage stellen, die in der Bachmann-Forschung so oft falsch gestellt oder missverstanden wurde: „Was veranlaßt Wittgenstein dann aber, von ‚Grenzen der Welt' zu sprechen?" Eines können wir nicht darstellen – schreibt Bachmann – „und zwar das, was unsere Sätze, die die Wirklichkeit darstellen, mit der Wirklichkeit gemein haben."[8]

Wittgensteins früheres Denken, das die Mitglieder des Wiener Kreises inspirierte, ‚resümiert' Bachmann und macht es für Radiohörer verständlich:

> Der Satz in der Alltagssprache, wie die mathematische Formel, stellen die Wirklichkeit dar, obwohl sie ja nicht das Geringste mit dieser Wirklichkeit zu tun haben. Sie sind nur Zeichen, die etwas bezeichnen, ohne mit dem Bezeichneten etwas gemeinsam zu haben. Wie wir dennoch mit diesen Zeichen – unserer Sprache im weitesten Sinn – operieren können – das ist die Frage!
>
> Und Wittgenstein beantwortet sie so: es ist die logische Form, die beiden gemeinsam sein muß, weil Sätze sonst die Wirklichkeit überhaupt nicht darstellen können. Und die logische Form ist die „Grenze" […], denn sie ermöglicht zwar die Darstellung, kann aber selbst nicht mehr dargestellt werden. In ihr tritt etwas in Erscheinung, das über die Wirklichkeit hinausweist. Es weist insofern über die Wirklichkeit hinaus, als sich in der logischen Form etwas zeigt, das für uns undenkbar ist, und weil es undenkbar ist, läßt sich nicht darüber sprechen.[9]

„Die Grenze der Sprache" – schreibt Wittgenstein Anfang der 1930er Jahre – „zeigt sich in der Unmöglichkeit, die Tatsache zu beschreiben, die einem Satz entspricht (seine Übersetzung ist), ohne eben den Satz zu wiederholen".[10]

Auch die andere Komponente des Wittgensteinschen Denkens, seine verzweifelte Bemühung um das Unaussprechliche, das Unsagbare, ist in Bachmanns Radio-Essay zentral und wird in Zusammenhang mit der anderen, der logischen Komponente gebracht.[11] „Es gibt allerdings Unaussprechliches. Dies zeigt sich, es ist das Mystische", so lautet ein bekannter Satz aus dem *Tractatus*.[12] „Und so haben wir auch Wittgensteins Behandlung der Ethik zu verstehen", schreibt Bachmann.

> Werte sind etwas „Höheres", gehören daher nicht zur Welt. […] Die Sprache kann nur über Tatsachen sprechen und bildet die Grenze unserer – meiner und deiner – Welt. Die Entgrenzung der Welt geschieht, wo die Sprache nicht hinreicht und daher

auch das Denken nicht hinreicht. Sie geschieht, wo sich etwas „zeigt", und was sich zeigt, ist das Mystische, die unaussprechliche Erfahrung.[13]

Bachmann, die, wie ich anfangs schon erwähnt habe, die Unzulänglichkeitsgefühle und „Schuldgefühle" der Dichter der Sprache gegenüber, ihren „Konflikt mit der Sprache"[14] und, trotz allem, die „Utopie", welche die Literatur als Richtung einnimmt, 1959 in ihren *Frankfurter Vorlesungen* diskutieren wird, hebt schon Anfang der fünfziger Jahre hervor (indem sie Wittgensteins *Philosophische Untersuchungen* gemeinsam mit dem *Tractatus* liest), dass „die Probleme der Philosophie Probleme der Sprache sind, daß sozusagen die Fehlzündungen der Sprache die philosophischen Probleme schaffen."[15] Bachmann hebt unermüdlich hervor, Wittgenstein gehe in den *Philosophischen Untersuchungen* daran „– den *Tractatus* erweiternd –, Beispiele vom richtigen oder falschen Funktionieren der Sprache zu geben, um uns den Unterschied von richtigem und falschem Denken zu zeigen. Denn", und sie zitiert nur den letzten Teil folgenden Satzes, „wenn ich in der Sprache denke, so schweben mir nicht neben dem sprachlichen Ausdruck noch ‚Bedeutungen' vor; sondern die Sprache selbst ist das Vehikel des Denkens".[16]

Es ist bekannt, dass Wittgenstein das Denken zu einer ethischen Operation zwingt, die nicht als Selbstzweck gilt, sondern einer rein philosophischen Funktion dient: den tiefen logischen Blick zu gewinnen, die den philosophischen Irrtum lösende Einsicht zu erreichen.

So lauten die Stichworte des Kapitels *Philosophie* aus dem sogenannten *Big Typescript* „Schwierigkeit der Philosophie" – „nicht die intellektuelle Schwierigkeit der Wissenschaft, sondern die Schwierigkeit einer Umstellung" – „Widerstände des Willens sind zu überwinden".[17]

Diese Umstellung hielt auch Bachmann lebenslang für unvermeidlich, um die Originalität eines „sprachlichen Kunstwerkes"[18] zu gewinnen. Bachmann selbst protestierte gegen die Idee einer Neuheit der Lyrik sowohl im Sinne oberflächlicher Veränderungen auf der sprachlichen und stilistischen Ebene als auch auf der Basis von theoretischen Konstruktionen und Bezeichnungen. Das Neue kann nicht von außen zur Poesie gelangen.

Wahrheit – in Bachmanns Auffassung von Poesie, sowie in Wittgensteins Auffassung von Philosophie – bedeutet nicht einen Zustand, der von außen her erreicht werden kann: die Wahrheit kommt nie aus der Wahrnehmung neuer Erfahrungsdaten, aus der Kenntnis neuer Tatsachen, aus der Erweiterung von Sprachkenntnissen oder von ‚technischen' Möglichkeiten. Wichtig ist nicht so sehr, was ein Künstler kann – die Begabung –, sondern was er muss: also der „Mut im Talent".[19] Für beide ist der Bezug zwischen Moral und Sprache keine esoterische Sache, beide übernehmen in diesem Sinne das Vermächtnis von Karl Kraus, auf den Bachmann in der zweiten *Frankfurter Vorlesung* direkt Bezug nimmt:

> Aber es gibt ein Wort, von dem Karl Kraus nie losgekommen ist und das zu unterstreichen man nicht müde werden möchte: „Alle Vorzüge einer Sprache wurzeln in der Moral." Und damit ist nichts Landläufiges gemeint, nichts Liquidierbares, wie die bürgerliche oder die christliche Moral, nicht ein Kodex, sondern jenes Vorfeld, in dem von jedem neuen Schriftsteller die Maßstäbe von Wahrheit und Lüge immer neu errichtet werden müssen.[20]

„Literatur als Utopie", als Richtung: so könnte man auch diese immer neu zu errichtenden Maßstäbe definieren. Auch der Refrain aus *Malina* „ein Tag wird kommen", diese Hoffnungserklärung könnte auf die Sprache, auf die Aufgabe der Literatur projiziert werden. „Und für mich war es klar" [in den *Frankfurter Vorlesungen*] – sagt Bachmann rückblickend in einem späten Interview –,

> trotz der Schwierigkeiten, die heute jemand hat, der wirklich und wahrhaft zu schreiben versucht und diese ganze Problematik sehen will, nach der eigenen Existenz und der Kommunikation mit der Gesellschaft sucht, – daß die Gesellschaft durch eine neue Dichtung zu einem neuen Bewußtsein kommt, erzogen wird. Natürlich kann man durch ein Gedicht nicht die Welt verändern, das ist unmöglich, man kann aber doch etwas bewirken, und diese Wirkung ist eben nur mit dem größten Ernst zu erreichen, und aus den neuen Leiderfahrungen, also nicht aus den Erfahrungen, die schon gemacht worden sind, von den großen Dichtern, vor uns.[21]

Auf der Suche nach der Wahrheit, nachdem sie aus den „Stürzen ins Schweigen"[22] zurückgekehrt und „aus dem Niemandsland wiedergekehrt mit Sprache"[23] sind, machen sich die Dichter an die Arbeit. In einem Interview mit Andrea Schiffner, in dem es um *Malina* ging, erzählte Bachmann im Mai 1973, sie sei einmal sehr unvorsichtig gewesen und habe gesagt, sie wollte zuerst Musikerin werden und habe Verschiedenes komponiert:

> Ich habe als Kind zuerst zu komponieren angefangen. Und da es gleich eine Oper sein sollte, habe ich nicht gewußt, wer mir dazu das schreiben wird, was die Personen singen sollten, also habe ich es selbst schreiben müssen. […] Aber das sind

> Dinge, die, glaube ich, sehr viele Kinder machen, die jahrelang malen oder basteln oder anders versuchen, sich auszudrücken. Komponieren ist vielleicht etwas seltener. – Was geblieben ist, ist vielleicht doch ein besonderes Verhältnis zur Musik.[24]

Und in ihrem letzten Interview, in den Gesprächen, die sie mit Gerda Haller im Juni 1973 in Rom führte, fährt sie fort:

> Ich habe zuerst angefangen zu komponieren und dann erst zu schreiben. Und immer wenn ich über Musik spreche, fällt mir ein, daß Musik mein erster Ausdruck war, der erste kindliche Ausdruck war und heute für mich noch immer der höchste Ausdruck ist, den die Menschheit überhaupt gefunden hat. Für mich ist Musik größer als alles, was es gibt an Ausdruck. Dort haben die Menschen das erreicht, was wir durch Worte und durch Bilder nicht erreichen können.[25]

Im Jahr 1973 spricht sie also von ihrer alten „Kinderliebe" für Musik, die ihr in den fünfziger Jahren in der Zusammenarbeit mit Hans Werner Henze „doch sehr geholfen" hat.[26] Dieses „besondere Verhältnis zur Musik" – das wir auch aus den Musik-Essays *Die wunderliche Musik* und *Musik und Dichtung*, oder aus dem Entwurf *Hommage à Maria Callas* kennen[27] – lässt Bachmann *Malina* nicht zufällig als „Ouvertüre"[28] des sogenannten *Todesarten*-Zyklus bezeichnen und ihre Beziehung zu Wien (Malinas Wien) durch ihre Beziehung zur österreichischen literarischen Tradition und zur Musik beschreiben:

> Abgesehen von den Stadtplänen und allen möglichen Dingen, die ich um mich herum habe, ist es vor allem die Musik, zu der ich eine vielleicht noch intensivere Beziehung als zur Literatur habe. Das letzte Stück meines Romans versuchte ich wie eine Partitur zu schreiben, in der nur noch diese beiden Stimmen führen – gegeneinander.[29]

Das Verhältnis zur Vergangenheit und zu anderen Dichtern wird von Bachmann als „Arbeitsverhältnis" beschrieben, was zur Klärung ihrer ‚Zitat-Auffassung' dient, die mit der musikalischen Komposition in enger Verbindung steht. Denn wenn Bachmann Sätze verwendet, so zitiert sie diese eigentlich nicht:

> [...] hier und da erinnere ich mich an eine früh gehörte Zeile, an einen Ausdruck, [...] und wenn ich meine, es müsse „gerettet" werden, dann verwende oder variiere ich einen Ausdruck, gebe ihm einen neuen Stellenwert. Das ist also, wenn sie so wollen, ein Verhältnis zur Vergangenheit, ein A r b e i t s v e r h ä l t n i s, das zum Beispiel in der Musik seit jeher vorkommt.[30]

Deshalb lehnt Bachmann die Verwendung des Terminus ‚Zitat' im herkömmlichen Sinne ab, wenn damit eine Bestätigung der Literatur als Gesamtheit abgestorbener Geisteserzeugnisse, als Pantheon gemeint wird und nicht als lebendige Tradition, die unterwegs zum „ganzen Ausdruck" ist, zum „Absoluten", zu einem sich verändernden Menschen, zu jener Sprache, „die noch nie regiert hat".[31] Wie ihr Zitierverfahren beweist, entsteht die utopische Auffassung Bachmanns, da sie auf dem primären Wert der Sprache basiert, genau in der Notwendigkeit, eine qualitative, konstruktive, sozusagen intransitive Beziehung zur Tradition herzustellen.

Das Zitat-Element, auf diese Weise strukturiert, kann als Mittelpunkt der Beziehung zwischen Theorie und Erzählung in der Bachmannschen Prosa bezeichnet werden und, im weitesten Sinne, zwischen Philosophie und Literatur. Verloren gegangene Ausdrücke wieder aufzunehmen, die nicht verloren gehen sollten, könnte auch eine Variante des Musilschen ‚Möglichkeitssinnes' in Zusammenhang mit den Werken der Vergangenheit bedeuten; unbeachtet soll aber nicht bleiben, dass es sich eben um Fragmente handelt, in denen sich die „Hoffnung auf die ganze Sprache"[32] realisiert. Das Vollendete in der Literatur ist nur im Zusammenhang mit einem ‚Unterwegssein' denkbar; dies bedeutet jedoch keine Relativierung, sondern dass von dem Schriftsteller gefordert ist, das Vollendete immer wieder zu realisieren: „Was wir das Vollendete in der Kunst nennen, bringt nur von neuem das Unvollendete in Gang".[33]

„Tue es vorbildlich" – heißt eine von Bachmann ausgewählte Zeile aus einem Gedicht von Brecht.[34] In diesem Gedanken besteht der Grundsatz der Bachmannschen Ästhetik, die ihrer sowohl ethischen als auch geistigen Grundhaltung gleichkommt. Wird durch den Weg Bachmanns die Literatur zu Philosophie, löst sich auch die Philosophie in Literatur vollkommen auf. Die Zitate drücken es unzweideutig aus.[35]

Das Zitat kommt also der verborgenen Seite der Bachmannschen Utopie vollkommen gleich; es ist die notwendige und unausweichliche Ergänzung der Utopie. Ihr nach vorne, nach einer Sprache, „die noch nie regiert hat", gerichtetes Musilsches ‚Richtbild' kann nicht anders, als sich auch nach hinten, nach der Vergangenheit zu richten. Damit wird offenbar, warum man im Rahmen der utopischen Auffassung Bachmanns von einer Utopie als Zitat sprechen soll, das heißt von der utopischen Haltung in der Form eines Zitats, und nicht umgekehrt. In diesem Sinne gibt es bei Bachmann eine gegenseitige Versicherung von Sprache und Leben, die mit dem Lesen zu tun hat: „Es hat zu tun [...] mit der Versicherung des Lebens in einem einzigen Satz, mit der Rückversicherung der Sätze im Leben".[36]

„Unverloren" bleibt, jenseits aller menschlichen Verluste, die Sprache. In diesem Archiv von Korrespondenzen ist die Schönheit, „die allem innewohnt, was rein gedacht und gelebt worden ist"[37], zu lesen. In diesem Reich aus Ähnlichkeiten berühren sich „das unzerstörbare Gesicht des Menschen"[38] und das unmissverständliche Erklingen „einer menschlichen Stimme"[39], die, wie Bachmann über Maria Callas schreibt, „nie vergessen machen [wird], daß es Ich und Du gibt, daß es Schmerz gibt, Freude. [...] Sie kann einen Ausdruck verfehlen, weil [sie] weiß, was Ausdruck überhaupt ist".[40]

Einen weiteren einfachen Hinweis zum Verhältnis, das zwischen der Ethik, dem „positiven Schweigen" Wittgensteins, dem Unsagbaren einerseits und der Sprache, der Ästhetik bei Bachmann andererseits bestehen kann, liefert Hans Werner Henze 1999 in einem Interview:

> HWH: Du sollst ja nicht weinen
> LM: ... sagt eine Musik ...
> HWH: das steht in der Dritten von Mahler. Wir waren ja total Mahler-verrückt. Wir waren ergriffen. Einmal hat sie zu weinen angefangen am Schluß des Adagios in der Mahlerschen Sechsten. Ich habe die Musik angehalten und sie hat geweint. Warum? Es stellte sich heraus, daß sie so traurig war, weil sie fand, daß so etwas wie dieser Mahlersche Gesang in der Poesie nicht möglich sei.[41]

Somit kommt Henze direkt auf den Punkt, dem Bachmann durch die utopische Haltung in ihrem Werk immer nachgegangen ist: auf das „Absolute" hin zu tendieren, sich dem Wittgensteinschen, unaussprechbaren „Mystischen" zu nähern, d. h. der „unaussprechlichen Erfahrung"[42]; in anderen Worten, „innerhalb der Grenzen" den Blick auf das „Vollkommene, das Unmögliche, Unerreichbare" zu richten, wie Bachmann in ihrer bekannten Rede zur Verleihung des Hörspielpreises der Kriegsblinden, *Die Wahrheit ist dem Menschen zumutbar*, schreibt.[43]

In der Musik zeige sich das Absolute, lesen wir in einem Interview, „das ich nicht erreicht sehe in der Sprache, also auch nicht in der Literatur, weil ich sie für überlegen halte, also eine hoffnungslose Beziehung zu ihr habe."[44]

Dieses Absolute, wovon Bachmann versucht, ein Bild durch den Vergleich mit der Musik zu geben, wird nie erreicht; es ist ein Richtbild, ein ‚Unterwegssein', es ist die utopische Richtung der Literatur, der Versuch einer Darstellung, die dem Unsagbaren eine Stimme doch verleiht, dem Unaussprechbaren „(das, was mir geheimnisvoll erscheint und ich nicht auszusprechen vermag) vielleicht den Hintergrund [gibt], auf dem das, was ich aussprechen konnte, Bedeutung bekommt."[45]

Ein Mahlersches Adagio in der Poesie sei nicht möglich, und dennoch sei ein „Ausdruckstraum" zu verwirklichen, „Stücke der realisierten Hoffnung auf die ganze Sprache, den ganzen Ausdruck", so Bachmann in *Literatur als Utopie*.[46]

Den alten Freund jedoch, den lieben „Musicus"[47], erreicht Bachmanns „Ouvertüre" auf dieser Ebene des Ausdrucks, dort wo sich Musik und Literatur vielleicht doch auf einer Seite vollkommener Harmonie oder „hoffnungsloser Annäherung an Vollkommenheit"[48] tangieren: „Lektüre *Malina* beendet" – ist in einem Telegramm vom 26. März 1971 von Hans Werner Henze an Ingeborg Bachmann zu lesen – „sehr aufgewühlt von Reichtum große Traurigkeit Verzweiflung dieser deiner ersten Sinfonie welche die elfte von Mahler ist".[49]

---

[1] Zu Bachmanns Wittgenstein-Lektüre siehe Barbara Agnese, *Der Engel der Literatur. Zum philosophischen Vermächtnis Ingeborg Bachmanns*, Wien 1996, insbes. Kap. 2: Die „unphilosophische" Haltung, S. 45–73.

[2] Ingeborg Bachmann, *Fragen und Scheinfragen*, in: dies., *Essays, Reden, Vermischte Schriften*, hg. v. Christine Koschel, Inge von Weidenbaum u. Clemens Münster, München/Zürich ³1984 (*Werke* 4), S. 192. Hervorhebung B. A.

[3] Siehe z. B. Dirk Göttsche, *Die Produktivität der Sprachkrise in der modernen Prosa*, Frankfurt a. M. 1987, insb. S. 159–161.

[4] Ingeborg Bachmann, *Sagbares und Unsagbares – Die Philosophie Ludwig Wittgensteins*, in: dies., *Essays, Reden, Vermischte Schriften* (Anm. 2), S. 120.

[5] Mauthner, mit dem oft Wittgensteins Position verwechselt wird, erbt von dem mittelalterlichen Nominalismus und dem englischen Empirismus den Skeptizismus gegenüber der Erkenntnisfähigkeit der Sprache.

6 Bachmann, *Sagbares und Unsagbares* (Anm. 4), S. 106f.

7 Ebd., S. 107f.

8 Ebd., S. 108.

9 Ebd., S. 108f.

10 Ludwig Wittgenstein, *Vermischte Bemerkungen*, in: ders., *Bemerkungen über Farben – Über Gewissheit – Zettel – Vermischte Bemerkungen*, hg. v. Georg Henrik von Wright u. Heikki Nyman, Frankfurt a. M. 1989 (*Werkausgabe in 8 Bänden* 5), S. 463.

11 Vgl. Bachmann, *Sagbares und Unsagbares* (Anm. 4), S. 116.

12 Ludwig Wittgenstein, *Tractatus logico-philosophicus*, in: ders., *Tractatus logico-philosophicus – Tagebücher 1914–1916 – Philosophische Untersuchungen*, hg. v. Georg Henrik von Wright, Frankfurt a. M. 1989 (*Werkausgabe in 8 Bänden* 1), S. 522.

13 Bachmann, *Fragen und Scheinfragen* (Anm. 2), S. 118.

14 Ebd., S. 187, 191.

15 Ebd., S. 123.

16 Ebd. Siehe auch Ludwig Wittgenstein, *Philosophische Untersuchungen*, in: ders., *Tractatus – Tagebücher – Untersuchungen* (Anm. 12), § 329, S. 384.

17 Ludwig Wittgenstein, *Philosophie* [= § 86–93 aus dem sogenannten Big Typescript TS 213], hg. v. Heikki Nyman, in: *Revue Internationale de Philosophie CLXIX*, 1989, H. 2, S. 177.

18 Bachmann, *Fragen und Scheinfragen* (Anm. 2), S. 192.

19 Vgl. Wittgenstein, *Vermischte Bemerkungen* (Anm. 10), S. 499: „Das Maß des Genies ist der Charakter. [...] Genie ist nicht ‚Talent und Charakter', sondern Charakter, der sich in der Form eines speziellen Talents kundgibt"; ebd., S. 503: „Man könnte sagen: ‚Genie ist *Mut im Talent*." Vgl. dazu Ingeborg Bachmann, [*Rede zur Verleihung des Anton-Wildgans-Preises*], in: dies., *Essays, Reden, Vermischte Schriften* (Anm. 2), S. 297: „Es bedarf nicht so sehr der Talente [...], sondern der Schriftsteller, denen es möglich ist, den Charakter auf der Höhe ihres Talents zu halten..."

20 Ingeborg Bachmann, *Über Gedichte*, in: dies., *Essays, Reden, Vermischte Schriften* (Anm. 2), S. 206. Hervorhebung B. A.

21 Ingeborg Bachmann, *Wir müssen wahre Sätze finden. Gespräche und Interviews*, hg. v. Christine Koschel u. Inge von Weidenbaum, Neuausgabe, München/Zürich 1991, S. 139.

22 Bachmann, *Fragen und Scheinfragen* (Anm. 2), S. 188.

23 Ingeborg Bachmann, *Musik und Dichtung*, in: dies., *Essays, Reden, Vermischte Schriften* (Anm. 2), S. 60.

24 Bachmann, *Wir müssen wahre Sätze finden* (Anm. 21), S. 124.

25 Ingeborg Bachmann, *Ein Tag wird kommen. Gespräche in Rom*. Ein Porträt von Gerda Haller, mit einem Nachwort von Hans Höller, Salzburg/Wien 2004, S. 70–71.

26 Bachmann, *Wir müssen wahre Sätze finden* (Anm. 21), S. 81.

27 Ingeborg Bachmann, *Die wunderliche Musik*, in: dies., *Essays, Reden, Vermischte Schriften* (Anm. 2), S. 45–58; Bachmann, *Musik und Dichtung* (Anm. 23), S. 59–62; Ingeborg Bachmann, *Hommage à Maria Callas*, in: dies., *Essays, Reden, Vermischte Schriften* (Anm. 2), S. 342–343; alle Callas-Entwürfe in Ingeborg Bachmann, *Kritische Schriften*, hg. v. Monika Albrecht u. Dirk Göttsche, München/Zürich 2005, S. 408–411; Zum Thema „Musik und Dichtung" siehe auch Ingeborg Bachmann u. Hans Werner Henze, *Briefe einer Freundschaft*, hg. v. Hans Höller, mit einem Vorwort von H. W. Henze, München/Zürich 2004, S. 189–191.

28 Bachmann, *Wir müssen wahre Sätze finden* (Anm. 21), S. 95.

29 Ebd., S. 107.

30 Ebd., S. 60.

31 Ingeborg Bachmann, *Literatur als Utopie*, in: dies., *Essays, Reden, Vermischte Schriften* (Anm. 2), S. 268, 270.

32 Ebd., S. 268.

33 Ebd.

34 Siehe Ingeborg Bachmann, *[Bertolt Brecht: Vorwort zu einer Gedichtanthologie]*, in: dies., *Essays, Reden, Vermischte Schriften* (Anm. 2), S. 367.

35 Zu Bachmanns ‚Zitat-Auffassung' siehe Agnese, *Der Engel der Literatur* (Anm. 1), Kap. 10: „*Avec ma main brûlée…*": Utopie als Zitat, S. 251–270; zu ihrer „Poetik des Zitats" siehe Hartmut Spiesecke, *Ein Wohlklang schmilzt das Eis. Ingeborg Bachmanns musikalische Poetik*, Berlin 1993, S. 202–221.

36 Ingeborg Bachmann, *Malina*, in: dies., *Todesarten: Malina und unvollendete Romane*, hg. v. Christine Koschel, Inge von Weidenbaum u. Clemens Münster, München/Zürich ³1984 (*Werke* 3), S. 93.

37 Ingeborg Bachmann, *Das Unglück und die Gottesliebe – Der Weg Simone Weils*, in: *Essays, Reden, Vermischte Schriften* (Anm. 2), S. 155.

38 Ebd.

39 Bachmann, *Musik und Dichtung* (Anm. 23), S. 62.

40 Bachmann, *Hommage à Maria Callas* (Anm. 27), S. 342.

41 *Das Leben, die Menschen, die Zeit. Hans Werner Henze im Gespräch mit Leslie Morris* (Rom, 4. Januar 1999), in: *Literatur- und kulturwissenschaftliche Essays zum Werk Ingeborg Bachmanns*, hg. v. Monika Albrecht u. Dirk Göttsche, Würzburg 2000 (*Über die Zeit schreiben* 2) , S. 149.

42 Bachmann, *Sagbares und Unsagbares* (Anm. 4), S. 118.

43 Ingeborg Bachmann, *Die Wahrheit ist dem Menschen zumutbar*. Rede zur Verleihung des Hörspielpreises der Kriegsblinden, in: dies., *Essays, Reden, Vermischte Schriften* (Anm. 2), S. 276.

44 Bachmann, *Wir müssen wahre Sätze finden* (Anm. 21), S. 85.

45 Wittgenstein, *Vermischte Bemerkungen* (Anm. 10), S. 472.

46 Bachmann, *Literatur als Utopie* (Anm. 31), S. 268.

47 Bachmann u. Henze, *Briefe* (Anm. 27), S. 271, 272.

48 Bachmann, *Musik und Dichtung* (Anm. 23), S. 62.

49 Bachmann u. Henze, *Briefe* (Anm. 27), S. 286.

Karl Ivan Solibakke

„O alter Duft aus Märchenzeit".
Idealistische Musikphilosophie und
die Literarisierung der Musik in
ausgewählten Werken Ingeborg Bachmanns

Die folgende Untersuchung setzt sich zum Ziel, die Literarisierung der Musik bei Ingeborg Bachmann auf ihre ideengeschichtlichen Ursprünge zurückzuverfolgen. Ausgehend von den Klangtheorien Kants, Schellings, Schopenhauers und Hegels soll zunächst die Vermischung der Wahrnehmungsmodi und Ausdrucksmedien erörtert werden, so auch das Verhältnis zwischen Klangzeichen und Schriftzeichen. Mittels der Thematisierung der Klangkunst ergeben sich ferner neue Ansätze für die Texterschließung, weil die Musikphilosophie Erkenntniswege markiert, die aus dem erweiterten Spektrum der ästhetischen Wahrnehmung der Literatur zuzuweisen sind. Damit lassen sich Bedeutungs- und Organisationsdetails zur Literarisierung von Klangidealen und zur Textgliederung nach musikalischen Formmustern vorführen. Schließlich erweisen sich die Musikphilosophien des frühen 19. Jahrhunderts als Denkmodelle für die individuelle Erinnerung und das kulturelle Gedächtnis. In diesem Sinne dienen die klangästhetischen Diskurse dazu, dem Prosagedicht *Was ich in Rom sah und hörte* und dem Traumkapitel aus *Malina* musiko-literarische und erinnerungskulturelle Perspektiven abzugewinnen.

Von der ‚Sprache der Empfindungen' zur inneren Zeitlichkeit des Subjekts

Dass die Tonkunst einer „Sprache der Empfindungen"[1] entspricht, bildet innerhalb der Theoretisierung der Kunstformen die Grundlage für die Genese der Musikästhetik um 1800. Die seit dem 17. Jahrhundert belegte Orientierung des Klangs an der Sprachtheorie bewirkt zudem, dass die Empfindungssprache sich wie ein Zeichensystem ausbildet, in dem Aussagewerte mit einem undefinierbaren Ausdruckswert in Beziehung gesetzt werden. Theoretisch gesehen gehört deshalb die Übertragung von Sprachkategorien aus der Rhetorik oder der Aussagenlogik auf die klangbezogene Wahrnehmung zur medialen Grenzerweiterung. Auch infolge dieser medialen Vermischung liegt die Konvergenz von Bedeutung und Klangmedium der Vorstellung einer Wechselwirkung zwischen Form und Materie im Klangphänomen zugrunde.

Das Begriffsregister für abstrakte Ideen einerseits und die Sinnesausdrücke der Empfindungen andererseits sollen nun auf eine Ebene gestellt werden, die es ermöglichen soll, die Zweckgebundenheit des musikalischen Gedankens nachweisen zu können. Dieser Anspruch überträgt sich sowohl auf Klangeinheiten, die einen logisch nachvollziehbaren Aussagewert artikulieren, als auch auf die vernunftgesteuerte Urteilsbildung über wortunabhängige Klangmodelle. Damit gestaltet sich die Maßgabe einer ‚wahren, guten und echten' Musik zur Leitfunktion für die Wahrnehmung von Klanggebilden, denen neben sinnlichen auch ethische Ansprüche zukommen sollen. Auf der Basis dieser Klanghermeneutik entwickelt sich erstmalig die Vorstellung, dass die Tonkunst im systematischen Aufbau einer Kultur nach ästhetischen Maßstäben vorkommen soll. Aus der Perspektive der kulturellen Wirksamkeit geht die Rezeption des Klangs mit der seitens einer breiten Öffentlichkeit konsensfähigen Urteilsbildung einher: Für die Musikästhetik stellt sich die Aufgabe, Darstellungsmittel und Erkenntniswege zu finden, um aus der theoretischen Überlegung heraus Klangformen mit Klangmaterial sinnvoll zusammenzuführen. Deswegen ist Kants Ästhetik der Musik, die er im Rahmen der *Kritik der Urteilskraft* darlegt, nur aus dem Gesamtzusammenhang der Einbettung aller Kunstwahrnehmungen in sein großes denkkritisches Projekt zu verstehen.

Obwohl Kant der Tonkunst bescheinigt, Gemütsbewegungen anzuregen, ist sie als Erkenntnisform nicht mit den anderen semiotisch konstituierten Kunstausdrucksformen vergleichbar. Wegen mangelnder Anregung des begrifflichen Nachdenkens spricht Kant der Musik das Vermögen ästhetischer Kulturgründung ab und ordnet sie dem niederen Bereich des Genusses zu.[2] Ihn stört insbesondere die Vagheit des affizierten Gefühls, das lediglich ein begrifflich unverankertes und assoziatives Gedankenspiel[3] hervorruft. Denn aus der Klangwahrnehmung erwächst kein konsensfähiger Begriff, auf den die ästhetische Urteilsbildung ihren Anspruch gründen könnte.[4]

Einerseits rekurriert Kant auf die Phonation der mündlichen Sprache, wenn ihm die Assoziation von Sprache und Musik als ein hinter dem Klang befindliches Gefühl gilt. Das Klangmaterial abstrahiert er von der Sprachäußerung, um auf eine Tonfarbe zu kommen, die als Trägermedium für den logischen Begriff dient. Der Hörer geht analog von der Sprache aus, trennt diese in die Materialität des Wortklangs und den Begriff der Aussage und überträgt die Reduktion des sinnlichen Klangsubstrats auf die musikalische Komposition. Verharrt die Musik trotz der Sprachanalogie im Bereich der nicht urteilsfähigen Wahrnehmung, so sind es strenge mathematische Proportionen, die dem Klanggefüge seine Regelhaftigkeit verleihen. Für Kant sind Melodie und Harmonie folglich Zusammensetzungen eines mathematisch fundierten Klangablaufs, in dem die Sprache der Empfindungen nur assoziativ aus dem Affekt der sprachlichen Aussage zum Erkenntniswert gelangt.

Die Abwendung von einer wortgebundenen Klangästhetik in der ersten Dekade des 19. Jahrhunderts spiegelt sich in der Musikphilosophie Schellings wider. Während seine Überlegungen auf Kant beruhen und Hegel nachhaltig prägen, der Schelling in Jena erlebte, werden sie dennoch erst 1859 nach der posthumen Veröffentlichung der kunstphilosophischen Vorlesungen allgemein rezipiert. Schelling stützt sich vor allem auf die Materialität des Klangs, den er in „Schall" als stetige und „Laut" als unterbrochene Klangform untergliedert. Im Hinblick auf die intellektuelle Anschauung erhält der Klang die Bestimmung, die „Seele des Körpers selbst"[5] wahrzunehmen, denn der Klang bildet sowohl in abstracto ein inneres Prinzip des Körpers als auch in concreto dessen Sukzession in der Zeit ab.[6] Damit wird Schellings gesamter ästhetischer Aufbau auf der Priorität des Klangs fundiert, der dem sonoren Charakter des Materials[7] nahe dem Ursprung entspricht. Mit der Fixierung auf die zeitliche Bewegung grenzt Schelling die Tonkunst von der Malerei und Plastik ab, die als Raumkünste der klangbezogenen Zeitkunst gegenüberstehen.

Gemäß einem dialektischen Schema, das von der realen zur idealen Form aufsteigt, um auf der höheren Ebene zu konvergieren, legt Schelling drei Potenzen in der Musik fest: Rhythmus, Modulation und Melodie. Doch kommt es in dieser für seinen ästhetischen Aufbau allerersten dialektischen Bewegung nicht zur Verschmelzen des Rhythmus mit der Melodie. Stattdessen behält der Rhythmus seine Dominanz als erste Potenz, da ihm das Gleichmaß aller Naturabläufe und die Zeitlichkeit des Selbstbewusstseins zugrunde liegen. Die zweite Potenz, Modulation, bezieht sich auf die Verbindung der sinnlichen

Klangempfindung mit der allgemeinen Urteilskraft. Dadurch hebt sie sich von ihrer musiktechnischen Bedeutung ab und erhält stattdessen eine erkenntnistheoretische Funktion. An dritter Stelle realisiert sich die Potenz der Melodie als Ausdruck des Individuums, das mittels seiner Einbildungskraft die Klangeindrücke sowohl sinnlich materiell als auch ideell zeichenhaft ausformt.[8] Dadurch leitet das Subjekt seine Fähigkeit zur theoretischen und praktischen Weltkonfiguration aus dem Bewegungsablauf seiner Phantasie ab.

Bei Schopenhauer lassen sich Ähnlichkeiten und Differenzen mit Schellings alles begründender Rhythmuslehre feststellen. Befindet sich die Musik bei Schelling in unmittelbarer Nähe des sonoren Ursprungs, und umgreift die Zeitlichkeit des Klangs die Bewegung des gesamten Weltbaus, so korrelieren der Wille und die Klangwahrnehmung Schopenhauers mit dem Rhythmus und Klangmaterial Schellings. Kontrastiv zu Schelling rückt Schopenhauer den Affekt wieder ins Zentrum der ästhetischen Betrachtung, von dem Schelling sich mit seinem abstrakten Zeitlichkeitsprinzip distanziert. Demnach stellt der Rekurs auf die ‚Gefühle, Leidenschaften und Affekte des Hörers', die dem triebhaften Willen entsprechen, die Musik wieder in ihren Bezug zur Sprache der Empfindungen.

Beruht Schopenhauers Musikästhetik auf einem nicht begrifflich fassbaren Klangmedium, so verhält sich die Tonkunst noch in Anlehnung an Kant gemäß strengen Ordnungsgesetzen. Unter den Kunstformen bildet gerade die Musik Weltstrukturen ab, weil sie konzeptuell auf die kosmische Zahlenlehre und Sphärenharmonie der Antike zurückverweist. Auf dieser Ordnung lässt sich auch die Verbindung des Klangs mit dem Willen fundieren, der insbesondere dem verborgenen Weltprinzip gleichkommt, denn die Musik organisiert sich ohne Bezug auf die Begriffslogik und verhält sich stets selbstreferentiell und autopoietisch. Als Parallele zu Kants „Ding-an-sich" kommt nach Schopenhauer die Musik unmittelbar in der Natur vor.[9] Eingedenk dieser Außenposition spricht er dem Klang zu, die gesamte ästhetische Kultur zu überblicken und in das Weltsystem einzugreifen, um Willensmomente unmittelbar steuern zu können.

In Anlehnung an Schelling verschreibt sich die Musikphilosophie Hegels dem Gedanken, dass die Tonkunst ein Bewegtes darstellt, das zwischen dem räumlichen Bild und der fließenden Sprache vermittelt. Als Ausdruck innersubjektiven Empfindens ist die Tonkunst ein fließendes Medium, das die „Innerzeitigkeit" des Individuums zum Vorschein bringt. Da es dem Hegelschen Geist aufgegeben ist, Sprache zu evozieren, bedarf es zunächst eines Zurückziehens ins Innere, um schließlich die Empfindungslaute in Tonverhältnisse und den Naturausdruck ins Wortmaterial zu transformieren.[10] Insofern schreitet Hegels Kunstideal vom statischen Bild über den pulsierenden Klang zum bildhaften, klangkodierten und bewegten Wort der Begriffssprache hin. Voraussetzung hierfür ist jedoch, dass zum einen die Empfindungen objektiven Charakter annehmen, und zum anderen sich das geformte Wort der Begriffssprache aus dem Lautmaterial herauskristallisiert.[11] Mangelt nämlich dem Material der Tonkunst gerade das Räumliche, so sind dennoch die sinnlichen Aspekte des Klangs für die darstellenden Künste substantiell wichtig, während dessen geistige Aspekte in den Zeichenraum der Sprache und Schrift eingehen.[12]

Die Zeit als solche bestimmt Hegel zur abstrakten Grundform, bestehend aus Zeitmaß, Takt und Rhythmus. Das Zeitmaß, das die gleichförmige Wiederholung des Mannigfaltigen bewirkt, gliedert sich in eine Dreiheit, die sich von der leeren Unbestimmtheit über die willkürliche und unbestimmte Mannigfaltigkeit bis zur bestimmten Einheit hinaufbewegt. Gemäß dieser Aufstufung konstituiert sich die Temporalität des Subjekts, das sich großflächig orientiert, ferner Selektionen aus dem Fließen der Gegenstandsfülle vornimmt und schließlich subtile Akzentuierungen an den Gegenständen differenziert. Wegen dieser präzisen Analyse des Klangflusses gestaltet sich zudem die Temporalität zur Bedingung der Möglichkeit der Erinnerung als Rückverweis auf ein vergangenes Klangmoment und die Vorwegnahme eines noch kommenden Klangereignisses.[13] Laut Hegel erhalten die individuelle Erinnerung und das kulturelle Gedächtnis aus der Bewegung des Klangs ihr erstes Formgepräge. Wenn dabei bloße Luftschwingungen das Tonmaterial ausmachen, avanciert das Gehör im Gegensatz zum Auge zum ideellen Sinn der inneren Subjekterfahrung. Damit wird die Musik zur physischen Macht, die gegebenenfalls eine körperliche Reaktion auslöst.[14] Auch wird die Klangwahrnehmung zur Ursache dafür, dass das Subjekt sich als Klangboden des Seins erkennt. Mit der Klangresonanz, die im inneren Bewusstsein nachhallt, nimmt das Subjekt die Konturen seiner Zeitlichkeit wahr, was letztlich seine eigene Individualität statuiert und seine Identität vorprägt. In diesem Zusammenhang stellt Hegel Überlegungen an über die Übereinstimmung von Zeitlichkeit und Sein in der Aneinanderreihung immerwährender Jetztpunkte: „Ich ist in der Zeit, und die Zeit ist das Sein des Subjekts selber."[15] Liegt diese Zeitbestimmung den ontologischen Wesensmerkmalen in Heideggers *Sein und Zeit* zugrunde, so sind das klangzeitlich orientierte Bewusstsein Hegels und das seine Lebenswelt selbst konstituierende Dasein Heideggers Korrelate, zumal diese existentiellen Bedingungen der Sprachentwicklung vorausgehen.

Diesen Ausführungen zu den idealistischen Musikphilosophien folgen nun Analysen des Prosagedichts *Was ich in Rom sah und hörte* wie des Traumkapitels aus *Malina*, die der theoretischen Verknüpfung der Klangästhetik mit der Literatur nachgehen. Insbesondere soll hierbei gezeigt werden, dass die multiperspektivische Literarisierung des Klangs in die ‚Problemkonstante' der Bewältigung von Erinnerung im Werke Bachmanns führt.

Was ich in Rom sah und hörte: Wechsel der Wahrnehmungsästhetik

Der 1954 entstandene Romtext Bachmanns beginnt mit einer an ein gefrorenes Bild erinnernden Beschreibung des römischen Flussufers und der Tiberina, die sich inmitten des Flusses im Zentrum des antiken Stadtkerns befindet. Die Anordnung des Textes entspricht der eines herausgehobenen Fokus, passend zum Verweis auf das Visuelle im Titel. Von diesem Fokus aus hebt eine zirkulär angelegte Begehung ausgewählter Sehenswürdigkeiten und unbekannter Orte Roms an.[16] Topologisch bedeutsam ist, dass die Orte miteinander unverbunden bleiben, dass vereinzelte Stadtbilder aneinander gereiht werden, ohne dabei die geographisch-räumlichen Zwischenwege anzudeuten.[17] Die Heraushebung der Loci wird ferner durch die Wiederholungen der Satzpartikel „in Rom sah ich" bzw. entsprechende Ableitungen hiervon grammatikalisch erzeugt, so dass ebenfalls von einem rituellen Textvorgang[18] gesprochen werden kann.

Im ‚Treiben' der insularen Tiberina spiegeln sich die Andersartigkeit und Ausgrenzung der Kranken und Toten, die den sozialkritischen Impetus des Textes zum Vorschein bringen. Damit ist Bachmanns Prosagedicht bei aller technischen Raffinesse[19] auch als Gegenfolie zu den vielen Verherrlichungen der Stadt zu lesen, die deren Prunkbauten, imperiale Größe und Geschichtsträchtigkeit ins Visier rücken. Hierbei fungiert der ‚schöne Tiber' mit seinem „schlammgrün oder blond"[20] gestrählten Wasser als das Sinnbild eines Erkenntnisreflexes, worin Sein und Schein sich unterscheiden. Also bergen die Ortsbeschreibungen, die Bachmann im Text zum Erscheinen bringt, in sich das

Moment des Umschlags in die eigene Zerstörung, so dass allen Loci auch ihr Vernichtungspotential innewohnt.

In diesem Sinne manifestiert sich an den Orten eine Zeitlichkeit, die auf eine überhistorische Erkenntnisposition der Erzählinstanz schließen lässt. Dieses besondere Zeitbewusstsein erstreckt sich nicht nur auf die Räume in ihrer unmittelbaren Vergegenwärtigung, sondern auch auf die Möglichkeit der Bezeugung vergangener Geschehen am gleichen Ort. Demnach wird beispielsweise der prunkvolle Petersdom dank der Zuwendungen der Armen aufrechterhalten. Durch die Freilegung des Petrusgrabs wird das Fundament des Baus untergraben, während darüber die „Ballette in Purpur unter Baldachinen"[21] gefeiert werden. Auch der Palazzo Cenci, Ort der Bedrängung der jungen Beatrice (1577–1599) durch ihren Vater und dessen Ermordung aus Gründen des Selbsterhalts, beschwört viele Häuser herauf, in denen Formen privatfaschistoider Missbräuche zu beklagen sind. Verschweigt der Text, dass der Palazzo auf dem Gelände des längst verfallenen Circus Flaminius erbaut wurde, so ist dennoch hier auch im Vorgriff auf die Pathologie der individuellen und kollektiven Erinnerung in *Malina* ein räumliches Palimpsest der Gewalt lesbar.

Neben dem Sehsinn avanciert im dritten und fünften Absatz der Geruch von Unrat und Verwesung zum Sinnesmedium der Vermittlung zwischen Gegenwart und Vergangenheit. Damit bestätigt Bachmann die häufig beschworene Qualität des Olfaktorischen, dessen Bedeutung für die Gedächtnistheorien Prousts in Schopenhauers Wahrnehmungsästhetik vorweggenommen wurde.[22] Ferner steigt im 13. Absatz der Mondbeschienene und nur zufällig Auserwählte in das Wasser der Fontana di Trevi, um die Münzen der Touristen aufzusammeln und an seine Brüder zu verschenken. Neben dem Hinweis auf das Wasser als symbolisches Medium des Gedächtnisses dienen die Buchstaben SPQR zum Ausweis aller Brunnen und Kanaleinstiege, weil angesichts des Werdens und Vergehens von Roms Herrschaftsträgern wie Menschenmassen diese Signatur der ungebrochenen Hoheit der Schriftzeichen Gewicht verleiht.

Wasserstätten wie Todesstätten erinnern an die antiken und frühchristlichen Stadien der Stadtgeschichte, die in den versiegten Zisternen, ausgetrockneten Brunnenhäusern und dumpfigen Katakomben ihrer Vergegenwärtigung durch die ästhetische Wahrnehmung harren. Zu den Todestopoi im Text zählen ferner die Verweise auf Golgotha oder die aufgrund der Mauerreste bezeugte

Christenverfolgung Diokletians in unmittelbarer Nähe des Kopfbahnhofs Termini. Weitere Todesfiguren sind die Heilige Agnes der antiken Zirkustreppen, ferner der hingerichtete Mystiker und Pantheist Giordano Bruno, der gekreuzigte Petrus und die jüdischen Mädchen in „brennend roten Röcken" sowie die ‚Bewohner' des Protestantischen Friedhofs unweit des Scherbenhügels[23], denen allesamt ein Platz im römischen Alltag zugewiesen wird.[24] Ihr Erscheinen bezieht sich nicht nur auf das mnemonische Anschauungsvermögen der Erzählinstanz, sondern schafft auch ein kulturelles Erinnerungsnetz innerhalb des Aufsatzes. Schließlich weist das nur beiläufig angesprochene Gras im Forum auf die Zeiträume vor den Ausgrabungen im 18. Jahrhundert hin, als die verwahrloste Gegend um das Forum Romanum die innerstädtischen Weiden für die Tierhaltung bot.[25]

Das Erzähl-Ich, das nach Musterorten in der ‚Ewigen Stadt' sucht, nimmt an dieser Stelle das dem Verfall zuzuschreibende ‚Herfallen' des Grases über die Denkmäler des Forums als auditives Moment im Text wahr. So wird hier erstmalig das Versprechen des Titels *Was ich in Rom sah und hörte* erfüllt. Gleichermaßen verdichtet sich das Zudecken der visuellen Erinnerungsreize zur auditiven Erkenntnisposition, mit der sogar weiträumige Geschichtsmomente – einerseits die antiken Ruinen und andererseits das Rauschen des modernen Stadtverkehrs – sich manifestieren.

> Auf dem Kapitol den Lorbeerbaum und das verräterische wilde Gras im Forum, und gehört habe ich, wenn das Gras über die verschlagenen Säulen und zerbrochenen Mauern in der Dämmerung herfiel, den Lärm der Stadt, täuschend fern und sanft das Gleiten der Autos.[26]

Wie bereits erwähnt, ragt in Schopenhauers Wahrnehmungsästhetik das Paradigma der Klangkünste vor allen anderen Ausdrucksformen hervor, auch sogar jener der Schriftsprache.[27] Dass man im Klang letztlich Transzendenzwerte wahrnimmt, also wahrheitsgemäße und immerwährende Vorbilder, deren unzählige Nachbilder sich in den mannigfaltigen Einzelvorkommnissen der Erscheinungswelt niederschlagen,[28] geht aus der Argumentationsweise des Philosophen hervor. So ist die Hörkunst von den übrigen Kunstformen dadurch abgesondert, dass sie nicht als Nachbildung idealer Wesenheiten im Sinne des Bezeichneten gilt, sondern als ‚Superzeichen', dessen „Deutlichkeit sogar die der anschaulichen Welt selbst übertrifft."[29] Das Hörphänomen erweist sich als die Erkenntnisweise, die den verborgenen Sinn einer „Szene, Handlung, Vorgang,

Umgebung"[30] aufzuschließen vermag. In Bachmanns Romtext markiert daher der programmatische Wechsel von der Anschauungsperspektive zum Hörparadigma im 4., 7., 15., 16. und 17. Absatz einen Verzicht auf die Betrachtung der Oberfläche der Erscheinungswelt zugunsten einer Verlagerung des Erkenntnisvorgangs in die Geschichtlichkeit des inneren Erzählsubjekts. Nicht zufällig lassen sich zwei weitere philosophische Positionen heranführen, um die erkenntnistheoretische Bedeutung dieser Stelle zu markieren: Sieht Hegel im Fließen des Klangs das ästhetische Korrelativ zum inneren Zeitbewusstsein des Subjekts[31], so findet im apophantischen Schweigen Heideggers[32] der Zugang des Daseins zum inneren Wesen der Welt statt, und zwar vermöge des unmittelbaren Horchens.

Darüber hinaus nimmt das Gehör den Vorrang vor dem Sehvermögen ein, wenn auch die Zeit, die nach Schopenhauer jeder Subjektinstanz außer dem ‚reinen' Subjekt der Erkenntnis immanent ist, in die Unendlichkeit der städtischen Topographie übergeführt wird. Das Werden der Zeit im auditiven Abbild der Geschichte und des Gedächtnisses erhält das Primat vor den anderen Sinneswahrnehmungen. So lässt sich die zusammenfassende Aussage des Erzähl-Ich am Ende des Prosagedichts – „Ich hörte, daß es in der Welt mehr Zeit als Verstand gibt, aber daß uns die Augen zum Sehen gegeben sind."[33] – als ein Transzendieren zu einer philosophisch-ästhetischen Wahrheitsmaximierung interpretieren. Kommen an dieser Stelle römische Volksweisheiten zu Gehör, so bestätigt sich wiederum das sozialkritische Kalkül Bachmanns, die der Herrschaftsschicht entstammenden Romchiffren Winckelmanns und Goethes mit grundständigeren Wahrheitswerten zu kontrastieren.

Das Epitaph auf dem Grab von Keats, „One whose name was writ in water", verbindet in virtuoser Manier drei der tragenden Säulen des Aufsatzes – Name, Schrift und Wasser – mit dem Tod. Liegt der Name der ursprünglichen Zeichenhaftigkeit der Dinge zugrunde, so ist es dieses originäre Ideal im Klang der Lautbildung, aus der die Schriftzeichen ihren Impetus erhalten. In der Absolutheit des Namens ist bereits die gefährliche Dialektik des Zeichenbegriffs angelegt, bald Licht der ästhetischen Erkenntnis, bald Finsternis der naturzerstörenden Zeichengewalt, die Bachmann anhand der kulturellen Topographien klangzeitlich verbundener Erinnerungsorte im Romaufsatz erschließt. Hinzu kommt das Motiv des Wassers, des Mediums von Zeit und Sein, dessen Symbolkraft die Mannigfaltigkeit des Vergangenen umschließt und das Gewesene im erkennenden Denken und Gedenken widerspiegelt.

Abschließend soll die Form des Romtextes betrachtet werden, um zu zeigen, dass das Prosagedicht nach dem Schema des goldenen Schnitts gegliedert ist, der sogar am Ende des 8. Absatzes als direkter Texthinweis zu lesen ist. Da im Bereich der natürlichen Zahlen das Zahlenverhältnis 3/5/8 die häufigste Umsetzung des Schnitts darstellt, ist es nicht überraschend, dass Bachmann ihre Rombilder auch daraufhin anordnet. In siebzehn Absätze unterteilt, besteht der Text aus zwei größeren Teilstücken von jeweils acht Abschnitten, die von einem Zentralabsatz unterbrochen und abgesetzt sind. Der Zentralabsatz, der von einer Abstraktheit der Raumkonfiguration gekennzeichnet ist, dient als poetologische Miniatur und ästhetisch-philosophische Leseanweisung für das Prosagedicht. Also bilden die Absätze 1 bis 5 die vordere Teileinheit der ersten Oktave, sodann die Absätze 6 bis 8 die hintere. Ebenfalls wiederholt sich dieses Aufgliederungsprinzip in der zweiten Oktave, wodurch die erkennbaren Brüche in der Textfolge zwischen den Absätzen 5 und 6 sowie 14 und 15 sich als beabsichtigt erweisen.

Versuch einer spiegelbildlichen Einordnung der Absätze

1. Tiber und Insel: Noiantri	17. Horchen der Wahrheitssätze
2. Peterskirche	16. Protestantischer Friedhof
3. Palazzo Cenci: Verwesung und Unrat	15. Scirocco: Tod und Verklärung
4. Ghetto: Judenverfolgung	14. Katakomben: Christenverfolgung
5. Campo de' Fiori	13. Cascata di Trevi
6. Römische Bar: Kommen und Gehen	12. Bahnhof Termini: Abschiede
7. Villen, Kapitol, Forum Romanum	11. SPQR
8. Himmel / Freiheit ungefesselter Naturbewegungen	10. Dinge / Gesetzmäßigkeiten der Gesellschaftsstrukturen

9. Der Zentralabsatz: Leseanweisung und Poetik

Die Verwendung solcher mathematischer Verhältnisse in der Proportionierung von Bestandteilen eines größeren Gebildes lässt sich nicht nur in den bildenden Künsten[34] und in der Architektur nachweisen, sondern auch in der klassischen Musik. Beispielsweise spiegeln 3/5/8 die bestimmenden Tonabstände – Terz, Quinte und Oktave – des harmonischen Systems wider. Im Zusammenhang mit der Wiener Klassik darf Beethovens c-Moll-Symphonie gerühmt werden: Sie erweist sich als ein vollendetes Beispiel des goldenen Schnitts, indem die Wiederholung des markanten Kopfmotivs genau an der Stelle vor dem Finale erklingt, an der gemäß Gesamttaktzahl des Werks die kleinere Teileinheit anzusetzen ist. Dieser Hinweis auf den goldenen Schnitt dient als Vorbereitung auf die Strukturanalyse in *Malina*, zumal Bachmann das Traumkapitel des Romans mit dem dezidierten Hinweis auf eine Erweiterung der Sehperspektive anhebt und dessen Bestandteile nach streng architektonischen Gesetzmäßigkeiten ordnet.

Beethoven und das weibliche Ich

Während die Wiener Klassik einen der musikhistorischen Fluchtpunkte von *Malina* markiert, gehören Schönberg und die Zweite Wiener Schule zur anderen Seite des musikalischen Spektrums. Allerdings stehen zwischen der Herauskristallisierung eines neuen musikalischen Formbewusstseins am Ende des 18. Jahrhunderts und der Hinwendung zur Atonalität und Dodekaphonie am Anfang des 20. die sublimen Klangerzeugnisse des späten Beethoven. 1823 bezieht der Komponist sogar Wohnräume in der Ungargasse 5 an jener Ecke zur Beatrixgasse (damals Bockgasse)[35], deren topographische Besonderheit den Lebensraum des Ich umgrenzt. Hier vollendet er die Neunte Symphonie und skizziert andere Werke, die der späten Schaffensperiode zuzurechnen sind. Ist für das weibliche Ich der besondere Bezug zu Beethoven im Roman belegt, so bestehen darüber hinaus strukturelle Bezüge zum Werk des Komponisten, die seiner namentlichen Erwähnung eine für das Prosawerk gewichtige Signalwirkung zuschreiben. Unabhängig von den italienischen Vortragsbezeichnungen im dritten Kapitel, mit denen die affektive Verbundenheit des Ich mit den Kompositionen Beethovens unterstreichen wird, gilt es, Überlegungen anzustellen, inwiefern musiko-literarische Homologien in dem Traumkapitel, diesem gegen die eigenen Erinnerungen kämpfenden ‚Passionsweg' des Ich, festzustellen sind. Doch erfolgt zunächst eine Betrachtung jener beiden Textpassagen, in denen das Ich sich dem Komponisten namentlich hinwendet.

Der erste Hinweis auf Beethoven fällt im Kontext des schmerzlichen Bewusstwerdens, in welchem Maße das weibliche Ich isoliert ist, zumal sein Liebhaber Ivan nur sporadisch verfügbar ist. Fassungslos und traurig über diese Wendung in der Liebesbeziehung sucht das Ich einen Weg aus der Atopie der Kommunikationslosigkeit, indem es sich zum Fenster bewegt, um dort der

Konfrontation mit dem eigenen Leid zu entgehen. Am Fenster erblickt das Ich das gegenüberliegende Beethoven-Haus:

> Wenn Ivan eine ganze Woche keine Zeit hat, was mir erst heute zum Bewußtsein gekommen ist, kann ich mich nicht mehr fassen. […] Ehe ich aus dem Zimmer herausfinde, ehe ich mir vorrede, daß in dem Haus vis-à-vis immerhin Beethoven taub die Neunte Symphonie, aber auch noch anderes, komponiert hat, aber ich bin ja nicht taub, ich könnte Ivan einmal erzählen, was alles außer der Neunten Symphonie – aber nun kann ich nicht mehr aus dem Zimmer, denn Ivan hat es schon bemerkt, weil ich die Schultern nicht mehr ruhig halte […].[36]

An dieser Stelle steht die Diskursivierung Beethovens nicht nur für den Versuch, die „Injektionen von Wirklichkeit" (364) zu kaschieren, die Ivan dem Ich zuteil werden lässt, sondern die Szene bestätigt auch die überragende Vernunftposition Ivans im Gegensatz zur affektiven Haltung des Ich. Hier scheint Ivan genauso stark von der Herrschaft des Denkens geprägt zu sein wie Malina: In dieser Begegnung mit seiner Ratio fühlt sich das Ich sogar frei, sich dem Affekt im Weinkrampf hinzugeben. Dadurch fallen alle Verstandesmittel der Begriffssprache aus, und das Ich betritt eine originäre Vitalität, die der klangbezogenen Willensphilosophie Schopenhauers entsprechen könnte und in der vor allem Vorformen des musikalischen Materials – Interjektionen, Schreie und unkontrollierte Lautbildungen – fundiert sind.

> In dieser animierten Welt einer Halbwilden lebe ich, zum ersten Mal von den Urteilen und den Vorurteilen meiner Umwelt befreit, zu keinem Urteil mehr über die Welt bereit, nur zu einer augenblicklichen Antwort, zu Geheul und Jammer, zu Glück und Freude, Hunger und Durst, denn ich habe zu lange nicht gelebt. (364f.)

Ausgeklammert werden muss in diesem affektiven Zusammenhang, dass die in der Ungargasse beendete Neunte Symphonie eine neue mediale Kreuzung in der Geschichte der Symphonik statuiert, weil darin die Instrumentalmusik durch die Hinzufügung von Gesangssolisten und Chor im letzten Satz des mehrteiligen Gebildes semiotisch umkodiert wird. Also entwickelt sich das Werk über amorphe Klangparadigmen hinaus, um den bildhaft-klanglichbegrifflichen Idealzustand im ästhetischen Aufbau Hegels zu versinnbildlichen. Wohnt Ivan in der Ungargasse 9, so dass dieses Werk mit ihm korreliert werden kann, so darf man analog das Ich mit der Sechsten Symphonie Beethovens in Bezug setzen. Gerade die Sechste gilt als eine der Urzellen der deutschen Programmmusik, da in der *Pastorale* – als *Sinfonia caracteristica* bekannt – der Komponist die naturmimetische Klangmalerei einer unmittelbar ‚naiven' Naturempfindung erprobt.[37] Damit stehen die Naturevokationen in der Sechsten der ideellen, auch teleologischen Entfaltung der leitmotivischen ‚Idee' in der Fünften Symphonie wie auch der Grenzüberschreitung der Gattungsparameter in der Neunten Symphonie gegenüber.[38] Der Passionsweg, welcher der ästhetischen Wahrnehmung von Natur und Geist zugrunde liegt, wird zudem durch ein weiteres Textsignal bestätigt, wenn am Ende des ersten Kapitels das Ich die das zweite Kapitel umfassende Traumsequenz mit der Aussage einführt:

> Ich gehe am besten nach Hause, ich stehe um drei Uhr früh an das Tor der Ungargasse 9 gelehnt, mit den Löwenköpfen zu beiden Seiten, und dann noch eine Weile vor dem Tor der Ungargasse 6, die Straße hinaufschauend in Richtung Nummer 9, in meiner Passion, den Weg meiner Passionsgeschichte vor Augen, den ich wieder freiwillig gegangen bin, von seinem Haus zu meinem Haus. Unsere Fenster sind dunkel. (500)

Erneut offenbart sich hier die seelische Entfernung des Liebespaares, die auch mit der topographischen Zweipoligkeit von Ungargasse 6 und 9 indiziert wird, da die jeweiligen Klangparadigmen der 6. und 9. Symphonie die auseinanderklaffenden Existenzräume der Figuren reflektieren. Auffallend ist ebenfalls die Wiederholung des Fenstermotivs, wodurch Erkenntniswege markiert sind, die der Traumsequenz als Hinwendung zur Sehperspektive vorausgehen und schließlich auch als Grenzgang zur erinnerungsbezogenen Pathologie des Ich figurieren.

Die Apostrophierung Beethovens am Ende des Romans unterstreicht die Desorientierung des Ich in seiner kulturellen Topographie, die vom solipsistischen ‚Ungargassenland' wie auch dem historischen Lebensraum Beethovens gebildet wird: „Heute bleibe ich an der Ecke Beatrixgasse-Ungargasse stehen und kann nicht weiter" (649). Verzweifelt sucht das Ich Hilfe bei einer Passantin, die seine Wahnvorstellungen von der aus dem Boden quellenden „Blutlache" und seine momentane Kopflosigkeit bändigen soll.

> Denn die Frau könnte wissen, wo die Ungargasse ist, sie sagt: Hier sind sie schon in der Ungargasse, zu welcher Nummer müssen Sie denn? Ich deute ums Eck, nach unten, aber ich wechsle die Seite, hinüber zu dem Beethovenhaus, ich bin bei Beethoven in Sicherheit, und ich schaue von Nummer 5 hinüber zu einem mir fremd gewordenen Haustor, auf dem die Nummer 6 steht (650).

So blickt das Ich vom Denkraum der Fünften Symphonie, die den Rekurs auf E. T. A. Hoffmanns bedeutende Rezension der Komposition impliziert, mit der dieser erstmalig die musikgeschichtliche Loslösung von der Tradition der Wortästhetik vollzog, auf den nun fremd gewordenen Klangkontext, den die naturverbundene Sechste Symphonie suggeriert. Die Überquerung der Straße von Haus 5 bis Haus 6 erfolgt im Zeichen einer zeitlichen und technischen Verfremdung, die der „O-Wagen von heute" (650) symbolisiert. Die Straßenseiten, die gleichermaßen Existenzräume wie Klangwelten des Ich darstellen, büßen ihre zeitliche Kohärenz ein aufgrund der Klangschneise des O-Wagens, der klingelnd vorbei fährt und folglich die Jetztzeit des temporal desorientierten Ich vergegenwärtigt. Obwohl das Ich „das andere Ufer erreicht" (650) und nach Hause gelangt, zeigt es sich an dieser Stelle im Hinblick auf die Klangstruktur des Romans als längst unrettbar.

Beethoven und der „Weg meiner Passionsgeschichte"

Mit dem Hinweis auf den „Weg meiner Passionsgeschichte" (500), den das Ich vor dem Ende des zweiten Kapitels thematisiert, lohnt es sich, den Aufbau des Traumkapitels dahingehend zu untersuchen, inwiefern musikalische Gestaltungsverfahren mit dem Textvorgang korrelieren. So wird es sich zeigen, dass der Aufbau des großen Traumkapitels architektonische Anlehnungen an die klassische Variationenform zeigt, die vor allem Beethoven in seinen sublimen Spätwerken zur Vollendung bringt. Bachmann präsentiert hier insgesamt 34 Traumepisoden von ungleicher Länge[39], die thematisch verknüpft und von sieben Dialogen im Halbschlaf zwischen dem Ich und Malina flankiert werden. Wenn der erste Traum – „Ein großes Fenster geht auf" (501) – die Funktion einer sich wandelnden Leitthemengruppe annimmt wie auch als ‚Zünder' für die restlichen 33 Traumsequenzen fungiert, dann kann der variationsähnlichen Gliederung des Kapitels das Formgepräge zugewiesen werden, das Beethovens Bearbeitung des Walzer-Themas von Anton Diabelli kennzeichnet. Das Traumkapitel kommt damit dem berühmten *Thema und 33 Variationen* für Klaviersolo aus dem Jahr 1823 gleich. Als eine der virtuosesten und anspruchsvollsten Kompositionen im klassischen Klavierrepertoire erschien das Werk im Juni wenige Monate vor dem Einzug des Komponisten in die Ungargasse im Druck.

Mögliche Beweggründe für die Angleichung der Struktur des Traumkapitels an die der Diabelli-Variationen betreffen nicht nur die Zahl der Teile, die an das Todesalter Christi erinnert, sondern auch den dem Hauptthema der Variationen zugrunde liegenden Tanzsatz. Die religiösen Anspielungen im Roman wie auch die Inszenierung der Körperwahrnehmungen bis hin zum Rausch des Tanzes gehören zu dessen wiederkehrenden Leitmotiven. Exemplarisch lassen sich beide Motivfelder kreuzen, wenn der Christus-Mythos und die häufigen Erwähnungen der ‚Schulter' auf eine Denkebene gehoben werden. Bereits im ersten Kapitel kommen Anspielungen auf den Schulterteil vor, der im weiteren Sinne des Romans als Synekdoche für die Opferung und das Leiden Christi am Kreuz zu lesen ist, so auch am Anfang des zweiten Kapitels, wo der Vater die Schulter des Ich am ‚Friedhof der ermordeten Töchter' berührt, ferner wenn das Ich sein Lebensbuch über die mit einem Stück Metall implantierte Schulter Malinas liest. Da die Schultergegend und der anliegende Nackenbereich den Kopf vom Rumpf trennen, verweisen sie auf die erkenntnistheoretische Spaltung des menschlichen Körpers in Geist und Sinnlichkeit, die der Roman so variationsreich vor Augen führt.

Ein weiteres Indiz dafür, dass Bachmann im Traumkapitel an die Architektonik der Diabelli-Variationen anknüpft, liegt in der motivischen und strukturellen Verbundenheit der Variationenfolge mit der letzten Klaviersonate Beethovens. Der berühmte *Arietta*-Satz des Opus 111, den die unterschiedlichen agogischen Figurationen in der Kretzschmar-Szene aus dem achten Kapitel von Manns *Doktor Faustus* reflektieren, gilt als unmittelbares Formmuster für den Aufbau des Diabelli-Werkes.[40] Damit weisen die rhythmischen Halbierungen der Themenprogression im finalen Satz des Opus 111 auf die agogische Raffinesse der Themenbehandlung in den Diabelli-Variationen hin. Schon längst hat sich in der Musikwissenschaft die Vorstellung durchgesetzt, dass die Diabelli-Variationen als motivtechnische Fortsetzung[41] des Opus 111 anzusehen sind, da Beethoven nicht nur die rhythmische Verfahrensweise des Sonatensatzes auf die Variationen überträgt, sondern diesen auch das Themenmaterial der *Arietta* hinzufügt. Darüber hinaus rekurriert Beethoven in der 22. Variation auf die erste Arie Leporellos aus *Don Giovanni* und nimmt mit seiner radikalen Erweiterung der klassischen variativen Technik sogar das dodekaphonische Kompositionsverfahren Schönbergs voraus. Demnach finden sich sogar aus der Perspektive der erinnerungskulturellen Diskurse im Roman im inneren Schema der Variationen subtile Reflexionen auf den geschichtlichen

Einteilung des ‚Traumkapitels' nach dem Schema *Thema mit 33 Variationen*
in Anlehnung an Beethovens *Diabelli-Variationen*, Opus 120

Thema: „Ein großes Fenster geht auf" (501)

Variation 1: Gaskammertraum (502)
Variation 2: Traum vom surrealistischen Entzug der Sinne (503)
    1. Dialog (507)
Variation 3: Sonneninseltraum (Gott ist eine Vorstellung) (508)
Variation 4: Traum der zertretenen Blumen (509)
Variation 5: Traum vom Bücherraub (Abriss der Bibliothek) (510)
Variation 6: Traum der Verführung I (Melanie und das Ich) (512)
    2. Dialog (513)
Variation 7: Tanztraum (Malina und das Ich; *Alfin tu giungi* aus Bellinis
    La Sonnambula) (514)
Variation 8: Wüstentraum (Stab der Wiener Universität) (515)
Variation 9: Operntraum (*Tristan*) (516)
Variation 10: Inzesttraum I (Sonntagspredigt des Vaters) (518)
Variation 11: Inzesttraum II (Reich der tausend Atolle) (520)
    Zwischenepisode I (520)
Variation 12: Barackentraum (Celan/Dostojewski) (521)
    Zwischenepisode II (524)
Variation 13: Traum der Reinigung von Schuld (Fußwaschung) (526)

1. Rekapitulation des Themas: „Ein dunkles Fenster geht nicht auf" (527)

Variation 14: Filmtraum (Untergang des Schiffes) (528)
Variation 15: Entführungstraum (Ins fremde Land) (530)
Variation 16: Fluchttraum (531)
Variation 17: Gartentraum (532)
    3. Dialog (535)
Variation 18: Traum der Wintermorde (538)
Variation 19: Eispalasttraum (538)
Variation 20: Eisstatuentraum (540)
Variation 21: Traum vom internationalen Parlamentär (540)
    4. Dialog (541)
Variation 22: Lawinentraum (543)
Variation 23: Skifahren (544)
Variation 24: Frauenterzett: *Tristan* und *Pierrot* (545)
Variation 25: Tod am elektrischen Zaun (546)

Variation 26: Friedhofstraum bzw. 2. Rekapitulation des Themas: „Ein Fenster geht auf" (548)
    5. Dialog (548)
Variation 27: Krokodiltraum (552)
Variation 28: Walzertraum (*Salome*) (553)
Variation 29: Traum des ungeborenen Kindes (555)
Variation 30: Zeitalter der Stürze (Zeit in der Gruft) (557)
Variation 31: Gefängnistraum (Satz vom Grunde und die drei Steine) (557)
Variation 32: Frittatensuppentraum (559)
    6. Dialog (Malina am Fenster) (561)
Variation 33: Erlösungstraum (562)
    7. Dialog (Der ewige Krieg) (564)

Horizont von der Wiener Klassik zur Wiener Moderne, den das musikalische Gedächtnis des weiblichen Ich umfasst.

Die Verwobenheit der inneren Verwandlung der Variationsteile hat ihre Entsprechung in der makrostrukturellen Gruppierung der Teile, die drei große Blöcke bilden, jeweils bestehend aus einer Gruppierung von 14, 10 und 9 Folgen. Wenn die erste Traumepisode im zweiten Kapitel von *Malina* als Eingangsthema zur Sequenz gilt, kann eine Dreiteilung von Bachmanns Traumkapitel vorgenommen werden. So bilden etwa die drei Wiederholungen des Themas die Schaltstellen einer Makrostruktur, die aus zwei Blöcken von jeweils 13 Teilen, gefolgt von einem kürzeren Block aus 8 Teilen besteht, wobei die zweite Rekapitulation des Themas als Scharnier zwischen dem zweiten und dritten Block fungiert und deshalb jedem Block zugeordnet werden muss. Durch diese Untergliederung des Traumkapitels in 3 Gruppen von 13, 13 und 8 Teilen rekurriert Bachmann wiederum auch auf die Zahlenreihe des goldenen Schnittes – 3, 5, 8, 13, 21, 34. Was dieser Deutung Plausibilität verleiht, ist die Tatsache, dass der goldene Schnitt bei der Gestaltung von Fensterformen zur Anwendung kommt, und dass die Traumsequenz mit dem Fenster zur inneren Seele des Ich eröffnet wird. Berücksichtigt man die Rekapitulationen des Themenmaterials in den Traum-Abfolgen, so entstehen zwei Gruppen von Episoden mit dem Verhältnis 13 zu 21 Teilen, die in der Wiederkehr des Fenster-Motivs (527) ihren Übergang haben. Besteht die zweite Gruppe aus zwei Teilen von 13 bzw. 8 Variationen, so dient die Wiederholung des Fenster-,Themas' (548) als Scharnier zwischen der vorderen und hinteren Gruppe. Damit entsteht eine dreigliedrige Textstruktur, die den drei Sätzen der Sonatenform ähnelt und sich in der inneren Form des Traumkapitels an die drei Kapitel des Romans anschließt.

„O alter Duft aus Märchenzeit"

Durch die Anbindung der Traumepisoden an den Aufbau der Diabelli-Variationen werden Verfahrensweisen auf den Text angewendet, die der klassischen Tonkunst entstammen und die dessen musiktechnische Strukturierung dem Bedeutungsspektrum von Unsagbarkeitstopoi im Sinne der frühromantischen Ästhetiken zuweisen. Hierbei sind Korrelationen zwischen der Variation als Kompositionstechnik und den

Durchführungsteilen klassischer Sonatengebilde anzulegen, die Adorno in der *Philosophie der neuen Musik* ausführlich thematisiert.[42] So kommen nach ihm die stetigen Verwandlungen der Themen einer Dynamisierung des Materials gleich, die mit einem permanenten und selbstreferentiellen Vorwärtsdrängen des Zeitverhältnisses einhergeht.[43] Das Bewusstwerden dieser Veränderungen geschieht normalerweise mittels der inneren und äußeren Perzeption der Abweichung der Klangfolge vom Thema. Damit stützt sie sich auf Gedächtnismomente, die nicht nur im Hörer sondern auch im Material selbst angelegt sind. Erweist sich die Erinnerung allerdings als ein unüberwindliches, quälendes Hindernis, wie dies für das weibliche Ich in *Malina* der Fall ist, so gelingt die variative Verfahrensweise paradoxerweise da, wo Raum und Zeit aufgelöst werden, also im Traumreich. Insofern überschreitet das Ich in der Traumsequenz die Grenzen von Zeit und Raum, um Vergangenes neben Gegenwärtiges, Individuelles neben Kollektives zu kontrahieren und auf einen archimedischen Punkt jenseits der textlogischen Zeitbestimmung zu verweisen. Auch bestätigen die Zwischendialoge mit Malina, inwiefern dem Ich die traumbezogenen Erkenntnisse im Alltag entgleiten und die Spuren der innerseelischen Traumbilder dem Bewusstsein noch unzugänglich bleiben.[44]

„Es ist der ewige Krieg" behauptet das weibliche Ich am Ende des Kapitels, womit seine Erinnerungsproblematik erneut ins Gedächtnis gerufen werden soll. Analog zum Ich und in Anlehnung an die variativen Formmodelle Beethovens griff Schönberg, dessen *Pierrot lunaire* für *Malina* von zentraler Bedeutung ist, den Kampf gegen die tradierte Klangkultur auf, um sich durch den Übergang zur Atonalität und Dodekaphonie vom Zwang der harmonischen Themenbehandlung zu befreien.[45] „O alter Duft aus Märchenzeit" – ein Traum – ein Trauma – die Suche nach der Erinnerung – ja zuweilen das Ringen um jene ferne ‚Stimmung', die dem gequälten Gedächtnis Frieden zusprechen könnte.

---

[1] Immanuel Kant, *Kritik der Urteilskraft*, hg. v. Gerhard Lehmann, Stuttgart 1963, S. 269.

[2] Vgl. ebd.

[3] Ebd., S. 271.

4 Ebd., S. 269f.

5 Vgl. Berbeli Wanning, *Schelling*, in: *Musik in der deutschen Philosophie*, hg. v. Stefan Sorgner u. Oliver Fürbeth, Stuttgart 2003, S. 85–91.

6 Friedrich Wilhelm Joseph Schelling, *Philosophie der Kunst*, Nachdruck der Ausgabe von 1859, Darmstadt 1980, S. 134.

7 Vgl. Manfred Frank, *Einführung in die frühromantische Ästhetik*, Frankfurt a. M. 1989, S. 208–230, hier 210f.

8 Schelling, *Philosophie der Kunst* (Anm. 6), S. 135.

9 Vgl. Arthur Schopenhauer, *Die Welt als Wille und Vorstellung*, Stuttgart ³1987 (*Sämtliche Werke* 1), S. 367–384, hier 370.

10 Vgl. Georg Wilhelm Friedrich Hegel, *Vorlesungen über die Ästhetik*, Frankfurt a. M. 1986 (*Werke in 20 Bänden* 15), S. 151.

11 Ebd., S. 146.

12 Ebd., S. 138.

13 Ebd., S. 164.

14 Ebd., S. 155.

15 Ebd.

16 Vgl. Sigrid Weigel, *Ingeborg Bachmann. Hinterlassenschaften unter Wahrung des Briefgeheimnisses*, Wien 1999, S. 107–112.

17 Vgl. Michel de Certeau, *Kunst des Handelns*, Berlin 1988, S. 217–220.

18 Vgl. Ariane Huml, *Silben im Oleander, Wort im Akaziengrün. Zum literarischen Italienbild Ingeborg Bachmanns*, Göttingen 1999, S. 210–217.

19 Vgl. ebd., S. 240.

20 Ingeborg Bachmann, *Was ich in Rom sah und hörte*, in: *Kritische Schriften*, hg. v. Monika Albrecht u. Dirk Göttsche, München/Zürich 2005, S. 145–151, bes. 145.

21 Ebd., S. 145.

22 Vgl. Arthur Schopenhauer, *Die Welt als Wille und Vorstellung*, Stuttgart ³1987 (*Sämtliche Werke* 2), S. 50.

23 Vgl. Aleida Assmann, *Erinnerungsräume. Formen und Wandlungen des kulturellen Gedächtnisses*, München 1999, S. 314–322.

24 Vgl. Sybille Krämer, *Sprache – Stimme – Schrift: Sieben Gedanken über Performativität als Medialität*, in: *Performanz. Zwischen Sprachphilosophie und Kulturwissenschaften*, hg. v. Uwe Wirth, Frankfurt a. M. 2002, S. 323–346, bes. 323.

25 Vgl. Huml, *Silben im Oleander* (Anm. 18), S. 243.

26 Bachmann, *Was ich in Rom sah und hörte* (Anm. 20), S. 147.
27 Vgl. Schopenhauer, *Die Welt als Wille und Vorstellung* (Anm. 9), S. 370.
28 Ebd., S. 253f.
29 Ebd., S. 368.
30 Ebd., S. 377.
31 Hegel, *Vorlesungen über die Ästhetik* (Anm. 10), S. 164ff.
32 Martin Heidegger, *Sein und Zeit*, Tübingen [16]1986, S. 160–167. „Das Hören auf… ist das existenziale Offensein des Daseins als Mitsein für den Anderen. Das Hören konstituiert sogar die primäre und eigentliche Offenheit des Daseins für sein eigenstes Seinkönnen […]".
33 Bachmann, *Was ich in Rom sah und hörte* (Anm. 20), S. 151.
34 In der bildenden Kunst gelten neben vielen anderen auch die Werke von Puvis de Chavannes als exemplarisch hierfür, auf dessen Gemälde „L'Espérance" die Erzählung *Das dreißigste Jahr* bis in die semantischen Verästelungen der ausführlichen Bildbeschreibung rekurriert.
35 Vgl. Alexander Thayer, *Thayer's Life of Beethoven*, hg. v. Elliot Forbes, Princeton 1969, S. 874.
36 Ingeborg Bachmann, *Malina*, in: *Das „Todesarten"-Projekt* 3,1-2. *Kritische Ausgabe*, hg. v. Monika Albrecht u. Dirk Göttsche, München u. a. 1995, S. 363. Hinfort werden die Zitate aus *Malina* mit der Seitenzahl in Klammer angegeben.
37 Vgl. Wolfram Steinbeck, *6. Symphonie op. 68*, in: *Beethoven. Interpretationen seiner Werke* 1, hg. v. Albrecht Riethmüller, Carl Dahlhaus u. Alexander L. Ringer, Laaber 1994, S. 503–515, bes. 503.
38 Ebd., S. 505.
39 Vgl. Weigel, *Hinterlassenschaften* (Anm. 16), S. 534.
40 Vgl. Jürgen Uhde, *Klavierstücke und Variationen*, Stuttgart 1968 (*Beethovens Klaviermusik* 1), S. 503–556.
41 Ebd., S. 506.
42 Vgl. Theodor W. Adorno, *Philosophie der neuen Musik*, hg. v. Rolf Tiedemann, Frankfurt a. M. 1978 (*Gesammelte Schriften* 12), S. 57ff.
43 Ebd., S. 58.
44 Ebd.
45 Ebd., S. 59ff.

Susanne Kogler

„Wie Orpheus spiel ich auf den Saiten des Lebens ..."
Zur Dialektik von Leben und Tod
bei Ingeborg Bachmann

Ingeborg Bachmanns Bezugnahme auf Musik, die sie bekanntlich als Ausgangspunkt ihrer künstlerischen Tätigkeit genannt hat,[1] setzt beim Mythos an: „Wie Orpheus spiel ich / auf den Saiten des Lebens den Tod"[2], heißt es in dem 1952 in *Stimmen der Gegenwart* erstveröffentlichten Gedicht *Dunkles zu sagen*. Dieses Gedicht, das, worauf Sigrid Weigel hingewiesen hat, Orpheus bereits nach seinem Gang in die Unterwelt vorstellt,[3] kann als paradigmatisch für die Poetologie Bachmanns gelesen werden. Die Musik, die unabänderlich mit dem Tod in Verbindung gebracht wird, erhält dabei eine weitere, somit doppelte Bedeutung: „Aber wie Orpheus weiß ich / auf der Seite des Todes das Leben", lautet der Beginn der letzten Strophe. Musik steht einerseits für den Ausdruck des Schmerzes, des Leides, das im Tod gipfelt, ist gerade durch diese Todeserfahrung jedoch auch Erkenntnisquelle, die einen Zugang zu neuem Leben jenseits des Todes eröffnen kann. Diese ambivalente Rolle der Musik stellt quasi ein Leitmotiv in Bachmanns Œuvre dar, das Lyrikerin, Librettistin, Hörspiel- und Prosaautorin verbindet.

Die folgenden Überlegungen bringen die in *Dunkles zu sagen* deutlich werdende orphische Vorstellung von Gesang mit Bachmanns Musikauffassung in Zusammenhang. In verschiedenen Texten Bachmanns findet sich in mehrfachen Varianten eine narrative Struktur, die vor dem Hintergrund der berühmten Orpheus-Episoden im 10. und 11. Buch der *Metamorphosen* Ovids neu gelesen werden kann. Der Vergleichspunkt betrifft dabei nicht nur den Stellenwert der Dichtung als Klage nach dem Tod und die Einsicht in dessen Unwiderruflichkeit. Musik begleitet Orpheus in Ovids Darstellung nicht nur bei dessen vergeblichem Versuch, Eurydike aus der Unterwelt wieder ins Leben zurückzuführen, sondern ist wesentlich auch das, was nach Orpheus' eigenem Tod bleibt. Der Untergang des Sängers vollzieht sich in mehreren Schritten, wobei quasi komplementär zur Macht des Gesanges einen wichtigen Aspekt auch die plötzliche Machtlosigkeit der Kunst bildet, die zum Untergang des Sängers führt: Vom wahnsinnigen Geschrei der Mänaden übertönt, verliert der Gesang seine Wirkungskraft; die ihm zuvor zu Füßen liegende Natur wendet sich nun gegen den Sänger, der zu ihrem schuldlosen Opfer wird:

> Zwar hätte sein Gesang alle Geschosse besänftigt, die lauten Schreie, der Klang des gebogenen Horns der phrygischen Flöte, schallende Becken, der Hände Geklatsch, der Bacchantinnen Heulen aber ersticken den Ton der Leyer [...] Doch zuerst zerrissen die wilden Mänaden des Orpheus Ruhm, sein lebend Theater, das jetzt noch im Bann seiner Stimme steht: die unzähligen Vögel, die Schlangen, die Scharen des Wildes, wenden gegen ihn selbst sich dann mit den blutigen Händen, fliegen wie Vögel zu Hauf, die einmal den Vogel der Nacht am Tage schweifen gesehn; [...] Und sie ermordeten ihn, ihn, den Heiligen, ihn, der die Hände ausstreckt, zum ersten Mal die Stimme vergeblich erhebt – und nichts zu rühren vermag.[4]

Die Apostrophierung des Orpheus als Kreatur der Nacht besiegelt sein Schicksal. Nach der brutalen Übertönung des Gesangs spiegelt das Klagen der Natur die einstige Kraft der Musik wider. Deren Klang ist nun omnipräsente Erinnerung, Anklage und Vermächtnis des Sängers:

> Dich, o Orpheus, beweinten voll Schmerz die Vögel, des Wildes Scharen, der starrende Fels und dich der Wald, der gefolgt so oft deinem Lied. Der Baum legt ab seine Blätter und trauert kahlen Hauptes um dich. Von den eigenen Tränen geschwollen seien, wie man erzählt, auch die Flüsse. Dryaden und Nymphen trugen schwarz verbrämt ihr Gewand und gelöst ihre Haare. Weit zerstreut seine Glieder. Das Haupt und die Leyer empfingst, o Hebrus, du, und – o Wunder – solang in dem Strome sie trieben, klang es klagend leis von der Leyer, lispelt die tote Zunge klagend, hallen die Ufer klagend es wider.[5]

Orpheus selbst betritt nun zum zweiten Mal die Unterwelt. In der kurzen Beschreibung seines Lebens im Schattenreich klingen auch utopische Züge an. Frei vom strengen, mit der Liebe unvereinbaren Gesetz der Götter, kann er nun Eurydike ohne Beschränkung wieder umarmen: „Bald lustwandeln sie dort vereinten Schrittes zusammen, bald folgt er ihr nach, geht bald voran, und es blickt nun ohne Gefahr zurück nach seiner Eurydike Orpheus."[6]

Das Motiv des Todes, der Ermordung des Sängers, wird bei Bachmann variiert zum Untergang des sprechenden, nun weiblichen Ich, von dem nichts übrig bleibt als Klang. Dieser Topos findet sich in Bachmanns Texten von den frühen Gedichten bis zur späten Prosa immer wieder, wobei zwischen Gesang und reiner Musik zu unterscheiden ist. Als reiner Klang ist die Musik erst nach dem Tode des Ich zu hören, so dass sie quasi die verstummte Sprache ersetzt. In der aus der Todeserfahrung hervorgegangenen Musik ist zugleich Erfahrung des Schmerzes wie auch Hoffnung auf Leben enthalten. Sie ist wesentlich Utopie, deren Voraussetzung das Verstummen des Sängers darstellt. Die zuvor im Gesang zum Ausdruck gebrachte Klage ist letzlich nur als Erinnerung fassbar.

Anhand einer Analyse der Motive der Auflösung und des Verstummens hat Doris Hildesheim in Bachmanns Œuvre eine negativ-resignative Perspektive nachgewiesen.[7] Dieser ist, wie die folgende Interpretation von Bachmanns Texten vor dem Hintergrund der Orpheus-Mythen demonstriert, der Stellenwert der Musik in ihrem gesamten Werk entgegenzuhalten. Denn erst die Analyse der Dialektik von Sprache und Klang, Wort und Musik lässt das dialektische Verhältnis von Leben und Tod bei Bachmann und damit auch die Nähe der Dichterin zur Kritischen Theorie der Frankfurter Schule deutlich werden.

Die Lyrik

Ein Beispiel für eine den Ovidischen Orpheus-Mythen ähnliche Erzählstruktur stellen die im Jahr 1956 in *Anrufung des Großen Bären* publizierten *Lieder auf der Flucht* dar. Dem mythischen Sänger vergleichbar, ist auch hier das lyrische Ich unschuldiges Opfer, dem selbst die ihm gewogene Natur nicht helfen kann. „Ich bin unschuldig, / […] ohne Hoffnung, denn ich soll nicht entkommen, / auch wenn der Fisch die Flossen schützend sträubt / und wenn am Winterstrand der Dunst, / von immer warmen Wellen aufgeworfen, / mir eine Mauer macht."[8] Auch hier endet der Gesang jedoch nicht mit dem Tod des Ich, sondern die Musik erklingt verwandelt in der Natur weiter. Diese neue, bereits bei Ovid als omnipräsent vorgestellte Musik ist auch bei Bachmann Resultat des Todes, Verstummen also Voraussetzung für musikalische Utopie: „Wart meinen Tod ab und dann hör mich wieder, / es kippt der Schneekorb, und das Wasser singt, / in die Toledo münden alle Töne, es taut, / ein Wohlklang schmilzt das Eis. O großes Tauen!"⁹, lautet die erste Strophe des 14. Gedichts. Das darauf folgende letzte Gedicht des Zyklus endet mit einer Apotheose der Musik: „Die Liebe hat einen Triumph und der Tod hat einen, / die Zeit und die Zeit danach. / Wir haben keinen. Nur Sinken um uns von Gestirnen. Abglanz und Schweigen. / Doch das Lied überm Staub danach / wird uns übersteigen."[10]

Die Dialektik von Leben und Tod ist in Bachmanns Lyrik vor allem in der ambivalenten Bedeutung des Schweigens fassbar. Das Motiv des Schweigens, führt zu einem Herzstück ihrer musikalischen Poetik. Es wird wie in den *Liedern auf der Flucht* auch in der – das formale Zentrum des Gedichts bildenden – dritten Strophe von *Dunkles zu sagen* angesprochen: „Die Saite des Schweigens / gespannt auf die Welle von Blut, / griff ich dein tönendes Herz."[11] Diese poetischen Bilder legen eine Verbindung von Schmerz, Klang und Schweigen nahe. Schweigen bedeutet bei Bachmann zweierlei: zuerst den Zustand der Sprachlosigkeit, der, verbunden mit Leiderfahrung, als Vorbedingung künstlerischen Ausdrucks erscheint. In ihrem von Hans Werner Henze in großen Teilen zitierten Essay *Musik und Dichtung* aus dem Jahre 1956 werden Sprachlosigkeit und Stummheit als des Dichters „reinste Zustände" bezeichnet.[12] Schweigen ist aber auch in einer zweiten Hinsicht Vorbedingung neuen Ausdrucks, neuer Sprache, insofern nämlich als diese erst entstehen kann, wenn „Sterbensworte" nicht mehr ausgesprochen werden.[13] Schweigen bedeutet einen Verzicht, der mit der Suche nach neuem Ausdruck Hand in Hand geht. In dieser Suche sind Musik und Stille bei Bachmann vereint. In dem 1955 im *Merkur* publizierten Gedicht *Schwarzer Walzer* beispielsweise wird mit Musik ein Gestus des Übergangs und der Auflösung verbunden; zunehmende Stille mündet schließlich in Naturlaute:

> Das Ruder setzt auf den Gong mit dem schwarzen Walzer ein,
> Schatten mit stumpfen Stichen nähn die Gitarren ein. […]
> Über die Klänge verhängt: Eintracht von Welle und Spiel;
> immer entzieht sich der Grund mit einem anderen Ziel. […]
> Introduktion, dann der Auftakt zur Stille und nichts nachher,
> Pausen schlagende Ruder und die Coda vom Meer! [14]

Die spezifische Naturnähe, die mit dem im Schweigen enthaltenen Gestus des Einhalt Gebietens verbunden ist, ist allerdings nicht primär wörtlich zu nehmen.[15] Dass die angerufenen Wiesen und Wälder nicht eine Landschaft meinten, sondern für Sprachland stünden,[16] erklärte Bachmann in Hinblick auf *Landnahme*.

In der Affinität der dichterischen Sprache zur Stille wird die ethische Verantwortung, die Bachmann in Anschluss an Wittgenstein der Kunst zuschreibt,[17] deutlich. Wie am Ende ihres Wittgenstein-Essays von 1953 sprach Bachmann diese Dimension explizit auch in ihrer Rede anlässlich der Verleihung des Anton Wildgans-Preises 1972 an:

> Ein Schriftsteller hat die Phrasen zu vernichten [...]. Es bedarf also nicht so sehr der Talente, denn es gibt viele, sondern [der] Schriftsteller, denen es möglich ist, den Charakter auf der Höhe ihres Talentes zu halten, und das ist das Allerschwierigste. [...] Die kristallinen Worte kommen in Reden nicht vor. Sie sind das Einmalige, das Unwiederholbare, sie stehen hin und wieder auf einer Seite Prosa oder in einem Gedicht. Es sind für mich, da ich nur für mich einstehen kann, zu den extremsten geworden: Die Sprache ist die Strafe. Und trotzdem auch eine Endzeile: Kein Sterbenswort, ihr Worte.[18]

Literatur ist Ausdruck des Leidens, an das erinnert wird, und damit auch Absage an Gewalt. Wie ein Kommentar zu ihren letzten Erzählungen verdeutlicht, sind der Mensch und sein Unglück auch in Bachmanns später Prosa der zentrale Fokus:

> Die Menschen, ja die Menschen, die sind in einer schwierigen Lage, allesamt, und daraus erlöst sie kein Geschlecht. Das Unglück, das in allen diesen Geschichten so klein erscheint, ist ein großes Unglück. Es ist dieses Unglück, das ich immerzu im Aug hab. Große Themen gibt es nicht, das ist eben Programmusik. Mein Leben hat mich gelehrt, das Entsetzen im Anfang, im [Keim] zu sehen.[19]

Einerseits mit der Philosophie Ludwig Wittgensteins und der österreichischen sprachkritischen Tradition, die ihren Ausdruck im berühmten Chandos-Brief Hugo von Hofmannsthals fand, verbunden,[20] steht Bachmanns Ästhetik andererseits der Kritischen Theorie der Frankfurter Schule nahe. „Sprachähnlich zeigt Musik am Ende nochmals sich darin", schreibt Adorno in *Fragment über Musik und Sprache*, „daß sie als scheiternde gleich der meinenden Sprache auf die Irrfahrt der unendlichen Vermittlung geschickt wird, um das Unmögliche heimzubringen".[21] In Bachmanns Texten steht Musik für den anderen Zustand nach allen Worten, den Klang, der dem Schweigen folgt, den Klang, der nach dem Tod bleibt. Als solche ist sie auch als Botschaft vom durch Leiderfahrung veränderten Menschen zu verstehen, als Zeichen der Möglichkeit utopischer Humanität.

Aufgrund seiner Todesnähe ist Schweigen bei Bachmann ein bedrohlicher Zustand. „Wir brauchen Musik. Das Gespenst ist die lautlose Welt"[22], heißt es etwa in dem 1956/57 entstandenen Essay *Die wunderliche Musik*. Das Schweigen zum Klingen zu bringen, ist folglich ein erster Schritt einer möglichen Rettung: „Ins Weideland kam ich, / als es schon Nacht war, […] / Die Liebe graste nicht mehr, die Glocken waren verhallt", lautet die erste Strophe in *Landnahme* aus *Anrufung des Großen Bären*. Den Wendepunkt bildet die Aufhebung der Stille durch Klang: „Ein Horn stak im Land, […] / Aus der Erde zog ich's, /zum Himmel hob ich's /mit ganzer Kraft. / Um dieses Land mit Klängen / ganz zu erfüllen, / stieß ich ins Horn".[23] Musik erscheint hier als Gegenstück zur tödlichen Stille. Sie steht auch für die Emphase des Festes: „Der Fisch errötet, überholt den Schwarm / und stürzt durch Grotten ins Korallenbett. Zur Silbersandmusik tanzt scheu der Skorpion"[24], lesen wir etwa in *Erklär mir, Liebe,* ebenfalls aus *Anrufung des Großen Bären*.

Die Sprache zum Klingen zu bringen, ist eine der Zielsetzungen, die Bachmann musikalische Techniken als formales Gestaltungsmittel einsetzen ließ. Das zeigt sich in der Form der Lyrik, aber auch in der strengen Komposition ihrer Prosatexte, in denen Variation und Zitation eine grundlegende Rolle spielen. Aufgabe des Dichters ist für Bachmann, an den Schrecken der Stille, an tödliches Verstummen wie auch an die aus Stille und Klang zu gewinnende Utopie zu erinnern.

Hörspiele und Erzählungen

Wie in den orphischen Mythen ist Musik bei Bachmann mit zwei prinzipiell gegensätzlichen Bedeutungsdimensionen besetzt, wobei der Klang jeweils die Grenzen der Sprache bezeichnet: das Unsagbare und das Unsägliche. An der Schwelle von Leben und Tod angesiedelt, ist er zutiefst ambivalent; Rettung und Gefahr wohnen ihm gleichermaßen inne. Durch Musik bezeichnete Grenzsituationen finden sich in den Hörspielen und Erzählungen. In *Die Zikaden*, der ersten gemeinsamen Arbeit mit Hans Werner Henze aus dem

Jahre 1954, nimmt Bachmann wiederum auf den Mythos Bezug, auf das Zikaden-Gleichnis in Platons *Phaidros*. Dort eine Episode, in der Sokrates die singenden Zikaden als Diener der Musen vorstellt,[25] erfährt der Gesang der Zikaden in Bachmanns Hörspiel eine gravierende Umdeutung. Einerseits ist die Musik in den *Zikaden* Stellvertreter einer Wahrheit, die mit Schmerz verbunden ist. Sie hat ihren Ort, wo die Realität die Wünsche verweigert und die Sprache verstummt, Kommunikation unmöglich wird. Mrs. Brown wird nicht mehr singen können, und nicht mehr sprechen mit ihrer alten Stimme. Antonio wird nicht wirklich da sein für Mr. Brown. Für den Prinzen wird vom Feuerwerk kein Funke am Himmel stehen bleiben. Dieser schmerzvolle Charakter spiegelt sich auch in der Reaktion der Menschen auf den Gesang: „Die Musik hat schon begonnen und ist stark geworden wie ein Schmerz. Und sie hört auf wie ein Schmerz; man ist froh darüber."[26] Zum einen schmerzvolle Wahrheit, beinhaltet Musik für Bachmann jedoch zum anderen auch Gefahr, insofern als sie zur Flucht aus der Welt, zu einer Existenz quasi am Rande, zu tödlicher Isolation verleitet. Während bei Platon der Gesang den Dienerinnen der Musen, wenn auch zweifelhaften Ruhm, so immerhin doch Unsterblichkeit gebracht hat, charakterisiert Bachmanns Paraphrasierung des platonischen Mythos den Zikadengesang primär als unmenschlich.[27] Ihre Beschreibung des Zikadengesangs verdeutlicht dessen spezifische Beschaffenheit: „Denk dir erhitzte, rasende Töne, zu kurz gestrichen auf den gespannten Saiten der Luft, oder Laute, aus ausgetrockneten Kehlen gestoßen – ja auch an einen nicht mehr menschlichen, wilden, frenetischen Gesang müßte man denken."[28] Die Inselbewohner, nahezu alle aus ihrem früheren Leben geflohen und bemüht, dieses zu vergessen, bewohnen quasi ein Zwischenreich. Als lebendige Tote werden sie zur Metapher des weltflüchtigen Künstlers. Wie die Geschichte zeigt, muss solch bewusste Separation misslingen. Ex negativo wird hier Bachmanns Auffassung klar: Angesiedelt am Rande der Gesellschaft, ist Kunst gefährdet, eine Sonderstellung einzunehmen, sich abzukapseln und irrelevant zu werden. Dieser Gefahr des l'art pour l'art sollte der Künstler aktiv begegnen. Denn Kunst steht für Bachmann auf der Seite des Lebens, schließt Engagement ein, nicht Rückzug in den Elfenbeinturm.[29]

Eine Metapher für die Kunst ist auch Bachmanns von Maria Callas inspirierte Undine-Figur aus *Das dreißigste Jahr*, publiziert 1961. Wieder ist eine orphische Perspektive des Danach zentral, die zugleich Zukünftiges beinhaltet:

> Wenn das Geständnis abgelegt war, war ich verurteilt zu lieben; wenn ich eines Tages freikam aus der Liebe, mußte ich zurück ins Wasser gehen, in dieses Element, in dem niemand sich ein Nest baut, sich ein Dach aufzieht […] Nirgendwo sein, nirgendwo bleiben.[30]

Karen R. Achberger hat auf die bedeutungsvolle Opposition von Erde und Meer in der Erzählung und die zivilisationskritische Dimension der Undine-Figur hingewiesen.[31] Nach dem Abschied ist Undine nicht mehr in der Welt verwurzelt; ihr Element ist Wasser, ihre Sphären sind Natur und Musik. Wasser steht für Auflösung. Musik, auch hier wieder mit Schmerz und Naturlauten gleichgesetzt, ist es, die wie im Orpheus-Mythos nach dem Fortgehen des Sängers in der Natur bleibt und – bei Bachmann als nächtlicher Lockruf – die Verbindung zum neuen, anderen Seinszustand ermöglicht:

> Die heftigen Menschenfrauen schärfen ihre Zungen, blitzen mit den Augen […]. Aber die Männer schweigen dazu. […] sehen die Rechnungen durch oder drehen das Radio laut auf und hören doch darüber den Muschelton, die Windfanfare, und dann noch einmal, später, wenn es dunkel ist in den Häusern, erheben sie sich heimlich, öffnen die Tür, lauschen den Gang hinunter […] und nun hören sie es ganz deutlich: den Schmerzton, den Ruf von weither, die geisterhafte Musik. Komm! Komm! Nur einmal komm![32]

Deutlich tritt Musik hier in Gegensatz zur Zivilisation, zur Ordnung des alltäglichen Lebens und dessen linearem Zeitverlauf. Die neue utopische Zeit ist das Präsens. Die Position von Bachmanns Undine verweist dabei auch auf ein zerstörerisches Element der Kunst: radikales Aufkündigen des Einverständnisses, dessen äußerstes Extrem der Tod ist:

> Darum ist es besser, nicht aufzustehen in der Nacht, nicht den Gang hinunterzugehen, nicht zu lauschen im Hof, nicht im Garten, denn es wäre nichts als das Eingeständnis, daß man doch mehr als durch alles andere verführbar ist durch einen Schmerzton, den Klang, die Lockung und ihn ersehnt, den großen Verrat. Nie wart ihr mit euch einverstanden. […] Wenn ich kam, wenn ein Windhauch mich ankündigte, dann sprangt ihr auf und wußtet, daß die Stunde nah war, die Schande, die Ausstoßung, das Verderben, das Unverständliche. Ruf zum Ende. Zum Ende.[33]

Musik bezeichnet den dem Alltag entgegengesetzten Ausnahmezustand, in dem sich äußerste Gefahr und Rettung wie auf Messers Schneide berühren. Wie in *Undine geht* steht Musik in dem etwa zur gleichen Zeit – 1957 – entstandenen Hörspiel *Der gute Gott von Manhattan* für das den Alltag

Sprengende: die radikale Liebe, in der Ekstase und Tod verschmelzen. „Die Tür schlägt zu. – Musik", lautet die Regieanweisung am Kulminationspunkt der Handlung, als der Sprengstoff detoniert und Jennifer tötet.[34] Jan, der inzwischen in einer Bar wieder vom Alltag eingeholt worden ist und dadurch verschont bleibt, erlebt das Geschehen am Radioapparat drehend, um eine genaue Zeitansage zu erhalten. Plötzlich stößt er „auf die Musik, die laut hervorbricht und dann von einer dumpfen Detonation abgebrochen wird". Sylvie Hamen hat darauf hingewiesen, dass die Leidenschaft zwischen Jennifer und Jan von Anfang an als tödliche charakterisiert ist.[35] In unserem Zusammenhang erscheint wesentlich, dass auch hier wiederum die weibliche Protagonistin den Tod findet, nachdem sich zuvor eine allmähliche Auslöschung, eine Ablösung von der Realität, symbolisiert durch die immer höheren Stockwerke, in welche die Liebenden sich zurückziehen, vollzogen hat. Jan entkam, weil er an der Ablösung von der Welt nicht so vollständig teilhatte wie Jennifer.

Die radikale Konfrontation von Leben und Tod in Bachmanns Hörspielen und Erzählungen macht die gesellschaftskritische Motivation ihres Schreibens deutlich. „Schreiben ist Ordnen, und die Komponenten, die ordnen, entspringen einem Prozeß, in dem die Subjekt-Objekt-Beziehung, die Beziehung Individuum-Gesellschaft, immer wieder Erschütterungen ausgesetzt ist"[36], äußerte sie sich 1964 in einem Gespräch. Die zerstörerischen Mächte werden in ihrem Prosawerk zunehmend radikal personifiziert. Dem guten Gott im gleichnamigen Hörspiel entspricht später in *Malina* die Vaterfigur, über welche die Autorin sagte:

> Die Vaterfigur ist natürlich die mörderische … die verschiedene Kostüme trägt, bis sie am Ende alle ablegt und dann als *der* Mörder zu erkennen ist. Ein Realist würde wahrscheinlich viele Furchtbarkeiten erzählen, die einer bestimmten Person oder Personen zustoßen. Hier wird es zusammengenommen in diese große Person, die das ausübt, was die Gesellschaft ausübt […].[37]

Ein kritisches Verhältnis zur Wirklichkeit ist für Bachmann Bedingung künstlerischer Tätigkeit. Vor diesem Hintergrund ist Bachmanns Schreiben immer auch politisch, Zitieren von Musik immer auch Kritik an der Auffassung, Kunst diene bloß privatem Vergnügen:

> Die Rolle des Künstlers – das ist mir etwas Fiktives. Es gibt doch sehr verschiedene Rollen, die Künstler haben, zugeteilt bekommen oder sich anmaßen. […] Hinzu

kommt, daß diese Rollen in der kapitalistischen und sozialistischen Welt verschieden aussehen müssen und sich am meisten noch ähneln durch eben den ernsten und unbequemen Geist, den verändern wollenden, wo er zutage tritt, wo ein kritisches Verhältnis zu der jeweiligen Wirklichkeit diese Wirklichkeit überhaupt erst beweist. Wo nichts mehr neu zu sehen, zu denken, nichts mehr zu korrigieren ist, nichts mehr zu erfinden und zu entwerfen, ist die Welt tot.[38]

Ist es auch Jan, der rechtzeitig zur Welt zurückkehrt und deshalb gerettet wird, ist dennoch Rettung bei Bachmann nicht eindimensional mit Lebensbejahung gleichzusetzen. Ihre Sympathie liegt bei der weiblichen Figur, deren Tragik die unlösbare Spannung zwischen Kritik und Utopie in Bachmanns Werk austrägt. Denn die Autorin stellt sich mit ihrer Kunst auf die Seite der Leidenden, des Todes und paradoxer Weise gerade durch ihre Affinität zum Tod auf die Seite des Lebens, das jedoch nur als Einspruch gegen das Leben, wie es ist, zu gewinnen wäre. In dieser Ablehnung von Affirmation ist die Nähe ihrer utopischen Position zur Kritischen Theorie am deutlichsten erkennbar, wie Adornos Überlegungen zu Utopie und Kritik aus der *Ästhetischen Theorie* zeigen:

> Was als Utopie sich fühlt, bleibt ein Negatives gegen das Bestehende, und diesem hörig. Zentral unter den gegenwärtigen Antinomien ist, daß Kunst Utopie sein muß und will und zwar desto entschiedener, je mehr der reale Funktionszusammenhang Utopie verbaut; daß sie aber, um nicht Utopie an Schein und Trost zu verraten, nicht Utopie sein darf.[39]

Wie es das Schicksal Jennifers in *Der gute Gott von Manhattan* nahe legt, erfüllt sich radikale Opposition für Bachmann letztlich im Tod. Mit ihren Texten plädiert sie jedoch nicht für Selbstaufgabe und Resignation, sondern für eine Veränderung des Lebens. Entscheidend ist, dass sich in Bachmanns Dichtung gleichsam eine Verkehrung der Perspektive auf Leben und Tod vollzieht: Das Leben, wie es ist, ähnelt in seiner Unerträglichkeit dem Sterben; das Sterben, die Auslöschung wird daher zur Voraussetzung neuen Lebens. Adornos Ausführungen erscheinen wie ein Kommentar zu dieser literarischen Position: „So wenig wie Theorie vermag Kunst Utopie zu konkretisieren; nicht einmal negativ. Das Neue als Kryptogramm ist das Bild des Untergangs; nur durch dessen absolute Negativität spricht Kunst das Unaussprechliche aus, die Utopie."[40]

Späte Prosa

Radikalsten Ausdruck fand die mit der Musik verbundene kritische Dialektik von Tod und Leben in *Malina*, Bachmanns einzigem vollendeten Roman des *Todesarten*-Zyklus, an dem sie etwa seit der ersten Hälfte der 1960er Jahre gearbeitet hatte.[41] Die Musikzitate nehmen dabei einen zentralen Stellenwert ein. „All diese Bücher", sagt Ivan im ersten Teil des Romans,

> die hier herumstehen in deiner Gruft, die will doch niemand, warum gibt es nur solche Bücher, es muß auch andere geben, die müssen sein, wie ESULTATE JUBILATE damit man vor Freude aus der Haut fahren kann […]. Dieses Elend auf den Markt tragen, es noch vermehren auf der Welt, das ist doch widerlich, alle diese Bücher sind widerwärtig. Was ist denn das für eine Obsession, mit dieser Finsternis, alles ist immer traurig, und die machen es noch trauriger in diesen Folianten. Bitte, hier: „AUS EINEM TOTENHAUS", ich entschuldige mich ja schon. Ja aber, sage ich eingeschüchtert.[42]

In *Malina* werden die Motive der Hadesfahrt und des ekstatischen Festes miteinander verschränkt. Der Handlungsgang des Romans folgt wiederum der bereits bekannten Erzählstruktur: Das Ich wird nach zunehmender Entfremdung von der Welt am Ende ausgelöscht, übrig bleibt Musik. Nicht zufällig stehen in Form von Zitaten Mozart und Schönberg einander gegenüber. Mit Mozart verbindet Bachmann sowohl die Ekstase der Liebe als auch den Tod. Unter dem Titel *Ein Blatt für Mozart* heißt es in *Die wunderliche Musik*:

> Zieh deine schönsten Kleider an; dein Sonntagskleid oder dein Totenhemd. […] Wenn du den Sonntag feierst oder dich zum Sterben niederlegst, laß die Streicher kommen, das Blech, das Holz und die Pauken. Du brauchst ihnen die Blätter nicht umzuwenden. Der Wind, den die Tiefebene eingelassen hat, wendet sie um.[43]

Neben der Naturnähe ist auch der Gedanke einer Teilhabe der Musik am menschlichen Leben präsent:

> Es sind aber die gefallenen Engel und die Menschen voll von dem gleichen Begehren, und die Musik ist von dieser Welt. / Die reinste, bitterlichste und süßeste Musik ist nur die vollkommene Variation über das von der Welt begrenzte, uns überlassene Thema. / Du hörst, über welches.[44]

Die Auswahl der Komposition *Exsultate, jubilate*, der Motette KV 165 für Sopran-Solo, Orchester und Orgel, ist ebenfalls bezeichnend: Wie wenig andere verleiht gerade dieses Werk bereits aufgrund der Besetzung dem Weiblichen eine Stimme und ist dadurch geeignet, aus neuer Sicht Utopie zu repräsentieren.[45] Wie Mozart für die Möglichkeit uneingeschränkter himmlischer Freude steht, wie sie in der radikalen Liebe zu gewinnen wäre, die für Zukünftiges einsteht und dennoch tief in der Welt verwurzelt ist, steht Schönbergs *Pierrot* für die unwiederbringliche Vergangenheit: „O alter Duft aus Märchenzeit".[46] Schönbergs Liederzyklus kann aber auch als Hadesfahrt gelesen werden, in der sich eine traumatische Erfahrung von Ich-Verlust und Rekonstruierung des Selbst vollzieht, wie beispielsweise Philippe Herreweghe in einem Kommentar zu der von ihm geleiteten Einspielung des *Pierrot lunaire* deutlicht gemacht hat:

> Ich betrachte den Pierrot lunaire von Schönberg als einen Trip durch die Hölle des Unterbewußtseins, der schließlich gewissermaßen zur Heilung führt. Nach der Akme im zweiten Teil des Werkes (Nr. 12, 13, 14) breitet sich im dritten und letzten Teil zunehmend Ruhe aus; es kommt zu einer Art Selbstfindung: unter dem Eindruck von Kindheitserinnerungen werden die Umrisse des Ich wieder erkennbar. Diese Gedichte wie auch ihre musikalische Umsetzung sind auf eine traumhafte, alptraumhafte Weise expressionistisch. Sie vollziehen Schritt für Schritt den Verlust des Ich-Bewußtseins nach, der sich in der Auflösung des Gesangs als einer Regeln unterworfenen kulturellen Handlung widerspiegelt.[47]

Das Motiv der Höllenfahrt ist in *Malina* mehrfach, in den verschiedenen Erzählsträngen, präsent. „Das Ich versucht im Buch, ein schönes Buch für Ivan zu schreiben, aber aus einem Traum weiß sie, daß daraus ein Buch über die Hölle wird"[48], erläuterte die Autorin die „Grundsituation" des Romans, in der individuelle und geschichtliche Erfahrung verschmelzen. Unausweichlich ist das Motiv der Höllenfahrt mit der Erinnerung an die Shoah verknüpft, der Roman damit auch Vermächtnis an das österreichische geschichtliche Verantwortungsbewusstsein. Diesem Gehalt entsprechend kann Schönbergs Musik im Roman selbst auch nur als erinnerte präsent sein:

> Wir haben uns schnell verabschiedet und gehen zu Fuß nach Hause und im Dunkeln sogar durch den Stadtpark, in dem die finstern schwarzen Riesenfalter kreisen und die Akkorde stärker zu hören sind unter dem kranken Mond, es ist wieder der Wein im Park, den man mit Augen trinkt, es ist wieder die Seerose, die als Boot dient, es ist wieder das Heimweh und eine Parodie, eine Gemeinheit und die Serenade vor dem Heimkommen.[49]

Die durch Schlüsselwörter herbeizitierte Musik in *Malina* verdeutlicht klar Bachmanns Standpunkt, dass Utopie nur durch Negativität, eine bessere Zukunft nur mittels Kritik an der Geschichte und Gegenwart zu gewinnen ist. Auseinandersetzung mit der Vergangenheit, repräsentiert durch Nennung von Musik, ist schmerzhaft, jedoch unumgänglich: Gang in die Unterwelt. Das Verlorene, Schuldhafte, Unsägliche ist wiederaufzusuchen und als Erinnerung präsent zu halten, um komplementär dazu die Utopie des Festes, eines anderen Tages, der erst kommen wird,[50] ansprechen zu können. Die zitierte Musik stellt auch hier einen Ort des Übergangs, der Verwandlung, einen Grenzzustand zwischen Leben und Tod dar. Die Grenzen der Sprache bezeichnend, steht sie zugleich für das Bekenntnis des Wunsches wie für das Eingeständnis der Unmöglichkeit, Utopie direkt zum Ausdruck zu bringen. Ganz deutlich wird die reale Unmöglichkeit der denkbar möglichen Utopie am Ende des Buches angesprochen: „Malina: Du wirst also nie mehr sagen: Krieg und Frieden. / Ich: Nie mehr. / Es ist immer Krieg. / Hier ist immer Gewalt. / Hier ist immer Kampf. / Es ist der ewige Krieg."[51] Schonungslose Klage, Anklage in Form von fragmentierter Erinnerung an unaussprechlich schreckliche Geschehnisse begleitet die Auflösung des Ich. Die Zitierung von Musik verstärkt diese dunkle Dimension des Textes, der sich zunehmend an der Grenze zum Verstummen bewegt und somit selbst die mit der Musik assoziierte Bewegung der Auflösung vollzieht. Marion Schmaus hat die besondere Erzählperspektive betont, die einen Gegensatz von Bachmanns Ansatz zum Roman der Frühromantik, mit dem sie stilistisch die experimentelle Form teilt, darstellt: „Da es sich bei dem hier vorliegenden Fall um eine Geschichte mit letalem Ausgang handelt, haben wir es also mit der paradoxen Schreibsituation zu tun, daß hier eine Tote über ihren eigenen Mord berichtet."[52] In diesem Sinn spielt auch die Erinnerung eine entscheidende Rolle: Literatur wird „als Totengedächtnis gedeutet"[53].

Ganz deutlich wird die Erinnerungsebene, für welche die Musik steht, im letzten Dialog des Ich mit Malina: „Ich: [...] Ich wollte erzählen, aber ich werde es nicht tun. (mesto) Du allein störst mich in meiner Erinnerung. (tempo giusto) Übernimm du die Geschichten, aus denen die große Geschichte gemacht ist. Nimm sie alle von mir."[54] Mithilfe von Vortragszeichen wird Bachmanns Text schließlich zur Partitur, Sprache geht vor dem endgültigen Verstummen in Musik über. Dem entspricht die musikspezifische Konzeption der Zeit, in der wie in einer Partitur alles zugleich geschieht: ein Signum von Untergang. Bereits zu Beginn des Romans wird emphatisch diese ganz auf die Gegenwart gerichtete Zeitauffassung beschworen.[55]

Die im 1972 veröffentlichten Band *Simultan*, einem Nebenprodukt des *Todesarten*-Zyklus, publizierten Erzählungen sind ebenfalls aus einer Zeitauffassung heraus geschrieben, die derjenigen der Musik vergleichbar ist. Ähnlich wie in den Libretti werden unterschiedliche Zeitebenen parallel gesetzt. So entsteht das Panorama einer umfassenden Gegenwart, die zugleich Auflösung der Zeit und damit ihr Ende darstellt. Die Perspektive des Danach ist wiederum konstitutiv: Die Geschichten können auch als Erinnerungsbilder interpretiert werden, wie Jean Améry in Hinblick auf die Personen in *Simultan* bemerkte: „Was sie, die so sehr voneinander Verschiedenen, verbindet, ist immer wieder ein bürgerliches Österreich, das nur noch der Schatten des Höhlengleichnisses Platons ist. Ich mache mir nichts vor: Es ist in Wahrheit ein Totenreich, durch das die Autorin uns führt."[56] Bachmanns Kommentare zu den Frauenporträts aus *Simultan* machen die inhaltliche Verbindung der Erzählungen mit dem *Todesarten*-Projekt nochmals deutlich:

> Letzten Endes schreibe ich natürlich nicht über Frauen […], sondern über Menschen, über ihre Unfähigkeit, ihre Nervosität, ihre Neurosen, ihre Verzweiflung, ihren Tod, über ihr Sterben an, ja, an. Woran man stirbt, das weiß ich nicht, aber jeder stirbt doch an den anderen, also auch einer am anderen. Ebenso wie einer aufsteht am anderen, und immer in wenigen Sekunden.[57]

Für die Heldinnen in *Simultan* ist ihre Welt eine des Untergangs. Den aufgrund der spezifischen Vergangenheit besonderen Stellenwert Wiens für dieses Szenario hat Bachmann selbst erwähnt. Auf ihre Bemerkung angesprochen, „diese Stelle der Welt, an der nichts mehr stattfindet, erschreckt einen viel tiefer, weil hier […] keine verschonte Insel ist, sondern an jeder Stelle Untergang ist", antwortete Bachmann bekräftigend: „Ja das ist für mich schon ein wichtiger Satz, daß man von hier aus erschreckter auf die Welt sieht, wenn man schon einmal beinah die Welt war und also weiß, wie sie zugrund gehen kann und aus welchen Gründen."[58] Wiederum ist Bachmanns Blick jedoch nicht nostalgisch rückwärtsgewandt. Dem Gestus des Verstummens, der Resignation, der die Frauen charakterisiert, eignet wesentlich eine kritische Dimension: „Sie haben von mir […] vor allem ihre kaum glaubliche Resignation in einer Welt, die so tüchtig und zukunftsträchtig ist. Es sind keine fortschrittlichen Frauen, denn das wäre eine Beleidigung für eine Frau aus dieser Welt, die untergeht."[59]

Dichtung, Lyrik wie Prosa, ist für Bachmann letztlich Verwandlung von Sprache in Musik. Ihre Texte strukturiert sie nach einem für Musik charakteristischen Muster: zwischen den Spannungspolen von Erwartung und Erinnerung changierend. Wiederholung und Variation stehen im Zentrum von Bachmanns Arbeitstechnik:

> Hier und da erinnere ich mich an eine früh gehörte Zeile, an einen Ausdruck, und wenn mir etwas sehr gefällt, wenn ich meine, es müsse „gerettet" werden, dann verwende oder variiere ich einen Ausdruck, gebe ihm einen neuen Stellenwert. Das ist also, wenn Sie so wollen, ein Verhältnis zur Vergangenheit, ein Arbeitsverhältnis, das zum Beispiel in der Musik seit jeher vorkommt.[60]

Diese Auffassung von künstlerischer Arbeit als Arbeit an der Sprache stellt eine wichtige Parallele zur Ästhetik Hans Werner Henzes dar, dessen musikalisches Traditionsbewusstsein wesentlich von der Zusammenarbeit mit Ingeborg Bachmann geprägt war.[61] Mit ihrer Vorstellung von Musikalisierung der Sprache knüpft Bachmann an Ludwig Wittgenstein an: Was nicht auszusprechen, nicht auszudrücken ist mit Worten, muss sich zeigen in der Sprache, deutlich wie in der Musik. Einspruch ist mittels der Sprache zu leisten, die selbst zum anderen Zustand wird: gestisch und reflexiv zugleich.

> Irre ich mich nicht, dann wurde der österreichische Reflex naiv und zugleich sentimentalisch hervorgerufen. Die Leichtigkeit und Nebenhingesprochenheit – oder soll sich sagen: die Schlamperei? – des Stils ist sowohl österreichisches Parlando wie wohldurchdachte, kompositorische Technik,

bemerkte Jean Améry in seinem Essay zu *Simultan*, dabei wesentliche Aspekte der Verbindung von Bachmanns Schreiben zu Wittgensteins Sprachauffassung betonend:

> Von den fünf Frauen wird so erzählt, daß die je von der Verfasserin in Besitz genommene Sprachebene haargenau der Bildungs-, Intelligenz- und Gefühlshöhe der beredeten Unheldin entspricht, und zwar so, daß nicht nur die direkte Aussage im Vokabular der Personen vorgetragen wird, was ja nur eine Selbstverständlichkeit wäre, sondern daß bis in die feinsten Nuancen das gesamte Sprachspiel einer jeden Erzählung für sich steht, unverwechselbar, unvergleichbar mit den anderen.[62]

Musikalisierung steht bei Bachmann emphatisch für künstlerische Wahrheit, die Wahrheit des erfahrenen Ausdrucks ist. Auch ihre Begeisterung für Maria Callas gründete daher nicht primär in Bewunderung für deren künstlerisch-stimmliche Fähigkeiten, sondern für ihre überragende Ausdruckskraft.[63] Diesem Ausdrucksideal blieb die Dichterin zeitlebens verpflichtet. Auf einer Metaebene legt diese poetologische Basis von Bachmanns Prosa nochmals einen Vergleich mit dem Orpheus-Mythos nahe: Denn die Auflösung der Sprache in Musik kommt dem Tod des individuellen Subjekts und seiner Sprache gleich. Was bleibt, ist Klang. Die kunstvolle Auflösung der Sprache, der Übergang von leidenschaftlicher Rede ins Verstummen ist jedoch auch hier gerade nicht Resignation, sondern Erweiterung: Durch Konstruktion und Komposition von Sprache wird subjektiver Ausdruck in Objektivität aufgehoben, individuelle Rede auf eine allgemeingültige Dimension hin zu allgemeiner Ausdruckskraft und überindividueller Geltung stilisiert.

Bachmanns Sprache bewegt sich auf die Musik hin. Musik benennt den Ausnahmezustand. Das fügt schließlich nicht nur der Literatur eine zusätzliche, gleichsam musikalische Dimension hinzu, sondern wirkt auch auf die Musik zurück. Bachmanns musikalische Poetik verleiht der Musik existentielle Bedeutung, einen besonderen Stellenwert, der auch als Korrektiv gängiger Rezeptionsweisen, als Zurückweisung alltäglichen Musikkonsums sowie oberflächlichen Gebrauchs der Musik zur Flucht aus dem Alltag angesehen werden kann. In ihrem Essay *Die wunderliche Musik* ist Bachmann dagegen eingetreten, Musik als Mittel anzusehen, eine unerträgliche Existenz erträglicher zu machen.[64] Auch *Reklame* übt Kritik an einer oberflächlichen Beschönigung der Welt, wie sie ist, durch Musik.[65] Die Einbindung der Musik ins dichterische Werk ist demnach weder romantisch noch sentimental, sondern stellt im Gegenteil eine Kritik an romantisierender Beschönigung des Lebens durch Kunst und Benützung von Kunst als Fluchtort vor der Welt dar.

„Orpheus, der mythische Vorfahr der Dichter, ist das Modell, in dem wir heute noch die Identität von Poesie und Musik und ihre ursprüngliche Energie finden können, die dem Menschen eine instinktive Einfühlung in die Natur gab und ihm die Geheimnisse des Todes offenbarte,"[66] schrieb der mit Hans Werner Henze befreundete Altphilologe Franco Serpa. Mit ihren Fortschreibungen und Umschriften des antiken Mythos hat Ingeborg Bachmann die Tradition der Verbindung von Musik und Dichtung in neuer Sichtweise weitergeführt und damit auch Zeugnis für die existentielle Bedeutung der Künste abgelegt.

---

1 Vgl. Corina Caduff, ‚dadim dadam' – *Figuren der Musik in der Literatur Ingeborg Bachmanns*, Köln/Weimar/Wien 1998 (*Literatur-Kultur-Geschlecht. Studien zur Literatur- und Kulturgeschichte. Große Reihe* 12), S. 72.

2 Ingeborg Bachmann, *Dunkles zu sagen*, in: dies., *Gedichte, Hörspiele, Libretti, Übersetzungen*, hg. v. Christine Koschel, Inge von Weidenbaum u. Clemens Münster, München/Zürich ⁵1993 (*Werke* 1), S. 32.

3 Sigrid Weigel, *Ingeborg Bachmann. Hinterlassenschaften unter Wahrung des Briefgeheimnisses*, München 2003, S. 141.

4 Publius Ovidius Naso, Liber XI, Vers 15–41: Cunctaque tela forent cantu mollita, sed ingens / clamor et infracto Berecyntia tibia cornu / Tympanaque et plausus et Bacchei ululatus / obstrepuere sono citharae […] Ac primum attonitas etiamnum voce canentis / innumeras volucres anguesque agmenque ferarum / Maenades Orphei titulum rapuere theatri. / inde cruentatis vertuntur in Orphea dextris / et coeunt ut aves, si quando luce vagantem / noctis avem cernunt […] tendentemque manus et in illo tempore primum / inrita dicentem nec quicquam voce moventem / sacrilegae perimunt […].
  Die Übersetzungen und Texte sind der folgenden Textausgabe entnommen: Publius Ovidius Naso, *Metamorphosen*. In deutsche Hexameter übertragen und mit dem Text hg. v. Erich Rösch, München 1952. Diese Übersetzung wurde deshalb gewählt, weil sie im Vergleich zu neueren den Aspekt des Gewaltsamen drastischer wiedergibt.

5 Publius Ovidius Naso, Liber XI, Vers 44–53: Te maeste volucres, Orpheu, te turba ferarum / te rigidi silices, te carmina saepe secutae / fleverunt silvae: positis te frondibus arbor / tonsa comas luxit. Lacrimis quoque flumina dicunt / increvisse suis, obstrusaque carbasa pullo / naides et dryades passoque habuere capillos. / Membra iacent diversa locis, caput, Hebre, lyramque / excipis, et (mirum!) medium dum labitur amne, / flebile nescio quid queritur lyra, flebile lingua /murmurat exanimis, respondent flebile ripae.

6 Vgl. Publius Ovidius Naso, Liber XI, Vers 64–66: Hic modo coniunctis spatiantur passibus ambo, / nunc praecedentem sequitur, nunc praevius anteit, / Eurydicenque suam iam tuto respicit Orpheus.

7 Doris Hildesheim, *Ingeborg Bachmann. Todesbilder. Todessehnsucht und Sprachverlust in „Malina" und „Antigone"*, Berlin 2000.

8 Ingeborg Bachmann, *Lieder auf der Flucht*, in: dies., *Gedichte, Hörspiele, Libretti, Übersetzungen* (Anm. 2), S. 140.

9 Ebd., S. 147.

10 Ebd.

11 Bachmann, *Dunkles zu sagen* (Anm. 2).

12 Ingeborg Bachmann, *Musik und Dichtung*, in: dies., *Gedichte, Erzählungen, Hörspiel, Essays*, München 1964, S. 290.

13 Vgl. Ingeborg Bachmann, *Ihr Worte*, in: dies., *Gedichte, Erzählungen* (Anm. 12), S. 62–64.

14 Ingeborg Bachmann, *Schwarzer Walzer*, in: dies., *Gedichte, Hörspiele, Libretti, Übersetzungen* (Anm. 2), S. 131.

15 Eine Ausnahme ist *Freies Geleit*, wo es heißt: „Die Erde will keinen Rauchpilz tragen, / kein Geschöpf ausspeien vorm Himmel, / mit Regen und Zornesblitzen abschaffen / die unerhörten Stimmen des Verderbens." Vgl. Ingeborg Bachmann, *Freies Geleit*, in: dies., *Gedichte, Erzählungen* (Anm. 12), S. 59.

16 Ingeborg Bachmann im Gespräch mit Hans F. Nöhbauer am 5. 1. 1962, in: Ingeborg Bachmann, *Wir müssen wahre Sätze finden. Gespräche und Interviews*, hg. v. Christine Koschel u. Inge von Weidenbaum, München/Zürich 1983, S. 33.

17 Siehe dazu u. a. Ingeborg Bachmann, *Ludwig Wittgenstein – Zu einem Kapitel der jüngsten deutschen Philosophiegeschichte*, in: dies., *Gedichte, Erzählungen* (Anm. 12), S. 277–288.

18 Ingeborg Bachmann, *Rede zur Verleihung des Anton-Wildgans-Preises*, in: dies., *Kritische Schriften*, hg. v. Monika Albrecht u. Dirk Göttsche, München 2005, S. 490f.

19 Ingeborg Bachmann, *Poetologische Entwürfe zum „Simultan"-Band. Brief an den Verlag*, in: dies., *Der „Simultan"-Band und andere späte Erzählungen*, hg. v. Monika Albrecht u. Dirk Göttsche, München/Zürich 1995 (*„Todesarten"-Projekt* 4), S. 10–11.

20 Vgl. dazu Ingeborg Bachmann, *Aus den Frankfurter Vorlesungen*, in: dies., *Gedichte, Erzählungen* (Anm. 12), S. 302ff.

21 Theodor W. Adorno, *Fragment über Musik und Sprache*, in: ders., *Musikalische Schriften I–III* hg. v. Rolf Tiedemann unter Mitwirkung von Gretel Adorno, Susan Buck-Morss u. Klaus Schultz, Darmstadt 1998 (*Gesammelte Werke* 16), S. 254.

22 Ingeborg Bachmann, *Die wunderliche Musik*, in: dies., *Gedichte, Erzählungen* (Anm. 12), S. 272.

23 Ingeborg Bachmann, *Landnahme*, in: dies., *Gedichte, Hörspiele, Libretti, Übersetzungen* (Anm. 2), S. 98.

24 Ingeborg Bachmann, *Erklär mir, Liebe*, in: dies., *Gedichte, Hörspiele, Libretti, Übersetzungen* (Anm. 2), S. 109.

25 Vgl. Platon, *Phaidros*, in: ders., *Phaidros. Theaitetos. Griechisch und Deutsch*, nach der Übers. Friedrich Schleiermachers, erg. durch Übers. von Franz Susemihl u. a., hg. v. Karlheinz Hülser, Frankfurt a. M./Leipzig 1991 (*Sämtliche Werke* 6), S. 92f.

26 Ingeborg Bachmann, *Die Zikaden*, in: dies., *Gedichte, Hörspiele, Libretti, Übersetzungen* (Anm. 2), S. 221.

27 Vgl., ebd., S. 268: „Denn die Zikaden waren einmal Menschen. Sie hörten auf zu essen, zu trinken und zu lieben, um immerfort singen zu können. Auf der Flucht in den Gesang wurden sie dürrer und kleiner, und nun singen sie, an ihre Sehnsucht verloren – verzaubert, aber auch verdammt, weil ihre Stimmen unmenschlich geworden sind."

28 Ebd., S. 221.

29 Auch in Gesprächen und Interviews hat Bachmann stets eine solche Auffassung vertreten. In *Musik und Dichtung* sprach sie explizit kritisch die Tendenz der Neuen Musik nach dem Zweiten Weltkrieg zur Separation an. Zu ihrem Interesse für Politik gefragt, antwortete Bachmann auch in einem Gespräch mit Kuno Raeber 1963 aufschlussreich: „[...] ich denke, daß dieses Interesse in vielem, was ich schreibe und was ich sage, und in meinen Handlungen merkbar sein müßte. – [...] Aber Interesse für Politik – das klingt ein bißchen wie ‚Interesse für Archäologie' oder ‚Interesse für Astrologie' und hat doch etwas ganz anderes zu sein und will es auch sein für jemand, der nicht an das Privatime von Denken glaubt und auch nicht, daß die Kunst die Kunst ist und die Politik die Politik ist und die Wirtschaft die Wirtschaft." Vgl. Bachmann, *Musik und Dichtung* (Anm. 12), S. 290, sowie Ingeborg Bachmann im Gespräch mit Kuno Raeber, Januar 1963, in: Bachmann, *Wir müssen wahre Sätze finden* (Anm. 16), S. 43f.

30 Ingeborg Bachmann, *Undine geht*, in: dies., *Gedichte, Erzählungen* (Anm. 12), S. 174.

31 Vgl. Karen R. Achberger, *Understanding Ingeborg Bachmann*, Columbia 1995, S. 88: Undine „stands for the instinctual, the incomprehensible part that has been sacrificed to the will for rational control over nature. And Bachmann consistently associated this vulnerable, indeterminable part, this water world beyond words, with music."

32 Bachmann, *Undine geht* (Anm. 30), S. 175.

33 Ebd., S. 177.

34 Ingeborg Bachmann, *Der gute Gott von Manhattan*, in: dies., *Gedichte, Erzählungen* (Anm. 12), S. 239.

35 Vgl. Sylvie Hamen, *Hommes et femmes dans l'oeuvre d'Ingeborg Bachmann. Déchirure et altérité*, Nancy 1994, S. 44: „Les deux amants Jan et Jennifer ne veulent pas d'amitié, pas de tendresse, pas d'entente cordiale soumises aux exigences du temps et de l'espace, mais une passion ayant la mort pour condition ultime."

36 Ingeborg Bachmann im Gespräch mit Alois Rummel am 25. 11. 1964, in: Bachmann, *Wir müssen wahre Sätze finden* (Anm. 16), S. 49.

37 Ingeborg Bachmann im Gespräch mit Toni Kienlechner am 9. 4. 1971, in: Bachmann, *Wir müssen wahre Sätze finden* (Anm. 16), S. 97.

38 Ingeborg Bachmann im Gespräch mit Josef-Hermann Sauter am 15. 9. 1965, in: Bachmann, *Wir müssen wahre Sätze finden* (Anm. 16), S. 63.

39 Theodor W. Adorno, *Ästhetische Theorie*, hg. v. Rolf Tiedemann unter Mitwirkung von Gretel Adorno, Susan Buck-Morss u. Klaus Schultz, Darmstadt 1998 (*Gesammelte Schriften* 7), S. 55.

40 Ebd.

41 Vgl. Weigel, *Hinterlassenschaften* (Anm. 3), S. 509.

42 Ingeborg Bachmann, *Malina*, Frankfurt a. M. ^{11}1991, S. 52.

43 Bachmann, *Die wunderliche Musik* (Anm. 22), S. 273.

44 Ebd., S. 274.

45 Dass Mozart die Motette 1772 für den berühmten Kastraten Venanzio Rauzzini komponierte, widerspricht dieser Deutung nicht, sondern erscheint eher als weiterer Hinweis auf die Vielschichtigkeit von Bachmanns Vorstellung von Männlichem und Weiblichem; denn gerade in *Malina* erscheint die Geschlechterdifferenz eher als Konkurrenz von Persönlichkeitsanteilen denn als Hauptmerkmal eines geschlossenen Persönlichkeitsbildes.

46 Zu Parallelen zwischen Schönbergs Musikästhetik und Bachmanns Poetologie siehe u. a. Inge Steutzger, *„Zu einem Sprachspiel gehört eine ganze Kultur". Wittgenstein in der Prosa von Ingeborg Bachmann und Thomas Bernhard*, Freiburg i. Br. 2001, S. 183–192.

47 Philippe Herreweghe im Interview mit Renaud Machart, in: Booklet zur CD *Schönberg: Pierrot lunaire. Marianne Pousseur, Ensemble musique oblique, direction Philippe Herreweghe*, harmonia mundi 1992.

48 Ingeborg Bachmann im Gespräch mit Veit Mölter am 23. 3. 1971, in: Bachmann, *Wir müssen wahre Sätze finden* (Anm. 16), S. 75.

49 Bachmann, *Malina* (Anm. 42), S. 337.

50 Ebd., S. 140ff.

51 Ebd., S. 247.

52 Marion Schmaus, *„Ich ist eine Kunst – ein Kunstwerck." Zur Aktualität der Frühromantik in Ingeborg Bachmanns „Todesarten"-Projekt*, in: *Klangfarben. Stimmen zu Ingeborg Bachmann. Internationales Symposion der Universität des Saarlandes 7. und 8. November 1996*, hg. v. Pierre Béhar, St. Ingbert 2000, S. 67.

53 Ebd.

54 Bachmann, *Malina*, (Anm. 42), S. 350.

55 Ebd., S. 8f.

56 Jean Améry, *Trotta kehrt zurück. Über Ingeborg Bachmanns Novellenband „Simultan"*, in: *Literatur über Literatur. Eine österreichische Anthologie*, hg. v. Petra Nachbaur u. Sigurd Paul Scheichl, Graz u. a. 1995, S. 214.

57 Ingeborg Bachmann, *Poetologische Entwürfe zum „Simultan"-Band. Statt einem Klappentext*, in: dies., *Der „Simultan"-Band* (Anm. 19), S. 18.

58 Ingeborg Bachmann im Gespräch mit Volker Zielke am 7. 10. 1972, in: Bachmann, *Wir müssen wahre Sätze finden* (Anm. 16), S. 116f.

59 Bachmann, *Poetologische Entwürfe zum „Simultan"-Band. Brief an den Verlag*, in: dies., *Der „Simultan"-Band* (Anm. 19), S. 10.

60 Bachmann im Gespräch mit Sauter (Anm. 38), S. 60.

61 Zum Traditionsverständnis Hans Werner Henzes siehe u. a. Hans Werner Henze, *Tradition und Kulturerbe*, in: Hans Werner Henze, *Musik und Politik. Schriften und Gespräche 1955–1975*, hg. v. Jens Brockmeier, München 1976, S. 110–113. Hans Werner Henzes Interesse für den Mythos – ebenfalls eine Parallele zur Bachmannschen Ästhetik – wird nicht nur durch seine Stoffwahl, sondern auch durch sein theoretisches Interesse an der Thematik und seine eigene Beschreibung der künstlerischen Arbeit belegt. Vgl. u. a. Hans Werner Henze, *Musiksprache und künstlerische Erfindung*, in: *Musik und Mythos*, hg. v. Hans Werner Henze, Frankfurt a. M. 1999 (*Neue Aspekte der musikalischen Ästhetik 5*), S. 116–136, sowie weitere Artikel in demselben Band.

62 Améry, *Trotta kehrt zurück* (Anm. 56), S. 214f.

63 Vgl. Ingeborg Bachmann, *Hommage à Maria Callas*, in: dies., *Kritische Schriften* (Anm. 18), S. 408–411.

[64] Bachmann, *Die wunderliche Musik* (Anm. 22), S. 262f.
[65] Ingeborg Bachmann, *Reklame*, in: dies., *Gedichte, Erzählungen* (Anm. 12), S. 43.
[66] Franco Serpa, *Orpheus der erste Künstler*, in: *Musik und Mythos* (Anm. 61), S. 17.

Stefanie Golisch

Musik als Metapher.
Zu Ingeborg Bachmann

Ich und Ich

> Ach, Sie glauben, Konstruktion hätte nur mit Gebäuden zu tun? Ich konstruiere mich andauernd, und ich konstruiere Sie, und Sie tun dasselbe. Und die Konstruktion hält so lange, bis das Material unserer Gefühle zerbröckelt und der Zement unseres Willens zerfällt. Es genügt, dass der Wille ein wenig schwankt und sich die Gefühle in einem Punkt wandeln, ja auch nur geringfügig verändern, und dahin ist unsere Wirklichkeit. (Luigi Pirandello, *Einer, keiner, hunderttausend*)

Ist, was ein Mensch über sich aussagt und von sich zu erkennen gibt, tatsächlich die Wahrheit über ihn? Will er erkannt sein oder sich verstecken, will er spielen oder ernst genommen werden – oder will er womöglich beides zugleich?

Nach dem bekannten Ausspruch von Max Frisch erfindet sich jeder Mensch früher oder später eine passende Geschichte, die er fortan für sein Leben hält; die Gültigkeit dieser Beobachtung bedarf kaum einer Begründung – kann man sie doch am Märchen des eigenen Lebens unmittelbar verifizieren.

Die freizügigen Selbstaussagen, die Ingeborg Bachmann im Laufe ihres Lebens in zahlreichen Gesprächen und Interviews getroffen hat,[1] erscheinen in diesem Sinne als Teile eines zwar komplexen, doch zugleich durchaus stimmigen Bildes. Um Verständlichkeit und Verständigung bemüht, antwortet sie ihrem jeweiligen Gegenüber zumeist geduldig nach bestem Wissen und Gewissen; ihre Begründungen sind einleuchtend, ihre eleganten Formulierungen bildhaft, dabei alles andere als verdunkelnd.

Bewusst setzt sich Bachmann der Öffentlichkeit aus, indem sie ihre Ängste und Obsessionen ausspricht und so die Grenze zwischen Leben und Schreiben durchlässig macht, ja tendenziell zum Verschwinden bringt.

Wer nach aussagekräftigen Zitaten sucht, nach Aufhängern und Kapitelüberschriften hat bei Bachmann allemal die Qual der Wahl: was immer man über sie und ihr Werk sagen kann, sie selbst hat es bereits vorformuliert, hat ihr Werk ausgiebig kommentiert und dessen Bezüge zum eigenen Leben gewissenhaft aufgezeigt. Den Rest besorgt eine kaum mehr überschaubare Flut von biografischer bzw. Sekundärliteratur, die sich, unter den Vorzeichen des jeweils herrschenden Zeitgeistes, mit nicht abreißendem Interesse seit Jahrzehnten ihrer Person und ihrem Werk widmet: der ätherischen, weltentrückten Dichterin, der mondänen, weltläufigen Schriftstellerin, der Freundin und Geliebten berühmter Männer, der vermeintlichen Feministin schließlich, für die der Faschismus das Erste in der heillosen Beziehung zwischen den Geschlechtern ist.[2]

Bachmann hat – bis zu einem gewissen Grade – all diesen Bildern entsprochen, ja ihnen durch ihr Auftreten in der Öffentlichkeit nachgerade Vorschub geleistet, und noch ihr grausamer Tod fügt sich scheinbar nahtlos in das Bild der tragischen Ikone, derjenigen, die unter den Menschen nicht leben konnte: ‚die' Bachmann, ein moderner Mythos, schillernd und abgründig wie ein Mythos zu sein hat und so facettenreich, dass er sich in wandelnden Konfigurationen fortwährend zu erneuern im Stande ist.

So überwiegt etwa auch in einem Sammelband aus jüngerer Zeit[3], in dem Autoren unterschiedlicher Generationen sich mit Bachmann auseinander setzen, weitgehend jene weihevolle Distanz zu einer Legende, an deren Zauber man nicht kratzen möchte, ist er doch, ebenso wie Polemik und Kritik, ein substantieller Bestandteil in der Auseinandersetzung mit literarischen Kunstwerken. Denn Wirkung ist niemals einseitig von dem aus zu denken, der sie erzielt, sondern bedarf, um sich zu entfalten, stets dessen, der ihrer bedürftig ist und es zulässt, dass sie sich an ihm entfalte.

Zeitzeugen berufen sich auf die vermeintliche ‚Aura' Bachmanns, die suggestive Art ihres Auftretens und ihres Vortrags, und noch die Nachgeborenen sind, so hat es den Anschein, befangen vor der weitgehend unangefochtenen Autorität ihrer Person und ihres Werkes. Der Nimbus, an dem sie selbst und ihre Bewunderer unermüdlich gewoben haben, und der sie bis heute umgibt, erschwert allerdings einen distanzierten und differenzierten Blick auf eine Autorin, die ihr Leben bewusst in ihr Werk verwoben und es dadurch in gewisser Weise unangreifbar gemacht hat. Wo mit dem höchsten Einsatz, also dem eigenen Leben, gespielt wird, ist eine natürliche Scheu, Kritik zu üben, beträfe sie doch niemals das Werk allein, sondern stets auch den Menschen, der sich in ihm entäußert.

Was nun ist zeittypisch an dieser zugleich existentiellen und inszenierten Verquickung, und welches ist ihre spezifisch weibliche Dimension?

Bekannt geworden war Bachmann in den frühen fünfziger Jahren als Lyrikerin. Einige ihrer Gedichte, so *Reklame*, finden sich heute in Schulbüchern im In- und Ausland als Musterbeispiele. Einzelne Zeilen sind zu geflügelten Worten geworden. Ansonsten wird ihr Name nur am Rande genannt, wenn von bedeutender Dichtung des 20. Jahrhunderts die Rede ist. Im Kontext der deutschsprachigen Lyrik der fünfziger Jahre sprengt ihr Ton den geistig-kulturellen Zusammenhang, dem er entspringt, nicht, ja seine existentialistische Färbung entspricht dem literarischen Geschmack seiner Zeit oder bringt ihn gar auf den Punkt. Vielleicht war es gerade dies, was die Autorin bewog, das Dichten aufzugeben.

Als Bachmann sich von der Lyrik ab- und der Prosa zuwendet, macht sie auch dies öffentlich. Mit einem Gedicht, *Keine Delikatessen*, verabschiedet sie sich vom Dichten, dessen Möglichkeiten sie für sich ausgeschöpft wähnt: das befreiende Wort kann nicht ausgesprochen werden.

Das Apodiktische dieser Geste bereitet jenem Rezeptionsschema den Nährboden, das seither, ausgesprochen oder unausgesprochen, die Auseinandersetzung mit ihrem Werk bestimmt: entweder die Lyrikerin oder die Schriftstellerin – eine in ihrer Ausschließlichkeit simplifizierende Perspektive, die zwangsläufig verkennen muss, wie eng diese beiden im Grunde genommen ineinander verwoben sind. Die innere Dimension ihres Schreibens, welche nur mit Verausgabung zu umschreiben ist und sich in der immanenten Tendenz zu formaler und inhaltlicher Grenzüberschreitung äußert, stellt die Verbindung von der jungen, hochfahrenden Dichterin mit den dunkelroten Lippen zu der von Depressionen heimgesuchten, in wahnhafte Welten verstrickten Schriftstellerin der letzten Jahre nahezu nahtlos her.

Die Bachmannschen Dunkelheiten – erlitten und goutiert zugleich – liegen vor uns in der Sonne des hellen Mittags, appetitlich angerichtet auf einem silbernen Tablett; wo sind die Schatten?

Das, was sie nicht oder nur floskelhaft benennt: die Ursprünge, die Herkunft ihrer Metaphern, der lange Atem ihres Lebenskampfes. Hat Bachmann die Geschichte ihres Lebens und Leidens, wie sie uns überliefert ist, am Ende gar nur erfunden?

Kein Mensch verrät sich ganz und gar. Und umsichtige Psychotherapeuten warnen ihre Patienten sogar vor vollkommener Selbstentblößung. Zumal ein Schriftsteller oder Künstler muss bei sich, muss im Geheimnis bleiben, denn legte er alle seine Gründe und Abgründe offen, verlöre er zwangsläufig seine wichtigste Inspirationsquelle: unbewältigte Konflikte, tiefste seelische Not.

Das Bild, das Bachmann von sich in der Öffentlichkeit entwirft, entspränge in diesem Sinne nicht der Lust an der Maskerade an sich, sondern übte auch eine Schutzfunktion aus. Verstecken kann man sich im hellen Licht bekanntlich ebenso gut wie im Finstern.

Seit ihrem berühmten Titelbild auf dem *Spiegel* ist sie, wie nur wenige andere Schriftsteller ihrer Zeit, eine Medienpräsenz, die ihre wechselnden Rollen scheinbar bestens zu handhaben weiß. Mal verbirgt sie sich hinter dem Verhuschten ihres Gedichtvortrags, mal hinter ihrer Eloquenz und der Mondänität ihres öffentlichen Auftretens. Dabei ist es das äußere Bild, die – je nachdem – schillernde oder anrührende Fassade, die ihr für die Dauer eines öffentlichen Auftritts jenen notwendigen Halt verleiht, den sie in der Einsamkeit ihres römischen Domizils immer weniger aufrecht zu erhalten vermag. Indem sie sich nach außen hin bewusst inszeniert, versucht sie, ihr Ich gegen ihre inneren Anfechtungen zusammen zu halten; sie ‚erfindet' sich permanent neu und wird die Erfindung ihrer eigenen Person mal mehr, mal weniger geglaubt haben. Am Ende hält das Konstrukt nicht, oder hält nur noch mit Hilfe von Tabletten, Zigaretten, Alkohol.

Für sich selbst und für ihre Bewunderer spielt Bachmann allerdings bis zum Schluss die Rolle der exzentrischen Dichterin, deren Kehrseite – die alternde, von der Liebe enttäuschte und von Obsessionen heimgesuchte Frau – in einen immer gefährlicheren Widerspruch zur schillernden Oberfläche tritt.

Ihre Haltung in Bezug auf die nimmersatte Öffentlichkeit, die sie verehrte und in Verehrung verschliss, bleibt letztlich widersprüchlich. Der Literaturwissenschaftler Reinhard Baumgart, der sie persönlich gekannt hat, bringt das Dilemma ihres Lebens auf den Punkt, wenn er schreibt: „Sie wollte ans Licht, das sie doch scheute."[4]

Gelingt ihr in jungen Jahren das Spiel mit den unterschiedlichen Identitäten noch scheinbar mühelos, erfährt sie das Auseinanderklaffen von Wahrheit und

Schein mit zunehmendem Alter als mörderische Bedrohung, denn längst nicht mehr geht es ihr nur darum, wahre Sätze zu finden, sondern darum, ein wahrer Mensch zu werden. Der wahre, d.h. der komplette Mensch aber ist für Bachmann nur als Doppelheit denkbar, als jene mann-weibliche Einheit, der Platon im Androgynenmythos der glücklichen Zwitter zeitlos gültigen Ausdruck verleiht.

Der Preis für ihre unerreichbaren literarischen und menschlichen Ziele waren Depressionen, Medikamentenabhängigkeit und die mit diesem Krankheitsbild zwangsläufig einhergehende Tendenz zur Abschottung, zur Verengung des Horizonts, ja zu Wahnvorstellungen, wie sie in der Zentralperspektive des *Todesartenzyklus* zum Ausdruck kommen.

Bachmanns Fixierung auf die Welt als Mordschauplatz, auf die unausweichliche Zerstörung der Frau durch den Mann ist aus psychologischer Sicht am ehesten als Zwangsneurose zu klassifizieren. Jenes ausufernde Romanfragment, das von der feministischen Literaturkritik der siebziger Jahre emphatisch als politisches Manifest begrüßt wurde, ist, außerliterarisch betrachtet, das Psychogramm eines Zerfalls: statt ihr Material noch zu beherrschen, wird Bachmann längst von diesem beherrscht. Indem sie aber die Kontrolle verliert, gibt sie sich preis wie in keiner ihrer Rollen zuvor. Was in allen ihren Texten mitschwingt – hier wird es in absoluter Deutlichkeit ausgesprochen: Krieg ist. Terror herrscht. Die Menschen bringen einander langsam aber sicher um. Darüber hinaus kann und will sie nicht mehr denken. Sie selbst ist dieser Krieg.

Schöne Sätze

> Wie hasse ich die treffenden Sätze. (Robert Walser)

Ingeborg Bachmann setzt sich aus und nimmt sich wieder zurück. Ihr Werk ist in seiner unruhigen Dynamik von Anläufen, Rückschlägen und Neuanfängen geprägt, in deren Zentrum stets die Auseinandersetzung mit dem Vermittler aller unruhigen Bewegtheit, der Sprache, steht. Die Herausforderung, die in deren Unzulänglichkeit beschlossen liegt, stellt im Kontext ihres Werkes den inneren Zusammenhang zwischen Lyrik und Prosa her, der über alle Gattungsschranken hinaus als Suche nach absoluten ästhetischen Chiffren aufgefasst werden muss.

Von ihren frühen Gedichten bis zum *Todesartenzyklus* hat Bachmann ihr Sprachungenügen thematisiert und zugleich unermüdlich versucht, die Grenzen ihres Ausdrucksvermögens in alle Richtungen hin zu erweitern. Ein typisches Strukturmerkmal ihres Schreibens ist die Evozierung oder Beschwörung eines inneren Kerns, einer hypostasierten ‚Wahrheit der Dinge', die allerdings niemals ausgesprochen, sondern nur jeweils angedeutet, beziehungsweise schweigend bewahrt werden kann.

Der Kulturphilosoph George Steiner hat das schwierige Verhältnis von Sprache und Schweigen in vielen Untersuchungen[5] als ein grundsätzliches Problem der Literatur benannt, das sich allerdings in der Moderne, sprich seit dem französischen Symbolismus, zunehmend verschärft. Der Kräfteverfall verbindlicher Normen und Werte erzeugt das allgemeine Bewusstsein einer unzureichenden, von allen Seiten bedrohten Sprache, die nicht länger in der Lage ist, die zunehmende Komplexität oder Zersplitterung der Welt adäquat auszusagen. Wortbedeutungen verschieben sich in einem solch rasanten Tempo, dass es dem Schriftsteller schier unmöglich wird, mit Hilfe der zerfallenden Sprachsubstanz die Welt zu beschreiben, geschweige denn Sinn zu postulieren. Im deutschsprachigen Raum kommen erschwerend die Deformierungen der Sprache durch den Jargon des Nationalsozialismus hinzu.

Was sich in Woyzecks Stammeln erstmals andeutet und sich in Kafkas Sprachkälte bedrohlich verfestigt, wird für die Generation Ingeborg Bachmanns zu einer unüberwindlichen ästhetischen und ethischen Schwelle: der Umgang mit der beschädigten Sprache legt – zumindest theoretisch – einen sukzessiven Rückzug aus dem Wort, ins Schweigen nahe. Immer wieder finden wir bei ihr Hinweise auf das Ideal einer reinen, unverbrauchten Sprache, die in jedem nur denkbaren Sinne das Gegenteil gewöhnlicher Umgangssprache wäre.

„Die Grenzen meiner Sprache bedeuten die Grenzen meiner Welt", heißt es bekanntlich bei Ludwig Wittgenstein und „Wovon man nicht sprechen kann, darüber muss man schweigen."[6] Auf diese apodiktischen Sätze, deren Gehalt man heute gewiss kritisch-distanzierter ins Auge fasst als seinerzeit, antwortet Bachmann am Schluss ihres Wittgenstein-Aufsatzes mit der Frage: „Oder folgert er auch, daß wir mit unserer Sprache verspielt haben, weil sie kein Wort enthält, auf das es ankommt?"[7]

Die sprachliche Utopie, also das fehlende Wort, wäre dasjenige, mit dem ein Ding nicht länger nur als der „erstarrte Einzelfall seiner Möglichkeiten"[8] bezeichnet werden könnte: eine bewegliche, freie Sprache, die zugleich die Wirklichkeit abbildet und die in ihr angelegten Möglichkeiten nach allen Seiten hin offen hält. Was Wittgenstein als Philosoph kategorisch leugnet, wird für Bachmann zu der künstlerischen Herausforderung schlechthin.

Paradigma der angestrebten Entgrenzung ist die Musik, die scheinbar mühelos überwindet, worum Sprache sich fast immer vergeblich müht. Dazu noch einmal George Steiner, der über die Beziehung von Sprache und Musik in den unterschiedlichsten Zusammenhängen nachgedacht hat: „Überall dort, wo Dichtung sich von den ehernen Gesetzen klarer Bedeutung und den allgemeinen Gebräuchen der Syntax loszulösen sucht, tendiert sie zu einem musikalischen Formideal."[9]

In ihrem Aufsatz *Die wunderliche Musik* reflektiert Bachmann die scheinbar bewusstseinslose Leichtigkeit, mit der Musik spielend erreicht, worum das Wort vergeblich kämpft, wenn sie schreibt: „In der allerschwersten Musik trägt jeder Klang eine Schuld ab und erlöst das Gefühl von der traurigsten Gestalt."[10]

Die Begrenztheit sprachlichen Ausdrucksvermögens verliert sich im Klang, ohne dass rational nachvollziehbar wäre, wie diese Überschreitung eigentlich möglich ist: „Wovon glänzt dein Wesen, wenn die Musik zu Ende geht, und warum rührst du dich nicht? Was hat dich so gebeugt und was hat dich erhoben?"[11]

Janusköpfigkeit.

Höchster ästhetischer Genuss ‚beugt' und ‚erhebt' zugleich. Indem Musik die Einheit des Disparaten in einem einzigen Klang bündelt, wird sie zur gültigen Metapher absoluten Ausdrucksvermögens. Nur sie vermag es, jene stumme, bilderlose Welt in der Welt zu evozieren, während der Dichter dazu verdammt ist, auf einer gesprungenen Pauke Melodien zu trommeln, ‚nach denen ein Bär tanzen könnte, während wir doch die Sterne bewegen möchten' – wie Flaubert in *Madame Bovary* schreibt.

Dass die ästhetische Utopie sprachlicher Entgrenzung unablösbar von ihrem ethischen Gehalt ist, wird in Bachmanns vielleicht radikalster Erzählung *Alles* deutlich, die im Kontext ihres Werkes nicht zufällig auf der Schwelle von der Lyrik zur Prosa steht und an sich ein gelungenes Beispiel lyrischer Prosa darstellt. Das Ideal der reinen Sprache wird in dieser Erzählung zum einen in seiner philosophischen Dimension deutlich, zum anderen als notwendiges Medium menschlichen Miteinanders, sprich gelingenden Lebens.

In *Alles* entfaltet Bachmann zum ersten Mal in aller Deutlichkeit jene Dimension, die für die Prosaautorin zunehmend an Bedeutung gewinnen wird: Sprache ist nicht zuvörderst Selbst- oder literarischer Zweck, sondern hat die konkrete Funktion, die Vereinzelung des Menschen zu überwinden. Musik erhebt den Menschen über sich selbst hinaus, das Wort führt ihn dem anderen zu. Am Gelingen dieses kommunikativen Aktes hängt es, Gemeinschaft zu stiften oder zu zerstören.

Der Vater des Jungen Fipps verfolgt mit Grauen, wie sein Sohn mit fortschreitendem Spracherwerb unwiderruflich den ebenso banalen wie grausamen Gesetzmäßigkeiten der Welt zufällt. Da er dieser Fatalität machtlos gegenübersteht, entzieht er dem Kind seine Liebe, entlässt es aus seiner väterlichen Fürsorge und beginnt stattdessen, phantastische Gegenwelten zu entwerfen, in denen Sprache „Schattensprache" ist, „Wassersprache, Steinsprache, Blättersprache". „Aber da ich kein Wort aus solchen Sprachen hatte und nicht über deren Grenze gelangen konnte, trug ich ihn stumm die Wege hinauf und hinunter und wieder heim, wo er lernte, Sätze zu bilden und in die Falle ging."[12]

Das Verhängnis ist unausweichlich. Erst nach dem Unfalltod seines Kindes beginnt der Vater, sich ihm wieder anzunähern, denn er begreift, dass er, indem er „alles" verlangte, alles verlor. Er ist zu weit gegangen. Es gibt die ideale Sprache nicht, durch welche die Beziehungen der Menschen lebendig würden; die entstellte, sinnentleerte Alltagssprache aber macht sie zwangsläufig zu fensterlosen Monaden, zur fleischgewordenen Negation der gleichwohl in ihnen angelegten utopischen Möglichkeiten. Kein Weg führt aus dem selbstverständlichen Dahinleben der Ehefrau in die Gefahrenzone reflektierten Bewusstseins, die der Protagonist für sich entdeckt hat: „Denn in alle Zeit wird, wo für mich ein Minenfeld ist, für Hanna ein Garten sein."[13] Nicht um ‚die' neue Sprache an sich geht es, sondern um eine gemeinsame neue Sprache als Voraussetzung eines gemeinsamen neuen Lebens.

Mit ihrer Sprachkritik steht Bachmann anfänglich in der philosophischen Tradition Wittgensteins, doch wichtiger als ihre wissenschaftliche Arbeit, die sie überdies rasch aufgibt, dürfte allemal die konkrete Erfahrung beim Schreiben gewesen sein: die ‚falsche Sprache' betrifft nämlich keineswegs nur die Alltagssprache, sondern affiziert konsequenterweise auch die literarische Sprache und deren vermeintliche Selbstverständlichkeiten.

Es sind die ‚schönen Sätze', die zwiespältige Begabung des Dichters, noch das Schreckliche in ästhetisch ansprechende Phrasen zu kleiden, die Bachmann von der Lyrik zur Prosa treiben und diese schließlich ins Unüberschaubare ausufern lassen.

Wenn sie in einem Interview sagt, dass sie ‚unter Menschen nicht leben kann', so handelt es sich eben nicht nur um eine prägnante Formulierung sondern, nimmt man die Aussage als authentischen Ausdruck persönlicher Lebenserfahrung ernst, um eine Monstrosität: wo sonst als unter Menschen sollte man auf dieser Welt leben können?

Die Frage stellt sich: wie kann oder sollte man solche Sätze lesen? Als ‚schöne' oder als ‚wahre' Sätze? Bachmann weiß, dass man sie zitieren und für ihre Ausdrucksfähigkeit belobigen wird. Weiß, dass sie stolz sein wird auf das Lob, ja dass sie der Zustimmung von außen, so sehr sie diese innerlich auch verachten mag, bedürftig ist. Sie weiß um den ambivalenten Kreislauf, in den der Schriftsteller nicht nur gerät, sondern sich, indem er mit seinen Werken an die Öffentlichkeit tritt, bewusst begibt.

Bachmann spielt mit. Bedient den Markt mit ‚schönen' Gedichten und einem schönen Gesicht. Doch die öffentliche Inszenierung kann ihre innere Zerrissenheit auf Dauer nicht betäuben, und so treibt sie ihr Schreiben immer weiter über die Grenzen des Lyrischen in Richtung der ‚wahren' Sätze hinaus, die, nicht anders als bei Büchner, Beckett oder Kafka, in Zerrüttung münden. Der geschlossenen Form ihrer zu Lebzeiten veröffentlichten Gedichte steht das ausufernde, durch keine formale Klammer mehr zusammengehaltene Versprengte ihres späten Schreibens gegenüber: als äußerste Konsequenz ihres Weges von den ‚schönen' zu den ‚wahren' Sätzen.

Als Bachmann sich zu Beginn der sechziger Jahre nach drei überaus erfolgreichen Gedichtbänden von der Lyrik verabschiedet, liefert sie die Erklärung gleich mit. *Keine Delikatessen* wird seitdem von der Literaturkritik als Ausdruck eines bewusst vollzogenen Bruches oder Richtungswechsels gelesen. Von „Worthappen erster Güte" ist dort die Rede, und dass Gedichte „einen Gedanken gefangen nehmen / abführen in eine erleuchtete Satzzelle."[14] Apodiktisch lautet die Schlusszeile „Mein Teil, es soll verloren gehen." Sprich: Gedichte bekommt ihr nicht mehr von mir, und was ich einmal schrieb, hat längst keine Bedeutung mehr für mich!

Im Gegensatz zu Rilke, der, nachdem er meinte, die Möglichkeiten der deutschen Sprache allesamt ausgeschöpft zu haben, sich auf das Französische verlegte, hat Bachmanns Abkehr von der Lyrik tiefere Wurzeln und zeitigt radikalere Konsequenzen. Sie ist gescheitert – und dies nicht nur auf literarischer, sondern ebenso auf menschlicher Ebene. Auf dem Höhepunkt ihrer literarischen Meisterschaft wittert sie Lügen und Täuschung.

Das Entscheidende kann man nicht aussprechen, kann sich ihm stets nur annähern, es aus unterschiedlichen Richtungen umkreisen oder umwerben, und für all dies letztlich vergebliche Bemühen gilt Schillers tiefes Wort „Spricht die Seele, so spricht ach! schon die Seele nicht mehr."[15]

Ihr Abschied von der Lyrik ist in diesem Sinne ein Akt der Ehrlichkeit gegen sich selbst und zeugt von dem unablässigen Bestreben, ihr Leben und ihr Schreiben in ein glaubwürdiges Verhältnis zu bringen. Den Glauben an die sprachkritischen und weltschöpferischen Möglichkeiten nicht nur der eigenen Dichtung hat sie verloren, mit Kunstgewerbe aber will sie sich nicht begnügen.

Ein Ausweg aus der Krise, in die sie Ende der fünfziger Jahre gerät, bahnt sich in ihren frühen Erzählungen an, einer lyrischen Prosa des Übergangs, in deren Formen sie sich zunächst noch sehr unsicher bewegt und von der sie keinesfalls wissen kann, ob es ihr gelingen wird, den einmal erreichten und in der Öffentlichkeit von ihr erwarteten Standard zu halten.[16]

Während sich Paul Celan, dessen Lyrik einen entscheidenden Einfluss auf sie ausgeübt hat, von der falschen, weil oberflächlich vereinnahmenden Allgemeinverständlichkeit in die Dunkelheit hermetischen Schreibens zurück zieht, zielt Bachmann unvermindert auf Austausch und Dialog. Sind also die Skepsis, die beide in Hinblick auf die Rezeption ihrer Gedichte, ja auf die grundsätzliche Rolle und Funktion lyrischen Sprechens in der Welt empfinden, durchaus vergleichbarer Natur – die Konsequenzen, die sie daraus ziehen, könnten unterschiedlicher nicht sein.

Während Bachmann sich auf die Suche nach neuen, kommunikativeren Formen des Schreibens begibt, flüchtet sich Celan, angewidert vom falschen Triumphzug seiner *Todesfuge*, in Sprachwelten, die nur noch den wenigsten Lesern zugänglich sind und entzieht seine Gedichte auf diese Weise dem Kreislauf gewöhnlicher Kommunikation.

Sowohl Bachmann als auch Celan reagieren sehr bewusst auf die Sprachkrise ihrer Zeit. Ihre ‚Auswege' markieren die äußersten Pole möglicher Antworten.

In ihrer extremen Konsequenz – Verweigerung auf der einen, Entäußerung auf der anderen Seite – lassen sie nicht zuletzt auch geschlechtsspezifische Muster erkennbar werden, die ihren Haltungen zugrunde liegen mögen.

Im Gegensatz zu Celans später Monadendichtung ist Bachmann der Leser, je unwahrscheinlicher er wird, ein notwendiges Gegenüber, das sie niemals aus den Augen verliert. In dem Entwurf *Gedicht an den Leser* heißt es dazu:

> Aber eine unstillbare Liebe zu dir hat mich nie verlassen, und ich suche jetzt unter Trümmern und in den Lüften, im Eiswind und in der Sonne die Worte für dich, die mich wieder in deine Arme werfen sollen. Denn ich vergehe nach dir. Ich bin kein Gespinst, nicht von dem Stoff, der deine Nacktheit bedecken könnte, aber von dem Schmelz aller Stoffe gemacht, und ich will in deinen Sinnen und in deinem Geist aufspringen wie die Goldadern in der Erde, und durchleuchten und durchschimmern will ich dich, wenn der schwarze Brand, deine Sterblichkeit in dir ausbricht.[17]

Es sind durchaus pathetische Worte, mit denen Bachmann ihrer Hinwendung zum – philosophisch gesprochen – A n d e r e n Ausdruck verleiht, dem Ideal der Gemeinsamkeit, nicht stolzer Vereinzelung.

Mit dem, was der Mensch, zumal der Schriftsteller, durch sein Wort a u s r i c h t e n kann, stehen und fallen für sie a l l e seine Möglichkeiten. Scheitert die Sprache nicht als Selbstzweck, als literarische Sprache oder als ästhetische Chiffre allein, sondern als Medium der Verständigung, versteinern die lebendigen Beziehungen der Menschen untereinander. Und nur um sie geht es letztlich.

Dass es in ihren späteren Erzählungen zumeist die männlichen Protagonisten sind, die sich dem Dialog durch Schweigen oder Rückzug entziehen, verwundert in diesem Zusammenhang kaum. Der Prototyp des ewigen Verweigerers ist jenes „Ungeheuer mit Namen Hans" aus der Erzählung *Undine geht*, mit dem Bachmann beinahe ein geflügeltes Wort geprägt hat. Die Frauenbewegung und die feministische Kritik stürzten sich seinerzeit förmlich auf jenen Egomanen, dessen liebster Zeitvertreib das Demütigen von Frauen ist. Hans, dieser Allerweltsname, wurde zum Symbol des männlichen Feindbildes schlechthin.

Eine von ideologischem Vorurteil unverblendete Lektüre allerdings gelangt zu einem differenzierten Schluss. Zwar ist jener Hans alles andere als ein Hoffnungsträger, doch ist er fatalerweise das einzige Gegenüber weit und breit. Mit wem als mit ihm allein kann und sollte die Verständigung gelingen? Nicht zufällig endet die kurze Erzählung in lyrischer Verdichtung mit einem Anruf. „Komm", raunt Undine ihrem Liebsten und Feind verzweifelt-verführerisch zu. Freilich ist ihr Lockruf zwiespältiger Natur, denn ihr Reich ist bekanntlich das Wasser und Hans wird, folgt er Undines Aufforderung, unweigerlich in den Wellen ertrinken. Die Erzählung verbleibt bewusst in Ambivalenzen, über die sich die Auslegung nicht glättend erheben soll. Nur eins: von der ‚Utopie des Paares' verabschiedet sich Bachmann in ihrer scheinbar eindeutigsten Erzählung keineswegs; im Gegenteil wird Undine den toten Hans wohl ebenso leidenschaftlich beweinen, wie sie den lebendigen gehasst hat. Und dieses Paradox gilt noch dann, wenn man in Hans, wie viele Interpreten es getan haben, die Kunst höchstpersönlich erblicken möchte.

Aus historischer Sicht betrachtet ist Bachmanns Sprachutopie, die sich an der absoluten Metapher der Musik orientiert, eine generationstypische Denkfigur, die unmittelbar an die gesellschaftlichen Utopien ihrer Zeit geknüpft ist und in der ethische, ästhetische und philosophische Aspekte zusammenfallen. Bachmann interessiert sich nicht für die Oberfläche, sondern für die Beweggründe. Schreiben ist ein Medium der Erkenntnis und Erkenntnis der erste Schritt zur Veränderung. Leben und Literatur stehen in einem dynamischen Verhältnis zueinander und müssen es sich insofern gefallen lassen, immerfort aneinander gemessen zu werden.

Wo die Sprache versagt, im Leben wie in der Literatur, herrscht Krieg. In besonderer Weise wird dieser Topos für Bachmann in der Auseinandersetzung mit dem Geschlechterkampf relevant werden.

Wo aber Rettendes ist, wächst die Gefahr auch

> Das Kunststück lebt, der es macht ist tot. (Thomas Bernhard)

Ingeborg Bachmann hat sich zeitlebens gegen Festlegungen gewehrt und ihre besondere Existenzweise als Schriftstellerin eher als eine Abfolge von Zuständen und Übergängen begriffen, als nicht abreißendes existentielles und künstlerisches Kampfgeschehen mit durchaus offenem Ausgang: keine Garantie auf Gelingen. Leben und Kunst bilden für sie eine heterogene, komplexe Einheit, die sie in jungen Jahren als Herausforderung erfährt, später jedoch zunehmend als Zerreißprobe erleidet. Physische und psychische Verausgabung ist die natürliche Folge schonungslosen Lebens.

In einem Interview aus dem Jahre 1971 benennt sie den Preis, den der Künstler für seine Kunst zu bezahlen hat:

> Aber schauen Sie, auch bei Tänzern glauben Sie, jemand schweben zu sehen, und merken nichts von der Muskelarbeit, der ungeheuren Anstrengung. Ich habe einmal Margot Fonteyn nach einem Ballett aus der Nähe gesehen, diesen Körper, der doch beim Tanzen kaum vorhanden ist, die schwebt doch Zentimeter über dem Erdboden, und ich war ganz furchtbar erschrocken und mir über den Preis klar, den jemand für das Zaubern und Bezaubern zu bezahlen hat.[18]

Es ist nicht nur ein Wortspiel, wenn ich als Kapitelüberschrift Hölderlins berühmtes Diktum ‚Wo aber Gefahr ist, wächst das Rettende auch' in sein Gegenteil verkehrt habe – liegt das Geniale dieses Satzes doch eben darin beschlossen, dass er, noch auf den Kopf gestellt, genauso wahr ist wie die Originalversion. Das Rettende, sprich die Kunst, reagiert auf die Gefahr – zugleich aber bringt sie denjenigen, der sie ausübt, selbst in Lebensgefahr. Rettung und Gefahr sind ineinander verschlungen wie Leben und Tod: als äußerste Pole einer dämonischen Einheit. In dem erschöpften Tänzerinnenkörper, der, nachdem der Vorhang gefallen ist, unweigerlich wieder der Erde zufällt, erkennt Bachmann die Abgründigkeit der Kunst: ihre doppelte Natur als ‚Opfer' und ‚Geschenk', als ‚Schein' und ‚Wirklichkeit' zugleich. Für den Bruchteil einer Sekunde überwindet der menschliche Körper die Grenzen der Schwerkraft; der Tanz hat nachweisslich stattgefunden, doch steht er nicht in braver Kontinuität zur Wirklichkeit, sondern sprengt deren gewöhnlichen Seinsmodus in der exaltierten Essenz des Augenblicks.

Solche Grenzerfahrung spielt sich in der Todeszone ab. Hier scheint nicht die Sonne, hier wachsen keine Gänseblümchen, vielmehr reißen Klauen, Hauer, rostige Nägel, wie Gottfried Benn es einmal formuliert, einem das Herz in Stücke. Kunst kommt aus der Tiefe radikaler Selbstbegegnung, ja äußerster Selbstüberwindung. Ihr Verhältnis zu dem, was sie letztlich im Leser, Zuhörer, Betrachter erzeugt, ist unverhältnismäßig, sieht dieser doch nur das Resultat, nicht aber den Kampf.

Rettung aus der Gefahr – Gefahr in der Rettung. Tatsächlich hat selten jemand die spannungsgeladene Dynamik kreativer Prozesse so genau ins Auge gefasst wie Gottfried Benn in einem Brief an den jungen Germanisten Dieter Wellershof aus dem Jahre 1950:

> Kurz, primär ist ein inneres Bild des zu formenden Satzes, an dem modelliert man instinktiv herum bis er so klingt, wie man ihn wollen musste, damit in einem gelöst wird, was als Last und Zwang, als Fremdkörper einen bedrängte. Es ist ein Vorgang von ausgesprochen katarrhischem Charakter, es ist ein Eliminationsprozeß, ein Durchgang von panischen Insulten und Bedrängungen, ein phallischer Prozeß, mit dem Ziel Spannungen zu beseitigen und produktive Füllungen zu applanieren.[19]

Kunst äußert sich, weil sie sich äußern muss, strebt von außen nach innen und von innen wieder nach außen zurück, wo sie die Not, aus der heraus sie geboren, in ästhetischen Chiffren entpersonalisiert und objektiviert. In diesem Kreislauf, den Benn als Arzt in Analogie zur physischen Bedrängnis des Mannes vergegenwärtigt, ist der Künstler als Grenzgänger gefangen, denn sein Talent macht ihn zum Schöpfer und Medium zugleich. Wo Kunst über sich selbst hinauswächst, ist sie zwangsläufig erlitten. Wer den Drang oder Trieb in sich spürt, Grenzen zu überschreiten, tut dies stets unter Einsatz seiner physischen und psychischen Gesundheit, seines Lebens.

Eine extreme Selbsterfahrung schildert Bachmann in ihrer Erzählung *Das dreißigste Jahr*. In der Wiener Nationalbibliothek stößt der Protagonist, ein Student, auf dem Höhepunkt einer geistigen Ekstase an eine objektive Grenze, über die hinaus er nicht zu denken vermag:

> Da traf und rührte ihn ein Schlag, inwendig im Kopf; ein Schmerz entstand, der ihn ablassen ließ, er verlangsamte sein Denken, verwirrte sich und sprang von der Schaukel ab. Er hatte seine Kapazität zu denken überschritten oder vielleicht konnte dort kein Mensch weiterdenken, wo er gewesen war. Oben, im Kopf, an seiner Schädeldecke, klickte etwas, es klickte beängstigend und hörte nicht auf, einige Sekunden lang. Er meinte irrsinnig geworden zu sein, und umkrallte sein Buch mit den Händen. Er ließ den Kopf vornüber sinken und schloss die Augen, ohnmächtig bei vollem Bewusstsein.
> Er war am Ende.[20]

Die erniedrigende Erfahrung der eigenen Ohnmacht löst in dem jungen Mann eine Krise aus, die er erst nach zahllosen vergeblichen Anläufen überwinden wird. Ebenso wie in *Alles* ist es auch hier die Konfrontation mit dem Tod, durch die der Protagonist in seine natürlichen Schranken verwiesen wird.

Doch wie geht es weiter? Wie sieht ein Leben aus, das sich vernünftigerweise in seine Grenzen schickt? Welchen Wert hat es noch? Bachmann beantwortet diese Fragen, die für alle ihre Erzählungen und Romane zentral sind, nicht. Typisch sind äußerlich undramatische finale Konstellationen, die eher an die Eiseskälte des berühmten Schlusssatzes von Büchners *Lenz* erinnern: „So lebte er hin."[21]

Weiterleben ist möglich nur als Dahinleben, als Toter auf Abruf. Wo die Utopie stirbt, stirbt auch die Literatur, ist nur noch gewöhnliches Leben, gewöhnliches Leiden, gewöhnliche Liebe. Zu der Herausforderung, die im Kampf mit dem Unmöglichen beschlossen liegt, gibt es keine Alternative. Scheitern und Gelingen sind für Bachmann keine abstrakt-philosophischen Kategorien, sondern bezeichnen die existentielle Dimension des menschlichen Daseins, zumal die des Schriftstellers oder Künstlers, den sie stets als Stellvertreter begreift.

Über ihren aus dem Nachlass herausgegebenen Gedichtfragmenten, die vor einigen Jahren unter dem Titel *Ich weiß keine bessere Welt* erschienen[22], steht als Motto eine Zeile der italienischen Renaissancedichterin Gaspara Stampa (1523–1554): „Vivere ardendo e non sentire il male" – was so viel bedeutet wie: „Verglühend leben und den Schmerz nicht spüren."

In mehreren Entwürfen antwortet Bachmann direkt auf Gaspara Stampa, die in der europäischen Literaturgeschichte als Prototyp der leidenschaftlich Liebenden gilt. Rilke gedenkt ihrer in seiner ersten *Duineser Elegie*, wo sie für die Unbedingtheit der Liebe bis in den Tod und über ihn hinaus steht. Überliefert ist, dass Gaspara Stampa in ihrer Heimatstadt Venedig zugleich den Beruf der Dichterin u n d der Dirne ausübte und sich aus verschmähter Liebe mit nur einunddreißig Jahren das Leben nahm. In ihren über 300 Gedichten beschwört sie ihre unglückliche Liebe zu einem Grafen als extreme, grenzüberschreitende Erfahrung des Verglühens bei lebendigem Leibe, als radikal gesteigertes Lebensgefühl, das sich seiner gefährlichen Nähe zum Tode nur allzu bewusst ist. Nur wer bereit ist, sich in vollkommener Hingabe zu entäußern, nur wer sich der Dämonie des Eros widerstandslos ergibt, findet und behauptet sich selbst. Der Preis für Selbst-Behauptung ist gerade Selbst-Aufgabe – so die Botschaft ihrer Gedichte, in denen das ‚Verglühendleben' zum Paradigma des Lebens schlechthin wird.

Nicht zufällig bezieht sich Bachmann direkt auf Gaspara Stampa, wenn sie in einem späten Interview von der Liebe als kreativem Talent spricht:

> Liebe ist ein Kunstwerk, und ich glaube nicht, daß es sehr viele Menschen können. Ob es mir gelungen ist, das Genie der Liebe zu zeigen, weiß ich nicht. Ich weiß nur, daß die wenigen großen Beispiele so außerordentlich sind, daß man sagen muß, es gibt zweifellos Menschen, die dort, wo die anderen ein kleines gelegentliches Talent haben, etwas geschenkt bekommen haben; das erwirbt man sich nicht, deswegen ist es etwas Verbrennendes.[23]

Liebe als Kunstwerk: in dieser Vorstellung liegt der Schlüssel zum Verständnis von *Malina* beschlossen. Keineswegs nur eine Generalabrechnung mit dem männlichen Geschlecht, sondern eine Apologie des Pathos absoluter Liebe, noch um den Preis der Selbstzerstörung, ja Selbstauflösung. Was den Roman von innen her speist, was ihm als Idee zugrunde liegt, ist Platons glücklicher Ursprungsmythos des androgynen Zwitters. Jene utopische Einheit, die in Mythen und Religionen stets als Doppeltes, als Mann-Weibliches zugleich auftritt. Die Utopie des Paares gegen jene Unverbindlichkeit, die man im heutigen Sprachgebrauch mit ‚Beziehung', ‚Partnerschaft', ‚eheähnliche Gemeinschaft' etc. bezeichnet.

In Bachmanns Welt sind aber keine ‚Lebensabschnittsgefährten', sondern Liebende und Geliebte, sind Hass, Zerstörung und Mord, nicht Gütertrennung und niemals ein Wir-wollen-gute-Freunde-bleiben. Die Liebe ist nach ihren Begriffen ein Kunstwerk und als solches eine kulturelle Leistung, die, wie alle Kunst, in einem durchaus labilen Verhältnis zur Wirklichkeit steht. Nur in der Kunst und in der Liebe erhält der Mensch jedoch die Chance, über sich selbst hinauszuwachsen und die Banalität alltäglichen Lebensvollzuges zu transzendieren.

Lebensgefahr – Todesgefahr: wer nicht bereit ist, den höchsten Preis für das durch Liebe gesteigerte Lebensgefühl zu entrichten, hat nicht verdient zu leben – es sei denn in der biederen Behaglichkeit eines auf beide (Doppel)namen registrierten Reihenhäuschens.

Bewusst begreift Bachmann ihr Leben als Beglaubigung ihres Schreibens – und umgekehrt: Kongruenz und Kohärenz sind notwendig, um Leben und Kunst wechselseitig Tiefe und Authentizität zu verleihen. Ihr integratives Selbstverständnis verweist auf eine typisch weibliche ‚Kunstpraxis', die sich im

Unterschied zu männlich geprägten Mustern der Spaltung in Teilbereiche oder Sektoren verweigert und unbeirrt auf Deckungsgleichheit zielt. Für die Diskrepanzen und Widersprüche von Leben und Werk – des eigenen und des fremden – haben Schriftstellerinnen zumeist ein ausgeprägteres Empfinden als ihre männlichen Kollegen. Die Spaltung, die diese als normal erleben, wird jenen nicht selten zu ausweglosen Bedrängnis.

Im Spannungsfeld von Selbstaufopferung und Todesbereitschaft als extremer Beglaubigung des eigenen Werkes scheitern neben Ingeborg Bachmann so bekannte Schriftstellerinnen wie Virginia Woolf, Sylvia Plath, Unica Zürn, Brigitte Reimann, Marina Zwetajewa, Anne Sexton neben zahllosen anderen begabten Frauen, deren Leben weniger spektakulär, wenn auch nicht minder tragisch verlief.

Besonders prägnant lässt sich dieser Eindruck bei zeitgenössischen bildenden Künstlerinnen wie etwa Marina Abramovic oder Cindy Sherman nachvollziehen, die nicht selten ihren eigenen Körper einsetzen, um Kunst durch Leben zu beglaubigen. Auch jene legendäre Aktion der amerikanischen Künstlerin Jenny Holzer, die zu Beginn der neunziger Jahre für eine Zeitschriftenaktion Tinte mit Blut vermischte, um auf die Massenvergewaltigungen bosnischer Frauen während des Balkankriegs aufmerksam zu machen, gehört in diesen Zusammenhang. Die Verwendung menschlichen Blutes sollte die Grenze zwischen Leben und Kunst durchlässig machen und die Anklage durch maximale Dramatisierung intensivieren. Blut erscheint im Rahmen dieser Kampagne als Besiegelung eines unauflöslichen Paktes. Erst der ‚Lebenssaft' verleiht dem kalten Artefakt seine wahre Authentizität – das mag ein Grund sein, weshalb uns stets diejenigen Kunstwerke die liebsten sind, von denen wir spüren, dass ‚Herzblut' in ihnen fließt.

Es ist ein Akt tragischer Vitalität, der die Kunst aus der Sphäre der Beliebigkeit in die höhere der Notwendigkeit transportiert. „Verglühend leben und den Schmerz nicht spüren." Unterhalb dieses zugleich rauschhaften und destruktiven Anspruchs konnte und wollte Ingeborg Bachmann allerdings weder leben noch schreiben.

[1] Ingeborg Bachmann, *Wir müssen wahre Sätze finden. Gespräche und Interviews*, hg. v. Christine Koschel u. Inge von Weidenbaum, Neuausgabe, München/Zürich 1991.

[2] Ebd., S. 144.

[3] *Einsam sind alle. Autoren schreiben über Ingeborg Bachmann*, hg. v. Reinhard Baumgart u. Thomas Tebbe, München 2001.

[4] Ebd., S. 88.

[5] George Steiner, *Der Rückzug aus dem Wort* und *Der Dichter und das Schweigen*, in: ders., *Sprache und Schweigen. Essays über Sprache, Literatur und das Unmenschliche*, dt. v. Axel Kaun, Frankfurt a. M. 1973.

[6] Zit. in: Ingeborg Bachmann, *Die Wahrheit ist dem Menschen zumutbar. Essays, Reden, Kleinere Schriften*, München ³1985, S. 15, 18.

[7] Ingeborg Bachmann, *Ludwig Wittgenstein – Zu einem Kapitel der jüngsten Philosophiegeschichte*, in: ebd., S. 18.

[8] Robert Musil, *Mann ohne Eigenschaften*, Hamburg 1970, S. 1369.

[9] Steiner, *Der Rückzug aus dem Wort* (Anm. 5), S. 79.

[10] Ingeborg Bachmann, *Die wunderliche Musik*, in: dies., *Die Wahrheit ist dem Menschen zumutbar* (Anm. 6), S. 49.

[11] Ebd., S. 53.

[12] Ingeborg Bachmann, *Alles*, in: dies., *Sämtliche Erzählungen*, München ²1985, S. 145.

[13] Ebd., S. 158.

[14] Ingeborg Bachmann, *Gedichte, Hörspiele, Libretti, Übersetzungen*, hg. v. Christine Koschel, Inge von Weidenbaum u. Clemens Münster, München 1978 (*Werke* 1), S. 173.

[15] Friedrich Schiller, *Votivtafeln*, in: ders., *Sämtliche Gedichte und Balladen*, hg. v. Georg Kurscheidt, Frankfurt a. M./Leipzig 2004, S. 138.

[16] Reinhard Baumgart, „*Ihr Menschen! Ihr Ungeheuer!*", in: *Einsam sind alle* (Anm. 3), S. 91f.: „Für ihre Gedichte hatte sie keinerlei Rat, Hilfe, Mitarbeit nötig, die gingen, vorbei am Lektorat auf den Schreibtisch des Verlegers und in Druck. Ernst wurde unsere Zusammenarbeit erst, als sich die Geschichten für *Das dreißigste Jahr* aus dem Nebel der ersten Entwürfe lösten. Über zwei Jahre hin zog sich dieser Prozeß der Korrekturen, der Korrektur der Korrektur, des Ablagerns und Wiederaufnehmens. Das „zum Äußersten" Gehen, die Entgrenzung des Erzählens bis zum Gesang, erwies sich als ein mühsames, zähes Geschäft, als Kampf um Details."

[17] Bachmann, *Die Wahrheit ist dem Menschen zumutbar* (Anm. 6), S. 107.

[18] Bachmann, *Wir müssen wahre Sätze finden* (Anm. 1), S. 115.

[19] Gottfried Benn an Dieter Wellershoff, in: Gottfried Benn, *Briefe*, Wiesbaden 1957, S. 203.

[20] Ingeborg Bachmann, *Das dreißigste Jahr*, in: dies., *Sämtliche Erzählungen* (Anm. 12), S. 108.

[21] Georg Büchner, *Lenz*, Frankfurt a. M. 1985, S. 48.

[22] Ingeborg Bachmann, *Ich weiß keine bessere Welt. Unveröffentlichte Gedichte*, hg. v. Isolde Moser, Heinz Bachmann u. Christian Moser, München 2000.

[23] Bachmann, *Wir müssen wahre Sätze finden* (Anm. 1), S. 109f.

Karen R. Achberger

Transzendenz in der Musik.
Beethoven, Wagner und Schönberg
in Ingeborg Bachmanns Roman *Malina*

Das Verschwinden der Ich-Erzählerin am Ende von Ingeborg Bachmanns *Malina*-Roman, ihr Schreiten in ein Reich jenseits der Wand, ist wohl das zentrale Ereignis des sonst so handlungsarmen Romans. Jedoch wurde in den 35 Jahren seit seiner Erscheinung die Frage der Transzendenz kaum gestellt.

Der Schluss des Romans bleibt nach wie vor vieldeutig: man kann ihn vor allem als „Mord" verstehen, wie vom Romantext selbst vorgeschlagen und durch die vielen Anspielungen auf literarische, filmische und musikalische Werke belegt, in denen der oft gewalttätige Mord eine große Rolle spielt, etwa in der *Salome*-Szene im Hotel Sacher, wo es heißt: „Mein Kopf rollt im Restaurant Sacher auf den Teller, das Blut spritzt über das blütenweiße Damasttischtuch, mein Kopf ist gefallen und wird den Gästen gezeigt."[1] Man kann den Romanschluss auch als Sichtbarwerdung, ja Offenbarung der ständigen Nicht-Existenz der Ich-Figur als Frau in einer patriarchalischen Gesellschaft sehen.[2] Man kann diesen Schluss aber auch positiver, als auflösendes Hinüberschreiten der Ich-Figur in ein transzendentes Jenseits sehen, eine Rettung aus einer Welt, die sie als den ‚allergrößten Mordschauplatz' empfand.

Was jedoch unverkennbar bleibt, ist die zentrale Bedeutung von Musik, spezifischen Komponisten und Musikern, musikalischen Werken, Themen, Motiven und Strukturen für den Roman, sowohl auf der offensichtlichen Erzähloberfläche als auch in den subtileren, in den Subtext verlegten Anspielungen auf Intertexte.[3]

Die vielen musikalischen Anspielungen und Zitate, die den dicht verwobenen musikalischen ‚Klangteppich' des Romans ausmachen, zeigen sich ja als subtile Hinweise auf weitere Bedeutungsebenen und ermöglichen uns, das endgültige Verschwinden der Ich-Figur neu zu verstehen. Es würde wohl niemand behaupten, oder nur wollen, dass der Roman eindeutig zu entschlüsseln wäre, könnte man nur alle intertextuellen Anspielungen identifizieren und deuten, denn ein Großteil seines Reizes liegt vor allem in der Vieldeutigkeit seiner polyphonen Textur.

Wenn wir unter den musikalischen Anspielungen im Roman lediglich diejenigen Werke näher betrachten, die das Roman-Ich selber zu spielen, sprechen oder singen versucht, so finden wir in allen diesen von ihr vorgetragenen Werken Momente eines Grenzüberschreitens, sowohl tonal als auch thematisch, einer unverkennbar mystischen Transzendenz, friedlich und erhaben, die eine Auflösung und Entlastung von den Mühen des Diesseits zu suggerieren scheint. Diese Transzendenz klingt schon im eschatologischen Titel des dritten Kapitels, *Von letzten Dingen*, an, und die musikalischen Werke, welche die Ich-Figur in ihren letzten Momenten hervorruft, ja vorträgt, diese Werke, die alle von einer erhabenen Friedlichkeit geprägt sind, lassen es meines Erachtens trotz der Mord-Thematik zu, das endgültige Verschwinden der Ich-Figur in ein transzendentes Reich hinter der Wand neu zu verstehen.

Es handelt sich hier um drei musikalische Werke, von denen zwei in Wien komponiert worden sind: Richard Wagners Musikdrama *Tristan und Isolde*, aus dem die Erzählerin im Traum von der Oper ihres Vaters zu singen versucht, Ludwig van Beethovens letzte Klaviersonaten Opus 109–111, mit deren italienischen Vortragsbezeichnungen die Erzählerin im letzten Dialog mit Malina zu sprechen versucht, und zwei Lieder aus Arnold Schönbergs *Pierrot lunaire* Opus 21: am Pianino bei den Altenwyls singt sie aus dem ersten Lied, *Mondestrunken* (163), und am Bechsteinflügel bei den Gebauers spielt sie die ersten Takte des letzten Liedes *O alter Duft aus Märchenzeit*, bis Malina zu ihr kommt, sie vom Hocker wegdrängt und das Vortragen der letzten Takte im Sprechgesang selbst übernimmt (319). Suzanne Greuner weist mit Recht auf den Sonderwert eben dieser drei Musikwerke für Bachmann hin. Es gehe darum, „eine Musik ‚anzusprechen', deren höchster Ausdruck in ihrem besonderen Ringen um Ausdruck und Konstruktion begründet ist".[4] Gleichzeitig geht es aber auch darum, durch diese drei Werke auf die mystische Transzendenz der Ich-Figur hinzuweisen. Schon beim Anhören spürt man diese hier beschworene transzendente Friedlichkeit.

Betrachten wir also jedes dieser drei Werke, von denen Bachmann jeweils nur die ersten und die letzten Takte zitiert, näher und zwar in chronologischer Reihenfolge: zunächst die letzte Klaviersonate Beethovens, ein Werk, das in vieler Hinsicht die Grenzen der klassisch-romantischen Tradition überschreitet und eine doppelte Transzendenz zeigt; dann Wagners *Tristan,* der mit dem sogenannten ‚Tristanakkord' jenseits der Tonalität beginnt und mit dem verklärten ‚Liebestod' Isoldes endet; und zuletzt die zwei Lieder aus Schönbergs *Pierrot lunaire,* der uns ‚die sel'gen Weiten' einer anderen Existenz jenseits der Grenzen der Realität und Tonalität ahnen lässt.

Die vorwiegend friedliche, erhabene Endstimmung in jedem dieser von der Erzählerin vorgetragenen Werke scheint den durchaus positiven Schritt vorauszudeuten, den die Erzählerin beim Verschwinden in der Wand macht. Wie die Seejungfrau Undine lässt sie die Welt des Patriarchats hinter sich, wo sie nur als ‚Unbekannte' namenlos existieren kann. Aber im Gegensatz zu Undine geht die Ich-Figur nicht im Bösen fort, sondern scheint in der friedlichen Erwartung einer besseren Welt im Jenseits aus dieser Welt zu scheiden.

Ludwig van Beethovens Spätwerk

Die Anspielungen auf Ludwig van Beethoven, vor allem auf sein Spätwerk, werden in der Sekundärliteratur zu *Malina* immer wieder hervorgehoben. Die Ich-Erzählerin wohnt nicht durch Zufall in der Ungargasse 6 im III. Wiener Gemeindebezirk dem Beethovenhaus direkt gegenüber. Dies ist das Haus Ungargasse 5, in dem er im Winter 1823/24 die Neunte Sinfonie vollendete. Kurz davor, in den Jahren 1820 bis 1822, hatte er gerade die letzten drei Klaviersonaten op. 109–111 vollendet. Diese Lage, der sich die Ich-Erzählerin wohl bewusst ist, bedeutet einerseits eine physische Gegenüberstellung und andererseits auch eine Nähe zu Beethoven, dessen wohltuender Geist immer wieder im Roman zu spüren ist. Wir sehen die Erzählerin zum Beispiel beim schwierigen Heimweg: „[...] aber ich wechsle die Seite, hinüber zu dem Beethovenhaus, ich bin bei Beethoven in Sicherheit" (303).

Etwas verschlüsselter sind die Anspielungen auf Beethovens letzte Klaviersonaten in ihrem Schlussdialog mit Malina, in dem sich die Erzählerin durchwegs mit italienischen Tempo- und Vortragsbezeichnungen ausdrückt. Es scheint, dass Bachmann sie hier ‚durch die Sonate' sprechen lässt. Eine beachtliche Zahl der Anweisungen, die Bachmann ihr vorschreibt, sind in der Musikliteratur so selten, wenn nicht einmalig, dass sie unmissverständlich die letzten fünf Klaviersonaten Beethovens Opus 101, 106 und 109–111 evozieren. Diese

Anweisungen beziehen sich weniger auf das Tempo als auf Gefühlsausdrücke, wie „arioso dolente", „appassionato e con molto sentimento", „perdendo le forze, dolente", und auch auf die Pedalbedienung, wie „poco a poco tutte le corde", „una corda", „tutto il cembalo" und „con sordini".[5] Letztere beziehen sich auf das Treten und Loslassen der Pedale eines Flügels, um die Klangfarbe des Instruments zu verändern. Bei Beethoven wird der Ausdruck „una corda" zum Beispiel dazu verwendet, eine unheimliche, gedämpfte und entlegene Atmosphäre zu erzeugen. Einerseits wird im Roman eine fast jenseitige Atmosphäre durch das Zitieren eben dieser Sonaten suggeriert, andererseits kann man die Pedalbezeichnungen auch als geschlechtsspezifische Metapher für die Situation der Frau im patriarchalischen Diskurs lesen, den man hier in Anlehnung an den französischen feministischen Poststrukturalismus wohl „pedalozentrisch" nennen könnte.[6] Indem die weibliche Stimme vergebens versucht, sich durch Bezeichnungen für ein Instrument mit Pedalen auszudrücken, kann sie sich nur der „pedalozentrischen" Tradition bedienen, in der aber für sie keine Partie geschrieben wurde und sie „eine ganz Andere" (311) sein müsste, nämlich ein Instrument mit Pedalen.

Die vielen Beethoven-Anspielungen haben auf jeden Fall eine mehrfache Funktion im Roman. Beethoven bildet einerseits einen Gegenpol zu Arnold Schönberg,[7] andererseits stellt er auch selbst eine unheimliche Radikalität dar. Die Anspielung auf Beethoven bringt eine doppelte Transzendenz mit sich. Das wohl auffälligste Moment seines künstlerischen Temperaments ist Beethovens eigene lebenslange Suche nach Transzendenz – der persönlichen Grenzen, der vererbten Regeln, der prosaischen Belastungen. Er erweiterte den Umfang jeder ihm überlieferten Form, wie zum Beispiel der Sonate und der Variationen. Nach und nach wurde er der harmonischen und strukturellen Parameter überdrüssig, die seine kompositorische Imagination fesselten. Er schrieb bekanntlich nicht nur italienische Tempoanweisungen, wie „allegro" und „meno mosso", sondern auch gefühlsbezogene Vortragsanweisungen, wie bei seinem op. 110, wo es heißt: „Klagender Gesang. Arioso dolente" oder bei op. 109: „Gesangvoll, mit innigster Empfindung. Andante molto cantabile ed espressivo". Zweisprachige Anweisungen auf Italienisch und Deutsch finden wir erstmalig bei Beethoven.

So besteht zum Beispiel die letzte Klaviersonate Opus 111 bekanntlich nicht aus den üblichen drei, sondern aus lediglich zwei Sätzen. Dieser Zustand wunderte seinen Berliner Verleger Adolph Martin Schlesinger dermaßen, dass er Beethoven nach Erhalt des Manuskripts sogleich zurück schrieb und sich nach dem fehlenden Satz erkundigte. Aber genau diese Form wollte Beethoven, und seine letzte Klaviersonate schließt eben nicht im Triumphzug, sondern in einer Stimmung erhabener Ruhe.

Die verklärte Stimmung wird weiterhin durch den Schritt vom dunklen c-Moll des ersten Satzes ins strahlende C-Dur des letzten vorbereitet. Dieser Satz, eine *Arietta*, besteht aus einem Thema und fünf Variationen in C-Dur, jener einfachsten Tonart. Zu spielen seien sie „sehr einfach und gesangartig". Das lyrische Thema evoziert die äußerste Einfachheit, Direktheit und Gelassenheit. Beethoven führt das Motiv ungeschmückt im trällernden 9/16 Takt ein, zunächst im mittleren Registerzug.

Ludwig van Beethoven, Sonate op. 111, 2. Satz, T. 1–8, in: *Klaviersonaten nach Eigenschriften und Originalausgaben*, Bd. 2, hg. v. B. A. Wallner

© G. Henle, München c1980

Dann, nach vielen Metamorphosen, wird das Eingangsmotiv im hohen Registerzug wiedergegeben, im Gewebe schimmernder 32stel-Triolen und hoher Triller. Die letzte Variation – lang, glänzend und ruhig – dient dem ganzen Satz als ausgedehnte Coda, deren Trillern sich weiter auf mehrere Seiten erstreckt. Was uns Beethoven hier bietet, ist ein Bild himmlischer Anmut, ein letztes pianistisches Testament aus der Hand eines transzendenten künstlerischen Geistes.[8] Wir sehen also in der letzten Klaviersonate Beethovens nicht nur den Bruch mit der traditionellen Sonatenform, sondern auch die Andeutung eines Abschieds in eine andere, ruhigere Sphäre. Das Trillern im hohen Register wirkt fast wie Halonen, ein himmlischer, unheimlicher Schmuck, der über den anderen Tönen schwebt. Man erinnere sich an Wendell Kretzschmars ersten Vortrag über diese Sonate in Thomas Manns

Doktor Faustus,⁹ der auch das transzendente Moment dieses Werkes hervorhebt. Dort heißt es, in den Worten des Serenus Zeitblom

> wie das durch hundert Schicksale, hundert Welten rhythmischer Kontraste gehende Thema dieses Satzes sich selbst überwachse und endlich in schwindelnden Höhen, die man j e n s e i t i g nennen mochte oder abstrakt, sich verliere.¹⁰

Ludwig van Beethoven, Sonate op. 111, 2. Satz, T. 170–177, in: *Klaviersonaten nach Eigenschriften und Originalausgaben*, Bd. 2, hg. v. B. A. Wallner

© G. Henle, München c1980

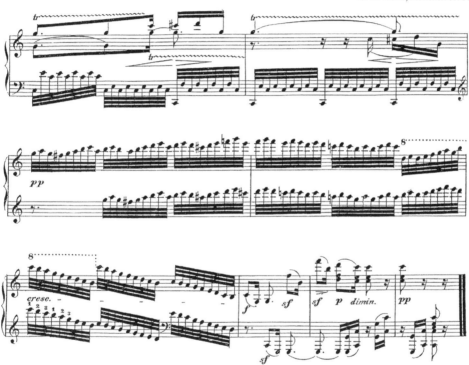

Und zu der Frage, warum Beethoven zu Opus 111 keinen dritten Satz geschrieben habe, betont Kretschmar das Endgültige dieser Transzendenz, ähnlich wie bei Bachmann, wo es im zweitletzten Satz des Romans heißt: „Es ist eine sehr alte, eine sehr starke Wand, aus der niemand fallen kann, die niemand aufbrechen kann, aus der nie mehr etwas laut werden kann." (337) Also berichtet Zeitblom weiter:

> Wir hätten, sagte er, das Stück nur zu hören brauchen, um uns die Frage selbst beantworten zu können. Ein dritter Satz? Ein neues Anheben – nach diesem Ab-

schied? Ein Wiederkommen – nach dieser Trennung? Unmöglich! Es sei geschehen, daß die Sonate im zweiten Satz, diesem enormen, sich zu Ende geführt habe, zu Ende auf Nimmerwiederkehr. Und wenn er sage: „Die Sonate", so meine er nicht diese nur, in c-moll, sondern er meine die Sonate überhaupt, als Gattung, als überlieferte Kunstform: sie selber sei hier zu Ende, ans Ende geführt, sie habe ihr Schicksal erfüllt, ihr Ziel erreicht, über das hinaus es nicht gehe, sie hebe und löse sich auf, sie nehme Abschied, – das Abschiedswinken des vom cis melodisch getrösteten d-g-g-Motivs, es sei ein Abschied auch dieses Sinnes, ein Abschied, groß wie das Stück, der Abschied von der Sonate.[11]

Richard Wagners *Tristan und Isolde*

Der besondere Stellenwert von Wagners Musikdrama als Intertext des Romans liegt vor allem in dessen radikalen Grenzüberschreitungen, formal in der harmonischen Radikalität und stechenden Dissonanz des ‚Tristanakkords' dargestellt, und thematisch in Isoldes seligem ‚Liebestod', dem „Tod aus Liebesnot", wie Wagner ihn nannte, der als Parallele zum Verschwinden der Ich-Figur in der Wand gesehen werden kann.

Die *Tristan*-Anspielungen kommen wiederholt im Traumkapitel des Romans vor. Im Traum von der großen Oper ihres Vaters versucht die Erzählerin, die Rolle der Isolde zu singen.

> [...] in das leere Haus höre ich meine Stimme hinausklingen, die die höchsten Höhen und tiefsten Tiefen nimmt, „So stürben wir, so stürben wir [...]" Der junge Mann markiert, er kennt diese Rolle nicht, aber ich singe weiter. „Tot ist alles. Alles tot!" Der Mann geht, ich bin allein auf der Bühne, sie schalten das Licht ab und lassen mich ganz allein, in dem lächerlichen Kostüm mit den Stecknadeln darin. „Seht ihr's Freunde, seht ihr's nicht?" Und ich stürze mit einer großen tönenden Klage und von dieser Insel und aus dieser Oper, immer noch singend, „So stürben wir, um ungetrennt [...]", in den Orchesterraum, in dem kein Orchester mehr ist. Ich habe die Aufführung gerettet, aber ich liege mit gebrochenem Genick zwischen den verlassenen Pulten und Stühlen. (189)

Die vier Wagner-Zitate, welche die Ich-Erzählerin hier allein singt, sind dem 2. und 3. Akt des Musikdramas entnommen: „Tot ist alles. Alles tot!" singt König Marke im 3. Akt nach Tristans Tod. „Seht ihr's Freunde, seht ihr's nicht!" entstammt Isoldes ‚Liebestod' am Ende der Oper. „So stürben wir, um ungetrennt" singt Isolde mit Tristan zusammen im Liebesduett des 2. Akts.

Transzendenz in der Musik

Hier im Traum aber singt die Erzählerin die Worte allein in der Abwesenheit ihres männlichen Gegenübers, das ja gegangen ist, da es die Rolle nicht kennen wollte. Dafür singt sie die Worte zweimal allein, einmal am Anfang und einmal am Ende des Traums.

In einem anderen Traum befindet sich die Erzählerin wiederum in der Oper *Tristan und Isolde,* und wiederum ohne männliches Gegenüber. Da heißt es: „Eine Musik beginnt, mild und leise". In diesem Fall ist die Erzählerin in ein Mädchen verliebt, das Isoldes Worte aus dem ‚Liebestod' über Tristans Leiche singt, „Seht ihr's Freunde, seht ihr's nicht?" Diese kündigen ‚Tod und Verklärung' der Erzählerin an, welche die Rolle Tristans übernommen zu haben scheint, trotz des Versuchs, ihre Identität dem Mädchen zu verbergen. Sie antwortet mit der Zeile aus Schönbergs *Pierrot lunaire* „all meinen Unmut geb' ich preis" und bekennt damit ihren Wunsch nach Transzendenz, während Frau Breitner, ihre Hausmeisterin, die Vorwarnung Brangänes aus dem 2. Akt singt, „Habet acht! habet acht! Bald entweicht die Nacht!" (217)

Die romantische Thematik des Leidens und des Sehnens bildet eine zentrale Komponente sowohl der Oper als auch des Romans.[12] Schon die ersten drei Takte der *Tristan*-Ouvertüre stimmen diese Spannung an: zwei gegenläufige chromatische Linien – eine absteigende ‚leidende' und eine aufsteigende ‚sehnende' – kreuzen sich in einem Akkord, dem sogenannten ‚Tristanakkord', dessen Aufbau die tonale Harmonik zu sprengen scheint. Das Radikale am Tristanakkord ist auch seine Dauer: er wird erst in den letzten Takten der Oper nach dem ‚Liebestod' Isoldes aufgelöst. In seiner *Harmonielehre,* die Arnold Schönberg 1911 – also ein Jahr vor *Pierrot lunaire* – geschrieben hat, macht der Komponist darauf aufmerksam, dass die Tonart des *Tristan*-Vorspiels, nämlich a-Moll, nicht leibhaftig, sondern nur als gedachter Bezugspunkt der Klänge aufträte,[13] und genau dies ist der musikalische Ausdruck der unerfüllten und unerfüllbaren Sehnsucht.

Richard Wagner, *Tristan und Isolde*, Einleitung zum 1. Aufzug, Klavierauszug S. 1
© G. Schirmer. Inc., New York 1906, 1934

Man kann den Roman ebenfalls als eine unauflösbare Kreuzung dieser zwei Motive sehen: einerseits das der intensiven, unerfüllten Sehnsucht des Ich nach Ivan, die vor allem im ersten Kapitel, *Glücklich mit Ivan*, anklingt, andererseits das Motiv seines Leidens am „ewige[n] Krieg" (236) des Vaters, das vor allem im zweiten Kapitel, *Der dritte Mann*, angestimmt wird. Eine Auflösung dieser zwei Motive bietet der Roman ebenso wenig wie das Musikdrama. Ähnlich wie der Satz im *Tristan*-Vorspiel zerfällt und erst am Ende des Musikdramas ins nach Schönberg zunächst bloß „gedachte" a-Moll aufgelöst wird, verfällt auch das Ich im dritten Romankapitel, *Von letzten Dingen*, zunächst in eine andere Sprechart, die durch musikalische Vortragsanweisungen geprägt wird, um dann in eine andere Sphäre jenseits des Auflösungsbedürfnisses zu treten. Dass dieses Überschreiten von äußerster Ruhe und Friedlichkeit geprägt ist, spüren wir an der musikalischen Vorlage, die im Subtext des Romans anklingt.

Richard Wagner, *Tristan und Isolde*, 3. Aufzug, Finale, Klavierauszug S. 301

© G. Schirmer. Inc., New York 1906, 1934

In seiner *Harmonielehre* deutet Schönberg den Akkord aus neuer Sicht. Er versteht ihn nicht als Akkord, sondern als Konvergenz mehrerer melodischer Linien. Freilich schafft dieses Zusammentreffen der Motive eine scharfe Dissonanz, aber nach Schönberg wird keine unmittelbare Auflösung benötigt. Der Akkord gehöre zu den „vagierenden Akkorden" und könne als solcher verstanden werden, als heimatloser Wandergeselle, der sich frei hin und her bewegen und „neue Verkehrswege, neue Verkehrsmittel" schaffen könne. Die Analyse sei „wenig richtig", wenn sie die vagierenden Akkorde „auf diese oder jene Tonart bezieht". In Wirklichkeit sollte man

> diese vagierenden Akkorde, ohne sie auf eine Tonart oder Stufe zurückzuführen, am besten einfach ansehen als das, was sie sind: heimatlos zwischen den Gebieten der Tonarten herumstreichende Erscheinungen von unglaublicher Anpassungsfähigkeit und Unselbständigkeit; Spione, die Schwächen auskundschaften, sie benützen, um Verwirrung zu stiften; Überläufer, denen das Aufgeben der eigenen Persönlichkeit Selbstzweck ist; Unruhestifter in jeder Beziehung, aber vor allem: höchst amüsante Gesellen.[14]

Wie Schönberg, so betonte auch der Musikwissenschaftler Ernst Kurth in seiner Studie *Romantische Harmonik und ihre Krise in Wagners „Tristan"* die starke Wirkung der melodischen Energie auf die Harmonik, wobei das Übergewicht des motivisch-linearen Empfindens über das Harmoniegefühl besonders zum Ausdruck kommt. Er schreibt: „Die rein melodische Kraft der Linienströmungen setzt sich zu einer wachsenden Unabhängigkeit von allen harmonischen Verhältnissen durch und tritt in Kampf gegen die Tonalität, gegen die klassischen Satzregeln."[15]

Karen R. Achberger

Arnold Schönbergs Opus 21

Der Schritt vom „vagierenden" Tristanakkord in die „freie" Atonalität des Opus 21, *Pierrot lunaire*, ist kein großer mehr, und niemand hat das klarer gesehen als Schönberg selbst, indem er das Fehlen einer wirklichen Tonart und die Bewegung einer bloß imaginären Auflösung in der *Tristan*-Ouvertüre betonte. Dass die Erzählerin mitten in Isoldes ‚Liebestod' die erste Zeile aus dem letzten *Pierrot*-Lied singt, scheint die zwei Werke zu verbinden, auch wenn sie sehr unterschiedlich klingen mögen.

Dass der *Pierrot*-Zyklus einen offensichtlich zentralen Intertext zum Roman darstellt, signalisiert das auffallende Zitieren des Werks in Notenschrift an zwei Stellen im Roman, wohl um den Stellenwert nicht nur des Textes, sondern auch der Musik zu betonen. Wir finden diese Musik am Anfang und am Ende des Romans zitiert, was den Roman effektiv durch das Schönberg-Motiv einrahmt oder in musikalische Klammern setzt. Weniger auffallend ist das Lied, das die Erzählerin am Pianino bei Altenwyls singt. Es ist nämlich das einzige, das sie unter all den Noten, die sie dort vorfindet, „richtig" singen kann: *Mondestrunken*. Da heißt es: „Leise singe ich, aber falsch und daneben: erzittere Byzanz! Dann noch leiser und richtig: der Wein, den man mit Augen trinkt". (163)

Arnold Schönberg, *Pierrot lunaire*, op. 21, I. Teil, 1. *Mondestrunken*, T. 1–4, Partitur S. 5

© Universal Edition AG (UE 5336), Wien 1914

Weniger auffallend ist auch das Einbauen vieler Liedtexte aus dem *Pierrot*-Zyklus in den Romantext. So folgt dem zweiten Notenzitat zum Beispiel eine

Collage, die in einem einzigen Satz acht verschiedene Lieder des Zyklus zitiert. Da heißt es:

> Wir haben uns schnell verabschiedet und gehen zu Fuß nach Hause und im Dunkeln sogar durch den Stadtpark, in dem die finsteren schwarzen Riesenfalter [1] kreisen und die Akkorde stärker zu hören sind unter dem kranken Mond [2], es ist wieder der Wein im Park, den man mit Augen trinkt [3], es ist wieder die Seerose, die als Boot dient [4], es ist wieder das Heimweh [5] und eine Parodie [6], eine Gemeinheit [7] und die Serenade [8] vor dem Heimkommen. (320)

Arnold Schönberg, *Pierrot lunaire*, op. 21, III. Teil, 21. *O alter Duft*, T. 1–3, Partitur S. 76
© Universal Edition AG (UE 5336), Wien 1914

Die Engführung der *Pierrot lunaire*-Lieder hier am Ende des Romans unterstreicht die Identifizierung der Ich-Erzählerin mit der Commedia dell'arte-Figur des Pierrot. In den bizarren Geschichten und Witzen dieser sich vor Melancholie auflösenden Figur scheint sich das Wesen der Ich-Figur auszudrücken: hinter der weißen Maske eines grotesken Clowns verbirgt sich das Leiden eines sensiblen Künstlers und Liebenden, der ständig enttäuscht wird und der einzig und allein im Mond einen treuen Vertrauten findet. In der zitierten *Pierrot*-Passage hilft die rettende Erinnerung – *O alter Duft aus*

Märchenzeit – dem mondsüchtigen Dichter des Zyklus, seine Düsterkeit abzuschütteln und die einengende Wirklichkeit zu überwinden – „All meinen Unmut geb ich preis, und träum hinaus in sel'ge Weiten". (319)

Das Anklingen dieser *Pierrot*-Lieder im Leben der Ich-Figur ist leise, privat und kaum zu spüren, wie der Text wiederholt betont. Ihre am Anfang des Romans zitierte Sehnsucht nach der vergangenen Märchenzeit wird spürbar, wenn sie allein durch den Stadtpark läuft, „über dem für mich ein kalkweißer Pierrot mit überschnappender Stimme [das Lied] angetönt hat". (15, Hervorhebung K. A.) Das am Ende des Romans zitierte Hinausträumen in selige Weiten wird erst spürbar, wenn sich die Ich-Figur mit Malina allein in einem Zimmer bei den Gebauers befindet. Die Erzählerin wünscht sich von Malina „noch einmal" eine Musik zu hören, die er „zum erstenmal" für sie gespielt habe, „ehe wir anfingen, miteinander wirklich zu reden". Wenn sie dann „ungeschickt" mit dem Lied anfängt, spielt er es „wirklich" zu Ende. Ähnlich wie im Stadtpark, über dem ausdrücklich „für sie" das letzte *Pierrot*-Lied angetönt wird, und bei den Altenwyls, wo sie allein das dritte Lied *Mondestrunken* „noch leiser und richtig" singt, ist die *Pierrot*-Musik auch hier am Ende des Romans ausdrücklich „nur hörbar für mich". (319, Hervorhebung K. A.)[16]

Arnold Schönberg, *Pierrot lunaire*, op. 21, III. Teil, 21. *O alter Duft*, T. 15–30, Partitur S. 77–78

© Universal Edition AG (UE 5336), Wien 1914

Die zitierten Notenbeispiele signalisieren, dass es hier nicht nur um den poetischen Text, sondern vor allem auch um die Musik Schönbergs geht, um seine neue Tonsprache und die ‚Emanzipation der Dissonanz', wie er sie nannte.

Diese Musik jenseits der Tonalität lässt eine andere transzendente Sphäre ahnen, mit Höhen, wie Wendell Kretzschmar von Beethovens Opus 111 behauptete, ‚die man jenseitig nennen mochte oder abstrakt'. Mit diesen Zitaten werden die seligen Weiten einer Existenz jenseits von Realität und Tonalität suggeriert.

Ähnlich wird auch schon in Schönbergs zweitem Streichquartett op. 10 eine Musik jenseits der Tonalität mit einem jenseitigen Text verbunden. Die Gedichte Stefan Georges bieten, wie auch später für das *Buch der hängenden Gärten*, op. 15 einen Duft aus einer anderen Welt, der als Grundlage für eine jenseitige, fast mystische Musik dient. Im Streichquartett beginnt der vierte Satz *Entrückung* mit „Ich spüre Luft von anderen Planeten".[17] Auch die Ich-Figur scheint diese Luft zu spüren, den Hauch dieser Entrücktheit, denn sie wird dieser Welt in einer Aura erhabener Friedlichkeit entrückt, wie die zitierten Musikwerke von Beethoven, Wagner und Schönberg eindeutig zu suggerieren scheinen.

Unter den vielen musikalischen Anspielungen und Zitaten, die den dicht verwobenen ‚Klangteppich' von Ingeborg Bachmanns *Malina*-Roman ausmachen, heben sich drei Werke der klassischen Musiktradition besonders dadurch hervor, dass sie alle von der Ich-Erzählerin selbst gespielt, gesprochen bzw. gesungen werden. Es ist gewiss kein Zufall, dass Bachmann die Ich-Erzählerin explizit Teile aus drei Musikwerken vortragen lässt, die alle mit einer tonalen und/oder thematischen Transzendenz verbunden werden. Durch ihr Zitieren von Beethovens späten Klaviersonaten, Wagners *Tristan und Isolde* und Schönbergs *Pierrot lunaire* wird offensichtlich der Wunsch der Erzählerin nach einem Überschreiten ins Jenseits deutlich. Diese Beispiele der Transzendenz in einer Musik, die vor allem von erhabener Friedlichkeit geprägt ist, laden dazu ein, das endgültige Verschwinden der Ich-Figur hinter der Wand auf eine neue und positivere Weise zu verstehen.

Ich bin der St. Olaf Austauschstudentin von der Universität Konstanz, Katrin Schuhmann, für das sorgfältige Durchlesen des Manuskripts und dem St. Olaf Kollegen und Pianisten Prof. Dr. Kent McWilliams für musikwissenschaftliche Hinweise, besonders in Bezug auf Beethovens Sonaten, sehr dankbar.

1 Ingeborg Bachmann, *Malina*, in: dies., *Todesarten. Malina und unvollendete Romane*, hg. v. Christine Koschel, Inge von Weidenbaum u. Clemens Münster, München/Zürich 1978 (*Werke* 3), S. 302. Weitere Zitate daraus sind durch die Seitenzahl in Klammer belegt.

2 Vgl. dazu Karen R. Achberger, *Senza pedale: Metaphors of Female Silence in Malina*, in: *If we had the word. Ingeborg Bachmann, Views and Reviews*, hg. v. Gisela Brinker-Gabler u. Markus Zisselsberger, Riverside 2004, bes. S. 150–169.

3 Die zentrale Rolle der Musik im *Malina*-Roman ist in der Sekundärliteratur gründlich belegt worden, von Dirk Göttsche übersichtlich zusammengefasst in: *Bachmann-Handbuch. Leben – Werk – Wirkung*, hg. v. Monika Albrecht u. Dirk Göttsche, Stuttgart/Weimar 2002, S. 303–307. Siehe auch Karen R. Achberger, *Understanding Ingeborg Bachmann*, Columbia, South Carolina 1995, S. 99–142.

4 Suzanne Greuner, *Schmerzton. Musik in der Schreibweise von Ingeborg Bachmann und Anne Duden*, Hamburg u. a. 1990 (*Argument-Sonderband* 179), S. 81.

5 „Arioso dolente" (293), „perdendo le forze, dolente" (332) und „tutte le corde" (310) kommen in Beethovens op. 110 aus dem Jahr 1821 vor; „appassionato e con molto sentimento" (313) in op. 106; „con sordini" – bei Bachmann „con sordina" (312) – schon im ersten Klavierkonzert. „Una corda" (310), welches die Verschiebung durch das linke Pedal des Flügels verlangt, so dass nur eine Saite angeschlagen wird, kommt erstmals in Beethovens op. 101 aus dem Jahr 1816 vor. Bei „tutte le corde", wie auch „tutto il clavicembalo" und „tutto il cembalo" hat man ungedämpft, also ohne Verschiebung zu spielen, so dass alle drei Saiten eines Tons angeschlagen werden. In früheren Werken Beethovens, z. B. dem ersten Klavierkonzert op. 15 und der Mondscheinsonate op. 27, 2 verlangt „senza sordino" das Treten des rechten Pedals, ebenso wie die darauf folgenden Bezeichnungen „con sordina" und „con sordini" das Loslassen des rechten Pedals verlangen. Beethoven pflegte oft die italienischen Anweisungen durch Deutsche zu ersetzen, so heißt es z. B. in op. 101 beim 1. Satz „Etwas lebhaft und mit der innigsten Empfindung", beim 2. Satz „Langsam und sehnsuchtsvoll" und auch „nach und nach mehrere Saiten". Schon 1809 verwendet er in op. 81a deutsche und italienische Anweisungen.

6 Bachmanns Vorwegnahme einiger Einsichten des französischen feministischen Poststrukturalismus ist reichlich belegt worden, vor allem von Sara Lennox, Sigrid Weigel, Elizabeth Boa, Suzanne Greuner, Eva Lindemann, Sabine Grimkowski, Corina Caduff, Gudrun Kohn-Waechter, Inge Röhnelt u. a. Zum geschlechtsspezifischen Moment dieser Pedalbezeichnungen siehe Achberger, *Senza pedale* (Anm. 2).

7 Diesen Gegensatz Schönberg-Beethoven habe ich 1984 vorgeschlagen, ohne das zugleich revolutionäre Moment bei Beethoven gebührend geschätzt zu haben. Siehe Karen Achberger, *Der Fall Schönberg. Musik und Mythos in „Malina"*, in: *Ingeborg*

Bachmann, hg. v. Heinz Ludwig Arnold u. Sigrid Weigel, München 1984 (*text + kritik Sonderband*), S. 120–131.

[8] Siehe Peter Takács, *The Mind of Beethoven*, Referat im März 1998 an der Music Teachers' National Convention in Kansas City, Missouri (USA), Oberlin College, in: *http://www.oberlin.edu/news-info/98nov/mindofbeethoven.html*

[9] Siehe meine Diskussion der Parallelen in den *Faustus*- und *Malina*-Romanen: Karen R. Achberger, *Bachmann, Brecht und die Musik*, in: *Ingeborg Bachmann – Neue Beiträge zu ihrem Werk. Internationales Symposion Münster 1991*, hg. v. Dirk Göttsche und Hubert Ohl, Würzburg 1993, S. 265–279, bes. 276–278.

[10] Thomas Mann, *Doktor Faustus*, Stockholm 1947, S. 81. Hervorhebung K. A.

[11] Ebd., S. 86. Hervorhebung K. A.

[12] Vgl. dazu Karen R. Achberger, *Musik und „Komposition" in Ingeborg Bachmanns Zikaden und Malina*, in: *The German Quarterly* LXI, 1988, Nr. 2, S. 193–212.

[13] Arnold Schönberg, *Harmonielehre*, Jubiläumsausgabe, Wien u. a. 2001, S. 310–311.

[14] Ebd.

[15] Ernst Kurth, *Romantische Harmonik und ihre Krise in Wagners „Tristan"*, Berlin 1923, ND Hildesheim 1968, S. 357.

[16] Ihr Alleinsein wird auch in den Traumaufführungen des *Tristan und Isolde* ausdrücklich betont: „ich bin allein auf der Bühne" usw.

[17] Arnold Schönberg, *2. Streichquartett*, in: *Sämtliche Werke*, Abteilung 6: Kammermusik, Reihe A, Bd. 20: *Streichquartette I*, hg. v. Christian Martin Schmidt, Mainz 1987, S. 121.

Hartmut Spiesecke

Musik als Erlösung?
Ingeborg Bachmanns musikalische Poetik

Erlösung ist keine ästhetische Kategorie. Erlösung ist ganz lebensweltlich und meint existenzielle Lösung aus quälenden Zusammenhängen; vor allem eine Lösung aus dem Leben und über das Leben hinaus. Für Ingeborg Bachmann hingen Leben, Tod und Schreiben enger zusammen als für manch anderen Dichter. Nicht nur von ihrem Feuertod her gedacht fällt die hermeneutische Trennung zwischen dem poetischen und dem auktorialen Subjekt schwer. Gerade deswegen ist diese Trennung hier besonders wichtig.

Erlösung ist auch eine ästhetische Kategorie. Für Ingeborg Bachmann bedeutete Schreiben den Versuch, sich aus Bedrohungen und Verstrickungen zu lösen. Zuallererst war die Sprache erlösungsbedürftig – sie musste von der Gewalttätigkeit der Nationalsozialisten erlöst werden. Ganz romantisch begann deswegen Ingeborg Bachmanns Vorstellung von einer Erlösung der Sprache durch Musik. Schon in den *Liedern auf der Flucht*[1] gibt es diese formulierte Idee: „Erlöse mich! Ich kann nicht länger sterben." (146) „Doch das Lied überm Staub danach wird uns übersteigen." (147)

Eis und Kälte in der Geographie Italiens sind der Hintergrund für die *Lieder auf der Flucht*. Wärme, natürlich Liebe und Musik sind dazu die poetischen Gegenbilder – „Töne [...], die auch den Tod bestricken werden." (142) An mehreren Stellen im Gedichtzyklus nimmt Musik ausdrücklich eine Erlösungsfunktion ein. „Wird denn kein Kohlenbecken angefüllt / mit fester Glut? Doch Glut tut's nicht." (146) Die Folge aus dieser Feststellung im 13. Gedicht erscheint im 14.: „Die Becken füllt, / hell und bewegt, / Musik." (147) Schon der Titel des Gedichtzyklus nennt „Lieder", wo eigentlich Gedichte gemeint sind. Dies ist natürlich kein Irrtum, sondern sucht schon die Nähe zur Musik.[2]

Die Verknüpfung von Sprachreflexion, Poetologie und Musikästhetik in Bachmanns Verständnis des Verhältnisses von Musik und Dichtung bildet den Hintergrund für ihre Adaptierung der aus der Antike tradierten und von der Romantik reaktualisierten Topoi des Dichters als Sängers und der Dichtung als Lied.[3]

Der Gedanke der Erlösung durch Musik ist metaphorisch benannt: „Ein Wohlklang schmilzt das Eis." (147) Der Zyklus schließt mit dem schon zitierten „Lied überm Staub danach". Musik hat hier transzendente Funktion, nur sie überwindet den Tod und alles, was vorher droht.

Woher kommt die romantische Vorstellung einer musikalischen Poetik? Ingeborg Bachmann entwickelte sie aus den verschiedenen Positionen, die sie zum Teil schon während ihres Studiums kennen gelernt hatte. Wittgensteins Grenze des Sagbaren und Heideggers Metaphysik bilden zwei wichtige Pole. Metaphysik könne man eigentlich nur dichten, schrieb Ingeborg Bachmann am Ende ihrer Dissertation – hierin liegt auch ihre Ablehnung der Heideggerschen Philosophie begründet. Nicht die Suche nach der Metaphysik war der Dichterin fremd, sondern der Versuch, es mit philosophischen Mitteln zu greifen. Kein Zufall, dass auch Adorno in der *Negativen Dialektik* auf die Kunst zurückkommt.

Zwei wichtige Texte reflektieren Ingeborg Bachmanns musikalische Poetologie: der kurze Text über *Musik und Dichtung* und die *Frankfurter Vorlesungen*. In der letzten Vorlesung formulierte die Dichterin die Vorstellung von Literatur als Utopie. Sie zitiert dort Musil, spricht in der ersten Vorlesung auch von Bloch, der vielleicht noch eine Wirkung haben könne. (196) „Musik und Dichtung haben nämlich eine Gangart des Geistes."[4] Das ist wohl der am meisten zitierte Satz zum Thema. Kein Wunder, denn wie kein anderer bringt er die musikalische Poetik auf den Punkt. Viel später, 1971, erklärt Bachmann in einem Gespräch mit Ekkehart Rudolph über ihr Verhältnis zur Musik: „Sie hilft mir, indem sich in ihr für mich das Absolute zeigt, das ich nicht erreicht sehe in der Sprache, also auch nicht in der Literatur, weil ich sie für überlegener halte, also eine hoffnungslose Beziehung zu ihr habe."[5] Den meisten Philosophen war und ist Ernst Bloch dubios. Den Materialisten war er zu idealistisch, den Idealisten zu materialistisch. Dass gerade Ingeborg Bachmann Bloch las, und zwar – ausweislich der *Frankfurter Vorlesungen* – sehr produktiv, ist daher umso erstaunlicher. Dass im Material selbst die Anlage der Zukunft enthalten ist, mithin auch jedes Kunstwerk eine Ahnung der Zukunft in sich trägt, war für die österreichische Dichterin wichtiger Denkansatz. Er ist wichtig, weil Blochs Vorstellung von Utopie einen Zustand idealer Zukunft kennt, der nicht religiös konnotiert ist. ‚Utopie' darf man sich als Zustand maximaler Differenziertheit denken, als transzendiert, nicht aber als religiöse Erlösung.

Ernst Bloch stiftet auch deswegen einen wichtigen Zusammenhang, weil aus seiner Sicht gerade die Musik die prototypische Kunst ist. Utopisch ist Kunst nach Bloch, sofern sie in ihrer gegenwärtigen Ausgestaltung einen Vorschein auf eine Zukunft gibt, die wir noch nicht wissen, sondern nur erahnen können. Musik ist deswegen in besonderer Weise utopisch, weil sie in der Zeit geschieht. Für Bloch ist die Musik der Prototyp utopischer Kunst, unvollendet, solange sie klingt, und vorbei im Zeitpunkt der Vollendung.[6] „Das Absolute, das ich nicht erreicht sehe" – hierin liegt Ingeborg Bachmanns musikalische Poetik begründet.[7]

„Ort der Erlösung" heißt laut einem Transparent an zwei rostigen Stangen die Insel, auf welche in Ingeborg Bachmanns Hörspiel *Die Zikaden* die Schiffbrüchigen verschlagen wurden. (223) Diese Bezeichnung kann nicht anders als ironisch verstanden werden, denn in Wahrheit ist sie eher das Gegenteil: Sie ist der Ort, an dem Menschen zusammenkommen, die auf der Flucht vor ihrem Leben sind. Da diese Flucht eher Verdrängung als Bewältigung einer Krise ist, ist auch die Insel eher Ort der Verdammung denn der Erlösung.

Ich halte nichts von angeblichen Analogien musikalischer und literarischer Formen, aber in einem nicht-musikwissenschaftlichen Sinn darf man bei der Gestaltung der Dialoge sicher unterminologisch von Variationen zum Thema ‚Flucht' sprechen. Auch dass sich bei Dialogen ‚Stimmen kreuzen', wird man weniger als einer nicht vorhandenen musikalischen Analogie als vielmehr der Gattung Hörspiel immanent verstehen. Dennoch bleiben Flucht und Erlösung ineinander verschränkte paradoxe Begriffe. Es gibt für die Inselbewohner eben keine Flucht in die Erlösung. In den Dialogen mit dem einzigen Einheimischen, Antonio, wird jeder Gesprächspartner als vor dem Leben Flüchtender entlarvt.

Robinson und der Gefangene sind die beiden Personen, um die sich die Geschichte fast im wörtlichen Sinn dreht. Und auch hier stehen die Namen in paradoxer Verkehrung. Der Gefangene ist auf die Insel geflohen, um die Freiheit zu finden. Robinson – der Erzähler des Hörspiels nennt ihn bewusst nach

Defoes Figur – ist auf der Flucht vor seiner Frau. Die beiden sind die einzigen Personen, die bewusst fliehen. Zum Ende des Hörspiels endet beider Flucht. Der Gefangene wird entdeckt und abgeführt, Robinson entscheidet sich für einen Weg nach Hause. Und die anderen Personen?

Zirpende, flirrende Musik ist am Ende zu hören, und der Hörer versteht: Es ist das Zirpen der Zikaden, das erklingt. Und der Erzähler schließt mit den Worten:

> Denn die Zikaden waren einmal Menschen. Sie hörten auf zu essen, zu trinken und zu lieben, um immerfort singen zu können. Auf der Flucht in den Gesang wurden sie dürrer und kleiner, und nun singen sie, an ihre Sehnsucht verloren – verzaubert, aber auch verdammt, weil ihre Stimmen unmenschlich geworden sind. (268)

Zikaden sind also ehemalige Menschen, die in den Gesang geflüchtet sind und dabei zu Zikaden verzaubert und verdammt wurden, mit unmenschlichen Stimmen. Dies trifft auf fast alle Personen im Hörspiel zu – außer auf den einheimischen Antonio, den absichtlich abreisenden Robinson und den Gefangenen. Die allegorische Bedeutung liegt auf der Hand.

Ingeborg Bachmann nahm den Zikadenmythos aus Platons *Phaidros oder Vom Schönen* (Kapitel 41) auf. Allerdings gab sie dem Mythos in ihrer eigenen Variante eine wesentliche Änderung. Bei Platon lautet die Variante folgendermaßen:

> Man erzählt aber, dass diese Zikaden einstmals Menschen waren, noch ehe es Musen gab. Als aber die Musen entstanden und der Gesang an den Tag trat, da wurden einige von jenen so hingerissen vor Lust, dass sie singend Speise und Trank vergaßen und, ohne es innezuwerden, dahinstarben. Von diesen stammt seitdem das Geschlecht der Zikaden, das von den Musen dies Geschenk empfing, von ihrer Entstehung an keinerlei Nahrung zu bedürfen, sondern ohne Speise und Trank zu singen, bis sie sterben, dann aber zu den Musen kommen, um ihnen zu melden, wer von den Menschen hier eine von ihnen verehre.[8]

Während Platons Zikaden das Essen und Trinken vergessen hatten, hörten Ingeborg Bachmanns Zikaden absichtlich mit dem Essen und Trinken auf, um zu singen. Während Platons Zikaden das Geschenk erhalten hatten, auch ohne Nahrung zu singen, sind Ingeborg Bachmanns Zikaden in den Gesang geflüchtet und dann dazu verdammt, mit unmenschlichen Stimmen zu singen.

Nicht zufällig komponierte Hans Werner Henze 1955 zur Hörspielproduktion des NWDR die Musik für *Die Zikaden*. Schon in einer Regieanweisung, welche die Herausgeber der Werkausgabe 1978 aus dem Nachlass Ingeborg Bachmanns beigefügt haben, heißt es, die Musik solle „nicht als Musikbrücke verwendet werden, sondern nahtlos unter- und eingelegt werden." (220) Dies verweist schon auf einen wichtigen Aspekt der Musik: Sie wird nicht einfach als unterschiedliche Teile des Hörspiels verbindendes Element eingesetzt, sondern erhält motivische Funktion. Deswegen setzt der Text des Erzählers auch damit ein:

> Es erklingt eine Musik, die wir schon einmal gehört haben. Aber das ist lange her. Ich weiß nicht, wann und wo es war. Eine Musik ohne Melodie, von keiner Flöte, keiner Maultrommel gespielt. Sie kam im Sommer aus der Erde, wenn die Sonne verzweifelt hoch stand, der Mittag aus seiner Begrifflichkeit stieg und in die Zeit eintrat. Sie kam aus dem Gebüsch und den Bäumen. Denk dir erhitzte, rasende Töne, zu kurz gestrichen auf den gespannten Saiten der Luft, oder Laute, aus ausgetrockneten Kehlen gestoßen – ja auch an einen nicht mehr menschlichen, wilden, frenetischen Gesang müsste man denken. Aber ich kann mich nicht erinnern. Und du kannst es auch nicht. Oder sag, wann das war! Wann und wo? (221)

Henzes Musik setzt mit einem Posaunenton ein, dem kurz darauf die stark dissonierenden Trompeten hinzutreten, gefolgt von schneller werdenden Paukenschlägen. Der später einsetzende gemischte Chor singt keine Worte, sondern nur, quasi instrumental, Motive auf dem Vokal a. Erst zum Schluss des Hörspiels klärt sich die Bedeutung dieser archaischen, dissonanten Musik – „unmenschliche" Stimmen sind es, die keine Bedeutung mehr haben, sondern „verzaubert und verdammt" sind.

Henze komponierte für *Die Zikaden* verschiedene Arten Musik, außer der oben angedeuteten gibt es auch ein Tremolo hoher Streicher, das Klaus Wagner in seiner Rezension der Ursendung am 28. März 1955 zu der kritischen Frage veranlasste, „wem das wohl nicht eingefallen wäre".[9] Doch abgesehen von der intelligenten Technik Henzes, auch die disparat scheinenden Abschnitte der Musik motivisch – nämlich mittels Intervallfolgen – zu verklammern, leistete er eben gerade beides: Die Komposition ist sowohl lautmalerisch als auch symbolisch motiviert, und sie leistet Entscheidendes für das Verständnis des gesamten Hörspiels. Am Schluss nämlich erkennt der Hörer mit der oben zitierten Erläuterung des Zikadenmythos durch den Erzähler die Bedeutung der Musik, die ihm zu Anfang nur fremd erschienen sein kann.

Ingeborg Bachmanns *Zikaden* sind also kein Beispiel für Erlösung durch Musik. Aber sie sind auch kein Beleg für Musik als Verführerin ins Verderben. Musik führt nicht in die ‚Anti-Utopie', die Menschen nutzen sie nur falsch. Nur wer in den Gesang flieht, ist verdammt. Wer die Flucht aufgibt oder zumindest beendet, der bekommt keine unmenschliche Stimme, sondern bleibt Mensch, wie Robinson und der Gefangene.

Untrennbar damit ist das Motiv des Erinnerns verwoben, das schon in Platons Text genannt ist: Flucht ist Verdrängung ist Vergessen ist Verdammung. Leben ist Erinnern.[10] So heißt es gegen Ende des Hörspiels: „Such nicht zu vergessen! Erinnre Dich! Und der dürre Gesang deiner Sehnsucht wird Fleisch." (267) Da ist noch einmal Musik, als Gesang, als menschliche Stimme. Gemeinsam mit der Erinnerung mag der Gesang dürr sein, aber er ist lebendig. Die Metapher nimmt nicht zufällig den biblischen Text des Johannesevangeliums auf – „Das Wort ward Fleisch" (Johannes 1,14). Erinnerung und Gesang bedeuten Leben. Da ist sie wieder, die Bachmannsche Hoffnung auf eine erlösende Musik. Als Flucht ist sie verdammt, als Erinnerungsfigur behält sie eine utopische Funktion.

Das Schreiben von Operntexten hat ästhetische Voraussetzungen. ‚Prima la musica o prima le parole' – Der Streit um den Vorrang der Worte oder der Musik ist schon fast so alt wie die Oper selbst. Jeder Librettist muss sich deswegen zunächst selbst darüber klar werden, welche ästhetische Position er in dieser Frage einnimmt. An Ingeborg Bachmanns Librettoarbeiten lässt sich sehr gut erkennen, wie ihre Antworten auf genau diese Frage unterschiedlich ausfallen.

Das Belinda-Fragment entstand 1956 und ist eine völlige Neuschöpfung der Autorin. In neun Bildern – manche davon weit ausgearbeitet, andere rudimentär – wird die Geschichte eines Dorfmädchens erzählt, das aus der als natürlich charakterisierten Dorfumgebung herausgerissen wird, um in die künstliche Scheinwelt einer Filmproduktion einzutauchen. Entfremdet verfällt sie am Schluss dem Wahnsinn, zerrissen zwischen beiden Welten und zwischen zwei, je eine der beiden Welten verkörpernden, Liebhabern.

Ingeborg Bachmann schrieb selbst vom Scheitern dieses Projektes: „Jedes Schielen nach Eigenständigkeit des Textes, nach Autorschaft im heutigen Sinn, rächt sich. (In meinem ersten Libretto verwechselte ich Arien mit Gedichten,

Rezitative mit Dialogen usf.)" (434) Ich bin diesen Aspekten anhand des im literarischen Nachlass verfügbaren Textkonvoluts von gut 100 Seiten bereits in einer früheren Arbeit ausführlich nachgegangen, deswegen mögen an dieser Stelle einige kurze Hinweise genügen. Die weit ausgearbeiteten Entwürfe zum ersten Bild lassen erkennen, dass das Verhältnis zwischen musikalischer und dramatischer Zeit nicht getroffen ist. Der Text lässt – gerade zu Beginn des Werkes – einfach nicht genug Raum zur musikalischen Entfaltung der Charaktere. An den Entwürfen des dritten Bildes ist erkennbar, dass Ingeborg Bachmann Schwierigkeiten mit der Zeitgestaltung der verschiedenen Musiknummern hatte. Ein erkennbar als Ensemble der Reporter geschriebener Text lässt sich kompositorisch nur schwer in den Gesamtinhalt des Bildes integrieren. Auffällig werden die Probleme der Autorin auch in den Entwürfen zum siebenten Bild: Der für eine Arie konzipierte Text ist eigentlich ein Gedicht. Hochkomplex in Syntax und Begrifflichkeit versucht der Text, den Ausdruck hervorzubringen, den in einer Arie eigentlich die Musik evoziert. Viele verschiedene überlieferte Entwürfe zeigen auch eine konsequente Arbeit der Autorin am Text, die aber das Grundproblem eher verschärft als löst – der Text ist als Arientext kaum geeignet. Hans Werner Henze teilte diese Einschätzung, die beiden verwarfen das Projekt.[11]

Als Konsequenz aus dieser Erfahrung darf verstanden werden, dass Ingeborg Bachmann als nächstes Opernprojekt quasi den ungekehrten Weg wählte. Statt eines eigenen Sujets und eines eigenen Textes entschieden Ingeborg Bachmann und Hans Werner Henze sich für Kleists *Prinz Friedrich von Homburg*. Nicht nur der Stoff, sondern gleich Kleists Text wurde adaptiert. Das bedeutete als erstes: Die Entscheidung für den Text war vor jeder Bearbeitung gefallen, Kleists fünfhebige Jamben bildeten das sprachliche Gerüst. Ingeborg Bachmanns Aufgabe war es nun, den Text ‚für Musik einzurichten', wie sie selber in absichtlicher Verkleinerung bemerkte. Es ist sicher keine einfachere Aufgabe, einen mehraktigen Dramentext zum Libretto umzuarbeiten, aber eine Aufgabe mit anderen Schwierigkeiten als jenen, an denen die Autorin sich schon einmal die Zähne ausgebissen hatte.

Ingeborg Bachmann hatte Kleists Text zunächst wesentlich zu kürzen, das Libretto enthält schließlich nur noch rund ein Drittel der ursprünglichen Dramenverse. Mit so weitgehenden Kürzungen gehen jedoch unweigerlich dramaturgische Änderungen einher, die in der Forschung zuerst von Kreutzer und Schlütter ausführlich dargelegt worden sind.¹² Neben der Reduzierung des Personals und der Zurückdrängung des Militärischen ist dies vor allem die Verlagerung des Konflikts. Während in Kleists Schauspiel der Prinz und der Kurfürst die Antagonisten darstellen, spielt sich der dramatische Konflikt des Librettos im Prinzen selbst ab. Genau dort setzt auch Henzes Komposition an. Sie akzentuiert den Prinzen als Träumer, die Schlussmusik nimmt – verwandelt – den Beginn wieder auf und stellt damit die Frage, die zugleich auch der Prinz selbst stellt: „Nein, sagt, ist es ein Traum?" (367) Die Musik gibt darauf die Antwort: Kein Traum! Die Musik ähnelt der des Beginns, aber sie ist von ihr unterschieden. Kein Traum ist es, der Prinz hat das Geschehen erlebt, er hat eine verantwortungsethische Entscheidung getroffen und damit den Befehl des obersten Feldherren missachtet, aber den Sieg und wahrscheinlich auch viele Menschenleben gerettet. Diese Deutung macht fast nebenbei auch plausibel, dass der von der Autorin als großes Problem aufgefasste Schluss Kleists – „In Staub mit allen Feinden Brandenburgs" – hier überzeugend gelöst ist: An einer winzigkleinen Stelle des fünften Aktes nahm Ingeborg Bachmann zwei Begriffswechsel vor, die ihre Absicht wie in einem Brennglas darstellen. Kleists Kurfürst spricht dort: „Der wird dich lehren, das versichr' ich dich, / Was Kriegszucht und Gehorsam sei".¹³ Bei Ingeborg Bachmann lauten diese Verse: „Der wird euch lehren, das versich'r ich euch, / was Freiheit und was Würde sei." (362) Die vielzitierte Änderung machte das Stück für Bachmann und Henze überhaupt erst akzeptabel und ermöglichte eine der wichtigsten Literaturopern des 20. Jahrhunderts.

Ihre ästhetische Auffassung von Text und Musik im *Prinz von Homburg* formulierte Ingeborg Bachmann in der *Entstehung eines Librettos*:

> Es gäbe keine Rechtfertigung für dieses Libretto, wenn es beanspruchte, etwas für sich zu sein. Die Rechtfertigung, wenn davon die Rede sein soll, kann nur von der Musik kommen. In dem neuen Werk, der Oper, erlöst ja der Komponist den „bearbeiteten" Text zu einer neuen Gestalt, einer neuen Ganzheit. (373)

Diese Formulierung ist natürlich auch Ausdruck einer – kalkulierten? – Bescheidenheit. Zugleich trägt sie jedoch jene Vorstellung, welche die Autorin konsequent zur Basis ihrer Librettoarbeit machte. An dieser Stelle tritt nicht nur Bachmanns grundlegende Sprachskepsis zu Tage, sondern auch das zu ‚entschärfende' Patriotismus-Missverständnis des Kleistschen Textes. Musik als

Erlösung ist also keineswegs ein interpretatorisches Konstrukt, sondern explizites und entwickeltes ästhetisches Programm der Autorin.

Nach dem Erfolg des *Prinz von Homburg* galt das dritte Opernprojekt dem *Jungen Lord*. Erneut wurde eine andere Herangehensweise an Stoff und Text gewählt als in den beiden vorangegangenen Libretti. Diesmal wurde als Stoff ein Märchen von Wilhelm Hauff gewählt, der Text jedoch völlig neu gedichtet. Von der nur wenige Seiten kurzen Vorlage wäre auch gar keine Textadaption möglich, Ingeborg Bachmann musste also ganz neu ansetzen. Insofern war die ‚Stütze' des Kleistschen Dramentextes hier nicht mehr möglich, Bachmann hatte sie aber auch nicht mehr nötig. Sie hatte inzwischen offensichtlich das Librettohandwerk gelernt und exponierte mit dem neuen Libretto einen Text, der sich von Henze ohne große textliche Schwierigkeiten komponieren ließ.

Die Oper ist dramatisch ganz auf das Ende ausgerichtet: sie bricht ab, als die große (Selbst-)Täuschung auffliegt, der scheinbar so galante Engländer sich als Affe demaskiert. Zuvor kostet sie einiges aus dem Requisitenkasten einer komischen Oper aus; die bunte Zirkusszene, die Zwischenspiele zwischen den Bildern und die große Ballszene geben der Musik reichlich Raum zur Entfaltung.

Paradox, aber gerade darin konsequent ist das Scheitern der musikalischen Poetik Ingeborg Bachmanns auf einem Höhepunkt ihres Schaffens, mit einem populären und dramatisch zweifellos gelungenen Werk, das 1965 an der Deutschen Oper Berlin uraufgeführt worden war. *Der Junge Lord* erfüllt perfekt die Konvention einer komischen Oper. Gerade darin aber liegt auch seine Konventionalität. Das Werk, mit dem Ingeborg Bachmann eine dramatisch vollendete Oper schafft, ist wesensmäßig konservativ, indem es die Gattungskonventionen auch sprachlich bestätigt, statt sie zu sprengen. Ingeborg Bachmann formulierte dies selbst: „*Der Junge Lord* ist in sehr kurzer Zeit entstanden, mit längst abgelagerten und, so hoffe ich, unaufdringlichen Einsichten in die Bedürfnisse des Opernttheaters." (435) Die „neue Sprache", von der in der Erzählung *Das Dreißigste Jahr* die Rede ist, ist hier eben gerade nicht gefunden.[14] Die Sprache ist im *Jungen Lord* nicht von der Musik erlöst, sondern, um im Bild zu bleiben, in einer alten Form gefangen. Dieses Dilemma schließlich war das Ende von Ingeborg Bachmanns romantischer

Vorstellung der ‚gemeinsamen Gangart des Geistes' von Musik und Sprache, die sie im gleichnamigen Essay beschworen hatte. Musik als Erlöserin der Sprache war Ingeborg Bachmanns zentrales Motiv für ihr librettistisches Werk. Eine Literaturoper (*Homburg*) und eine freie Dichtung (*Lord*) sind jeweils maßstabsetzend und führen doch zum Scheitern: Musik erlöst die Sprache nicht.

Hier setzt eine neue Ästhetik an, die nicht mehr an eine Erlösung der Sprache durch eine Musik als klingendes Phänomen glaubt, sondern an ein Verfahren, das zwar kompositorisch, nicht aber genuin musikalisch ist. Insofern ist *Malina* der konsequent ‚komponierte Roman'. Er setzt nicht mehr auf die andere Kunstform Musik, sondern ist als Zitatmontage konzipiert.

Seit Ende der 1980er Jahre fanden immer mehr Bachmann-Forscher immer mehr Texte, die Ingeborg Bachmann als Quellen für ihr Romanvorhaben dienten. Allein die Namen der zitierten Autoren könnten inzwischen eine ganze Seite füllen. Die Kritische Ausgabe hat auch das Verdienst, diese Mannigfaltigkeit dokumentiert zu haben. Inzwischen ist es common sense, dass neue Quellen unser Bachmann-Bild vielleicht bereichern würden, es aber nicht grundlegend ändern, weil das literarische Verfahren des Zitierens erkannt ist. Die Autorin Ingeborg Bachmann nannte es gleich zu Beginn von *Malina*: Es ist immer ‚heute'.

Nun fallen jedem Leser zwei Zitate besonders auf, nämlich diejenigen mit den gedruckten Noten. Ziemlich zu Beginn und ziemlich zum Ende des Romans sind einige Takte – zum Teil unvollständig – aus Arnold Schönbergs *Pierrot Lunaire* zitiert. „O alter Duft aus Märchenzeit" heißt es da. Ich möchte an diesem Beispiel Ingeborg Bachmanns vielschichtige Art des Schreibens mit Zitaten zeigen.

1. Zunächst ist der Pierrot ein Symbol: Als Figur der commedia dell' arte ist er ein Doppelgesicht, das mit der schwarzen und der weißen Maske. Die symbolische Funktion im Roman mit der Doppelfigur Ich/Malina ist evident.

2. Die Äußerung des Pierrot, der „Duft aus Märchenzeit", weist auf die Legende im ersten Teil des Romans hin. In diesem Märchen erscheint ein Fremder, den das Ich im Roman wiedersehen will.

3. Die Notenzitate am Beginn und am Schluss des Romans bilden eine strukturelle Klammer. Nicht zufällig ist das zweite Zitat länger als das erste und lautet: „All meinen Unmut geb ich preis; und träum hinaus in sel'ge Weiten …O alter Duft aus Märchenzeit!"[15]

4. Die Zitate haben motivische Funktion. Außer den beiden Notenzitaten finden sich noch weitere Textzitate aus Schönbergs Werk an anderen Stellen des Romans. Ingeborg Bachmann erläuterte dies im schon zitierten Interview mit Ekkehart Rudolph so:

> Aber sicher ist es für mich zum Beispiel nicht zufällig, dass – ich weiß nicht, ob man das schon jemals vorher gemacht hat – in diesem Buch der letzte Teil von *Pierrot lunaire* von Schönberg vorkommt. Ich meine, nicht „vorkommt", sondern dass es eines dieser Motive ist, die sich durch das ganze Buch ziehen.[16]

Das *Pierrot*-Zitat ist wesentlich Erinnerungsmotiv. Es evoziert eine archaische Vorzeit, die dadurch gekennzeichnet ist, dass sie eben keine bestimmte, sondern im Gegenteil eine unbestimmte Vorzeit ist. Wie in den *Zikaden* spielt die Erinnerung in *Malina* eine zentrale Rolle; doch ist sie im Hörspiel ausschließlich inhaltliches Motiv, während sie im Roman konstitutiv für die Zeitkonstruktion ist. Und genau hier treffen im *Pierrot*-Zitat Erinnerungsmotiv und Zeitkonstruktion zusammen. Durch das Montieren ganz vieler Zitate wird die Zeit tatsächlich aufgehoben, treffen Texte von Gaspara Stampa, Barbey d'Aurevilly, Paul Celan, Algernon Blackwood und vielen anderen im ‚heute' des Romans zusammen. „Es gibt für mich keine Zitate, sondern die wenigen Stellen in der Literatur, die mich immer aufgeregt haben, die sind für mich das Leben."[17] Dieses Verfahren der ‚Komposition' ist konstitutiv für *Malina*. Zitieren und Erinnern gehören zusammen; daher rührt auch die permanente Schwierigkeit des Ich, das sich einerseits erinnern will, sich andererseits aber nicht erinnern kann.

Deswegen ist auch der Nachweis vieler verschiedener Musikzitate nur von begrenztem Wert. Das Wagner-Zitat im Traumkapitel wurde schnell identifiziert, und eine inhaltliche Verbindung zwischen der Liebesgeschichte aus *Tristan und Isolde* und *Malina* ist leicht hergestellt. Der österreichische Liederkomponist Thomas Koschat, das Beethoven-Haus in Wien, die Mozart-Motette *Exsultate, Jubilate*, ein unbestimmtes *D-Dur-Konzert*, Offenbachs *Hoffmanns Erzählungen* und viele andere Musikzitate zeigen vor allem: In der

Erinnerung des Ich ist immer ‚heute'. Dass *Malina* in einem weiteren Sinn auch ‚multimedial', ‚intermedial' angelegt sei, wird in neueren Arbeiten dargelegt.[18]

Musik als Erlösung? In *Malina* gibt es keine Erlösung, es gibt nur den ‚Sprung in der Wand'. Dies war der Ausweg aus der Aporie einer romantisch begründeten musikalischen Poetik, die im Höhepunkt scheiterte, weil sie der Autorin nicht angemessen war. Erst mit einem ganz anderen Ansatz des Schreibens gewann Ingeborg Bachmann eine für sie ästhetisch akzeptable Perspektive, die mit dem *Jungen Lord* noch gar nicht in Sicht war. Umso erstaunlicher ist es, dass die Arbeit am *Jungen Lord* in die erste Zeit des *Todesarten*-Komplexes fiel. Hier bleibt ein Desiderat der Forschung bestehen. „Die Geschichte einer Ankunft von Musik im Text" nannte Corinna Caduff treffend das literarische Verfahren Ingeborg Bachmanns in *Malina*.[19]

Und doch: „Ich träum hinaus in sel'ge Weiten" – ganz leise klingt da die Erlösung wieder an, deren Motiv hier durch das Werk Ingeborg Bachmanns nachgewiesen wurde. Auch hier ist von Religion nicht die Rede – aber die ‚Seligkeit' der Weiten enthält noch die Ahnung einer Erlösung, die Literatur und Musik nicht bieten können. Der christliche Glaube war für Ingeborg Bachmann nicht habhaft – die Sehnsucht nach Erlösung auch im nicht-ästhetischen Sinn ist in ihrem Werk spürbar.

Dieser Aufsatz ist die überarbeitete Version eines Vortrags im Rahmen des Symposions „*Wie Orpheus spiel ich auf den Saiten des Lebens ...*" – *Ingeborg Bachmann und die Musik* des Instituts für Wertungsforschung der Kunstuniversität Graz am 1./2. April 2006. Den Organisatorinnen Frau Dr. Susanne Kogler und Frau Maria Klinger danke ich für die perfekte und charmante Organisation und Durchführung der Veranstaltung.

[1] Ingeborg Bachmann, *Gedichte, Hörspiele, Libretti, Übersetzungen*, hg. v. Christine Koschel, Inge von Weidenbaum u. Clemens Münster, München/Zürich ⁵1993 (*Werke* 1). Weitere Zitate daraus sind im Text durch die Seitenzahl in Klammer belegt.

[2] Ingeborg Bachmanns Lyrik ist bereits verschiedentlich poetologisch gelesen worden, zuerst 1978 von Lynne Weissmann Holt, die als erste Forscherin Musik im Werk Ingeborg Bachmanns zum Thema machte. Lynne Weissmann Holt, *The Relationship of Silence and Music to Language in Ingeborg Bachmann's Poetry*, Harvard, Cambridge/Massachussetts, Univ. Diss. masch., 1978.

[3] Dirk Göttsche, *Bachmann und die Musik*, in: *Bachmann-Handbuch. Leben – Werk – Wirkung*, hg. v. Monika Albrecht u. Dirk Göttsche, Stuttgart/Weimar 2002, S. 300.

[4] Ingeborg Bachmann, *Essays, Reden, Vermischte Schriften*, hg. v. Christine Koschel, Inge von Weidenbaum u. Clemens Münster, München/Zürich ⁵1993 (*Werke* 4), S. 60.

[5] Ingeborg Bachmann, *Wir müssen wahre Sätze finden. Gespräche und Interviews*, hg. v. Christine Koschel u. Inge von Weidenbaum, München/Zürich ²1983, S. 85.

[6] Ernst Bloch, *Das Prinzip Hoffnung*, Frankfurt a. M. 1985, S. 1290.

[7] Ingeborg Bachmanns Bloch-Lektüre ist nach wie vor Desiderat der Forschung, obwohl Theo Mechtenbergs Untersuchung über *Utopie als ästhetische Kategorie* bei Ingeborg Bachmann schon 1978 erschienen ist: Theo Mechtenberg, *Utopie als ästhetische Kategorie. Eine Untersuchung der Lyrik Ingeborg Bachmanns*, Stuttgart 1978.

[8] Platon, *Phaidros oder Vom Schönen*, übertragen und eingeleitet von Kurt Hildebrandt, Stuttgart 1977, S. 61f.

[9] Klaus Wagner, *Die tremolierenden Zikaden, Zu einer Hörspielmusik von Hans Werner Henze*, in: *Frankfurter Allgemeine Zeitung* vom 28. 3. 1955, S. 8.

[10] Vgl. dazu Christian Bielefeldt, *Hans Werner Henze und Ingeborg Bachmann: Die gemeinsamen Werke, Beobachtungen zur Intermedialität von Musik und Dichtung*, Bielefeld 2003, S. 115.

[11] Im Unterschied zu dieser Auffassung legt Antje Tumat in diesem Band sehr plausibel dar, dass der entscheidende Grund für den Abbruch der Arbeiten am Belinda-Fragment eher bei Heinrich Strobel zu suchen ist, der als damaliger Leiter der Musikredaktion des auftraggebenden Südwestfunks nicht mit dem Konzept der Oper und insbesondere des Schlusses einverstanden gewesen sei. Es bleibt zu prüfen, ob nicht beide Aspekte zusammenkamen: ein unzufriedener Auftraggeber (als Leiter der Darmstädter Ferienkurse auch ein einflussreicher Musikmanager) und ein handwerklich nicht ausgereiftes Libretto.

[12] Vgl. Hans Joachim Kreutzer, *Libretto und Schauspiel. Zu Ingeborg Bachmanns Text für Henzes „Der Prinz von Homburg"*, in: *Werke Kleists auf dem modernen Musiktheater*, hg. v. Klaus Kanzog u. Jans Joachim Kreutzer, Berlin 1977 (*Jahresgabe der Heinrich-von-Kleist-Gesellschaft* 1973/74), S. 60–100; Hans-Jürgen Schlütter, *Ingeborg Bachmann:*

Der Prinz von Homburg. Akzentuierungen eines Librettos, in: *Sprachkunst. Beiträge zur Literaturwissenschaft* VIII, 1977, Halbband 2, S. 240–250.

[13] Heinrich von Kleist, *Prinz Friedrich von Homburg*, in: *Sämtliche Werke und Briefe* 1, hg. v. Helmut Sembdner, ergänzte und revidierte Ausgabe, München ⁷1984, S. 699, Verse 1616–1617.

[14] Ingeborg Bachmann, *Das „Todesarten"-Projekt* 3,1. *Kritische Ausgabe*, hg. v. Monika Albrecht u. Dirk Göttsche, München u. a. 1995, S. 673.

[15] Bachmann, *Wir müssen wahre Sätze finden* (Anm. 5), S. 85.

[16] Ebd, S. 83.

[17] Vgl. hierzu auch Sabine Grimkowski, *Das zerstörte Ich. Erzählstruktur und Identität in Ingeborg Bachmanns „Der Fall Franza" und „Malina"*, Würzburg 1992.

[18] Vgl. Magdalena Tzaneva, *Die „Pierrot lunaire" Musik in Ingeborg Bachmanns „Malina"*, Berlin 2005; Bielefeldt, *Henze und Bachmann* (Anm. 10).

[19] Corina Caduff, *‚dadim dadam'* – *Figuren der Musik in der Literatur Ingeborg Bachmanns*, Köln u. a. 1998 (*Literatur-Kultur-Geschlecht. Studien zur Literatur- und Kulturgeschichte. Große Reihe* 12) , S. 4.

Christian Bielefeldt

„Zeit der Ariosi".
Ingeborg Bachmann und Hans Werner Henze

Wie weit in unser Unbewusstes reicht das massenmedial produzierte Bild Ingeborg Bachmanns, dieser ersten deutschen „Medienautorin"[1] und rätselhaft auratischen „femme fragile"[2], wie weit lässt sich ein anderes, stimmigeres konstruieren, eine „wirkliche Geschichte, unter den lauten, unwirklichen"[3] und wie hängt diese wiederum zusammen mit ihrem Schreiben? Der Briefwechsel Bachmanns mit dem Komponisten Hans Werner Henze eröffnet neue Perspektiven auf Fragen, die wegen der langfristigen Sperrung ihres persönlichen Nachlasses bis vor kurzem als unbeantwortbar oder sogar schlicht obsolet galten.

Künstlerkorrespondenzen sind objektivierende Schlaglichter ins Private wie in die Kunst; zwei Sphären, die sie zugleich vermitteln, da sie die Aussicht eröffnen, verborgene Zusammenhänge zwischen Biographie und künstlerischer Aktivität aufdecken und verstehen zu können. Auch der Briefwechsel zwischen Bachmann und Henze ermöglicht nicht nur neue Einsichten in ihr gemeinsames Leben und Schaffen, sondern gerade auch in die Interdependenzen von lebensgeschichtlichen und werkgeschichtlichen Umständen. Und genau darin liegt seine Brisanz. Denn während von Henze schon jetzt zahlreiche Selbstzeugnisse in Form autobiographischer Schriften, Tagebücher und Werkkommentare vorliegen, trifft er bezüglich Bachmanns auf eine der schillerndsten Leerstellen deutschsprachiger Literatur des 20. Jahrhunderts – bislang vor allem das Spielfeld wirkungsmächtiger Mediendiskurse sowie akademischer Analysen der *Hinterlassenschaften unter Wahrung des Briefgeheimnisses*[4], denen auch die wortreichen Schilderungen gemeinsamen Lebens und Arbeitens aus der Feder Hans Werner Henzes kaum wirklich aufhelfen konnten.[5] Eine die gängigen Bachmann-Bilder in einzelnen Aspekten korrigierende oder zumindest ergänzende Lektüre, wie sie sich anhand der Briefpublikation anbietet, hat allerdings im Blick zu behalten, dass auch und gerade private

Korrespondenzen Fragen der Repräsentation und der Lesbarkeit berühren. Stellt die Tilgung alles offensichtlich Persönlich-Biographischen eine Konstante schon in Bachmanns literarischem Schreiben dar,[6] bedürfen erst recht ihre Briefe, Resultate einer aus ihnen selbst heraus nicht unmittelbar einsichtigen biographischen Konstellation, in der eine unbekannte Zahl stillschweigender Rücksichten sowie Anspielungen, Privatkodes und andere latente Sinnebenen mitzudenken sind, zunächst selber der Interpretation als – niemals restlos dekodierbarer – Text. Umgekehrt kommt das Spezifische lebensgeschichtlicher Erfahrung dort, wo es mittels kollektiver Sprachchiffren, oder mit Bachmann gesprochen in der „schlechten"[7] Sprache gesagt ist, eben gerade nicht zum Ausdruck. „Ja, die Angaben zur Person sind immer das, was mit der Person am wenigsten zu tun hat"[8], brachte Bachmann es einmal selbst auf den Punkt. Und das gilt nicht nur für die Textsorte Künstlergespräch, die sie in *Malina* so unübertrefflich parodiert. Auch der Brief erschließt uns einen Raum vor dem Werk, nicht aber vor der Schrift, in der er sich artikuliert; trotz aller biographisch aufschlussreichen Angaben haben wir in ihm weder das unverstellte Leben, noch über ihn endlich dessen Spuren im Werk.

Mit seiner doppelten Referenz auf die Unlesbarkeit des Privaten und dessen Verschwinden im Bereich kommunizierender Sprachzeichen stellt uns der Künstlerbrief also vor genau das Problem, das er zunächst zu lösen verspricht. Ingeborg Bachmann hat dieses Problem immer wieder auch literarisch bearbeitet, in einem Schreiben, das sich, wie wir noch immer erst in Umrissen wissen (und wissen können), selbst in weiten Teilen als intertextuell verstand, als – meist unausgesprochene – literarische Korrespondenz mit Autoren des frühen 20. Jahrhunderts wie Joseph Roth oder Robert Musil, aber auch Paul Celan, Max Frisch und anderen Zeitgenossen. Schreiben bedeutet, Umgang mit der ‚schlechten' Sprache zu pflegen, mit dem Bruch zwischen Erfahrung und Repräsentation, welcher die ästhetische Produktion erst möglich macht. Diesem einen Fixpunkt von Bachmanns Poetologie steht jedoch ein anderer gegenüber: die Arbeit an verschiedenen Konzepten einer ekstatischen Sprache und Erregungsschrift, mit der dieser Bruch nicht überwunden, aber im Medium des literarischen Texts thematisiert und anvisiert werden kann. Diese Konzepte markieren den Ort und die poetologische Funktion von Musik in Bachmanns Schreiben.[9] Nicht zuletzt aber prägen sie, und dafür immerhin sind die Briefe ohne Frage ein nachhaltiger Beleg, ihre Beziehung zu Hans Werner

Henze. Das soll im folgenden anhand einer Vokalkomposition Henzes aufgezeigt werden, die im Schatten seiner Vertonungen von Gedichten Bachmanns bislang von der Literatur- und Musikwissenschaft wenig beachtet worden ist.

Enigma

Über einiges zu schweigen und vieles nicht zu sagen, das beschreibt Hans Werner Henze als die tragende, selber unausgesprochene Übereinkunft seiner „Bruderschaft"[10] mit Ingeborg Bachmann.

> Damals [...] waren nach dieser ungeschriebenen Regel bestimmte Fragen von vornherein nicht fragbar, bestimmte Dinge nicht sagbar. Vielleicht war die strikte Einhaltung dieser Konvention überhaupt der Schlüssel für die Solidität unserer Freundschaft.[11]

Und so bleibt vieles offen, auf Andeutungen beschränkt, manches spielerisch in der Schwebe und manches auch unsicher, besonders für den Komponisten. „Sie ist sehr wichtig gewesen in meinem Leben, aber ich weiß nicht, habe nie gewusst, bis zu welchem Punkt ich ihr wirklich wichtig gewesen bin."[12] In den Zwischentönen ihrer Korrespondenz drückt sich das ebenso aus wie in den diskreten Spuren, die das gemeinsame Leben auf Ischia und in Neapel Mitte der 1950er in Texten Bachmanns hinterlässt. Eine auffällige Ausnahme bildet in dieser Hinsicht das in vielfältiger Form auf Musik rekurrierende Gedicht *Enigma*. Als einzigem literarischen Erzeugnis Bachmanns ist ihm ein offener – wenngleich nicht unverschlüsselter – biographischer Index eingeschrieben. „Für Hans Werner Henze aus der Zeit der Ariosi" lautet die Widmung, die *Enigma* einem persönlichen Adressaten zuschreibt: jenem Komponisten, über den Bachmann in ihrem Todesjahr einmal sagte, dass sie erst durch ihn „wirklich Musik verstanden habe"[13] und der im Sommer 1963 ein fünfsätziges, aus einer Folge vokaler und instrumentaler Ariosi bestehendes Werk schreibt: *Ariosi nach Gedichten von Torquato Tasso*. Werkhistorisch betrachtet schlägt diese Zueignung einen fünfzehnjährigen Bogen zurück zum *Monolog des Fürsten Myschkin* (1953). Als Neufassung der Zwischentexte für Henzes Ballettpantomime *Der Idiot* (1952) entworfen und parallel in der *Gestundeten Zeit* (1954) publiziert, ist der *Monolog* die erste – und bis *Enigma* auch einzige – Arbeit, die Bachmann ausdrücklich Henze widmet. Der Gedichtzyklus eröffnet eine Zusammenarbeit, aus der neben der Ballettpantomime zwei Opern, zwei Lyrikvertonungen und ein Hörspiel hervorgehen.[14] Zum Zeitpunkt des Erstdrucks von *Enigma* liegt die Uraufführung von Henzes Chorfantasien (1967) auf Bachmanns *Lieder von einer Insel* (1956) gerade ein Jahr zurück. Noch ist zumindest von außen nicht zu ahnen, dass sie Henzes letzte Vertonung von Bachmann-Gedichten sein wird.

Über die Widmung hinaus enthält *Enigma* bekanntlich Textzitate aus Werken von Gustav Mahler – der Frauenchor im 5. Satz der 3. Symphonie: „Du sollst ja nicht weinen", T. 42–43 und 55–56 – und Alban Berg – „Es wird nichts mehr kommen" aus *Fünf Orchesterlieder nach Ansichtskartentexten von Peter Altenberg* op. 4.[15] Musik fungiert zudem als zentrale, dabei stark sprachreflexive Figur:

> Nichts mehr wird kommen.
>
> Frühling wird nicht mehr werden.
> Tausendjährige Kalender sagen es jedem voraus.
>
> Aber auch Sommer und weiterhin, was so gute Namen
> wie „sommerlich" hat –
>
> es wird nichts mehr kommen.
>
> Du sollst ja nicht weinen,
> sagt eine Musik.
>
> Sonst
> sagt
> niemand
> etwas.[16]

Kein Wort, nur die Musik – für Bachmann „der höchste Ausdruck, den die Menschheit überhaupt gefunden hat"[17] – durchdringt die Einsamkeit, der sich das in die historische Klammer der tausend Jahre gezwungene lyrische Ich ausgesetzt sieht. Anders als in einer Reihe von Gedichten aus der *Anrufung des Großen Bären* (1956), wo Musik als Figur der Bewegung und des In-Fluss-Geratens inmitten erstarrter poetischer Topographien erscheint, ist es aber nicht die strömende Klanglichkeit der Musik, die in *Enigma* angesprochen wird. In paradoxer Poetisierung des Versiegens poetischer Sprache thematisiert die zweite Strophe vielmehr die Sprachfähigkeit der Musik. Diese gewinnt ihr Trostpotenzial angesichts eines allgemeinen Verstummens, welches in der formalen Verknappung der letzten vier Verse eben nicht zuletzt auch als Verabschiedung lyrischer Schriftstellerei inszeniert ist. Wenn der Vorlagentext von Peter Altenberg noch den Topos des Friede stiftenden, tauenden Schnees enthält – „Hier ist Friede! Hier tropft / Schnee leise in Wasserlachen" –, bestreitet *Enigma* jede Hoffnung auf den wiederkehrenden Frühling.

Auch am Entstehungsprozess lässt sich diese Selbstdurchstreichung dichterischen Sprechens ablesen. Die erhaltenen Typoskript-Entwürfe machen ihn als kontinuierlichen Tilgungsvorgang nachvollziehbar, der das anfänglich wesentlich umfangreichere Gedicht Zeile für Zeile, Motiv um Motiv und Metapher um Metapher verknappt. Die Hinwendung an Musik als überlegenes Ausdrucksmedium macht darum zwar noch einmal ein lyrisches Sprechen möglich, aber ein Sprechen, das sich zugleich als letztes seiner Art präsentiert: Nichts mehr wird kommen – bekanntlich gehört *Enigma* zu den spätesten lyrischen Erzeugnissen Bachmanns, die sie zudem nur widerstrebend zur Veröffentlichung freigibt, um das seinerzeit von Hans Magnus Enzensberger betreute *Kursbuch* zu unterstützen, in dessen Nr. 15 *Enigma* gemeinsam mit *Keine Delikatessen, Böhmen liegt am Meer* und *Prag, Jänner 64* erscheint.[18] Nur den Titel, die zunächst noch umfänglichere namentliche Zueignung[19] und das Mahler-Textzitat fügt Bachmann in einem späteren Entwurfsstadium hinzu, lyrische Elemente, die das Gedicht aber weniger poetisch bereichern als intertextuell verorten und zugleich auf die Möglichkeit versteckter privater Sinnebenen verweisen. Wie Henze berichtet, gehörten Mahler-Symphonien zu den bevorzugten Kompositionen Bachmanns und zum Kernprogramm gemeinsamer Hör-Abende; Alban Berg wiederum kann als derjenige Komponist der Zweiten Wiener Schule gelten, dem sich Henze selbst am tiefsten verbunden fühlt. Den in *Enigma* zitierten Mahler-Vers verhandeln Henzes Erinnerungen im Rückblick auf musikalische Hörerlebnisse im Kindesalter sogar als biographischen Schlüsseltext.[20]

Fragen etwas anderer Art wirft die Formulierung „aus der Zeit der Ariosi" auf. Warum nennt Bachmann – anders als im Fall des Nelly Sachs gewidmeten Gedichts *Ihr Worte* (1961) oder auch von *Wahrlich* (für Anna Achmatova, 1965) und *In memoriam Karl Amadeus Hartmann* (1964) – neben dem Namen des befreundeten Komponisten noch eines seiner Werke? Ist die Zueignung nicht zuletzt einschränkend zu verstehen, gilt sie also weniger dem gegenwärtigen Freund als dem vergangener Tage? Gut denkbar wäre, dass die Widmung weniger auf die Komposition selbst anspielt als auf geteilte Erinnerungen aus dem Umfeld ihrer Entstehung, da das Gedicht in etwa aus demselben Zeitraum stammt, sprich „aus der Zeit der Ariosi". Weshalb aber nennt Bachmann dann gerade die *Ariosi*? Zur Wahl stünden hier durchaus auch andere, nicht weniger gewichtige Werke, wie Henze bezüglich des Sommers 1963 vermerkt:

> Die Gefühle schleifen am Boden. Mein Herz liegt auf der Straße. Komponieren ist das einzig richtige, ich klammere mich daran und schreibe in diesem Sommer ein Stück nach dem andren, tagaus, tagein. *Being Beauteous*, *Los Caprichos*, die Neufassung der *1. Sinfonie* und *Ariosi* (auf Liebesgedichte des Torquato Tasso, für Sopran, Violine und Orchester), die am 23. August 1964 in Edinburgh (mit Irmgard Seefried und Wolfgang Schneiderhan unter Colin Davis) zur Uraufführung gelangten.[21]

Im Frühjahr 1963 wird außerdem unter der Leitung des Komponisten eine Neufassung seiner Oper *König Hirsch* in Kassel uraufgeführt, im April die Kantate *Novae de Infinito Laudes* in Venedig, im Mai die *Fünfte Sinfonie* in New York. Im Herbst desselben Jahres schließlich, Bachmann ist für einige Tage zu Besuch in Castel Gandolfo, kommt es zu ersten Skizzen an Szenen des *Jungen Lord*. Die Antwort liegt, um es kurz zu machen, höchst wahrscheinlich in den *Ariosi* selbst. Ich will zeigen, dass sie über die Bildräume und Metaphern der ausgewählten Gedichte auf einschneidende biographische Ereignisse des Jahres 1963 antworten. In Auseinandersetzung mit der Vertonung soll anschließend eine an ästhetischen Konzepten Bachmanns und Henzes orientierte Lesart entwickelt werden, die zugleich über die biographische hinausweist.

Die Zeit der *Ariosi*

Den entscheidenden Hintergrund für beide Lesarten liefert der Briefwechsel. Demnach ist es das schmerzhafte Scheitern von Partnerschaften und Liebesbegegnungen, das Bachmann und Henze im Umfeld der *Ariosi*-Komposition verbindet und ihre Freundschaft neu aufleben lässt. Wie man seiner Autobiographie entnehmen kann, erlebt Henze im Vorfeld der Uraufführung seiner *Fünften Sinfonie* eine unglückliche ‚amour fou'

> mit einem New Yorker Sohn der Luft, einem Menschenkind von ungewöhnlicher Schönheit, so überwältigend, dass mir daraus die größten und albernsten persönlich-seelischen Schwierigkeiten erwachsen sollten, durch die das Kartenhaus eines geordneten und glücklichen Privatlebens [...] mit Getös zusammenfiel.[22]

Im Blick auf den Sommer 1963 spricht Henze, deutlich weniger selbstironisch, von „leidenschaftlichen Gewitterstürmen [...], Nachwirkungen von Ereignissen der vergangenen Monate, Explosionen angestauten Zündstoffs".[23] In etwa den selben Zeitraum fällt die Auflösung der von der Öffentlichkeit stark beachteten Beziehung Bachmanns zu Max Frisch. Aus einem längeren, teilweise in italienischer Sprache verfassten Brief vom 4. Januar 1963 wird ersichtlich, dass sich die Autorin dabei in einer Situation, in der die Trennung unabwendbar, aber noch nicht öffentlich vollzogen ist, hilfesuchend an Henze wendet und den Komponistenfreund als letzten Rettungsanker angesichts ihres „totalen Zusammenbruchs" und der „größte Niederlage meines Lebens"[24] begreift.

> Lieber, lieber Hans,
> Du musst nicht denken, dass das ein Gerede war, dass ich Dir so oft schreiben wollte – ich habe nämlich wirklich oft angefangen, wollte mir ein paar Worte herausquälen aus meiner Stummheit, aber es ist nicht gegangen. Heute wird es gehen, denn es ist jetzt endgültig für mich beschlossen, dass das Leben der letzten Jahre zuende ist. (*Briefe* 244)

Bachmann schreibt außerdem in knappen, dramatischen Worten von einem Suizidversuch mit anschließendem Klinikaufenthalt zum Jahresende 1962, erwähnt eine kürzlich überstandene, mehr psychisch als physisch belastende Operation – hinter welcher der Herausgeber eine Abtreibung vermutet[25] – und bittet Henze schließlich darum, nach Uetikon zu reisen und sie nach Italien zu begleiten:

> Das Ganze war wie eine lange, lange Agonie, Woche für Woche [...] Tatsache ist, dass ich tödlich verletzt bin [...] Aber ich sag Dir das alles nicht nur, um es Dir zu sagen, sondern um Dir begreiflich zu machen, dass das keine Laune ist, wenn ich so sehr, so inständig wünsche, dass Du ein paar Tage mit mir reist, mit mir bist, – ich brauche es so sehr. [...] Ich muss hier heraus, und sei es nur für ein paar Tage, und ich möchte mir Dir fröhlich sein und mich freuen können an jedem Meter Strasse

und an jedem Ort und an jedem Essen. Und ich weiß niemand, mit dem ich das kann und können möchte ausser Dir. Ach Hans, es ist ein unbilliges Verlangen, aber wenns einen Himmel gibt, dann wird er es Dir wohl vergelten [...] Neapel möchte ich so gern wiedersehen, das ist ganz kindisch, ich möchte es aber so gern, und die ganze Fahrt denke ich mir aus, die kleinen Strassen und die Autostrada, und es kann sein, dass ich dann gar nicht bleibe – aber das sehen wir – sondern dass ich mit Dir zurückfahre. Weißt Du, das hätte schon genug Sinn. Ich tu jetzt alles Vernünftige, ruhe mich fest aus, damit ich dann ganz fit bin, damit Du mich im besten Zustand bekommst, und Kartenlesen kann ich ja noch immer gut, obwohl wir ja den ‚sud' schon auswendig kennen. Hans, bitte! / Ich umarme Dich. / Ingeborg. (*Briefe* 507)

Ob Henze die so dringlich gewünschte Reise unternimmt, muss allerdings offen bleiben. Der Briefwechsel gibt diesbezüglich ebensowenig Auskunft wie Henzes Aufzeichnungen, die sich auf den Hinweis beschränken, Bachmann habe im Jahr 1963 „vorübergehend in Lebensgefahr" geschwebt und sei „seitdem immer wieder krank"[26] geworden. Gegen eine gemeinsame Fahrt nach Italien spricht unter anderem ein vierwöchiger Klinikaufenthalt, den Sigrid Weigel für Januar 1963 verbürgt.[27] Bachmanns Erwähnung einer bereits zwei Monate zurückliegenden Behandlung[28] und ihr Hinweis auf einen anderen, soeben überstandenen (oder bevorstehenden?) operativen Eingriff zum Jahreswechsel lässt an dieser Datierung aber einige Zweifel zu: „Jetzt bin ich aus dem Krankenhaus und stehe auf meinen eigenen Füssen" (*Briefe* 244), heißt es dazu ausdrücklich im Brief an Henze. An ihren Verleger Klaus Piper schreibt sie am 14. Januar 1963, sie sei „eben aus dem Krankenhaus gekommen und gehe in etwa zehn Tagen wieder dahin zurück".[29] Eine Reise Henzes nach Uetikon in der ersten Januarhälfte erscheint demnach durchaus möglich. Gesichert ist, dass Bachmann ab April 1963 auf Einladung der Ford-Foundation vorwiegend in Berlin lebt. Im Herbst hält sie sich für einige Tage bei Henze in Castel Gandolfo auf, unter anderem um Vorarbeiten für den *Lord* zu leisten: „Ingeborg schickte sich an, die erste Szene unserer komischen Oper *Der junge Lord* zu Papier zu bringen. Wie schön war es, sie im Hause zu haben. Ich hatte sie in den letzten Jahren herzlich wenig gesehen".[30] Die Komposition der *Ariosi* ist, sofern der Sommer 1963 korrekt als Entstehungsdatum angegeben ist, zu dieser Zeit weitgehend abgeschlossen. Im Vordergrund steht nun die Arbeit am *Lord*, die sich in Berlin fortsetzt, da Henze im Winter 1963 dort ebenfalls ein Ford-Stipendium erhält. In ihrer Büchnerpreis-Rede *Ein Ort für Zufälle*

(1964) spielt Bachmann auf das erstaunliche Produktionstempo an, mit dem der Komponist in seinem Zimmer am Wannsee vorankommt und bis zum Frühsommer 1964 den kompletten ersten Akt des *Jungen Lord* zu Papier bringt.[31] Bachmann selbst reist im Januar 1964 nach Prag, eine Reise, auf die ihr 1966 gemeinsam mit *Enigma* erstgesendetes Gedicht *Prag, Jänner 64* Bezug nimmt. Folgt man dem zunächst für *Enigma* geplanten Titel *Auf der Reise nach Prag* – der zugleich als Verweis auf Mörikes Novelle und somit als zusätzliche Musik-Anspielung gelesen werden kann – sowie Bachmanns eigenen Angaben, entstehen die ersten Entwürfe von *Enigma* möglicherweise bereits in diesem Zeitraum. Noch in der Fassung der Sendung des SRG/DRS Studio Zürich vom 9. Januar 1966 ist allerdings weder der endgültige Titel noch die Widmung enthalten.[32] Im Gegensatz zu ihrer sonstigen Praxis macht Bachmann im Fall der *Enigma*-Widmung also einen zunächst nur latent existierenden persönlichen Bezug im weiteren Schreibprozess explizit.

Die Vertonung der *Ariosi* und die Gedichtauswahl, letztere mit einiger Sicherheit im ersten Halbjahr 1963 anzusetzen, fallen somit in den Zeitraum starker biographischer Krisen Bachmanns und Henzes und zugleich einer vermutlich auch dadurch hervorgerufenen Erneuerung ihrer Freundschaft. Eine Lesart der Widmung als Gedächtnisschrift für den Komponisten, die verschlüsselt an gemeinsam durchlebte Erfahrungen erinnert, wird aber nicht zuletzt auch von den *Ariosi* her untermauert. Das macht bereits die Inhaltsangabe deutlich, welche in der Taschenpartitur der *Ariosi* enthalten ist. Demnach begreift Henze das Thema der *Ariosi* selber als „Geschichte einer imaginären Liebe, oder genauer, Reflexionen über das Ende einer Liebe"[33], womit ein Erklärungsansatz auch für den Widmungsbezug auf die *Ariosi* und nicht ein anderes im Frühjahr oder Sommer 1963 komponiertes Werk zur Hand ist. In der Tat verbindet die von Henze aus unterschiedlichen Sammlungen zusammengestellten Gedichte Torquato Tassos neben einer durchgehend naturmetaphorischen Sprache vor allem die Thematisierung von Liebesverlust – das erste Gedicht thematisiert Liebe im Moment ihres plötzlichen, unfassbaren Endes, das zweite die Unbeschreibbarkeit vergangener Liebeserfahrung und das dritte schließlich Liebe als endgültig Verlorenes, mit dem das Leben selbst erlischt.

Christian Bielefeldt

Die Tasso-Gedichte

I
Qual rugiada o qual pianto,	Welchen Taufall, welches Leiden
Quai lacrime eran quelle	Welche Tränen sah ich ferne
Che sparger vidi dal notturno manto	Herniederrinnen von den nächtigen Seiden
E dal candido volto delle stelle?	Und von dem reinen Antlitz der Sterne?
E perché seminò la bianca luna	Und selbst der bleiche Mond säte warum
Di cristalline stille un puro nembo	Schauer von flüssigem Kristall
A l'erba fresca in grembo?	Ins frische Gras überall?
Perché ne l'aria bruna	In braunem Dunst warum
S'udian, quasi dolendo, intorno, intorno	Klagend den Ohren, im Bogen, im Bogen
Gir l'aure insino al giorno?	Kamen die Lüfte des Tages gezogen?
Fur segni forse dalla tua partita,	Wolltest du von deinem Abschied Zeichen geben,
Vita della mia vita?	Du, meines eignen Lebens Leben?[34]

Qual Rugiada, Vorlage für das erste Arioso, drückt laut Inhaltsangabe die „Trauer der Natur über den Abschied der geliebten Person"[35] aus. Es verhandelt den Liebesverlust als gleichsam kosmisches Geschehen, befragt die Natur auf ihre Zeichenhaftigkeit hin und versucht die Naturphänome Taufall, Regen, Mondlicht und Südwind als Indizien zu lesen, die den Verlust des Geliebten zugleich beglaubigen und zu erklären vermögen. Wie im instrumentalen *Compianto*, steht auch hier der Klagecharakter im Vordergrund, der die *Ariosi* insgesamt durchzieht. Dagegen ist das mittlere Gedicht „zu verstehen als ein Nachsinnen über die Schönheit der geliebten Person, die in der Phantasie des Dichters zu einer Erscheinung von fernen Küsten geworden ist"[36].

III Maraviglioso Fior del Vostro Mare

Non ha fiori il terreno	Keine Blume auf dem Land
Come questo mi pare	Dieser ähnlich wär'
Maraviglioso fior del vostro mare	Der wunderbaren Blume aus eurem Meer;
A cui non fu mai pare	Nichts andres zum Vergleich hält her
In ramo o'nprato ameno,	Im Busch, am lieblichen Wiesenrand
O pur di conca nel porporeo seno	Nicht einmal die Muschel im purpurnen Strand
Tra vaghi scogli e l'acque	Aus Wassern, von begehrlichen Klippen
Fra cui Venere bella in prima nacque.	Venus landete dort einst mit schönen Lippen.[37]

Als einziges der drei Gedichte wird *Maraviglioso Fior del Vostro Mare* von beiden oben zitierten Widmungsentwürfen[38] Bachmanns genannt. In seiner Exposition zweier sich berührender, gleichwohl aber grundlegend unvereinbarer Sphären artikuliert es das Problem der Repräsentation, und damit zugleich eine Dichterproblematik. Wortreich betont das lyrische Ich die Unmöglichkeit, etwas, das als unvergleichlich erfahren wurde, in stellvertretende Worte oder Bilder zu fassen. Keine Blume, kein Busch oder Wiesenrand auf dem Land – dem Ort des lyrischen Ich und also zugleich auch dem Ort der Sprache – nicht die schönste poetische Metapher also kommt den Geschöpfen des Wassers gleich und kann für sie stehen, deren eines und schönstes, Venus, doch einst das Land betrat. Diese unmögliche, mythische Berührung, diese Erfahrung des singulär Schönen, die Tasso zugleich als erotische Erfahrung markiert, evozieren die beiden letzten Verse als einen Moment buchstäblich grenzüberschreitender Präsenz, in dem die getrennten Sphären Wasser und Land, Klippen und Lippen – die es allerdings nur in der von Henze autorisierten Übersetzung von Hubert Fichte gibt – sich durchdringen und ineinander übergehen. In der Imagination des Dichters, sprich vom Boden metaphorischer Sprache aus, die ihn ästhetisch reflektiert, ist dieser Moment aber immer schon unerreichbar, zur Erscheinung ferner Küsten entrückt. Tassos Zentralmetapher „fior del vostro mare" fügt zwar beides, Land und Wasserwelt, gleichwohl in einer Figur elementarer Überschreitung zusammen. Gerade in dieser Metapher aber, die das Singuläre substituiert, wird dessen Singularität zugleich negiert. Die Metapher, die für das Unmögliche steht, ist selbst ein Ding der Unmöglichkeit: Das ist der Einspruch, den *Enigma* demgegenüber erhebt und der Bachmanns Gedicht zugleich zum Abgesang – im Doppelsinn, als Verabschiedung und als ein letzter Gesang – auf die emphatische dichterische Sprache der *Ariosi* macht.

V Deh, vien, Morte soave

Vissi: e la prima etade Amore e speme
Mi facean via più bella e più fiorita;
Or la speranza manca, anzi la vita
Che di lei si nudria, s'estingue insieme.

Né quel desio che si nasconde e teme
Può dar conforto a la virtù smarrita;
E toccherei di morte a me gradita,
Se non posso d'amor, le mete estreme.

Ich lebte: Im frühen Sommer Hoffen und Liebesspiel
Schmückten mir den Weg mit – Blumen und Reben;
Heute fehlt die Hoffnung, und auch das Leben –
Das aus ihr sich genährt – erlischt jetzt gleichviel.

Begier, die sich verbirgt und fürchtet, kann nicht viel
Stärkung verschaffen dem mangelnden Streben;
Willkommner Tod, du wirst mir geben,
was mir Liebe nicht gab, das letzte Ziel.

O morte, o posa in ogni stato umano	O Tod, o Ruhe für jeden Menschen-Zustand,
Secca pianta son io che fronda a'venti	Dürre Pflanze bin ich, deren Zweige sich plagen
Più non dispiega e pur m'irrigo invano.	Im Wind, und doch benetz ich mich ohne Verstand.
Deh, vien, morte soave, a miei lamenti,	Ach, komm, süßer Tod, auf meine Klagen,
Vien o pietosa, e con pietosa mano	O Barmherziger, und mit barmherziger Hand
Copri questi occhi e queste membra algenti.	Bedecke Augen, starre Glieder ohne Zagen.[39]

Reflektiert der Mittelsatz die Aporien einer ästhetischen Vergegenwärtigung vergangener Liebeserfahrung und der folgende, *Estro*, die „Bestürzung und Verwirrung, welche die Kapricen der geliebten Person verursacht"[40], verleiht *Deh, vien, Morte soave* „dem Schmerz über die verlorene Liebe Ausdruck"[41]. Die erste Strophe imaginiert eine Vergangenheit, in der Liebe und Hoffnung das Leben verschönen und stellt diese einem Jetztzustand gegenüber, in dem mit der letzten Hoffnung auch das Leben endet und enden soll. Die drei folgenden Strophen bekräftigen den Todeswunsch und gipfeln in einer zweifachen, klagenden Anrufung des Todes als willkommenem Überbringer letzter Ruhe.

Im Blick auf den Uetikoner Brief macht diese Thematik der Tasso-Gedichte einen Zusammenhang zwischen den skizzierten biographischen Hintergründen, der Gedichtauswahl Henzes und der *Enigma*-Widmung wahrscheinlich. Gegen eine allzu sehr auf das biographische Moment verengte Lesart spricht allerdings die Tatsache, dass die beiden Widmungsentwürfe ausgerechnet dem mittleren Gedicht besondere Aufmerksamkeit schenken. In *Maraviglioso Fior del Vostro Mare* ist das Motiv des Scheiterns von Liebe wesentlich schwächer akzentuiert als in den beiden anderen Gedichten. Im Mittelpunkt steht stattdessen das Problem der Ästhetisierung und Metaphorisierung von Liebeserfahrung. Dies legt eine zweite, poetologische Dimension der Widmung frei. Der Moment der Liebe und der Erregung ist auch in den schönsten Formeln poetischer Sprache immer schon vergangen und verfehlt – in dieser Figur berührt sich Tassos Sprachreflexion mit der ästhetizismuskritischen Haltung Bachmanns Mitte der 1960er Jahre und ihrem erklärten Verzicht auf ein nicht der Erfahrung geschuldetes Schreiben in ‚schöner' lyrischer Form.[42] Wirft das mittlere Gedicht somit Fragen auf, die Bachmann selbst zur Zeit der *Ariosi*-Komposition reflektiert, lassen sich die Entwürfe nicht zuletzt auch als Ausdruck eines dichtungstheoretischen Interesses lesen, welches das persönlich-biographische überschreibt. Auch der Rekurs auf das dritte Gedicht ließe sich mit Blick auf das spätestens 1963 so benannte *Todesarten*-Projekt leicht in diesem Sinne verstehen. Mit den Parallelen zwischen lebensgeschichtlichen Ereignissen und künstlerischer Thematik der *Ariosi* ist also nur eine mögliche Lesart gewonnen. Eine weitere Spur betrifft über die Textvorlagen hinaus die Komposition selbst. Wenn Musik in *Enigma* als der Sprache überlegen erscheint, nimmt das Gedicht auf Positionen Bezug, die Bachmann und Henze um 1960 in Hinblick auf Fragen der Vertonung und des Verhältnisses von Komponist und Dichter entwickeln. Unbekannt war bislang, dass diese in nicht geringen Teilen auf Anregungen des Komponisten zurückgehen, die in einem Brief an Bachmann vom 31. März 1958 enthalten sind (*Briefe* 189–191).

Musik, Dichtung und Vertonung

Als Ingeborg Bachmann im Frühjahr 1958 den Auftrag annimmt, für die anstehende Festschrift der Münchener Musica Viva-Reihe einen Beitrag zu liefern, der sich mit dem Verhältnis von zeitgenössischer Musik und Dichtung auseinandersetzt, korrespondiert sie dazu im Vorfeld mit mehreren befreundeten Komponisten. Darunter sind neben Henze nachweislich auch Luigi Nono sowie mit hoher Wahrscheinlichkeit Pierre Boulez.[43] Antwortbriefe der beiden letztgenannten liegen allerdings entweder nicht vor oder aber im gesperrten Teil des Bachmann-Nachlasses. Zurückverfolgen lassen sich darum nur die Bezüge zu Henzes Brief, der sich insgesamt als Stichwortgeber für zahlreiche in *Musik und Dichtung* enthaltene Gedanken lesen lässt, bis hin zu einzelnen Ausdrücken und Formulierungen. Die 1959 publizierte Endfassung des Essays verarbeitet Henze seinerseits in der im selben Jahr gehaltenen, programmatisch bedeutsamen *Braunschweiger Rede*, die zentrale Passagen wörtlich aus *Musik und Dichtung* übernimmt.[44] Bachmann wiederum rekurriert in ihren Poetikvorlesungen mehrfach auf die zentrale poetologische Figur aus *Musik und Dichtung*, die menschliche Stimme als Platzhalter für den „Augenblick der Wahrheit" (*Essays* 62).

Es beginnt mit einem Brief Bachmanns vom 23. März 1958, in dem sie Henze daran erinnert, ihr beim Festschrift-Projekt zur Seite zu gehen: „Und vergiss bitte nicht, mir ein paar Notizen zu machen über Musik und Worte, Musik und Gedicht und so. Eh Du die Rosen giesst. Addio Ingeborg" (*Briefe*

185). Der Komponist antwortet postwendend und skizziert in einem stellenweise saloppen, dabei aber immer anspielungsreichen Tonfall seine Sicht auf „das alte text-musik-verhältnis-problem" (*Briefe* 189). In dem hier gewählten Zusammenhang sind neben einigen allgemeiner gefassten Äußerungen vor allem Henzes Aussagen zur eigenen Vertonungspraxis von Interesse, mit denen er sich nicht zuletzt von maßgeblichen zeitgenössischen Kompositionsverfahren abgrenzt. Grundsätzlich, das wird schon zu Beginn deutlich, hält Henze jeden Text für vertonbar. Die Entscheidung für eine bestimmte sprachliche Vorlage lasse sich kaum objektiv begründen, denn die Problematik der Textwahl stelle sich „für jeden anders, denke ich" (*Briefe* 189). Insbesondere die Vorstellung einer zur Vertonung ungeeigneten, weil selbst vorgeblich schon musikalischen Lyrik weist er, aus der Sicht des Praktikers argumentierend, entschieden zurück:

> ich bestreite jedoch, dass es literatur gibt, die ‚so musikalisch' sei, dass man sie ‚nicht vertonen' könne, das sind theoretische phrasen, die der wirklichkeit fern liegen. die literatur ist eine wort-kunst, während die musik eine ton- und klangkunst ist, abstrakter, mechanischer, ungreifbar, während doch literatur aus worten die täglich gebraucht werden, besteht, worten, die jeder versteht (wenigstens bis zu einem gewissen punkte) [...]. dadurch, dass eine lyrik komponiert wird und dann gesungen und von instrumenten umspielt und begleitet, kommentiert, illuminiert, dadurch wird musik noch nicht literatur, und umgekehrt. (*Briefe* 190)

Diese – hier nur angerissene und im Blick etwa auf Verfahren der Lautpoesie, aber auch auf die Sprachauffassung von Komponisten wie Nono oder Boulez durchaus diskutable – Zurückweisung der Idee einer musikalisierten Literatur darf als eine der Überzeugungen Henzes gelten, die von Ingeborg Bachmann geteilt wird und ihr Verhältnis zur Musik bis zuletzt bestimmt: „Wir haben ja aufgehört, nach ‚poetischen Inhalten' in der Musik zu suchen, nach ‚Wortmusik' in der Dichtung" (*Essays* 59), notiert sie in *Musik und Dichtung*, und noch im Gespräch mit Gerda Haller (1973) wendet sie sich gegen die Begriffe „‚musikalische Prosa', ‚musikalische Lyrik': diese Ausdrücke lehne ich ab. Es gibt keine musikalische Lyrik, es gibt keine musikalische Prosa, Musik ist etwas ganz anderes"[45]. Entsprechend votiert Henze für eine Vertonungspraxis, in der keine der beiden „künste [...] ihre eigenart verliert" (*Briefe* 190). Ein Votum, das nicht zuletzt als Kritik an der Sprachbehandlung Neuer Musik Mitte der 1950er Jahre und der verbreiteten Zerstückelung (Boulez) von

Textvorlagen in parametrisierbares Klangmaterial zu lesen ist. Bei seinen Zeitgenossen jedenfalls diagnostiziert Henze eine Tendenz zur Devalidierung der „Wort-Linie", sprich des Ausdruckswerts der lyrischen Konstruktion, bis hin zur völligen Abwendung von musikoliterarischen Genres:

> bei einigen modernen scheint es [das Wort, C.B.] wieder ganz entwertet, wenn kontinuierliche intervallsprünge seinen sinn weit vom ‚sprechen', von der deklamation wegführen und der wort-linie abbruch tun. (s. webern, nono u.a.). einige moderne lehnen es ab, worte zu komponieren, weil sie finden dass der gebrauch von worten der reinheit der musik abbruch tue. (*Briefe* 191)

Diesen Gedanken arbeitet Bachmann in den Beginn ihres Essays ein, wo sie schreibt, dass „die Künste auseinanderzutreten scheinen, sich wenig Blicke zuwerfen und nicht mehr in den alten Umarmungen liegen" (*Essays* 59). Später greift sie ihn erneut auf: „Es sieht aus, als hätten die beiden Künste zum erstenmal einen Grund, auseinanderzugehen." (*Essays* 60)

Was aber Henzes Kritik einer ausdrucksasketischen Neuen Musik eher nebenbei anklingen lässt, baut Bachmann zur zentralen Fragestellung ihres Essays aus: „Fürchtet daher vielleicht eine Musik, [...] von der es heißt, dass sie nichts ausdrücke, ausdrücken wolle, und die Kommunion sucht, ohne sich gemein zu machen, an Reinheit zu verlieren in diesem Umgang?" (*Essays* 59) Eine zugleich rhetorische Frage, wie sich im Verlauf des Essays zeigt, die Bachmann mit einem leidenschaftlichen Plädoyer für eine ‚unreine' Musik beantwortet:

> Sie gibt ihre Askese auf, nimmt eine Beschränkung unter Beschränkten an, wird angreifbar und verwundbar. Aber sie braucht sich darum nicht geringer zu fühlen. Ihre Schwäche ist ihre neue Würde. Miteinander, und voneinander begeistert, sind Musik und Wort ein Ärgernis, ein Aufruhr, eine Liebe, ein Eingeständnis. Sie halten die Toten wach und stören die Lebenden auf, sie gehen dem Verlangen nach Freiheit voraus und dem Ungehörigen noch nach bis in den Schlaf. Sie haben die stärkste Absicht zu wirken. (*Essays* 61)

Diese emphatische Figur einer unreinen, gerade darum aber ausdrucksfähigen und politisch Stellung beziehenden Musik bildet das Kernstück der Bachmannschen Überlegungen. Sie begreifen Vertonung als Medienkonfiguration, in der Musik und Sprache gleichermaßen ein „zweites Leben" gewinnen: die „verschuldete" Sprache aufgehoben in musikalischer „Klangkraft" und die Musik in der „Umarmung" mit einer gedächtnisfähigen, „den ausdrücklichen Geist des Ja und Nein" enthaltenden Sprache „in harter Währung" (*Essays* 60–61).⁴⁶ Obwohl seine Musik selbst nie ausdrucksasketisch und daher von Anfang an ‚unrein' gewesen ist, gehen Henzes Brief politische Dimensionen noch vollständig ab. Erst Anfang der 1970er Jahre kommt er mit dem an Pablo Neruda angelehnten Konzept der ‚musica impura' auf den Begriff zurück und erhebt ihn zum – bis heute gültigen – Leitbild seiner Musik.

Festzuhalten ist, dass die Figur einer der Sprache überlegenen Musik, wie sie *Enigma* exponiert, in *Musik und Dichtung* somit aber – noch – nicht konstruiert wird. Während Bachmann in einem 1971 geführten Interview von einer Asymmetrie der Medien spricht und äußert, dass sich in Musik „für mich das Absolute zeigt, das ich nicht erreicht sehe in der Sprache, also auch nicht in der Literatur, weil ich sie für überlegener halte, also eine hoffnungslose Beziehung zu ihr habe"⁴⁷, ist das Verhältnis von Sprache und Musik im Musik-Essay noch ein durchaus anderes. Die Hoffnung auf den „Augenblick der Wahrheit" (*Essays* 62) wendet sich an die Stimme als ‚Intermedium' zwischen Musik und Dichtung, nicht an die Musik für sich selbst. Wenn auch aus anderen Gründen, entspricht der Essay damit einer Ästhetik der Komplementierung, wie sie seinerseits auch Henzes Brief skizziert. Im Blick auf die eigene Arbeit heißt es dort:

> für mich persönlich ist es z. b. so, dass ich eine sprache vorziehe, die bildhaft ist, in der man dinge sieht, die seltsame gefühle suggerieren (wie im ‚freien geleit' [...]) – und diese gefühle komponier ich dann. die worte müssen gerade den raum lassen, den die musik braucht. (*Briefe* 190)

Nicht minder aber gilt für das Komponieren Henzes auch das Umgekehrte, nämlich „ohne lebhafte Vorstellungen von Atmosphären, Stimmung, realen (oft zwischenmenschlichen) Vorgängen"⁴⁸ nur schwer schreiben zu können. In einer überwiegenden Anzahl seiner Werke übernehmen literarische Texte diese Funktion. Allerdings bildet den Kern der Idee einer wechselseitigen Komplementierung von Musik und Dichtung trotz allem eine asymmetrische Figur. Wiederum im Blick auf das Primat von Musik oder Sprache, fällt dabei zu Beginn des Briefs ein entscheidendes Stichwort:

> Für den einen ist das wort etwas, das hinanhebt, seiner musik flügel macht: der braucht eine gute schöne lyrik (z. b. strauss, daher hofmannsthal), andere müssen einen nüchternen alltagstext haben, etwas realistisches, denn sonst wissen sie nicht

mehr, was die musik tun soll, die für ihn da ist, den hintergrund, die überhöhung zu geben. (*Briefe* 189, Hervorhebung C. B.)

Möglicherweise im Sinne einer Antwort auf diese Passage, erscheint das hier geprägte Motiv auch in Bachmanns Essay, allerdings in exakter Umkehrung der medialen Konstellation: „So müsste man den Stein aufheben können und in wilder Hoffnung halten, bis er zu blühen beginnt, wie die Musik ein Wort aufhebt und es durchhellt mit Klangkraft" (*Essays* 61). Anknüpfend an Henzes oben zitierte Rede von der musikalischen ‚Illuminierung' des dichterischen Worts, ist damit die entscheidende poetische Utopiefigur für das Konzept von Vertonung als „neuem Zustand" (*Essays* 60) von Musik und Sprache gefunden.[49] An einer späteren Stelle des Briefs kommt Henze erneut auf sie zu sprechen. Es geht hier um die neapolitanische Canzone, eine Gattung regionaler Volksmusik, mit der ihn – wie Bachmann im Winter 1955/56 – lebensgeschichtliche Erfahrung verbindet und die er in seinen Bachmann gewidmeten *Fünf Neapolitanischen Liedern* (1956) aufgreift. In ihrer Privilegierung des Worts bildet sie für ihn das Gegenstück zur Haltung der Moderne:

> in der canzona napoletana ist nur das wort wichtig, die musik ist da nur eine unterstützung dessen was gesagt sein will, beinahe nur wie eine hilfe zum auswendiglernen, aber wiederum auch sehr stark eine **exaltation des worts** wie überhaupt (meines erachtens) die musik gewissermassen einsetzt, wenn das wort sich bis in ihre **höhe erhebt** (bitte dies nicht als bosheit auslegen, sondern als bild). (*Briefe* 191, Hervorhebung C. B.)

Wie aber lässt sich Henzes bildhafte Formulierung ihrerseits auslegen? Am Rand des Briefs befindet sich hierzu eine aufschlussreiche handschriftliche Ergänzung. Sie ersetzt den Begriff ‚wort' im letzten Satzteil durch den Begriff ‚die erregung'. Die für den Brief wie auch Bachmanns Essay zentrale Vorstellung einer das Wort erhöhenden bzw. erhellenden Musik – gewissermaßen das Gegenstück zur ‚unreinen Musik' – ist damit um das Moment des Ekstatischen ergänzt. Eine wichtige Präzisierung, die den Zusammenhang zwischen Bachmanns Arbeit mit und für Musik und ihrer Suche nach einer erinnerungs- und zeichenfähigen Sprache deutlich macht, die zugleich den „ekstatischen Glückszustand"[50] ästhetisch objektiviert, um dessen Darstellung es nicht nur in *Malina* immer wieder geht. Entscheidend ist, dass der Brief damit auf eine ästhetische Konzeption Henzes Bezug nimmt, die von seiner Umsiedlung nach

Italien an bis in die mittleren 1960er Jahre hinein zentrale Relevanz für seine Arbeiten besitzt.

Im Blick auf die eben zitierte Formulierung lässt sich diese Konzeption, für die Henze schon 1953 den Begriff des „vollen, wilden Wohlklangs"[51] prägt, auch als eine Ästhetik der Exaltation fassen. Ihr Kernstück ist die Auffassung von Musik als kommunikationsfähiger Struktur, die aus der Transformation des physikalisch-akustischen Phänomens Klang in „organisierte Klangkunst"[52] gewonnen werde.

> Das Komponieren von Musik könnte man als eine Anstrengung erklären, die es zum Ziel hat, eine im Grund rohe und unbewegte (mit physikalischen Zeichen darstellbare) Materie in Bewegung zu versetzen [...]. Der Zustand, der sich aus einem solchen siegreichen combat ergibt, ist künstlich oder kunstvoll, ein Kunstwerk.[53]

Gelingt dies, wird Musik bedeutsam und kann „mit Namen genannt werden, mit Namen wie: Mitteilung von Liebe, Todessehnsucht, Hymne an die Nacht, Botschaft von Freiheit"[54]. Bezeichnend für Henzes musikästhetische Aussagen Mitte der 1950er Jahre ist dieser Auffassung von Musik als bedeutsamem Ordnungssystem aber zugleich eine Kritik eingeschrieben. Sie gilt der Verfestigung kompositorischer Mittel, sofern mit der rationalen Durchdringung ihrer Chiffren Musik auf „berechenbare Objekte"[55] reduziert und „die Zeichen akzeptiert und [...] akademisch tragbar"[56] werden. Denn erstarrt Musik derart zu einer mechanisch zeichenhaften, ‚schlechten' Sprache, fehlt ihr wieder dasjenige Element, auf das Henzes kompositorische Anstrengungen insgesamt zielen – eine Offenheit und Polyvalenz musikalischer Sinnhaftigkeit, die Henze unter anderem ihre „Vibration"[57] nennt und die als musikalisches Äquivalent der Erregungsschrift Bachmanns gelten darf. Musik existiert qua Konstruktion, aber zum wilden Wohlklang wird sie erst, wo sie sich der Konstruktion zugleich entzieht: „Das Mysterium [...] liegt außerhalb der erkennbaren Ordnung, so oft solche Ordnungen auch zu seiner Dinglichmachung herbeigerufen werden, aber es will, dass diese Ordnungen immer in Frage gestellt werden."[58] Henzes Kompositionen aus dieser Zeitspanne beinhalten darum sowohl strenge, genau kalkulierte Strukturen als auch deren Aufgabe und Dekomposition; immer aber gilt, dass nicht die anklingenden Zeichen und Idiome selbst schon die Substanz musikalischer Prozesse bilden, sondern der sich zwischen ihnen und dem ungeformten Klang öffnende Zwischenraum, die Exaltation der Zeichen, der Moment der Ablösung von verständlicher Struktur. Die *Ariosi* bieten die Gelegenheit zu zeigen, dass dieses Konzept sich in Henzes Komponieren nicht zuletzt intermedial realisiert, im Zusammenspiel von Musik und Wort, von sinnvoller Struktur ‚in harter Währung' und ihrer Diffusion in ekstatische Klanglichkeit. Ich konzentriere mich dabei, den Widmungsentwürfen folgend, auf den mittleren Vokalsatz.

‚Exaltation des Worts': *Maraviglioso Fior del Vostro Mare*

Was für die meisten Avantgardekomponisten in den 1950er Jahren zutrifft, gilt nicht für Henze. In seinen Vokalwerken aus dieser Zeit, wie den *Nachtstücken und Arien nach Gedichten Ingeborg Bachmanns* (1957), bleibt die Vers- und Strophenform der vertonten Gedichte weitgehend erhalten und Gegenstand ausführlicher musikalischer Ausdeutung. „Man interpretiert komponierend das gedicht, komponierend enthüllt man wie man es empfindet." (*Briefe* 190) In der formalen Anlage der *Ariosi* greift Henze auf die Strukturidee der *Nachtstücke und Arien* zurück, eine alternierende Folge von Instrumental- und Vokalsätzen. Übernommen wird somit auch das Prinzip nonverbaler Vertonung, das die Gedichttexte in ein Netzwerk miteinander kommunizierender vokaler und instrumentaler Stimmen einbindet. Wichtige Unterschiede zwischen den beiden Werken bilden die vom Komponisten formulierte Inhaltsangabe, die auch über den außermusikalischen Gehalt der instrumentalen *Ariosi*-Teile informiert, sowie die Besetzung mit zwei solistischen Partien, Sopran und konzertierende Violine. Den Klangfarbenapparat des romantischen Orchesters ergänzt Henze im Schlagwerk um die drei Bongos des zweiten *Arioso* und das Tamburo militare, das allerdings ausschließlich in den ersten drei Takten des fünften *Arioso* erscheint.

Formal sind die Vokalsätze lose an der Gedichtstruktur orientiert; Vers- und Strophenanfänge sind in der Regel durch ein unterschiedlich langes Pausieren der Singstimme verdeutlicht. Als tragendes Material dienen eine zwölftönige, klanglich durch einen Tritonus zwischen dem zweiten und dritten Ton charakterisierte Reihe (R 1), die mit Ausnahme des vierten in allen Sätzen eine wichtige Rolle spielt, sowie eine weitere, skalenartige Zwölftonreihe (R 2). Allerdings wird die Dodekaphonie, die an einigen Stellen durchaus streng durchgeführt ist und hier eine hochverdichtete und zugleich transparente, an den frühen Webern erinnernde Expressivität entfaltet, zwar nie vollständig aufgegeben, aber doch in vielen Passagen zugunsten frei geführter ‚Tunes'[59] erweitert.

Dies gilt insbesondere für den Mittelsatz *Maraviglioso Fior del Vostro Mare*. Die Dialektik zwischen Zwölftonidiom und kaum verschleiert tonalen Klangflächen rückt hier stärker noch als in den vorangegangenen Sätzen in den Mittelpunkt und hebt zudem die beiden Solopartien voneinander ab. Zwar tauchen beide Reihen auf, prägen aber im Verlauf des Satzes ganz weitgehend nur den Part der Solovioline. Singstimme und Orchestersatz weisen dagegen nur vereinzelt dodekaphone Bruchstücke auf – das einleitende Solo der Violine exponiert in den ersten elf Takten mehrere strenge Permutationen von R 1; auch R 2, die erstmals in III/T. 12–14 absteigend in den Holzbläsern auftaucht, wird anschließend sofort von der Solovioline übernommen.

Hans Werner Henze, *Ariosi*, III. *Maraviglioso Fior del Vostro Mare*, T. 1–11, Studienpartitur S. 19 © Schott Musik International (ED 5037), Mainz 1964

Neben diesen Unterschieden im Tonmaterial ist es vor allem die betont geigerische Anlage der Violine concertante, die das Verhältnis der beiden solistischen Partien in *Maraviglioso* charakterisiert. Während Henze die Vokalpartie weitgehend deklamatorisch-kantabel gestaltet und ihr extreme Lagen und Sprünge erspart, setzt sich die mit diversen Temposchwankungen ausgestattete, dynamisch stark ausdifferenzierte und metrische nahezu freie Violinstimme aus zahlreichen Doppelgriffen, Trillern, Vorschlagsnoten und sich oft weit über eine Oktave erstreckenden Intervallsprüngen zusammen sowie aus durch Abspaltungen von R 1 gewonnenen Spielfiguren mit großem Ambitus. Sie entfaltet dadurch einen Bereich musikalischer Expressivität, der die natürlichen Grenzen der menschlichen Singstimme weit überschreitet, dieses Instruments „ohne letzte Präzision", wie es Bachmann genannt hat, das „nicht ganz zu sagen fähig ist, was es leidet, nicht ganz zu singen, was es an Höhen und Tiefen auszumessen gibt" (*Essays* 62). Für meine Begriffe erscheint sie darum auch weniger als eine den Sologesang „symbiotisch umspielende"[60] Stimme, denn als Figur der Differenz; als korrespondierende andere, ‚zweite' Stimme,[61] deren instrumentale Gesten einen Bereich des Nicht-Singbaren erschließen und dem Gesang an die Seite stellen.

Konsequenterweise setzt die den gesamten Satz über präsente Violine an genau der Stelle aus, an welcher der Schlüsselvers des Gedichts erscheint, der die Überschreitung elementarer Grenzen ins Bild setzt: „come questo mi pare maraviglioso fior del vostro mare" (III/T. 30–35); die zweite Ausnahme bildet das Wort „nacque", das ausschließlich durch sehr zarte, liegende Akkorde in den Streichern begleitet wird.

Die Gesangstimme selbst komponiert Henze geradezu als Modellfall musikalischer ‚Exaltation des Worts'. Er verbindet dazu vier ineinander greifende Vorgänge: die zeitliche und melodische Extension ausgewählter Silben und Worte in der Singstimme, sowie unterstützende satztechnische und klangliche Verdichtungsprozesse im Orchester. Meine These ist, dass die Signifikanten des poetischen Texts dadurch in eine komplexe, ‚exaltierte' Klanglichkeit überführt werden, in der ihre Lautgestalt, und damit zugleich ihre Verständlichkeit, wenn nicht ausgesetzt, so doch für Momente in Frage steht. Dies sei anhand einiger Beispiele verdeutlicht.

Henzes Ansatzpunkt ist zunächst, wie es seine Formulierung im Brief an Bachmann erwarten lässt, die Ebene des einzelnen Worts; allerdings weniger im

Sinne einer illustrativen oder „dekorativen Umgebung aus Klang" (*Essays* 60), wie sie Bachmanns Musikessay kritisiert. Ansätze dazu gibt es durchaus, etwa bei der Vertonung von „fiori" (III/T. 21) durch ein gleichsam onomatopoetisch aufblühendes, mit einem messa di voce versehenes Motiv oder bei den Taufall und Regen nachahmenden Bläserfiguren der R 2 im ersten (I/T. 32f.) sowie dem Totenmarsch im Blechbläsersatz des letzten *Arioso* (V/T. 21–24). Diese illustrativen Momente werden jedoch insgesamt überschattet von der Arbeit mit unterschiedlichen klanglichen und melodischen Intensitäten als dem maßgeblichen Vertonungsprinzip in den *Ariosi*. Und dieses Prinzip stellt gerade nicht die musikalische Illustration des Blühens oder anderer Metaphern in den Mittelpunkt, sondern, wenn man so will, das klangliche Aufblühen der Sprache selbst. Nachvollziehbar ist das vor allem in der privilegierten Behandlung wichtiger poetischer Worte und Satzteile. Wie schon im ersten *Arioso*, erhalten auch in *Maravglioso* bestimmte Verselemente (hier vorwiegend Substantive) besondere melodische Intensität, mit der sie aus der sonst weitgehend deklamatorisch präsentierten, der Prosodie Tassos verpflichteten ‚Wort-Linie' hervortreten. In den verhaltenen Parlando-Gesang des Soprans, der zudem über den gesamten Satz hinweg mit Ausnahme weniger Takte im Pianissimo verbleibt, sind zeitliche Extensionen einzelner Töne und Silben sowie unterschiedlich ausgedehnte melismatische Figuren gewoben, die sich vom ruhigen Fluss der Vokallinie abheben. Letztere unterscheiden sich dabei deutlich hinsichtlich Komplexität, Tonumfang und dynamischer Flexibilität: Während die Worte „conca" (III/T. 54), „scogli" und „l'acque" (III/T. 57–58) als halbtaktige Figuren auf nur zwei verschiedenen Tonhöhen erklingen und sich dynamisch nicht von ihrem Umfeld abheben, verteilt Henze die ebenfalls zwei Silben umfassenden, aber zusätzlich dynamisch anschwellenden Worte „fiori" (III/T. 21–22) und „nacque" (III/T. 67–68) immerhin auf fünf Töne in zwei, das dynamisch wiederum indifferente „terreno" (III/T. 23–26) sogar auf elf Töne in zweieinhalb Takten. Erst bei „mara(viglioso)" (III/T. 32) erreicht die Vokalstimme ausdrücklich ein Forte.

Interessanterweise folgt hier im nächsten Takt sofort ein Subito Piano, das anschließend bis ins Pianissimo zurückgeht. Unterstützt durch ppp-Griffbrett-Tremoli in den mittleren und tiefen Streichern, leise Liegetöne und Halbtontriller in den Holzbläsern sowie Harfen- und Geigenflageoletts, erklingt der zweite, syllabisch vertonte Teil der Schlüsselmetapher, „fior del vostro mare" stark zurückgenommen.

"Zeit der Ariosi"

Hans Werner Henze, *Ariosi*, III. *Maraviglioso Fior del Vostro Mare*, T. 29–38, Studienpartitur S. 22–23   © Schott Musik International (ED 5037), Mainz 1964

Christian Bielefeldt

Die Metapher der Überschreitung, Angelpunkt der immanenten Poetik des Tasso-Gedichts, erscheint somit in einer Grenzsituation strukturierter bzw. überhaupt klingender Musik, aus der heraus die Solovioline dann im folgenden Zwischenspiel ihren erneut reihentechnisch geprägten Anfang findet – beginnend übrigens auf dem letzten, kaum noch hörbar vorgetragenen Ton der

Gesangstimme. „Venere bella" (III/T. 59–62) ist hingegen mit einem dynamischen An- und Abschwellen ohne klare Obergrenze versehen. Hier erklingt zugleich der höchste Ton, den die Gesangspartie innerhalb der drei vokalen *Ariosi* überhaupt erreicht, ein zweigestrichenes a, das auf der ersten, mit einem dreitönigen Melisma vertonten Silbe von „Venere" erscheint und über fünf Viertelschläge lang (der letzte als Vierteltriole) ausgehalten werden muss.

Hans Werner Henze, *Ariosi*, III. *Maraviglioso Fior del Vostro Mare*, T. 58–62, Studienpartitur S. 27–28   © Schott Musik International (ED 5037), Mainz 1964

Christian Bielefeldt

Nicht zufällig verbindet sich diese doppelte Extension des Phonems nun gerade an den beiden tragenden Stellen von *Maraviglioso* mit einer zusätzlichen klanglichen und satztechnischen Verdichtung. „Venere bella" (III/T. 59–62) und „maraviglioso (fior)" (III/T. 32–33) sind nicht nur mit umfänglichen melismatischen Figuren vertont und dynamisch profiliert, sondern zugleich auch klangfarblich hervorgehoben. Das sonst den gesamten Satz über schweigende Blech stimmt hier einen vierstimmigen polyphonen Hornsatz an, zu dem akzentuierte Akkorde der Trompeten treten. Korrespondierend dazu erscheinen mehrere rhythmisch eigenständige Instrumentalstimmen im restlichen Orchester, welche die Komplexität des sonst sehr transparenten, von kleineren Ostinato- und Spielfiguren sowie rhythmisch belebten Klangflächen bestimmten Orchestersatzes noch einmal merklich steigern. Der höchste Grad an Verdichtung ist in III/T. 59–60 erreicht. Gleichzeitig mit „Venere" erscheint hier in den Celli und Bässen eben jene melodische Figur, auf die zuvor noch „(maravi)glioso fior" gesungen wurde – ein unverschleiert tonaler Takt im übrigen, in dem im Orchester ein Ges-Dur-Akkord mit großer Septime erklingt. Diese Satztechnik, welche die latenten Querverbindungen zwischen im Medium Schrift räumlich und in der Rezitation zeitlich disparaten Textelementen in die Simultanität musikalischer Polyphonie übersetzt, findet sich auch in der ersten *Aria* der *Nachtstücke* und bildet eines der Prinzipien Henzescher Vertonung, die *Musik und Dichtung* unerwähnt lässt.

Zusammen genommen führen diese Techniken an wichtigen Stellen der *Ariosi* zu einer derart reichen klanglichen Ausdifferenzierung einzelner Phoneme, dass man in der Tat von einer zeitweisen Verselbständigung des Sprachlauts sprechen kann. „Durchhellt mit Klangkraft" (*Essays* 61), transformiert sich der Sprachsignifikant zu einem Klangsignifikanten ohne präzise Referentialität. Im Gegensatz zu einigen seiner Darmstädter Kollegen bedeutet das bei Henze aber weder eine grundsätzliche Devalidierung der lyrischen Vers- und Strophenstruktur noch den völligen Verzicht auf die Funktion des einzelnen dichterischen Worts als Bedeutungsträger. Die deklamatorisch-prosodische Vertonung hält die ‚Wort-Linie' insgesamt intakt, womit aus der ‚Exaltation des Worts' ebensowenig seine völlige Durchstreichung resultiert, wie aus dem freien Umgang mit Reihen und ‚Tunes' die Negation der Konstruktivität des musikalischen Satzes insgesamt. Extension und Verdichtung sind in den *Ariosi* vielmehr momenthafte Prozesse innerhalb eines insgesamt unangetasteten, durch die vertonten Texte vorgegebenen Ordnungs- und Bedeutungsrahmens. Aus meiner Sicht zielen sie gleichwohl in den Kern der Henzeschen Ästhetik und seiner Wort-Ton-Behandlung: die Öffnung oder eben ‚Exaltation' des dichterischen Worts in Richtung auf eine nicht mehr signifikante, ‚volle, wilde' Klanglichkeit.

Ich schlage vor, diese Vertonungspraxis als ein Aufspannen und Überschreiten der ‚harten Währung' des poetischen Texts in Richtung auf eine präsentische[62] Klangerfahrung zu verstehen, mit der Henze auf seine Weise den Bruch zwischen Erfahrung und ästhetischer Repräsentation in den Blick nimmt. Angesprochen ist damit die Vorstellung von Musik als einem Medium, das auf ästhetische Objektivierung, sprich auf die Ausbildung einer zeitlich stabilen Subjekt-Objekt-Struktur verzichtet. Die Psychoanalyse, mit der hier ein abschließender theoretischer Ausblick versucht sei, hat für ein solches Hören, in dem die Lokalisierung und Identifikation verständlicher Symboliken aussetzt und das wahrnehmende Subjekt ununterschieden im Klang aufgeht, den Begriff einer „mimetischen Symbolisierung"[63] geprägt. Er geht auf genetische Situationen, aber auch linguistische Konzepte zurück und ist darum insbesondere anschlussfähig für kommunikationstheoretische Konzepte der Musikperzeption. In der pränatalen Phase, in der ein Außen nur akustisch, als Klangobjekt vorhanden ist, ermöglicht das Hören der mütterlichen Stimme und ihrer Körpergeräusche demnach eine erste Weltwahrnehmung, die, sofern der Fötus eine körperlich-klangliche Einheit mit der Mutter erlebt, zugleich ein erstes vorsprachliches Medium der Selbstpräsenz bedeutet. Im vorgeburtlich-fusionellen Stadium fallen Hörsubjekt und Klangobjekt noch zusammen. Während Sprache und Bild diese nicht wiederherstellbare Situation aber nur signifizieren oder repräsentieren können, erinnert die Musik als Klangobjekt „durch ihre sirenenhafte Verlockung die Präsenz des ursprünglichen Objekts"[64] und eröffnet damit einen klanglich-körperlichen Zugang zu ihm. Musikalische Symbolisierung wird in dieser Sicht als grundsätzlich verschieden zur sprachlichen und pikturalen gedacht. Sie ersetzt das ursprüngliche Klangerlebnis nicht durch ein kontingentes Zeichen, sondern durch ein Musik-Objekt, das durch seine eigene Klanglichkeit in mimetischer Beziehung zum verlorenen steht. Aus dieser Perspektive erscheint Musik als Medium der „Präsenzsuggestion"[65], in dem Erfahrung nicht nur repräsentiert und objektiviert wird, sondern zugleich ein – allerdings gleichwohl verlorener – Modus der Erfahrung selbst ästhetisch zur Darstellung kommt. Damit bietet die Musik eine Möglichkeit ästhetischer Objektbildung, in welcher der „Verlust des primären Objekts zu erleben und [gleichermaßen, C. B.] zu ertragen"[66] ist. Musik, kommunikationstheoretisch ein temporales Medium mit instabiler Referentialität, kann den Bruch zwischen Erfahrung und Darstellung nicht aufheben, aber sie kann – und hier scheint mir eine Brücke auch zu *Enigma* möglich – Trauer darstellen und Trost zusprechen, indem sie den Erfahrungsmodus vor dem erlittenen Verlust ästhetisiert.

Im Horizont von Henzes Ästhetik ist gegen diese Vorstellung einzuwenden, dass auch Musik selbst ein Ordnungssystem darstellt, das überhaupt erst über die Konstruktion klanglicher Signifizierungsprozesse entsteht. Siedelt sich Musik aber, wie es Henze will, im Grenzbereich der Konstruktion an, in dem die Erkennbarkeit von Klang- wie Sprachzeichen problematisch wird, zielt sie womöglich tatsächlich auf ein ekstatisches Hören, in dem Momente präsentischer Klangerfahrung möglich sind. Mir jedenfalls scheint, dass Hans Werner Henzes *Ariosi*, wo sie die Sprache in Richtung einer ‚wilden' Klanglichkeit treiben und den musikalischen Strom dabei für Momente zugleich ausdehnen und still stellen, auf ein derartiges Hören zielen. Die Zeit der *Ariosi*, auf die Ingeborg Bachmann mit ihrer Widmung verweist, wäre dann zugleich eine musikalische Zeit, in der die alltägliche Zeiterfahrung im Sinne einer uns wenn auch immer erst in der Nachträglichkeit bewusst werdenden Kontinuität für Augenblicke ästhetisch ausgesetzt ist und Erfahrung und Repräsentation sich, wie die Lippen der Venus das felsige Land, ekstatisch berühren.

---

1 J. Monika Walther, *Wart meinen Tod ab und dann hör mich wieder – Die Lebensart der Ingeborg Bachmann.* Feature für den SWR 2003, in: http://www.jmonikawalther.de/downloads/bachmann.pdf

2 Arturo Larcati, *Momentaufnahmen eines verschollenen Gesprächs: Ingeborg Bachmann und Luigi Nono*, in: *Neue Rundschau* II, 2002, S. 139–151, S. 144.

3 Ingeborg Bachmann, *Wir müssen wahre Sätze finden. Gespräche und Interviews*, hg. v. Christine Koschel u. Inge von Weidenbaum, München/Zürich 1983, S. 542.

4 Sigrid Weigel, *Ingeborg Bachmann. Hinterlassenschaften unter Wahrung des Briefgeheimnisses*, Wien 1999.

5 Henzes Erinnerungen an Bachmann besitzen insgesamt eher literarischen denn dokumentarischen Wert; als Beispiel dafür mag seine schwärmerische Beschreibung des 1952er Jahrestreffens der Gruppe 47 auf Burg Berlepsch gelten, wo er Bachmann kennen lernt: „Ja, und dort befand sich [...] eine elfenhafte Erscheinung mit schönen großen Augen und zitternden Lidern, wunderbaren Händen, eine Person, von der eine Aura von Empfindsamkeit ausging, eine Verkörperung von

Qualität, ein Mensch mit Grazie und Charme, wie von der Nachtigall geboren." Hans Werner Henze, *Reiselieder mit böhmischen Quinten. Autobiographische Mitteilungen*, Frankfurt a. M. 1996, S. 132.

6 Vgl. „*In die Mulde meiner Stummheit leg ein Wort ...*" *Interpretationen zur Lyrik Ingeborg Bachmanns*, hg. v. Primus-Heinz Kucher, Wien u. a. 2000, S. 5f.; Hans Höller, *Ingeborg Bachmann*, Reinbek bei Hamburg ²2000, S. 165.

7 Ingeborg Bachmann, *Essays, Reden, Vermischte Schriften*, hg. v. Christine Koschel, Inge von Weidenbaum u. Clemens Münster, München/Zürich ⁵1993 (*Werke 4*), S. 268. Weitere Zitate daraus sind im Text durch die Sigle *Essays* und die Seitenzahl in Klammer belegt.

8 Zit. in: Walther, *Wart meinen Tod ab* (Anm. 1), S. 8.

9 Vgl. Corina Caduff, *‚dadim dadam'* – *Figuren der Musik in der Literatur Ingeborg Bachmanns*, Köln/Weimar/Wien 1998 (*Literatur-Kultur-Geschlecht. Studien zur Literatur- und Kulturgeschichte. Große Reihe* 12), S. 246.

10 Henze, *Reiselieder mit böhmischen Quinten* (Anm. 5), S. 133.

11 Ebd., S. 156.

12 Ebd.

13 Ingeborg Bachmann im Film von Gerda Haller (1973), zit. in: Ingeborg Bachmann, *Letzte, unveröffentlichte Gedichte, Entwürfe und Fassungen*, hg. v. Hans Höller, Frankfurt a. M. 1998, S. 159.

14 Vgl. meine Darstellung der gemeinsamen Werke, Christian Bielefeldt, *Hans Werner Henze und Ingeborg Bachmann. Die gemeinsamen Werke. Beobachtungen zur Intermedialität von Musik und Dichtung*, Bielefeld 2003.

15 Vgl. Peter Andraschke, *Lieder von einer Insel. Ingeborg Bachmann und Hans Werner Henze*, in: *Stimme und Wort in der Musik des 20. Jahrhunderts*, hg. v. Hartmut Krones, Wien 2001, S. 259-274, 263. Im Gegensatz zum restlichen Text des 5. Satzes der *3. Symphonie* stammt der Vers „Du sollst ja nicht weinen" nicht aus *Des Knaben Wunderhorn*, sondern von Mahler selbst.

16 Bachmann, *Letzte, unveröffentlichte Gedichte* (Anm. 13), S. 155.

17 Ebd., S. 159.

18 „Die Gedichte sind in den Jahren 1963 und 1964 entstanden. Der Autor hatte keinen Wunsch, sie zu veröffentlichen. Er hält auch heute noch diese Veröffentlichung für nicht richtig" (Typoskript K1226/N290 aus dem Bachmann-Nachlass in der Österreichischen Nationalbibliothek).

19 Ein früher Entwurf enthält die Eintragung „ENIGMA / (für Hans Werner Henze aus der Zeit der ARIOSI, maraviglioso fior del vostro mare ... deh, vien, morte...)".

Zitiert bei Bachmann, *Letzte, unveröffentlichte Gedichte* (Anm. 13), S. 149. In einer weiteren Kommentarskizze heißt es, *Enigma* verstehe sich als „Antwort auf Ariosi, maraviglioso fior del vostro mare" (Typoskript K1227/N303 aus dem Bachmann-Nachlass in der Österreichischen Nationalbibliothek) und damit auf eben das Gedicht, das für Henze „einen enigmatischen Inhalt" hat. Henze, *Reiselieder mit böhmischen Quinten* (Anm. 5), S. 233.

20 Demnach waren die Verse „Petrus. Und sollt ich nicht weinen, du gütiger Gott? / Frauenchor: Du sollst ja nicht weinen! Sollst ja nicht weinen! / Petrus: Ich hab übertreten die zehn Gebot. / Frauenchor: Du sollst ja nicht weinen! Sollst ja nicht weinen!", die vollständig zitiert sind, schon für den jugendlichen Henze Symbol der Vergebung und Inbegriff einer „süddeutschen, böhmisch-österreichischen sonnigen und lustvollen Welt, wo die Heiligen und die Götter einem keine Angst machen." Henze, *Reiselieder mit böhmischen Quinten* (Anm. 5), S. 32. In späteren Jahren gehört die *3. Symphonie* Mahlers zu den Werken, die Henze als Dirigent aufführt. Ebd., S. 453. Zu Bachmanns Mahler-Affinität vgl. Anm. 50.

21 Henze, *Reiselieder mit böhmischen Quinten* (Anm. 5), S. 233.

22 Ebd., S. 228.

23 Ebd., S. 232.

24 Ingeborg Bachmann u. Hans Werner Henze, *Briefe einer Freundschaft*, hg. v. Hans Höller, München ²2004, S. 245. Weitere Zitate daraus sind im Text durch die Sigle *Briefe* und die Seitenzahl in Klammer belegt.

25 Vgl. ebd., S. 507. Höllers Kommentar verweist in diesem Zusammenhang auch auf das – später getilgte – Motiv des toten, von seinem Vater vergessenen Kindes in frühen *Enigma*-Entwürfen.

26 Henze, *Reiselieder mit böhmischen Quinten* (Anm. 5), S. 236.

27 Vgl. Weigel, *Hinterlassenschaften* (Anm. 4), S. 570.

28 Vgl. auch Höller, *Ingeborg Bachmann* (Anm. 6), S. 120. Höller erwähnt hier einen Bericht Max Frischs, nach dem sich Bachmann bereits Ende 1962 in der Bircher-Benner-Klinik in Zürich behandeln ließ.

29 Zit. in: ebd., S. 174.

30 Henze, *Reiselieder mit böhmischen Quinten* (Anm. 5), S. 235.

31 Auch diese Arbeit steht, wie sich Henze erinnert, noch im Zeichen lebensgeschichtlicher Krisen: „Es war unser beider Versuch, über Erlittenes zu lachen." Ebd., S. 238.

32 Zur Chronologie der Gedicht-Fassungen und Entwürfe vgl. den Herausgeberkommentar in: Bachmann, *Letzte, unveröffentlichte Gedichte* (Anm. 13), S. 136–156.

33 Hans Werner Henze, *Ariosi per soprano, violino e orchestra su poesie di Torquato Tasso*, Schott-Studienpartitur ED 5037, o. J.

34 Ebd., o. S. (von Henze autorisierte Übersetzung ins Deutsche von Hubert Fichte).

35 Ebd.

36 Ebd.

37 Ebd.

38 Vgl. Anm. 19.

39 Henze, *Ariosi* (Anm. 33).

40 Ebd.

41 Ebd.

42 „Ich habe aufgehört, Gedichte zu schreiben, als mir der Verdacht kam, ich ‚könne' jetzt Gedichte schreiben, auch wenn der Zwang, welche zu schreiben, ausbliebe. Und es wird eben keine Gedichte mehr geben, eh' ich mich nicht überzeuge, daß es wieder Gedichte sein müssen und nur Gedichte, so neu, daß sie allem seither Erfahrenen wirklich entsprechen." Bachmann, *Wir müssen wahre Sätze finden* (Anm. 3), S. 40.

43 Das Archivio Luigi Nono in Venedig besitzt einen Brief Bachmanns vom 8. April 1958, in dem Nono um eine Stellungnahme zum Verhältnis von „nuovi testi e nuova musica" (neue Literatur und neue Musik) gebeten wird. Dazu und zu einem wahrscheinlichen Kontakt mit Boulez vgl. Larcati, *Momentaufnahmen eines verschollenen Gesprächs* (Anm. 2), S. 149.

44 Vgl. Hans Werner Henze, *Essays*, Mainz 1964, S. 51–63.

45 Typoskript Nr. 2354, K 8271c im Bachmann-Nachlass in der Österreichischen Nationalbibliothek.

46 Hierin berührt sich Bachmanns Konzept mit 1960 formulierten Forderungen Luigi Nonos, für den hinter dem Verfahren der „‚Aufsplitterung' der Sprache" und der „Rekomposition" der Laute, die „im akustischen Raum zu musikalischen Bedeutungsträgern geformt werden", noch immer „das Finden und Wiederfinden der Mitteilungsfähigkeit, der Worte und Phoneme" steht. Im Gegensatz zu Henze betrachtet Nono die sprachzersplitternde Vertonung daher auch nicht als Entwertung des dichterischen Worts, sondern vielmehr als den Versuch, den Text „im Sinne einer musikalischen Durchdringung seiner semantischen und phonetischen Ganzheit" zu erfassen. Luigi Nono, *Texte. Studien zu seiner Musik*, hg. v. Jürg Stenzl, Zürich/ Freiburg i. Br. 1975, S. 127, 55.

47 Bachmann, *Wir müssen wahre Sätze finden* (Anm. 3), S. 85.

48 Hans Werner Henze u. Johannes Bultmann, *Sprachmusik. Eine Unterhaltung*, in: *Die Chiffren. Musik und Sprache*, hg. v. Hans Werner Henze, Frankfurt a. M. 1990 (*Neue Aspekte der musikalischen Ästhetik 4*), S. 8.

49 Vgl. ein Statement Henzes zu Bachmanns Vorliebe für Mahler im Film von Peter Hamm: „Sie hat sehr intensiv miterlebt die Neunte und später die Sechste, deren langsamer Satz für sie eines der schönsten Werke war. Und bei dieser Gelegenheit erinnere ich mich, wie sie sagte, dass eben hier die Grenze gezogen sei, wo die Literatur, die Poesie nicht mehr weiter kann und wo die Sprachlosigkeit eine neue Erhöhung, eine neue Form findet, und wo es möglich ist, Dinge zu sagen, also nicht im Abstraktum sich zu verlieren, sondern tatsächlich über die Poesie hinaus zu wachsen in etwas Neues. Hier ist auch, glaube ich, der Ansatzpunkt für meine eigene Ästhetik gesetzt, die ich wahrscheinlich zu einem Teil, der größer ist, als mir oft bewusst ist, Ingeborg Bachmann und ihrer Philosophie verdanke." Zit. in: *Ingeborg Bachmann – Hans Werner Henze*, Katalog zur Ausstellung im Theater Basel vom 17. 3. – 8. 4. 1996, hg. v. Andreas Rochholl, Basel 1996, S. 1. (Hervorhebung C. B.) Das Bild der musikalischen Erhöhung bzw. Erhellung poetischer Sprache könnte Bachmann allerdings ihrerseits Henzes Brief verdanken.

50 Caduff, *‚dadim dadam'* (Anm. 9), S. 218.

51 Henze, *Essays* (Anm. 44), S. 8.

52 Ebd., S. 52.

53 Ebd., S. 16.

54 Ebd., S. 17.

55 Ebd.

56 Ebd.

57 Ebd., S. 16.

58 Ebd., S. 17.

59 Zum Begriff ‚Tune' als formbildender melodischer Einheit vgl. Henzes Skizzen zur *8. Symphonie* und dazu Peter Petersen, *Hans Werner Henze. Werke der Jahre 1984-1993*, Mainz 1995, S. 24.

60 Andraschke, *Lieder von einer Insel* (Anm. 15), S. 262.

61 Zum Konzept der ‚zweiten Stimme' bemerkt Henze in Bezug auf die *Lieder von einer Insel* (1964), er habe „ein paar Lichter aufsetzen, habe was spiegeln wollen, bestätigen, verdeutlichen, der ersten eine zweite Stimme hinzugeben" wollen. Henze, *Reiselieder mit böhmischen Quinten* (Anm. 5), S. 247.

62 Auf einer ganz anderen Ebene ist das Präsentisch-Werden der Musik in *Deh, vien, morte soave* auskomponiert, sofern hier das Tempo sich schrittweise verlangsamt und

am Ende in mehreren Fermaten-Akkorden virtuell zum Stillstand kommt. Dies geht in den letzten sechs Takten Hand in Hand mit einer Intensivierung des Orchesterklangs, der erst im letzten Takt wieder in ein vierfaches Pianissimo verklingt.

[63] Sebastian Leikert, *Die vergessene Kunst. Der Orpheusmythos und die Psychoanalyse der Musik*, Gießen 2005, S. 59.

[64] Ebd.

[65] Ebd., S. 60f.

[66] Ebd., S. 61.

Antje Tumat

Ingeborg Bachmanns Belinda-Fragment. Vom Scheitern der ersten Oper mit Hans Werner Henze

Fünf Jahre vor der Oper *Der Prinz von Homburg* hatten Hans Werner Henze und Ingeborg Bachmann bereits ein erstes gemeinsames Musiktheaterprojekt geplant, das letztendlich aber nicht zustande kam. Auftraggeber war der damalige Südwestfunk, die Oper sollte im Oktober 1956 bei den Donaueschinger Musiktagen uraufgeführt werden. Die Verhandlungen für das Projekt mit Heinrich Strobel, der ab 1946 die Musikredaktion des SWF in Baden-Baden leitete und damit auch Programmplaner der Donaueschinger Musiktage war, erstreckten sich über den Zeitraum von Sommer 1955 bis zur Absage des Projekts von Seiten der Programmleitung im November 1956. Anhand der Fragmente und Entwürfe soll hier die Frage neu gestellt werden, warum das erste gemeinsame Opernprojekt der beiden Künstler scheiterte. Gleichzeitig werden dabei Bachmanns Schritte auf dem Weg zu einer erfolgreichen Librettistin nachvollzogen.

Bekannt war von diesem Projekt lange ausschließlich das so genannte Belinda-Fragment – Bachmann und Henze hatten der geplanten Oper noch keinen Namen gegeben, Protagonistin war der aufsteigende Fernsehstar Belinda. Die beiden Entwürfe zu zwei weiteren Sujets, die Bachmann vor der Entscheidung für das Belinda-Sujet erarbeitete, wurden in der Forschung zumeist nicht mit dem Projekt in Verbindung gebracht.[1] Das Belinda-Fragment selbst ist wohl als der aufschlussreichste Entwurf zu bezeichnen, da er ausführlicher ausgearbeitet wurde als die ersten beiden. Zum anfänglich geplanten Sujet *Anchises und Aphrodite* existiert ausschließlich ein siebenseitiges Exposé mit vereinzelten musikdramaturgischen Anmerkungen.[2] Zu *Der Pakt mit dem Teufel*, dem zweiten diskutierten Opernstoff, schrieb Bachmann ein fünfseitiges Exposé und zwei vollständige Szenen mit Texten von zehn bzw.

sechs Seiten.³ Das dritte, letztendlich ausgewählte Sujet über den Fernsehstar Belinda bearbeitete Bachmann viel weitgehender. Es besteht aus einem zehnseitigen Exposé mit musikdramaturgischer Planung, zwei vollständig ausgearbeiteten Bildern, einer großen Anzahl von Szenen- und Arienentwürfen sowie diversen Skizzen;⁴ je nachdem welche Stadien der Entwürfe man zu dem Projekt rechnet, handelt es sich um Material von 110 bis 145 Seiten.

Die geplante Belinda-Oper war von Bachmann in zwei Akte unterteilt und in neun Bilder mit 21 musikalischen Nummern gegliedert. In dem Exposé sind Handlung, Szene und Anmerkungen zur Musik verzeichnet. Nur der Text zu den ersten beiden Bildern kann als abgeschlossen angesehen werden, zu den übrigen Bildern existieren zahlreiche Skizzen. Bachmann hatte bereits im Exposé ihres Librettos sehr präzise Vorstellungen davon, welche Musik in welcher Szene erklingen sollte; Musik ist im Belinda-Fragment für sie von vornherein Handlungsträger. Hierin liegt auch das Außergewöhnliche des Exposés. Selten wird von Komponisten, geschweige denn von Librettisten, die geplante Funktion der Musik vor der Komposition so konkret in Worte gefasst (s. S. 163).

Das Fragment wurde sowohl von der Germanistik als auch von der Musikwissenschaft bisher nur wenig wahrgenommen; dies ist in Anbetracht der Erkenntnisse, die es über Bachmanns Musik- und damit auch Sprachästhetik vermittelt, überraschend. Die mangelnde Würdigung des Belinda-Fragments in der Forschung scheint auch damit zusammenzuhängen, dass die Gründe für das Scheitern des Projekts weitgehend unbekannt sind und Bachmann und Henze sich später bei der Erwähnung der Fragmente auf ein ästhetisches Ungenügen der Texte zurückziehen. Meine persönliche Nachfrage bei Henze, warum das Musiktheater aufgegeben wurde, ergab als Antwort, dass er sich „nicht so gerne erinnern kann".⁵ So erscheint das Aufgeben des Werkes im Nachhinein als eigene Entscheidung, etwa bei Henze in einem Interview von 1986:

> Dann hatten wir auch ein großes Opernprojekt, „Belinda", die Geschichte eines aus dem neapolitanischen Proletariat aufsteigenden Filmstars. [...] Leider kam es nur zum Textentwurf einer Arie, die inhaltlich viel zu schön und zu klug für die Empfindungsmöglichkeiten unserer Protagonisten geworden war. Wir gaben das Projekt auf.⁶

Tatsächlich gibt es weit mehr als eine Arie von Bachmann. Der engagierte Briefwechsel Henzes und Bachmanns aus dem Entstehungszeitraum des Fragments zeigt zudem ganz im Gegenteil, dass beide Künstler sich intensiv mit

Erste Seite des Exposés zum Belinda-Fragment aus dem Nachlass Bachmanns. Österreichische Nationalbibliothek Wien, Cod. Ser. n. 25094–25.202, Beilage 199, K-Zahl 8120, Blatt-Zahl 3505, Bibliothekszählung 26.

1. Bild

Szenerie: kleine meridionale Dorfpiazza; elende Häuser mit finsteren Auf- und Eingängen. Blaue, rote, weisse Wände. Wäsche vor den Fenstern. Eine Bar, ein Barbierladen etc.

Personen: Belinda (dramatischer Sopran), Tommaso, ein junger Mann (Bariton) Der Manager (Bariton) Sein Schatten (Bariton)
Nebenrollen: 4 Nachbarinnen (Soprane und Contralti)
Der Friseur (Tenor) Der Klient (Bass) Ein Fischhändler (Tenor)

Nr. 1 — Handlungsverlauf

mit ein paar Zupftönen der Gitarre setzt als Cantus firmus eine Canzone ein, zu der im Verlauf mehr und mehr Stimmen hinzutreten. Einsatz des Orchesters erst wenn Belinda in Aktion tritt. Das Ganze ist äusserst leise und wie ein Madrigal (Josquin) - stark nur die Begleitung von Belinda.

Ein ballspielendes Kind. Belinda als Angestellte der Bar serviert Kaffee im Friseurladen. Ein Klient wird rasiert. Tommaso, an der Mauer lehnend, besingt, Gitarre spielend, Belinda. Misstöniger Canon des Klienten. Zarte und scharfe Rufe und Gesprächsfetzen aus den Häusern. Der Fischhändler preist seine Ware an. Melancholische Stimmung der blauen Stunde.
Tommaso bittet Belinda um ein Treffen am Abend. Widerstrebend sagt sie zu; ihm schliesslich zum Zeichen des Einverständnisses ihr weisses Schultertuch überlassend. Tommaso geht ab.

Nr. 2
Arie

Belinda wünscht sich von hier fort, auch Tommaso erscheint ihr gering, wenn sie sich an ihre Träume verliert und sich wünscht,dass sie einmal die sie täglich umgebenden Stimmen nicht mehr hören müsste, dass ein Stern vom Himmel fiele und der dürre Baum auf dem Platz Blüten triebe.

Nr. 3
Rezitativ (die Arie abbrechend)

Mit dem plötzlichen Auftritt des Managers und seines Schattens hat das Geflecht der Stimmen, das am Ende der Arie wieder aufgenommen wurde, abgebrochen. Die Leute ziehen sich misstrauisch zurück. Die Mutter holt das Kind ins Haus. Der Klient verlässt eilig den Barbierladen und verschwindet in einem Gässchen. Während sich die beiden setzen, bemerkt Belinda, dass es ganz still dem Opernauftrag beschäftigten; als es inmitten der Verhandlungen zu Schwierigkeiten kommt, schreibt Henze an Strobel:

> Die in Ihrem letzen Brief angedeuteten Befürchtungen, es könne eventuell überhaupt nicht zu der Aufführung in Donaueschingen kommen, haben mich recht erschreckt, und ich hoffe, dass es nur eine vorüberziehende dunkle Wolke ist, weil ich mich doch vollständig auf diesen Plan eingestellt habe und mich auch sehr darauf freue.[7]

Deutlicher noch formuliert Henze in einem Brief an Bachmann seine positive Reaktion auf das Exposé und die ersten Szenenentwürfe:

> die szenen unserer oper („Belinda" wäre ein möglicher titel), die Du mir geschickt hast, gefallen mir sehr. [...] die worte sind sehr schön und auch einfach, ich finde, dass das gleichgewicht zwischen dem realistischen und dem poetischen wirklich gut [...] gelungen ist. wenn es so weitergeht, wird es ein schönes libretto, aber auch ein schönes poetisches werk. ich bin sehr zufrieden und möchte sehr bald alles sehen. ich bin auch äusserst geehrt und glaube, dass wir eine schöne arbeit haben werden.[8]

Die Librettoforschung hat bisher als Hauptkritikpunkt an dem Fragment und als wesentlichen Grund für das Scheitern des Projekts den etwa für Thomas Beck „hoch [...] metaphorische[n] Sprachgebrauch" Bachmanns beklagt: Dadurch schaffe die Dichterin „weder semantische Leerstellen für eine Ausdeutung auf musikalischer Ebene" noch sorge sie für „eine ausreichende Verständlichkeit des gesungenen Wortes".[9] Beck argumentiert hier auf der Basis einer Gattungstypologie des Librettos, nach der eine metaphernreiche Sprache grundsätzlich einer Vertonung entgegensteht. Henzes Zitat zeigt jedoch, dass der Komponist gerade im Gegenteil Bachmanns sorgsame Gewichtung von poetischer und realistischer Sprache im Libretto lobt. Die Begründung einer zu metaphernreichen und daher unlibrettistischen Sprache Bachmanns reicht also zur Erklärung der Aufgabe des Projekts nicht aus. Sie erscheint vor allem vor dem Hintergrund unstimmig, dass die nächste und damit erste vollendete gemeinsame Oper Henzes und Bachmanns eine Literaturoper, eben *Der Prinz von Homburg* war, dessen Sprache Bachmann zwar veränderte, aber dennoch nicht wesentlich von der Kleistschen Metaphorik befreite.

Das Fragment gilt aus den eben genannten Gründen fast ausschließlich als missglückter Versuch einer Anfängerin auf dem Weg zu den erfolgreichen Libretti. Offensichtlich wurden die Äußerungen der beiden Künstler, welche die Differenzen im Rahmen des Projekts glätten sollten, von der Forschung als eigene ästhetische Urteile übernommen. Inhaltliche Annäherungen, Interpretationen oder Einordnungen in Bachmanns Werk finden dementsprechend wenig statt.[10] Da sich die Autorin einer inhaltlichen Interpretation des Belinda-Fragments bereits gewidmet hat,[11] soll es im Folgenden vor allem um das Entstehen und mögliche Gründe für das Scheitern des Projekts gehen. Der bisher unbekannte Briefwechsel Henzes, Bachmanns und Strobels im Archiv des SWF,[12] der auch in der 2004 erschienenen Briefausgabe[13] ausgespart blieb, sowie einige Briefe in jener Ausgabe werfen neues Licht auf die Verhandlungen um die Oper. Die Kontroversen der Briefe sind Zeugnisse der jeweiligen ästhetischen Positionen der Beteiligten und geben dadurch gleichzeitig Einblick in die Musiktheaterproduktion in Donaueschingen Mitte der 1950er Jahre. In diesem Zusammenhang soll die These entwickelt werden, dass das Projekt nicht, wie bisher vielfach angenommen, nur aus rein praktischen Gründen, wie etwa Henzes Autounfall und Bachmanns verspätete Textlieferung, der Frage des Regisseurs[14] oder aber einem vermeintlich ästhetischen Ungenügen der nicht operntauglichen Texte, scheiterte. Möglicherweise waren vielmehr die verschiedenen ästhetischen Positionen derjenigen, die am Zustandekommen des Projekts beteiligt waren, Grund für das Scheitern: Ingeborg Bachmann und Hans Werner Henze, aber auch Heinrich Strobel als Vertreter der Auftraggeber und Vermittler für die geplante Fernsehproduktion.

Anchises und Aphrodite

Schon Mitte 1955 fanden erste Gespräche über das gemeinsame Projekt statt. Heinrich Strobel informierte den damaligen Programmdirektor der Musikabteilung Hartmann begeistert über den Auftrag an Henze, eine „Kammeroper mit grösserem Orchester zu schreiben": „Herr Henze sagt, daß diese Oper eine Art modernes ‚Cosi' werden soll. […] Das Libretto soll die in Rom lebende österreichische Dichterin Ingeborg Bachmann verfassen."[15] Das Projekt sollte zuerst konzertant realisiert werden, anschließend war eine Fernsehfassung geplant.[16]

Im anfänglich anvisierten Sujet, einer modernen Version der Sage von *Anchises und Aphrodite*, erscheint die Liebesgöttin dem Hirten Anchises als Sterbliche und gibt sich als Mädchen vom Lande aus, damit er ihr vorbehaltslos sein Herz schenkt. Sie arrangiert eine glanzvolle Scheinhochzeit mit ihm und verlässt schließlich den ihr nun ganz ergebenen Hirten, der das Bauernmädchen, das ihn wahrhaftig liebt, von sich gestoßen hat. Mit der Göttin verschwindet auch der Glanz um sie; Anchises bleibt als „Selig-Unseliger" zurück, der das „,Immer und Nie' der sich entfernenden Stimme Aphrodites" und damit die „Grausamkeit und Schönheit der Liebe" erfahren durfte. Er weiß, dass „jemand, der sie [Aphrodite] besessen" hat, „ohne Kraft und Leben zurückbleib[t]".[17] Der Hirte Anchises wurde tragisch unwissentlich Opfer der menschlichen Hybris, indem er sich mit der ihm nicht ebenbürtigen Liebesgöttin einließ und die wahrhaftige Liebe der Bauerntochter Anna ausschlug.

Dieses Projekt steht mit seinem märchenhaft-antikisierenden Sujet Henzes gleichzeitig entstandener Oper *König Hirsch* nahe. Bachmann erwähnt in einem Brief an Strobel, dass „die Szenen [des Manuskripts] im Stil der sizilianischen Ritterspiele, pompös, manieristisch und hier die opera buffa-Seite" auf Henze zurückgehen, und dieser sie „gleich nach Weihnachten in Neapel ins dortige Puppentheater schicken" wollte, „wo ich das getreu vorgeführt bekomme. [...] Die Oper hätte also drei Gesichter – opera seria, opera buffa und opera bucolica."[18] Bei einer Besprechung in Baden-Baden im Dezember 1955[19] und auch brieflich äußerte Strobel jedoch vor allem im Hinblick auf die Fernsehproduktion Bedenken zu dem Sujet:

> Ich habe nochmals eine schriftliche Fernsehwarnung vor der Afroditen-Oper [sic] bekommen [...]. Es hängt nun alles davon ab, ob Sie aus der Sappho [Bachmann] im Busen von Neapel etwas theatralisches herausquetschen. Es kommt in diesem Stück nicht auf das Genie der Poesie an, sondern auf ein bühnenwirksames, farbiges und bewegtes Szenarium.[20]

Der Pakt mit dem Teufel und Belinda

Bachmann und Henze wandten sich daraufhin einem aktuelleren Stoff zu. Motivation für diese Umentscheidung war Henze zufolge der Besuch von Viscontis *Traviata*-Inszenierung,[21] den Bachmann auch schon in den *Notizen zum Libretto* erwähnt hatte. Der Opernbesuch gab offensichtlich den Anstoß zu einem neuen Sujet, das Verdis Oper *La Traviata*, die in ihren realistischen Zügen den Verismo der Oper des 19. Jahrhunderts vorbereitete, zum Vorbild hatte.

Gemeinsam ist allen drei von Bachmann ausgearbeiteten Sujets, dass in ihnen der Gegensatz von Schein und Wahrhaftigkeit im Zentrum steht; ein Thema, das eng mit Bachmanns Sprachkritik und Musikästhetik verzahnt ist. In *Anchises und Aphrodite* wurde der Hirte Anchises Opfer der scheinbar glanzvollen Gegenwart der trügerischen Aphrodite und schlug die wahrhaftige Liebe der Bauerstocher aus. In den beiden folgenden Entwürfen wird das Thema von Schein und Wahrhaftigkeit in die Welt des gegenwärtigen Kapitalismus transferiert. Beide Fragmente kreisen um eine schöne junge Frau vom Lande, die wahrhaftig von einem Mann aus ihrem Dorf geliebt wird, sich schließlich aber in der Stadt als Werbemodell, Schönheitskönigin und Schauspielerin ihr Geld verdient und an der Scheinwelt der Werbung und des Films, in der sie als finanziell nutzbares Objekt missbraucht wird, zugrunde geht. Die Versuchung des göttlich trügerischen Scheins geht hier von der Welt der Medien und des Geldes aus. Die beiden letzten Fragmente sind auseinander hervorgegangen, daher sind ihre Handlungen ähnlich strukturiert, die Anlage der bereits ausgearbeiteten Texte[22] ist jedoch sehr unterschiedlich.

Die Texte der bereits ausgearbeiteten Bilder in *Der Pakt mit dem Teufel* sind sehr nah an der gesprochenen Alltagssprache gehalten, sie sind syntaktisch einfach strukturiert, nicht sehr metaphernreich und arbeiten vor allem mit Anaphern und Wortwiederholungen, wie etwa in der ersten Arie der Protagonistin Bella:

> Bella: Wer unter diesem Himmel
>   Wer
>   Wer unter diesem Himmel
>   Wer
>   In dieser Stadt
>   Wer weiss
>   Wie meine Tage vergehn
>   nutzlos
>   zwecklos
>   im Einerlei.
>   Nichts lohnt sich hier,
>   nichts geschieht hier,
>   hier kommt niemand vorbei.
>   Was hilft's mir
>   Was

> Dass ich schön bin
> Was
> Dass ich jung und schön bin
> Wenn meine Tage vergehn
> unbemerkt
> unbeachtet
> und voller Langeweile.[23]

Bachmanns Sprache ist in *Der Pakt mit dem Teufel* noch der ‚traditionellen' Librettoästhetik des 19. Jahrhunderts verhaftet. Sie versucht, sprachlich möglichst wenig komplex zu arbeiten, um viel Raum für die Musik zu lassen. Folglich fehlte in diesem Entwurf sowohl aus Henzes und Strobels[24] als auch aus Bachmanns eigener Sicht das „Gleichgewicht zwischen dem realistischen und dem poetischen", das Henze an dem nachfolgenden Belinda-Libretto in oben genanntem Zitat schließlich so gelobt hatte. Bachmann selbst schreibt darüber an Strobel:

> Ich glaube, die Schuld an dem Misslingen hatte, dass ich mir zu krampfhaft dachte, es müsste „verständlich, opernhaft" undsoweiter sein und dass ich zu wenig und fast überhaupt nicht an das gedacht hab, was ich vielleicht aus dem Stoff machen könnte, alles aus Angst zu „dichten". […] ich will […] es umschreiben. Und vor allem will ichs jetzt so machen, als wär's für mich und nichts sonst, damit ich nicht wieder nach allen unmöglichen Seiten ausrutsche.[25]

Dieses Zitat umreißt Bachmanns erste Erfahrungen auf dem Weg zur Librettistin, denen die Arbeit am Belinda-Libretto folgt. Die auch hier bereits angeschnittene Frage nach der kreativen Eigenständigkeit der librettistischen Tätigkeit durchzieht von Beginn an Bachmanns librettoästhetische Schriften. Das Bedauern darüber, dass diese Eigenständigkeit letztlich durch die Eigenschaften eines Operntextes einerseits und die äußerlichen Rahmenbedingungen im Kulturbetrieb des 20. Jahrhunderts andererseits stark eingeschränkt ist, führte später zu durchaus mit Bitterkeit durchsetzten Äußerungen über das „Hintanstellen der eigenen Arbeit unter die allein wichtige des Komponisten".[26] Bachmann forderte daher in ihrem Essay *Musik und Dichtung* eine gleichberechtigte „Vereinigung" von vertonender Musik und vertontem Text. Hier heißt es: „die Musik sucht nicht mehr den belanglosen Text als Anlaß".[27] Das Ideal von einem anspruchsvollen Text mit anspruchsvoller Musik versucht sie bereits im Belinda-Libretto zu realisieren: Letzteres wurde schließlich von der Autorin sehr eigenständig mit hohem literarischen Kunstanspruch erarbeitet, es ist auch das experimentellste ihrer Libretti, die Arbeit daran ging nach ihren Äußerungen zu vollster Zufriedenheit voran.[28] Die erste Arie des Belinda-Fragments arbeitet folglich mit einer viel metaphernreicheren Sprache als *Der Pakt mit dem Teufel*:

> Tommaso: Kennt ihr die Sonne? –
> (Sie ist mir verloren.)
> Geflammt ist das Vlies der Löwin,
> und ihre Mähne wallt königlich.
> Fürchterlich blickt sie, mit blut-
> unterlaufenen Augen, weil sie jetzt
> auf die andere Seite der Erde muss.
>
> Kennt ihr den Mond? –
> (Er ist mir verloren.)
> Zu Tod getroffen ist das weisse Wild.
> Breitbeinig steht der Wolkenjäger davor.
> Bellende Windhunde überfielen es,
> als es ruhig äste im Nachtwald.
>
> Kennt ihr die Sterne?
> Lautlos schwärmten sie aus,
> und nun entfernen sie sich geschwind
> von der erkaltenden Erde.
> Alle sind mir verloren!
>
> Doch mir erscheint im Zenith
> das dunkle Doppelgestirn deiner Augen.
> Deinen Händen bereitet mein Haar eine Bahn;
> dort sollen sie auf- und untergehn.
> Von deinen Lippen erwarte ich
> heissen Atem und Seufzer
> in dieser Nacht meiner Liebe.[29]

In ihren beiden späteren Operntexten begreift Bachmann ihre librettistische Tätigkeit als weniger eigenständig; sie schreibt dann auch keine Exposés mehr, in denen sie im Text der Musik bereits konkrete dramaturgische Funktionen zuweist und diese in musikalischem Fachvokabular festhält.

Da das Belinda-Fragment nicht ediert ist, sei hier noch einmal die Handlung zusammengefasst,[30] die diverse mögliche Vorbilder vor allem in der italienischen Opernliteratur haben kann.[31] Sie basiert auf der Kontraststruktur von natürlicher, armer, traditioneller Dorfwelt einerseits und verlogener, reicher Scheinwelt der Stadt andererseits.[32] Die schöne Belinda (Sopran) – sie ist unzufrieden mit dem ärmlichen Leben in einem italienischen Dorf – wird von einem Manager in die Stadt geholt, um dort als Schauspielerin ihr Geld zu verdienen. Zurück im Dorf bleibt der Sänger und Gitarrist Tommaso (Bariton), der Belinda aufrichtig liebt. Er verkörpert die ehrliche und patriarchale Struktur des Landlebens. Er folgt Belinda in die Stadt, in der sie bald von dem berühmten Schauspieler Canetti (Tenor) umworben wird. Ihr schauspielerisches Talent lässt zu wünschen übrig, zudem ist sie der Scheinwelt des Schauspielerdaseins nicht gewachsen. Tommaso versucht mehrfach vergeblich, zu Belinda Kontakt aufzunehmen: Belinda wird zwar durch den Manager von der Außenwelt abgeschirmt, übersieht Tommaso aber auch bewusst, als sie sich begegnen. Für den aus einer traditionellen Welt stammenden Tommaso ist die einzig mögliche Konsequenz der demütigenden Abweisungen Belindas die Rache. Er beschließt, sie umzubringen, um dann im Tode mit ihr vereint zu sein.[33] Tommaso wird vor dem Mord überwältigt und Belinda endet im Wahnsinn. Im Belinda-Fragment ist die Opposition von Scheinwelt und Wahrhaftigkeit nicht nur die tragende Gegenüberstellung der Handlung sondern auch der von Bachmann vorgeschlagenen musikalischen Dramaturgie.[34] Die Dialektik von Eigentlichkeit und Uneigentlichkeit, die Bachmann in ihrer Musikphilosophie in den Medien Musik und Sprache an sich darstellt, kehrt in dem Librettofragment in abgewandelter Weise wieder. Anhand der geplanten musikalischen Realisation lässt sich dort nämlich erkennen, dass die Nummern, die mehr „Wort" und weniger „Musik" enthalten – in Extremform die a capella-Chöre – kollektive Oberflächlichkeit vermitteln sollen. Die Nummern mit Orchesterbegleitung und Nummern „ohne Worte", also Nummern sogenannter absoluter Musik, bringen dagegen innere individuelle Wahrheit zur Sprache. Wie in Bachmanns Sprach- und Musikästhetik wird in diesem Libretto-Fragment der Musik die Ausdrucksfähigkeit einer Wahrheit zugesprochen, die der Sprache allein fehlt. Dieser zuvor ausführlicher dargestellte Befund hat sich neuerdings durch den Briefwechsel von Bachmann und Henze bestätigt.[35]

Der Schluss des Belinda-Fragments

Für Bachmann ist die Frage der Wahrhaftigkeit eine zentrale in ihrem Libretto. Dies zeigt sich auch in der Kontroverse über den Schluss des unvollendeten Opernprojekts. Aus dieser Debatte ergibt sich die These, dass das Scheitern des Projekts auch in den verschiedenen ästhetischen Positionen der Beteiligten mitbegründet sein könnte. Letztlich herrscht für Belinda in beiden äußeren Welten des gesellschaftlichen Lebens – im Dorf und in der Stadt – eine kollektive Oberflächlichkeit, mit der sie sich nicht identifizieren kann. Nur in der Liebeswelt mit Tommaso findet sie die ihr angemessene „gleiche Sprache" und damit ihre „königliche Würde"[36]. Zu spät kommt es zwischen Tommaso und Belinda zu einer Aussprache. Belinda hat nun die Oberflächlichkeit der Schauspiel- und Reklamewelt erkannt und sich innerlich von ihr abgewandt. Sie versucht, den Weg zu Tommaso zurückzufinden. Dieser ist aber in den moralischen Maßstäben seiner patriarchalen Welt gefangen, so dass für ihn der Vollzug der Rache unumgänglich ist. Nachdem er von Canetti und den Umstehenden überwältigt wird, bleibt Belinda im Epilog allein zurück; im Exposé heißt es:

> Belinda in einem leuchtenden Wahnsinn, in dem ihre Persönlichkeit aufs Höchste gesteigert erscheint: Der Morgen kommt, die Lichter verblassen; im Frühlicht begrüsst sie den ersten Tag ihrer Alleinherrschaft über ein Reich unverletzbarer Schönheit.[37]

Bachmann deutet den Wahnsinn Belindas als feministische Utopie. In poetischer Sprache fasst sie zusammen, dass die Suche nach dem Eigentlichen, einer persönlichen Authentizität, für Belinda mit der Suche nach einer weiblichen Würde verbunden ist. Keine der beiden Welten bot Belinda eine Perspektive; weder die patriarchale Landwelt noch die glitzernde Scheinwelt, in der sie nur als Objekt missbraucht wurde. Erst im Wahnsinn ist Belindas Persönlichkeit zu erkennen, sogar „aufs Höchste gesteigert", nur hier, in ihrer „Alleinherrschaft", wird ihre Schönheit und ihre Würde „unverletzbar". Die Suche nach der inneren Wahrheit verknüpft Bachmann im Belinda-Fragment noch zusätzlich mit einer gescheiterten und darum in die Utopie verlagerten Suche nach der weiblichen Würde. Über diesen Schluss entspannte sich im Briefwechsel der Beteiligten – vor allem zwischen Bachmann und Strobel – eine Kontroverse, die möglicherweise das Scheitern des Projekts mit angestoßen haben könnte.

Um die jeweilige Argumentation nachvollziehen zu können, lohnt es sich, auch die ästhetische Ausgangsposition Strobels als Auftraggeber noch einmal zu rekapitulieren und sich daran zu erinnern, dass Strobel im Kontext der Polarisierungen des Musiklebens in der jungen BRD eine zentrale Funktion hatte. Als Leiter der Musikredaktion des SWF, Programmplaner der Donaueschinger Musiktage, gleichzeitiger Chefredakteur der Zeitschrift *Melos* und über 12 Jahre Präsident der Internationalen Gesellschaft für Neue Musik hatte er großen Einfluss auf die Musikentwicklung in der Bundesrepublik;[38] Hans Heinz Stuckenschmidt spricht 1968 im *Melos* scherzhaft von Strobels „Baden-Badener Musik-Diktatur am Rundfunk".[39] Gleichfalls vorsichtig beschreibt Ulrich Dibelius, wie Strobel „Donaueschingen […] zu einem unverwechselbaren und […] – sehr persönlichen Duktus"[40] verhalf, also die Programme der Donaueschinger Musiktage wesentlich bestimmte.[41] Strobel selbst hing, wie viele Musiker nach 1945, einer objektivistisch-antiexpressiven Ästhetik an, für die der romantische Illusionismus und die Musikästhetik der deutschen Romantik untrennbar mit Richard Wagner und dessen Rolle in der NS-Zeit verknüpft waren.[42] Eine Lösung schien nur das epische Theater anzubieten. Strawinskys Werk galt für Strobel als positives Gegenbild zu einer Musik, die er als „Reizmittel" und „Droge" sah und die für ihn zu „Gefühlsexhibitionismus" zu führen schien.[43] Kurt Weill verehrte er, da diesem der ganze „romantische Illusionismus" verdächtig geworden sei: „Weill setzte dem dekorativen Opernplunder ein realistisches, illusionsloses Theater gegenüber […]. An die Stelle des psychologischen Musikdramas tritt das epische Sprechtheater mit musikalischen Einlagen."[44] Strobel schrieb vor der Baden-Badener Zeit – der historischen Situation entsprechend in deutlich affirmativem Stil gehalten – Bücher über Hindemith, Debussy und Strawinsky und übersetzte Strawinskys *Musikalische Poetik*.[45] Zusammenfassend zu Strobels eigener ästhetischer Position sei der Musikwissenschaftler Hans Curjel zitiert, der sich zu Strobels Geburtstag 1968 rückschauend, an Strobel gerichtet, äußert:

> Du hattest eine Vorstellung von der Musik, die der Vorstellung des jungen Hindemith, Strawinskys oder Kurt Weills entsprach. Verabscheuungswürdig war, was wir Romantik nannten. Gemeint war das Abwasser der historischen Romantik: das Verschwommene, die gefühlbetonte Selbstdarstellung des schaffenden und reproduzierenden Musikers […]. Lächerlich erschien Dir der sogenannte tierische Ernst, die musikalische Wichtigtuerei mit pseudoreligiösem Anstrich. […] Und wofür warst Du? Für das Sachliche, das Klare, das Gebaute. Für die Klangphänomene, die

das Ergebnis musikalischer Denkprozesse sind. Primär die Klangarchitektur, und -struktur, nicht das aus- und eingelöste Gefühl [...]. Du, wir alle hatten den Eindruck, daß die Neue Musik eine Musik der Freiheit sei.[46]

Dementsprechend hat Strobel auch unter den jungen Komponisten der 1950er Jahre vor allem Pierre Boulez unterstützt. Nachdem er Henze zunächst gefördert hatte, wurde seine Position ihm gegenüber in den 1960er Jahren distanzierter. Dieser war für ihn „der vielseitigste, in gewisser Weise begabteste, aber auch gefährdetste unter den Musikern" der jungen Generation: „Nach einigen Arbeiten im Bannkreis von Strawinsky und Fortner [...] tut er in seinem Violinkonzert (1947) den Schritt in die Atonalität und vollzieht damit [...] den Bruch mit aller Objektivierungsästhetik"[47], so Strobel, der mit „Atonalität" hier eine expressionistische Klangsprache meint, wie sie Schönberg um 1910 entwickelte, und an die Henze nun anknüpfte:

> Im Grunde zeigen schon die Kompositionen dieser Zeit [seit 1947, A. T.] jene Neigung zum sinnlich und ästhetisch, ja ätherisch verfeinerten Klang, die für sein neueres Schaffen grundlegend wird. [...] Aus dem Avantgardisten von 1950 ist heute ein Neuromantiker geworden, der seine früheren Stadien nicht völlig verleugnet, [...] aber nach einer Sprache strebt, die nur seinem persönlichen, wählerischen Instinkt gehorcht und dabei der Faßlichkeit weiter Publikumskreise entgegenkommen soll.[48]

Vergegenwärtigt man sich Strobels ästhetischen Standpunkt, so erklärt sich seine Argumentation in der Kontroverse um den Schluss des Belinda-Fragments. An Henze schreibt er zunächst aus Angst vor zu schmuckreichem Sprachausdruck im Libretto, dass er bei seinem ersten Treffen „alles getan" habe, „um die Dichterin vor Hofmannsthalschen oder Grete Weillschen Symbolismen zu warnen."[49] Nach Ansicht des Exposés kritisiert er in einem Brief an Bachmann den „poetisierende[n] Schluss" des Fragments – zunächst noch mit dem Zusatz „aber das ist meine ganz persönliche Meinung, die für Sie nicht massgebend zu sein braucht."[50] Später heißt es direkter:

> Ich muss Ihnen offen sagen, dass Herr Bischoff [der damalige Intendant des SWF, A. T.] und ich mit einem ernsten, irreal unverständlichen Schluss gar nicht einverstanden sind. Irrsinn auf der Opernbühne ist nie gut. Daran scheitert auch Strawinsky in *The Rake's Progress*.[51]

Strobels Bezugsrahmen ist – hier mit der 1951 uraufgeführten Nummernoper Strawinskys – eine epische Theaterkonzeption. Bachmanns Argumentation hingegen zeigt, dass sie für ihr Libretto eine völlig andere dramaturgische Anlage der gemeinsamen Oper vor Augen hatte. Sie orientiert sich, letztlich im Gegensatz zu Strobel, am Modell Identifikationstheater mit Illusionsbühne ohne epische Brechungen. Vorbild ist für sie die italienische Oper des 19. Jahrhunderts, deren dramaturgische Anlage mit atonal-expressiver Musik des 20. Jahrhunderts gedeutet werden soll – Verdis *La Traviata* als Modell wurde bereits genannt, als Wahnsinnsszene erwähnt Bachmann die Arie aus *Lucia di Lammermoor* von Gaetano Donizetti. Gradmesser ist somit auch, ob die Schlussszene „ergreift" und die Protagonistin den Zuschauern näherbringt:

> Mit *The Rake's Progress* haben Sie bestimmt recht, aber ich meine, es liegt auch daran, dass der Wahnsinn eines so unsympathischen Burschen nicht ergreifen kann. Ein andrer, günstiger Fall scheint mir die *Lucia di Lammermoor* zu sein; ich weiss nicht, ob Sie meinen Geschmack teilen, aber die Wahnsinnsarie dieser Dame hat mich immer bewundernd in die Knie gezwungen.[52]

Das Parodistische oder Ironisierende des epischen Theaters hatte sie in einem Brief an Strobel bereits deutlich abgelehnt:

> Ich möchte nicht damit eine parodistische Sache auf den Film- und Schönheitsrummel schreiben, sondern alles ganz ernst ablaufen lassen, weil ich glaube, dass sich einem dann die Haare schon von selber sträuben, wenn etwas ironisch wirkt, dann dürfte es meiner Meinung nach nur aus der Sache selbst kommen, aber nie von mir. Und noch stärker als das ironische Element denke ich mir das i r r s i n n i g e darin, denn es ist ja verrückt, was in diesem Milieu geschieht. […] Von dem Schluss möchte ich im Prinzip nicht abgehen, auch aus diesem Grund.[53]

In einem Brief an Henze begründet Bachmann noch einmal, warum es ihr so wichtig ist, keine Parodie zu schreiben:

> Weisst Du, dass die Sachen im Manager-Milieu die schwierigsten sind. Für mich wenigstens. Denn wir müssen aufpassen, dass wir k e i n e Parodie schreiben. Diese Welt muss ebenfalls stark sein, nicht nur lächerlich. E r n s t h a f t. Denn alle g l a u b e n d a r a n. Für viele, zu viele, ist es wie eine Religion. Im Grunde auch für uns bis zu einem gewissen Grad, nur dass wir es noch wissen.[54]

Nachdem Bachmann sich von Strobel nicht überzeugen ließ, schickte Strobel Gerth-Wolfgang Baruch vom SWF zu Henze, um mit ihm über die Oper und

vor allem über den Schluss zu sprechen. Henze diskutiert daraufhin mit
Bachmann noch weitere Ideen:

> sie [Baruch und Strobel vom SWF] sind ein wenig besorgt, weil man auf dem
> bildschirm keinen langen monolog zeigen kann. [...] man könnte auf Deine idee
> von früher einmal zurückkommen: den wahnsinnsmonolog machen, und danach,
> mit szenischer überblendung, einen epilog im dorf, Belinda, die törichte, sitzt da,
> und das leben der leute um sie herum, und sie ist alt, mit grauen haaren, und erzählt
> immer dieselben geschichten [...]. es könnte ein ganz kurzes und erschreckendes
> finale werden mit einer musik, die selbst uns zum weinen bringt. was sagst Du
> dazu?[55]

Auch Henze spricht von einer Musik, „die selbst uns zum Weinen bringt", hat
also durchaus Identifikationstheater im Sinn, lässt allerdings in seiner Version der
Protagonistin – „die törichte" – nicht die Würde zukommen, die Bachmann in
ihrem utopischen Ende geplant hatte. Henzes Identifikation scheint seinen
Kommentaren zufolge mehr über Tommaso als Figur gelaufen zu sein.[56] Daher
modifiziert Bachmann diese Idee; sie schlägt einen motivischen Bezug zur ersten
Szene vor, gleichzeitig aber einen humanen Schluss,[57] in dem Belindas Würde
gerettet wird.

> Was „Belinda" [...] und ihren Schluss betrifft, so finde ich Deinen letzten Vorschlag
> sehr gut, nämlich die alte Idee aufzunehmen, aber anders in Szene gesetzt, mit den
> Stimmen, basierend auf dem jetzigen ersten Bild, poetisch und liebenswert,
> menschlich. Es hätte einen grossen Vorteil: nicht abstrakt zu schliessen, nicht allein
> aus künstlerischer Sicht, sondern menschlich, stark.[58]

Bachmann favorisiert für das letzte Bild also nicht eine Außensicht auf „die
törichte", sondern die Innensicht der Protagonistin, die jener aus dem ersten
Bild entspricht. Schon hier stellte sich in den „Stimmen" des Dorfes für Belinda
die kollektive Oberflächlichkeit der Mitbewohner dar, schon hier löst sich
Belinda in ihrer ersten Arie aus dem Kollektiv des Dorfes heraus, indem sie
singt: „O frei sein! Fortsein! Frei! / Nicht diese Stimmen hören müssen!"[59] Die
Innensicht der Protagonistin führt zur Identifikation mit Belinda und macht die
letzte Wahnsinnsszene für Bachmann dadurch menschlich. Die Dichterin
wiederholt ihr Anliegen noch einmal Strobel gegenüber:

> Henze hat mir eben eine ihm plötzlich gekommene Idee für einen anderen Schluß
> mitgeteilt, die mir sehr gut erscheint und die, glaube ich, auch Ihnen zusagen wird. Sie

ist nicht „verblasen", sondern human, folgerichtig und sehr traurig. aber nicht langweilig!![60]

Trotz aller dieser Verhandlungen erfolgte am 8. November 1956 eine Absage von der Programmdirektion des SWF an Bachmann: „Anhand des uns im Sommer d. Js. vorgelegten Szenariums […] lehnten die Donaueschinger Herren die Aufführung einer Oper mit dem vorgesehenen Stoff im Programm der Donaueschinger Musiktage zu unserem grossen Bedauern entschieden ab." Zu dieser Entscheidung käme hinzu, „dass das in dem neuen Festsaal vorhandene Podium selbst den primitivsten bühnentechnischen Forderungen nicht genügt und sich die szenischen Bedingungen des Treatments auch nicht annähernd in Ihrem Sinne realisieren lassen".[61]

Die Absage einzig aufgrund des Szenariums – ein Libretto sei leider nicht eingegangen, heißt es – legt es nahe, darüber nachzudenken, ob nicht in Wahrheit primär die ästhetischen Gründe für die Entscheidung mitgespielt haben können, da sich hinsichtlich des Schlusses offensichtlich mit Strobel keine Einigung erzielen ließ. Bachmann hat in ihrem Librettofragment ihre Sprach- und Musikästhetik verarbeitet, die letztlich an Topoi anknüpfen, die ihren Ursprung in der Musikauffassung der Frühromantik haben. Für eine damals in Italien lebende Literatin kannte sie zwar die Polarisierungen der Neuen Musik-Szene der 1950er Jahre in der Bundesrepublik, vermutlich auch durch Henze, überraschend gut – wie ihr später erschienener Essay *Musik und Dichtung* zeigt –, aber sie positionierte sich theaterästhetisch nicht im Geflecht der Oppositionen. Sie bestand auf einem „humanen" Schluss, welcher der Protagonistin einen Rückzug in ihre wiedergefundene Wahrhaftigkeit im Wahnsinn ermöglichte und ihr so Mitleid von den Zuschauern eintragen konnte.

Strobel hingegen war als Mittelpunkt der Neuen Musik-Szene in der Bundesrepublik einer völlig anderen Opernästhetik verhaftet als Bachmann und auch Henze. Als Anhänger einer neoklassizistisch beeinflussten, epischen Theaterästhetik musste er allem möglicherweise Romantisierenden gegenüber skeptisch sein. Unter diesen Voraussetzungen schien ein Zusammenkommen offensichtlich nicht möglich. In dieser Differenz mögen unter anderem die Gründe für das Scheitern[62] des Opernprojekts gelegen haben – rein ästhetisches Ungenügen von seiten der Künstler selbst oder eine nicht-librettistische Sprache scheint nicht der primäre Grund gewesen zu sein. Es kann als Verlust für die

Musikwelt gelten, dass die erste gemeinsame Oper von Ingeborg Bachmann und Hans Werner Henze nicht zustande kam.

Sämtliche Rechte der unveröffentlichten Texte von Ingeborg Bachmann liegen bei den Erben von Ingeborg Bachmann und wurden zum einmaligen Abdruck genehmigt.

[1] Petra Grell erwähnt Entwürfe zu *Anchises und Aphrodite*, ordnet diese aber nicht in den Prozess der Belinda-Verhandlungen ein. Petra Grell, *Ingeborg Bachmanns Libretti,* Frankfurt a. M. 1995, S. 261. Auch im *Bachmann-Handbuch* wird *Anchises und Aphrodite* erwähnt, Bachmann aber nicht zugeordnet. *Bachmann-Handbuch. Leben – Werk – Wirkung*, hg. v. Monika Albrecht u. Dirk Göttsche, Stuttgart/Weimar 2002, S. 98. Die Tatsache, dass Bachmann die Entwürfe tatsächlich verfasste, lässt sich anhand des Briefwechsels im Archiv des SWF zeigen.

[2] Historisches Archiv des SWF, Baden-Baden, Bestand Musikabteilung, P 06258; Die Seiten 1–5 des Exposés sind auch im Nachlass Ingeborg Bachmanns vorhanden, Österreichische Nationalbibliothek Wien, Cod. Ser. n. 25.094–25.202, 234. Beilage, K 8638–8642, N 3003–3007. Das Exposé ist allerdings von den Nachlassverwaltern falsch zugeordnet. Es ist in einer Mappe unter „Andere Autoren, nicht identifiziert" eingeordnet und mit einem handschriftlichen Vermerk „Ingeborgs?!" versehen.

[3] Zugänglich im Historischen Archiv des SWF (Anm. 2), sowie im Nachlass Bachmanns; hier sind allerdings nur sieben handschriftliche Blätter vorhanden. Österreichische Nationalbibliothek Wien, Cod. Ser. n. 25.094–25.202, 198. Beilage, K 8061–8067, N 6159–6165. Diese sind Photokopien aus einem Heft, das sich im gesperrten Teil des Nachlasses befindet, dort ist möglicherweise noch von weiteren Entwürfen auszugehen.

[4] Zugänglich im Nachlass in der Österreichischen Nationalbibliothek Wien, Cod. Ser. n. 25.094–25.202; 198. Beilage K 8061–8094 (34 Blätter, das Blatt K 8068 zur Librettoästhetik ist falsch eingeordnet); 199. Beilage, K 8095–8171 (77 Blätter); zugänglich auch im Historischen Archiv des SWF, (Anm. 2). Zitiert wird hier, sofern möglich, nach dem Bestand der Österreichischen Nationalbibliothek.

[5] Brief Henzes an die Autorin vom 29. 5. 2001.

[6] Hans Werner Henze, *Wenn die Sprache versagt. Regina Aster sprach mit dem Komponisten Hans Werner Henze über seine Freundschaft mit der Dichterin Ingeborg Bachmann, die am 25. Juni sechzig Jahre alt geworden wäre*, in: *Profil. Das unabhängige Nachrichtenmagazin Österreichs*, 17. Jg., 23. 6. 1986, Nr. 26, S. 50–51.

7   Henze unter einem Brief Bachmanns an Strobel vom 28. 5. 1956, Historisches Archiv des SWF (Anm. 2).

8   Brief Henzes an Bachmann vom 29. 9. 1956, in: Ingeborg Bachmann u. Hans Werner Henze, *Briefe einer Freundschaft*, hg. v. Hans Höller, München/Zürich 2004, S. 119.

9   Thomas Beck, *Bedingungen librettistischen Schreibens. Die Libretti Ingeborg Bachmanns für Hans Werner Henze*, Würzburg 1997, S. 149.

10 Das Libretto-Fragment hat erst seit Mitte der 1990er Jahre ernsthaft das Interesse der Forschung erweckt. Erwähnt wird es schon bei Andreas Hapkemeyer, *Ingeborg Bachmann – Entwicklungslinien in ihrem Leben und Werk*, Wien 1990, S. 98. Petra Grell hat die im Nachlass der Österreichischen Nationalbibliothek zugänglichen verschiedenen Fassungen philologisch aufgearbeitet. Grell, *Ingeborg Bachmanns Libretti* (Anm. 1), S. 240–256. Thomas Beck, der als erster die kritischen Urteile über das Fragment leise hinterfragt hat – „eine Pauschalisierung der Negativkritik [des Fragments] halte ich jedoch für unangemessen" –, widmete sich hauptsächlich den Arienentwürfen Bachmanns, die in der Tat „auf höchstem lyrischen Sprachniveau Bachmanns" anzusiedeln sind. Beck, *Bedingungen librettistischen Schreibens* (Anm. 9), S. 143–153, 147, 150. Gerade dieses hohe lyrische Sprachniveau und der Metaphernreichtum der vorhandenen Texte führten dazu, dass Grell, Beck und zuvor auch Hartmut Spiesecke vor allem das vermeintlich Nicht-Librettistische in Bachmanns Sprache herausstellten. Hartmut Spiesecke, *Ein Wohlklang schmilzt das Eis. Ingeborg Bachmanns musikalische Poetik*, Berlin 1993, S. 70–92.

11 Antje Tumat, *Dichterin und Komponist. Ästhetik und Dramaturgie in Ingeborg Bachmanns und Hans Werner Henzes „Prinz von Homburg"*, Kassel u. a. 2004, S. 83–102.

12 Historisches Archiv des SWF (Anm. 2); einige wenige Auszüge der Briefe finden sich – leider ohne Quellenangabe – bei Josef Häusler, *Spiegel der Neuen Musik: Donaueschingen. Chronik – Tendenzen – Werkbesprechungen*, Kassel/Weimar 1996, S. 180ff.

13 Bachmann u. Henze, *Briefe* (Anm. 8).

14 Siehe etwa Häusler, *Spiegel der Neuen Musik* (Anm. 12), S. 180.

15 Brief Strobels an Hartmann vom 6. 7. 1955, Historisches Archiv des SWF, Baden-Baden, Bestand Musikabteilung, P 06259.

16 Ebd. Für Henze und Bachmann muss dieses Angebot attraktiv gewesen sein. In Strobels Brief ist von „erstklassigen Sängern" die Rede. Auch das Auftragshonorar von insgesamt 6500,-- DM, welches Strobel Henze für Oper und Fernsehfassung zusammen vorschlug, lässt auf ein großes, für Henze und Bachmann reizvolles Projekt schließen. Bachmanns und Henzes Briefe der Jahre 1955/56 sind ein Abbild ständiger Geldnot, in der gemeinsamen Wohnung in Neapel fehlte den beiden Künstlern sogar die Finanzgrundlage, um sich ein

Klavier für Henzes Kompositionsarbeit zu mieten. Brief Henzes an Strobel vom 1. 2. 1956, Historisches Archiv des SWF (Anm. 15).

[17] *Anchises und Aphrodite*, Historisches Archiv des SWF (Anm. 2), S. 6f.

[18] Brief Bachmanns an Strobel vom 1. 12. 1955, Historisches Archiv des SWF (Anm. 2). Am 5. Dezember 1955 telegrafiert auch Henze an Bachmann, dass der Librettoentwurf bei ihm angekommen sei. Bachmann u. Henze, *Briefe* (Anm. 8), S. 79.

[19] Das Treffen fand von 13. bis 15. 12. 1955 statt, wie aus der Honorar- und Lizenzkartei des SWF in Baden-Baden ersichtlich ist.

[20] Brief Strobels an Henze vom 11. 1. 1956, Historisches Archiv des SWF (Anm. 15).

[21] „vielleicht freut es Sie auch, dass aphrodite doch wohl nicht ‚dasjenige' sein wird. wir haben die *traviata* an der ‚scala' gesehen, in einer unwahrscheinlichen inszenierung des grossen luchino visconti, mit der callas, und da wurde einem denn doch das artifizielle des aphroditeprojekts klar. wir wollen nun also etwas fester zupacken, und etwas vitaleres und dramatischeres machen. madame studieren eifrig, mit grammophonplatte und textbuch, die *traviata* als modell." Brief Henzes an Strobel vom 1. 2. 1956, Historisches Archiv des SWF (Anm. 15). In diesem Brief formuliert auch Henze das erste Mal den Vorschlag, Luchino Visconti als Regisseur für das Musiktheater einzuladen; dieser hatte offensichtlich bereits zugesagt: „die tiefen und abstrakten, grüblerischen und maschenhaften regisseure der bundesrepublik würden dann mal was sehen, was nicht an den haaren herbeigezogen ist, sondern natürlich, klar, geschmackvoll und präzise. visconti hat mir gesagt, er würde es sehr gern machen." In den folgenden Monaten war das Projekt auf vielen Seiten mit Schwierigkeiten behaftet: Erst am 17. 5. 1956 schickte Bachmann ihr *Pakt mit dem Teufel*-Manuskript. Strobels Briefe im April und Mai 1956 sprechen vorher drängend davon, dass „das Opernprojekt im Argen" sei, und von der „Gefahr", dass die „Oper scheitert". Brief Bachmanns an Strobel vom 14. 4. 1956, Historisches Archiv des SWF (Anm. 2); Telegramm Strobels an Henze vom 11. 5. 1956, Historisches Archiv des SWF (Anm. 15). Nachdem Henze Mitte Mai auch noch wegen eines Autounfalls in Mailand zwei Wochen im Krankenhaus verbringen musste, schrieb Strobel resignierend, dass sie „das gesamte Donaueschingen für nächstes Jahr beinahe als geplatzt ansehen". Brief Strobels an Henze vom 23. 5. 1956, Historisches Archiv des SWF (Anm. 15).

[22] In einem Brief an Henze vom 28. 5. 1956 äußert sich Strobel über das Stadium des Manuskripts: „Wir können uns im Grunde noch nicht sehr [v]iel darunter vorstellen, weil ja das erste und das letzte Bild nur ausgearbeitet sind". Historisches Archiv des SWF (Anm. 15).

[23] *Der Pakt mit dem Teufel*, 1. Bild, Historisches Archiv des SWF (Anm. 2).

24 „Die Alpenrose hat ihren Text geschickt. Ich habe ihn aber noch nicht gelesen. Ich werde Ihnen darüber erst etwas sagen, wenn ich eine Nachricht von Ihnen habe und weiss, dass Sie wieder soweit vernehmungsfähig sind, um auch evtl. harte Schläge geistiger Art zu ertragen." Brief Strobels an Henze vom 23. 5. 1956, Historisches Archiv des SWF (Anm. 15).

25 Brief Bachmanns an Strobel vom 28. 5. 1956, Historisches Archiv des SWF (Anm. 2). Meine Vermutung von 2004, dass sich diese Bemerkung wahrscheinlich auf das Belinda-Fragment bezieht, muss aus heutiger Sicht nach genauerer Kenntnis des Briefwechsels korrigiert werden. Diese neue Erkenntnis bestätigt allerdings die 2004 im Hinblick auf Bachmanns Librettoästhetik aufgeworfenen Thesen. Tumat, *Dichterin und Komponist* (Anm. 11), S. 80.

26 Ingeborg Bachmann, *Gedichte, Hörspiele, Libretti, Übersetzungen*, hg. v. Christine Koschel u. Inge von Weidenbaum, München/Zürich ⁵1993 (*Werke* 1), S. 433f. Aus dieser Zeit, der Arbeit am *Jungen Lord*, stammt auch die einzige Bemerkung Bachmanns, die gemeinhin auf das Belinda-Projekt bezogen wird – ein konkreter Titel wird an der Stelle nicht genannt. Sie spricht in ihrem Essay *Notizen zum Libretto* zum *Jungen Lord* von einem Libretto, welches sie „für Hans Werner Henze" schreiben wollte, und welches „mißlang", da sie „Arien mit Gedichten" und „Rezitative mit Dialogen" verwechselt habe. Ebd. Dieses Urteil Bachmanns ist für die Herausgeberinnen Begründung dafür, dass das Fragment nicht in der Gesamtausgabe enthalten ist. Ingeborg Bachmann, *Essays, Reden, Vermischte Schriften*, hg. v. Christine Koschel u. Inge von Weidenbaum, München/Zürich ⁵1993 (*Werke* 4), S. 110. Das Urteil relativiert sich allerdings vor dem Hintergrund von Bachmanns Librettoästhetik, wenn man diese und ähnliche Aussagen auch als Ausdruck ihres Bedauerns darüber liest, dass die librettistische Tätigkeit künstlerisch so wenig eigenständig ist. Siehe hierzu Tumat, *Dichterin und Komponist* (Anm. 11), S. 73ff.

27 Bachmann, *Essays, Reden, Vermischte Schriften* (Anm. 26), S. 60ff.

28 Brief Bachmanns an Siegfried Unseld vom 8. 6. 1956: „Ich war in der letzten Zeit sehr fleißig, zwei Librettoentwürfe, halb ausgearbeitet, sind entstanden. Der erste [*Der Pakt mit dem Teufel*] war schlecht und richtig misslungen, aber er gab die Basis ab für den zweiten, den ich mit einem besseren Gefühl schrieb. Ich hoffe, er wird akzeptiert. Ich habe noch keine Antwort von den massgebenden Leuten, weil ich das Manuskript erst gestern abgeschickt habe." Bachmann u. Henze, *Briefe* (Anm. 8), S. 464f.

29 Nachlass Ingeborg Bachmanns (Anm. 4), Beilage 199, K-Zahl 8146, Blatt-Zahl 3493, Bibliothekszählung 52.

30 Für eine genauere Inhaltszusammenfassung der einzelnen Szenen siehe Beck, *Bedingungen librettistischen Schreibens* (Anm. 9), S. 143ff.; Grell, *Ingeborg Bachmanns Libretti* (Anm. 1), S. 243ff.

[31] Welche Opern Bachmann neben den ‚Klassikern' der italienischen Opernliteratur des 19. Jahrhunderts gekannt hat (etwa Verdis *La Traviata* oder Puccinis *Tosca*), die ihr als Vorbilder gedient haben könnten, lässt sich schwer bestimmen. Das Handlungsmuster von Belinda findet sich in ähnlicher Form in vielen italienischen Opern.

[32] Siehe hierzu auch Beck, *Bedingungen librettistischen Schreibens* (Anm. 9), S. 148.

[33] Vgl. den Arienentwurf für Tommaso, Nachlass (Anm. 4), Beilage 199, K-Zahl 8101, Blatt-Zahl 3542, Bibliothekszählung 7.

[34] Siehe Tumat, *Dichterin und Komponist* (Anm. 11), S. 89ff.

[35] Siehe ebd. Bachmann schreibt etwa an Henze: „Zum Beispiel habe ich gedacht: Wenn Du zum vierten Bild kommst, wo wir eine nicht authentische Musik vorgesehen haben (Filmszene), wäre es noch besser, die Instrumente und Stimmen so zu führen, dass sich das „Authentische" mit dem Nichtauthentischen mischt. Zum Beispiel: Belindas Stimme: nicht authentisch, das Orchester dagegen schon. [...] Aber für Dich und mich ist nur der Aspekt ‚Scheinwelt' ein Problem." Für Bachmann scheint es keine Frage zu sein, dass die Stimme das „Nichtauthentische" darstellt, das Orchester aber das Authentische. Brief Bachmanns an Henze vom 2. und 4. Oktober 1956, in: Bachmann u. Henze, *Briefe* (Anm. 8), S. 121ff.

[36] Nachlass (Anm. 4), Beilage 199, K-Zahl 8132, Blatt-Zahl 3478, Bibliothekszählung 38.

[37] Ebd.

[38] Zu Strobels Rolle im Musikleben der BRD vgl. etwa Dörte Schmidt, *Begegnungen im vieldimensionalen Raum. Über einige Aspekte der Remigration Theodor W. Adornos und der ‚Zweiten Wiener Schule' nach Westdeutschland*, in: *„Man kehrt nie zurück, man geht immer nur fort". Remigration und Musikkultur*, hg. v. Maren Köster u. Dörte Schmidt, München 2005, S. 75–104.

[39] Hans Heinz Stuckenschmidt, *Strobeliana*, in: Melos XXXV, 1968, S. 183–184. Wolfgang Fortner betitelt seinen Beitrag zu Strobles Geburtstag in Anspielung auf die IGNM-Präsidentschaft mit *Der Weltpräsident*, in: Melos XXXV, 1968, S. 195–196.

[40] Ulrich Dibelius, *Moderne Musik 1945–1965*, München ²1972, S. 230.

[41] Vgl. ebenso Häusler, *Spiegel der Neuen Musik* (Anm. 12), S. 134ff. Zur Programmgestaltung in Donaueschingen nach 1950 siehe dort S. 139.

[42] Zu Strobels Intentionen im Kontext der Neuen Musik nach 1945 vgl. vor allem seine Aufsätze im *Melos* in den ersten Nachkriegsjahren, etwa seine Einleitung, in: *Melos XIV,* 1946, H. 1, S. 1–5.

[43] Heinrich Strobel, *Igor Strawinsky*, Zürich 1956, S. 19.

[44] Heinrich Strobel, *Vier Jahrzehnte deutsches Musiktheater*, in: Melos XXX, 1963, S. 328.

45 Auch Strobels eigene Libretti für Rolf Liebermann sind Zeugnis seiner antiexpressiven Ästhetik. Bei seiner Oper *Penelope* „fürchtete Strobel vor allem, in eine unerträglich kitschige Melodramatik zu verfallen", so der Komponist Rolf Liebermann über die Zusammenarbeit an der gemeinsamen Oper. Rolf Liebermann, *Opernjahre. Erlebnisse und Erfahrungen vor, auf und hinter der Bühne großer Musiktheater*, Bern/München 1977, S. 65 f.

46 Hans Curjel, *Blitz und Donner, unsre Waffen*, in: *Melos* XXXV, 1968, S. 188 f.

47 Heinrich Strobel, *Deutschland seit 1945*, in: *Melos* XXX, 1963, S. 408.

48 Ebd.

49 Brief Strobels an Bachmann vom 14. 11. 1955, abgedruckt in: Heinrich Strobel, *„Verehrter Meister, lieber Freund …". Begegnungen mit Komponisten unserer Zeit*, hg. v. Ingeborg Schatz, Stuttgart 1977, S. 51.

50 Brief Strobels an Bachmann vom 25. 6. 1956, Historisches Archiv des SWF (Anm. 2).

51 Brief Strobels an Bachmann vom 5. 9. 1956, Historisches Archiv des SWF (Anm. 2).

52 Brief Bachmanns an Strobel vom 10. 9. 1956, Historisches Archiv des SWF (Anm. 2).

53 Brief Bachmanns an Strobel (ohne Datum, vor dem 28. 7. 1956), Historisches Archiv des SWF (Anm. 2). Hervorhebung im Original.

54 Brief Bachmanns an Henze vom 2. und 4. Oktober 1956, in: Bachmann u. Henze, *Briefe* (Anm. 8), S. 121 ff. Hervorhebung im Original.

55 Brief Henzes an Bachmann vom 29. 9. 1956, ebd., S. 119.

56 Brief Henzes an Bachmann vom 31. 7. 1956, ebd., S. 114: „ich bin äusserst begierig, das ‚libretto' zu sehen – ich habe viel sympathie für Tommaso, aber auch für sie." Der Vergleich mit der Anlage seiner übrigen Opern aus der Zeit könnte eine primäre Identifikation mit dem männlichen jüngeren Helden nahe legen. Vgl. hierzu auch das Kapitel *Dramaturgie: Konstanten in Henzes Opern bis 1966*, in: Tumat, *Dichterin und Komponist* (Anm. 11), S. 114–146.

57 Vgl. hierzu auch Henzes und Bachmanns Debatte um den Schluss des *Prinzen von Homburg*, siehe ebd., S. 299 ff.

58 Brief Bachmanns an Henze vom 2. und 4. Oktober 1956, in: Bachmann u. Henze, *Briefe* (Anm. 8), S. 121 f.

59 Belinda-Fragment, Nachlass (Anm. 4), Beilage 199, K-Zahl 8148, Blatt-Zahl 3495, Bibliothekszählung 54.

60 Handschriftliche undatierte Postkarte von Bachmann an Strobel nach dem 3. 10. 1956, Historisches Archiv des SWF (Anm. 2).

61 Brief der Programmkommission an Ingeborg Bachmann vom 8. 11. 1956, Historisches Archiv des SWF (Anm. 2).

62 Zum Fortgang der Verhandlungen und der Aufführung der *Nachtstücke und Arien* (1957) siehe Häusler, *Spiegel der Neuen Musik* (Anm. 12), S. 180.

Monika Müller-Naef

Tradition und Erneuerung.
Lieder von einer Insel, Chorfantasie von
Hans Werner Henze auf Gedichte von
Ingeborg Bachmann

Ingeborg Bachmann wird am 17. Oktober 1964 in Darmstadt von der Deutschen Akademie für Sprache und Dichtung mit dem Georg-Büchner-Preis ausgezeichnet und hält darauf die Dankrede *Ein Ort für Zufälle*. Hans Werner Henze ist vom Text dieser Rede sehr berührt. Er erinnert sich an die gemeinsame Zeit auf der Insel Ischia, in welcher auch das Hörspiel *Zikaden* entstanden ist, zu dem Henze „kleine sinfonische Bindeglieder" komponierte.[1] Als Reaktion auf die Büchner-Preis-Rede vertont er Bachmanns *Lieder von einer Insel*. Das Chorwerk kann daher auch als eine musikalische Reflexion auf die Zeit mit Ingeborg Bachmann betrachtet werden. Geitel sieht in der Chorfantasie sogar „einen Abgesang; ein letztes Halten, ein Rückblick auf das Vergangene"[2]. Die Chorfantasie ist ein sehr stilles, persönliches Werk von Hans Werner Henze. Der Bedeutung dieser Komposition in seinem Schaffen muss gerade vor dem Hintergrund der Hinweise auf die Verarbeitung von Leid und Schmerz der Menschheit und die Möglichkeit einer Gestaltung mit Hilfe eines Mythos nachgegangen werden.

Die *Lieder von einer Insel* sind ein Zyklus von fünf Gedichten: *Schattenfrüchte fallen von den Wänden – Wenn du aufstehst – Einmal muss das Fest ja kommen – Wenn einer fortgeht – Es ist Feuer unter der Erde*. Sie entstanden im Jahr 1954,[3] also zu einer Zeit, in der sich Ingeborg Bachmann erst seit kurzem im südlichen Italien und hier vor allem auf der Insel Ischia aufhielt. Die Verse erzählen von einer bedingungslosen Liebe zweier Menschen. Ihre unbedingte Hingabe führt sie zum entscheidenden Moment des Grenzübertrittes und dadurch zur Erlösung. Es ist dieselbe Thematik, welche Bachmann 1958 im Hörspiel *Der gute Gott von Manhattan* noch einmal aufnahm.

Die Entstehung der *Lieder* fällt in eine Zeit des intensiven lyrischen Schaffens. 1956 erschien Ingeborg Bachmanns zweiter Gedichtband *Anrufung des Großen Bären*, der ihre Lyrik von 1954 bis 1956 umfasst. Neben den *Liedern von einer Insel* enthält er u. a. die berühmten Italien-Gedichte: *Erklär mir Liebe, Das erstgeborene Land, Römisches Nachtbild, Unter dem Weinstock, Lieder auf der Flucht*.

Die Uraufführung von Henzes Chorfantasie fand im bayrischen Städtchen Selb statt. Als Mäzen zeichnete die Porzellanfabrik Rosenthal, welche in den von ihr allmonatlich veranstalteten „Feierabendkonzerten" die Aufgabe wahrnahm, ihren Angestellten ‚hochstehende' Kultur nahe zu bringen. So waren denn auch jeweils über die Hälfte des 900 Plätze fassenden „Grenz-theaters" für das Personal der Rosenthal-Porzellanfabrik reserviert. Einen ausführlichen Kommentar über das Jubiläumsprogramm 1967 (100. Rosenthal-Feierabend), in welchem Henzes Chorfantasie im Mittelpunkt stand, schrieb Maximilian Spaeth in der *Nürnberger Zeitung* vom 25. Jänner 1967 und in der *Frankfurter Allgemeinen Zeitung* vom 31. Jänner 1967. Er stellte fest, dass Henzes Musik mit aller Leiderfahrung beladen sei, „das gilt bei der Chorfantasie sowohl für den Text als auch für die Musik, die beide aus einem weltumspannenden Weltschmerz geboren sind"[4]. Auf diese Äußerung reagierte Henze mit der Bemerkung: „Auch die Darstellung des Weltschmerzes oder des Pessimismus trägt etwas Optimistisches, Erlösendes in sich."[5] Spaeth wies auch auf einen zweiten Grundgedanken des Werkes hin: die mythische Dimension. Das Geheimnisvolle, Rätselhafte tritt im Text offenkundig zu Tage. „Mit nordländischem Grübeln sucht die Dichterin in ihren biegsamen Versen die mythische Welt einer vulkanischen Insellandschaft in lichten und dunklen Bildern zu deuten."[6] Dieses Verschleierte sah Spaeth aber auch in der Musik: „Eine sehr spartanische Besetzung, bei der das Schlagzeug meist nur pianissimo mitwirkt und mystische Atmosphäre zaubert"[7]. Henzes Bemerkung zum Chor – „Sie sollen nur leise singen, die Worte gleichsam rezitieren"[8] – ließe sich ebenfalls dahingehend interpretieren. Die Rezension schloss mit den Worten: „Der Beifall im überfüllten Haus war überraschend gross. Henze übergibt Philipp Rosenthal die Partitur der Chorfantasie als Jubiläumsgeschenk."[9]

Die Chorfantasie scheint jedoch kein ‚Publikumsliebling' zu werden. 1968 folgten Aufführungen in Mannheim und Berlin, nach der Aufführung in London am 23. März 1970 – „The music has a passive, melancholy, self-indulgent air, and could prove affecting"[10] –, geriet sie beinahe in Vergessenheit. Beim „Musikprotokoll" des „steirischen herbstes" 1986 erfuhr sie erstmals wieder Aufmerksamkeit. Die Kritiker scheinen sich jedoch mit dem Werk schwer zu tun. Die Komposition wird in der Presse kaum erwähnt und wenn, dann mit einem floskelhaften Satz wie dem folgenden abgetan: „In der Vertonung eines Bachmann-Textes werden historische Reminiszenzen als bewusstes Zitat zu einem faszinierenden Klangganzen zusammengefügt".[11]

Dichtung

Seit Nietzsches *Zarathustra* ist die Insel Topos einer Heilslandschaft, ein Ort des Sich-Zurückziehens, eine Stätte der Regeneration. In diesem Sinne muss auch der Handlungsort der *Lieder von einer Insel* verstanden werden. In ihrem Hörspiel *Zikaden*, welches im selben Jahr 1954 entstanden ist, lässt Ingeborg Bachmann den Erzähler gleich zu Beginn den Ort „Insel" definieren: „Denn es sind noch immer die Schiffbrüchigen, die auf Inseln Zuflucht suchen."[12] Und wenig später ruft der Gefangene aus: „Du bist Orplid, mein Land. / Ich bin dort gewesen. Es ist dies ein Ort der Erlösung." (228) Die Insel des Südens wird für Ingeborg Bachmann ein wichtiger neuer Erfahrungsort. In den *Liedern* bestimmt sie diese Landschaft zum Schauplatz einer bestandenen Passion zweier Liebenden.

Aus den Worten der fünf *Lieder* geht ganz klar hervor, dass Ingeborg Bachmanns „Insel" im Süden liegt. Verse wie „Asche / erkalteter Krater trägt der Meerwind herein" (121), „Mond dem Vulkan, Mond dem Vulkan" (122) und „Es ist Feuer unter der Erde" (123) sprechen direkt von der vulkanisierten Erde des Südens. Es handelt sich um die Inselgruppe vor Neapel mit ihren immer noch tätigen Vulkanen. Andere Verse sprechen auch die Fruchtbarkeit dieses Gebietes an, so z. B. wir „waschen / die Trauben und stampfen / die Ernte zu Wein" (121) oder auch die Bittrufe „Honig und Nüsse den Kindern, / volle Netze den Fischern, / Fruchtbarkeit den Gärten" (122). Einen dritten und wesentlichen Hinweis gibt die Beschreibung des Heiligenfestes mit der dazugehörigen Prozession. Sie zeigt das Volk, wie es in einem wilden, urtümlichen Feste sich mit der Natur zu vereinen und sich in sie zu versenken vermag. Dass Ingeborg Bachmann solche Feste erlebt hat, daran besteht kein

Tradition und Erneuerung

Zweifel. Noch heute werden, gerade im Süden Italiens, während der Sommermonate zahlreiche solcher Feste gefeiert, welche zwar einen christlichen Anlass – die Verehrung von Stadtheiligen – haben, ihren Höhepunkt aber in heidnisch anmutenden Riten finden.

Dass für Ingeborg Bachmann die Heilslandschaft im Süden liegen muss, bestätigt ein anderes ihrer Gedichte, welches zur selben Zeit entstanden ist:

Das erstgeborene Land

In mein erstgeborenes Land, in den Süden
zog ich und fand, nackt und verarmt
und bis zum Gürtel im Meer,
Stadt und Kastell.
[...]
Und als ich mich selber trank
und mein erstgeborenes Land
die Erdbeben wiegten,
war ich zum Schauen erwacht.

Da fiel mir Leben zu.

Da ist der Stein nicht tot.
Der Docht schnellt auf,
wenn ihn ein Blick entzündet. (199/200)

Aus den Versen Bachmanns spricht der unbedingte Drang des Zurückgehen-Wollens zum Ursprung des Lebens. In der tätigen Natur – „sagt dem Festland, dass die Krater nicht ruhn!" (123) – liegt die Fruchtbarkeit. Dies sind die idealen Zustände, aus denen Neues entstehen kann.

Ingeborg Bachmann sieht in dem Sich-Zurückziehen auf eine Insel aber auch eine Gefahr: die Gefahr der Isolation, des Verkümmerns. Das lässt sich durch einen Vers aus dem dritten der *Lieder* bestätigen: „wir singen im Chor der Zikaden" (122). Bachmanns Hörspiel *Zikaden* schließt mit den Worten:

Denn die Zikaden waren einmal Menschen. Sie hörten auf zu essen, zu trinken und zu lieben, um immerfort singen zu können. Auf der Flucht in den Gesang wurden sie dürrer und kleiner, und nun singen sie, an ihre Sehnsucht verloren – verzaubert, aber auch verdammt, weil ihre Stimmen unmenschlich geworden sind. (268)

Durch das Sich-Verlieren an Illusionen – ein Zustand, der sich durch das Abwenden von der Gesellschaft einstellen kann – läuft der Mensch Gefahr, zur

Zikade zu werden. Sein Los ist, der Menschheit unverständlich zu sein. Und gerade das will Bachmann nicht. Doch eine beschränkte Zeit der Abgeschirmtheit, eine ‚Insel-Zeit', ist Voraussetzung für Fruchtbarkeit. Daneben ist das zentrale Wort „Zikaden" ein weiteres Motiv, welches eng mit dem Süden verbunden werden muss.

Ingeborg Bachmann fand im Süden, ‚nackt und verarmt / und bis zum Gürtel im Meer, / Stadt und Kastell'. In einem Interview aus dem Jahre 1956 schlüsselte sie diese Metapher auf: „Die Sprache selbst, meine ich, wäre eine Stadt, und es wachsen eben aussen Worte dazu, und die alten Gedichte sind aus dem alten Wortmaterial gemacht, die neuen Gedichte aus altem und neuem, würde ich sagen."[13] In der Verbindung von Alt und Neu fand Bachmann ihre neue Sprache. Gerade vor diesem Hintergrund erhält Henzes Vertonung der *Lieder von einer Insel* einen interessanten Aspekt.

In ihren Versen bestimmte Ingeborg Bachmann die Insel des Südens zum Ort einer leidenschaftlichen Hingabe zweier Menschen. Die Geschehnisse dieser Liebe werden in einer religiösen Metaphorik erzählt, mit Worten der Leidensgeschichte und Auferstehung Christi. Als religiöse Metapher muss auch gleich das zu Beginn erscheinende Wort „Fleisch" verstanden werden – „dein Fleisch besinnt sich auf meins" (121). Die Erklärung, wie diese Metapher aufzufassen sei, findet sich im Brief an die Korinther 2,6: „Darum kennen wir von nun an niemand mehr nach dem Fleisch – und wenn wir auch einmal Christus nach diesem Massstab kannten, jetzt kennen wir ihn nicht mehr so." Ingeborg Bachmann setzt „Fleisch" mit dem Menschen in seiner irdischen Ohnmacht und Vergänglichkeit gleich, so wie er aus sich selbst und mit sich allein ist. Das Wort „Fleisch" weist mit seiner Anlehnung an das Passahmahl auch auf den Beginn der Passion der beiden Liebenden im Gedicht hin. Dass diese Zeit des Leidens folgt, zeigt das Bild der zur Insel überfahrenden Schiffe, auf welchen „Kreuze / mit unsrer sterblichen Last / Mastendienst taten" (121). Die abschließenden Verse des ersten Gedichtes – „Nun sind die Richtstätten leer, / sie suchen und finden uns nicht." (121) – stehen ganz als Metapher für Golgatha, Ort der Kreuzigung, Garten der Auferstehung. Für Ingeborg Bachmann ist dies der Moment der Grenzüberschreitung.

Das Bild der Auferstehung übernimmt Bachmann direkt aus Lukas 24,3, wo es heißt: „Dort fanden sie den Stein von der Gruft weggewälzt".

> Wenn du auferstehst,
> wenn ich aufersteh,
> ist kein Stein vor dem Tor,
> liegt kein Boot auf dem Meer. (121)

Die Angst vor dem Boot, welches den Geliebten wegführen könnte, wird in diesen Versen nichtig. In ihrem späteren Hörspiel *Der gute Gott von Manhattan* wird es ein wartendes Boot im Hafen sein, welches die bedingungslose Liebe zwischen Jan und Jennifer verhindert. Hier im *Lied* jedoch schreiten die Geliebten auf „gesalbten Sohlen" (121), gestärkt für das neue Leben, erleuchtet vom Geist der Liebe. Der „Henker am Tor" (122) ist gehängt, der „Hammer" (122) des Peinigers ins Meer geworfen.

Nach der Auferstehung kann zum Fest geschritten werden. In südlicher Tradition wird jetzt, im dritten Gedicht, ein Fest nach antiken Bräuchen und christlichen Riten beschrieben. Auf die religiöse Metaphorik in diesen Versen wies Walter Muth bereits überzeugend hin.[14]

Im vierten und fünften Gedicht wird kaum mehr in religiösen Metaphern gesprochen. Worte wie „Wein" (123), „Fisch" (123), „Brot" (123), „Kreuz" (123) zeugen noch von religiösem Hintergrund, doch werden sie jetzt in einen heidnisch-mystischen Kontext gestellt. Nach Ingeborg Bachmanns Muster einer erotischen Dialektik wird die Erlösung zur vollendeten Liebe dargestellt. Was „sommerüber" (123) aufgebaut wurde, muss zerstört werden, damit etwas Neues wachsen kann:

> er muss den Tisch, den er seiner Liebe
> deckte, ins Meer stürzen,
> er muss den Rest des Weines,
> der im Glas blieb, ins Meer schütten, […]
> Dann wird er wieder kommen. (123)

Denn es „ist Feuer unter der Erde". (123)

Die *Lieder von einer Insel* müssen als zusammenhängender Zyklus betrachtet werden, nur so kann Ingeborg Bachmanns Gedankengang, welcher auch hier, im Betrachten der religiösen Metaphern, eindeutig aus dem Ursprung des Lebens gewachsen ist, nachvollzogen werden: Tod – Überwindung des Todes durch Grenzüberschreitung – Auferstehung – Fest – Zerstörung der Normen – Vollendung.

In Anbetracht von Ingeborg Bachmanns Feuertod am 17. Oktober 1973, erhält die Metapher „Feuer" in ihrem Werk eine mythische Dimension. Die „reine Grösse" des Feuers, als Symbol lebensschaffender und lebenszerstörender Mächte, durchdringt ihr ganzes Schaffen. Es ist ein nötiges, entscheidendes Element für die Grenzüberschreitung. Und diese fordert sie von der Sprache vehement. Ein Versagen ist unverzeihlich. Fürst Myschkin sieht sich diesbezüglich schuldig: „Mit einem geliehenen Wort bin ich, / und nicht mit dem Feuer, gekommen" (77). Denn ein Überschreiten der Grenzen ist möglich: „Erklär mir nichts. Ich seh den Salamander / durch jedes Feuer gehn. / Kein Schauer jagt ihn, und es schmerzt ihn nichts." (110) Wie Phönix aus den Flammen neu entstand, so sieht Bachmann das Wort neu aufgehen:

> Wenn alle Krüge zerspringen,
> was bleibt von den Tränen im Krug?
> Unten sind Spalten voll Feuer,
> sind Flammenzungen am Zug.
>
> Erschaffen werden noch Dämpfe
> beim Wasser- und Feuerlaut.
> O Aufgang der Wolken, der Worte,
> dem Scherbenberg anvertraut! (111)

Doch die neue Sprache will auch verstanden werden. Und so redet die Ich-Person im *Malina*-Roman Malina verzweifelt an: „Verstehst du, meine flammenden Briefe, meine flammenden Aufrufe, meine flammenden Begehren, das ganze Feuer, das ich zu Papier gebracht habe, mit meiner verbrannten Hand".[15] Denn wird das Feuer nicht angenommen und besteht keine Verständigung, so resultiert daraus Ersticken: „O Leiden, die unsre Liebe austraten, / ihr feuchten Feuer in den fühlenden Teilen! / Verqualmt, verendend im Qualm, geht die Flamme in sich." (144) In den *Liedern von einer Insel* beherrscht die Metapher des Feuers gar das ganze letzte Gedicht:

> Es ist Feuer unter der Erde,
> und das Feuer ist rein.
>
> Es ist Feuer unter der Erde
> und flüssiger Stein.
>
> Es ist ein Strom unter der Erde,
> der strömt in uns ein.

Es ist ein Strom unter der Erde,
der sengt das Gebein.

Es kommt ein grosses Feuer,
es kommt ein Strom über die Erde.

Wir werden Zeugen sein. (123/124)

Die Reinheit des Feuers mit seiner zerstörerischen Kraft wird hier über zehn Verse explizit formuliert. Aus dem unberührten Element strömt der Lavastrom, welcher das Alte aus der Welt schaffen wird und zugleich als Lebensstrom gesehen werden muss. Im prophezeienden letzten Vers ist Ingeborg Bachmanns ganze Philosophie der Hoffnung auf eine mögliche, neue Verständigung enthalten.

Musik

Hans Werner Henzes Chorfantasie entstand aus einem Moment der Erinnerung an seine erste Zeit in Italien.[16] Ingeborg Bachmanns Verse in den *Liedern von einer Insel* weckten Gedanken an eine Zeit, in welcher ihm die fruchtbare vulkanisierte Umgebung und deren in alten Traditionen lebende Menschen zu neuen Anfängen verhalfen.

> Während der Wartezeit auf den ersten Akt [*Il Re Cervo*], im Frühling 1953, begann meine „italienische Erfahrung". Darüber zu sprechen wäre sinnlos, wenn die Musik es nicht hergeben würde. Ich bin in eine antikische Welt geraten, mir zunächst gänzlich fremd und unheimlich, eine Landschaft, aus der das Leben der Menschen heraustritt und in die es zurückgeht ohne Fehl. [...], da ist der schmetternde Klang der Banda beim abendlichen Fest von St. Vito, gemischt mit frenetischem Prozessionsgesang, der flirrende hohe Ton von Mandolinen, insistent und lasziv in der Luft stehend, der dunklere der Gitarren, aus fernen Jahrhunderten herübergekommen, da ist der Strassenruf mit unendlichen Koloraturen und Variationen, verrückter gellender Lärm und leise Vokale, mörderisches Gezeter, Litanei, dünnes Gebimmel des Angelus-Läuten.[17]

Die Chorfantasie ist aber auch ein ganz persönliches Werk, in welchem sich Henze an die Zeit mit Ingeborg Bachmann erinnert. Eine Episode, welche direkt Einfluss auf die Komposition nahm, erzählte Henze anlässlich der Uraufführung:

Manchmal werden auch die Schlaginstrumente zur Illustration des Textes geradezu herbeigezogen, manchmal aber auch wieder nicht, z. B. wenn es heisst: „Morgen rollen die Fässer / sonntäglichen Wellen entgegen, / wir kommen auf gesalbten Sohlen / zum Strand", dann schlägt plötzlich eine Glocke, man weiss nicht genau warum, das weiss nur ich, weil am Strande von San Francesco in Ischia, wo diese Gedichte entstanden sind, sonntags während wir badeten, die braven Ischitaner zur Messe gingen.[18]

Die musikalische Ausstrahlung der Chorfantasie – die fünf Sätze sind parallel zu den fünf Gedichten gestaltet – ist überraschend. Das Werk klingt alt im historischen Sinn. Hans Werner Henze arbeitete nach Prinzipien der italienischen Renaissance. Der Klang aus dem 16. Jahrhundert ist hörbar. Vor allem die Singstimmen orientieren sich weithin an Verfahrensweisen des vierstimmigen Vokalsatzes. Anklänge an die Tradition des Madrigals und der Frottola sind gut erkennbar. Wortgestalt, aber auch Affektgehalt werden wiedergegeben, ‚imitar le parole' wird ernst genommen.

Für die Instrumentierung verwendet Hans Werner Henze einen kleinen Klangkörper. Das Orchester besteht aus einer Posaune, zwei Violoncelli, Kontrabass, Portativ, Schlagwerk und Pauke, ein Instrumentarium in relativ dunkler Lage. Am Beispiel dreier Instrumente – Cello, Posaune, Schlagwerk – soll gezeigt werden, wie Henze die Worte Ingeborg Bachmanns kunstvoll ausdeutet und somit sein Werk in die Tradition der musica reservata bringt.

Schon bald nach Beginn wird klar, dass die beiden Celli eine wichtige Position im ganzen Werk innehaben:

Hans Werner Henze, *Lieder von einer Insel* (Version 1964), 1. *Schattenfrüchte fallen von den Wänden*, T. 6–28, Partitur S. 1–2   © B. Schott's Söhne, Mainz 1956

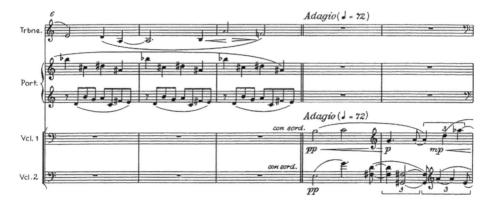

Die beiden Celli – miteinander im engen Zwiegespräch – haben eine eigenständige, bewegte Melodielinie und stehen in starkem Kontrast zu den ruhigen Gesangsstimmen. Der Einsatz der beiden Instrumente beginnt nach einem achttaktigen Vorspiel, in welchem Posaune und Portativ das Tonmaterial exponieren. Die Posaune bildet dabei eine für das ganze Werk bedeutende Tonreihe, das Portativ hat eine sie umspielende Funktion.

Das ‚Gespräch' der beiden Celli wird in Takt 9 durch eine leere Quinte (e-h) eröffnet. In einer aufsteigenden Linie wird diese Quinte wiederholt, wobei das zweite Cello jetzt über das erste hinausgeht (c'-g'). Die Ruhe, welche durch die zweimalig ausgeführte Quinte evoziiert wird, wird nun auf der letzten Achtel in Takt 9 durch einen absteigenden Sextklang im zweiten Cello aufgelöst. Es kommt Bewegung ins Gespräch. Bereits in Takt 10 lässt sich die Gestaltung des Dialoges ablesen. ‚Gleiche Gedanken' sind in der direkten Übernahme von Tönen des einen Cellos ins andere zu beobachten, etwa in Takt 10, wo das eingestrichene a des ersten Cellos vom zweiten übernommen wird, oder in Takt 11, wo das zweigestrichene es vom zweiten zum ersten Cello wandert. ‚Annäherungen zweier Gedanken' lassen sich im Übergeben von rhythmischen Mustern erkennen, so in den Takten 11–12, oder auch 22–24. Eine ‚vage Idee' wird kräftig übernommen und leicht verändert weiter gedacht, die leise gespielte Tonfolge a'-g'-h'-fis"-f" des ersten Cellos in den Takten 14–16 wird vom zweiten Cello im Forte als a'-g'-h'-e'-es' fortgeführt. Ein ‚Sich-Finden im Gespräch' zeigen die Takte 25–26 mit ihren Bezügen auf die Takte 15–16: das zweite Cello übernimmt nun die vorher vom ersten Cello gespielte Tonfolge, während das erste Cello den vorher vom zweiten Cello kurz angetönten Ton c' nun fünf Zählzeiten lang aushält. In diesem Moment des Sich-Findens der beiden Gedanken treten als zerstörerisches Element die Singstimmen mit dem dunklen Wort „Schattenfrüchte" ein. Den beiden Celli bleibt nur ein ‚ersterbendes' Verklingen. Der Dialog der beiden Streichinstrumente, charakterisiert durch Annäherung, Übereinstimmung und Sich-Finden, lässt sich durch das ganze Werk verfolgen. Das Eingreifen anderer Elemente in die Melodie zeigt auch die Macht des zerstörerischen Einflusses von außen auf das Zwiegespräch.

Fast in einem traditionellen Sinn verwendet Henze die Posaune. Er verbindet das Instrument eng mit dem Gedanken der Auferstehung. In den acht Einleitungstakten zum ersten Lied – das Gedicht spricht vom bestandenen Leiden – exponiert die Posaune eine ruhige Melodielinie aus absteigenden, halbtönigen Sekundschritten, die nur vom Portativ begleitet wird, und weist somit auf den feierlichen Charakter der Lieder hin. Auch im zweiten Lied, in welchem direkt von der Auferstehung gesprochen wird, erhält die Posaune eine wichtige Bedeutung. Den Worten „Wenn du auferstehst, / wenn ich aufersteh" gehen sechs Takte Posaunenklang voran (T. 25–30). Die Bläsermelodie beginnt mit den zwei ausdrucksvollen aufsteigenden Intervallen H-c' und b-a'. Im dritten Lied übernimmt die Posaune die Aufgabe, den Gedanken des Festes durch das ganze Lied hindurch präsent zu halten. So nimmt sie die Melodielinie der Sopranstimme über den Text „Einmal muss das Fest ja kommen" (T. 15) in der textlosen Passage (T. 29–31) als Erinnerung wieder auf. Ein musikalischer Höhepunkt wird im fünften Lied mit der Posaune erreicht. Ihr gebührt es, mit einer weit gezogenen Melodielinie, welche nur von den Streichern harmonisch unterlegt ist, die Worte vom kommenden Feuer einzuleiten (T. 1–13).

Auf die Verwendung des Schlagwerkes „zur Illustration des Textes"[19] verwies Hans Werner Henze selbst. Wie eine solche „Illustration" aussieht, zeigt ein kleines Beispiel aus dem dritten Lied. Die Verse „wo ein frommer / Stern sich verirrt, ihm auf die Brust / schlägt und zerstäubt" werden a cappella gesungen. Auf die Silbe „-stäubt" setzt Henze zweimal im Terzintervall Crotales, also Fingerzimbeln, ein, deren Verwendung an dieser Stelle das Zerstäuben des aufschlagenden Sternes bildlich sichtbar macht.

Auf eine andere Art setzt Henze das Schlagwerk im letzten Vers des fünften Liedes, „Wir werden Zeugen sein", ein. Dem Chor sind hier lediglich zwei Almglocken und drei Becken unterlegt, die während des ganzen Verses (T. 83–88) ein Tremolo ausführen. Der Hörer wird zu dem hoffnungsvollen, utopischen Gedanken, der hinter diesen Worten steht, durch das Vibrieren der Instrumente in eine mystische Stimmung versetzt.

Im Vokalsatz der Chorfantasie lassen sich Methoden und Techniken aus dem Madrigal-Schaffen der italienischen Renaissance des 16. Jahrhunderts feststellen. Es erstaunt nicht, dass Henze für die Vertonung der ‚romantischen' Liebeslieder Ingeborg Bachmanns die musikalische Form wählt, welche mit ihrer hochstehenden Dichtung, den ‚rime libere' Petrarcas, Ariosts und Tassos, zur Blüte gelangte. Die freien Verse Bachmanns scheinen geradezu dafür prädestiniert zu sein, in der Tradition der Vertonung hochstilisierter Liebespoesie bearbeitet zu werden. Am Beispiel des zweiten Liedes soll die Gestaltung des vierstimmigen Satzes betrachtet werden, wobei hauptsächlich die Singstimmen berücksichtigt werden, die Begleitung durch die Instrumente jedoch nur am Rande erwähnt wird.

Das Lied ist strukturiert durch die vier Choreinsätze. Der erste Einsatz folgt nach längerem Vorspiel auf dem letzten Achtel von Takt 30. Unisono beginnen Sopran und Alt mit dem Quintaufstieg as'-es" und bewegen sich in Sekundschritten etwa in dieser Lage. Die Männerstimmen setzen einen Takt später unisono und imitierend ein, wobei auffällt, dass ihr Einsatz einen Halbton tiefer liegt und der Intervallaufstieg eine Quarte beträgt. Alle vier Stimmen finden sich am Ende von Takt 32 in einem b-Moll-Akkord. Tenor und Bass übernehmen jetzt die Führung. Nach einem Terzaufstieg nehmen diese Stimmen das rhythmische Motiv aus Achtel, punktierter Achtel und Sechzehntel auf, welches zuvor vom Orchester schon mehrere Male exponiert wurde. In Takt 34 imitieren Sopran und Alt die Männerstimmen und führen in einer Kadenz zum eingestrichenen a.

Der zweite Einsatz des Chores beginnt in Takt 40 „leggermente meno mosso". Wieder beginnen Sopran und Alt, wobei jetzt die Stimmen homophon laufen. Ausgehend von einer kleinen Terz wird absteigend die Quarte erreicht. Gemäß dem Text – „rollen die Fässer / sonntäglichen Wellen entgegen" – laufen die Stimmen in einer Schaukelbewegung weiter (T. 41, verm. Quart, Quart; T. 42–43, kleine Terz, große Terz). In Takt 42 werden Tenor und Bass hinzugezogen, wobei der Tenor parallel zu den Oberstimmen, im Sekundabstand zum Sopran, und der Bass als einziger in Gegenbewegung läuft.

Im 12-taktigen dritten Einsatz (T. 50–61) wird wieder stark mit Imitation gearbeitet. Der dreistimmige Teil ohne Sopran ist geprägt durch das zweitaktige Ostinato der Fingerzimbeln. Im Abstand eines halben Taktes setzen die Stimmen vom Bass her aufsteigend ein. Doch auch hier zeigt sich, dass die Imitation nur scheinbar ist. Intervallschritte werden nicht genau übernommen oder in der Umkehrung verwendet. Notenwerte werden verkürzt oder verlängert, damit ein Gegenrhythmus entstehen kann. Henze erreicht dadurch eine Verschleierung der strengen Imitation. Streng kontrapunktisch, in einem Note-gegen-Note-Satz, gestaltet er hingegen die letzten fünf Takte dieses Teiles (T. 57–61), wobei die Tenorstimme das Ostinato der Crotales in doppelter Verlängerung übernimmt.

Aus dieser Ruhe wächst der letzte Choreinsatz ab Takt 62. Alt und Tenor imitieren den Quintaufstieg des Soprans, die Stimmen finden sich vier Takte später in einem as-Moll-Akkord. Von nun an wird nicht mehr imitatorisch gearbeitet. Vier freie Stimmen prägen den Charakter des Schlusses. Das Note-gegen-Note-Prinzip wird nur noch durch leichte rhythmische Verschiebungen gestört, etwa in den Takten 67, 69 und 70.

Bei der Textunterlegung in diesem zweiten Lied lässt sich ein weiteres Prinzip des Madrigal-Stils erkennen. Henze unterteilt die Verse Bachmanns so, dass drei Zeilen zu je elf Silben entstehen (da der erste und zweite Vers gleichzeitig interpretiert werden, gelten sie musikalisch als eine Zeile:

Wenn du auferstehst, liegt kein Boot auf dem Meer ⎫	11 Silben
Wenn ich aufersteh, ist kein Stein vor dem Tor ⎭	
Morgen rollen die Fässer sonntäglichen Wellen entgegen	16 Silben
Wir kommen auf gesalbten Sohlen zum Strand	11 Silben
Waschen die Trauben und stampfen die Ernte zu Wein	13 Silben
Morgen am Strand	4 Silben
Wenn du auferstehst hängt der Henker am Tor	11 Silben
Sinkt der Hammer ins Meer	6 Silben

Es fällt auf, dass Henze die siebensilbigen Verse, welche zusammen mit den elfsilbigen die Madrigal-Texte der Renaissance prägen, hier nicht anwendet. Siebensilbige Abschnitte kommen lediglich im ersten Teil der Chorfantasie vor.

Die Technik, sich der Regeln des Madrigals frei zu bedienen, lässt vor dem Hintergrund der Interpretation der *Lieder von einer Insel* einen interessanten Gedanken aufkommen. Genau wie Ingeborg Bachmann, versucht auch Hans Werner Henze die ‚alte Sprache' mit neuen Elementen – freie Imitation, freier Rhythmus, freie Zusammenklänge, freies Versmaß – zu verbinden. Durch die Verfremdung löst sich Henze von starren Gesetzen und macht seine Chorfantasie für unsere Zeit verständlich. Einige kurze Beispiele aus dem dritten und vierten Lied sollen illustrieren, wie Hans Werner Henze das alte ‚imitar le parole' in eine eigene Praxis umsetzt.

Es fällt auf, dass das dritte der *Lieder* als Gegensatz zu den mit vielen Madrigalismen ausgestatteten übrigen gebaut ist. Es ist das fröhlichste Stück des Zyklus und bringt somit die Festfreude voll zum Ausdruck, welche die Worte des Gedichtes mitteilen. Mit seinem liedhaften, leichten Rhythmus, seinem meist homophon gestalteten Satz erinnert es an die Frottola. Abwechselnd übernimmt jeweils eine Vokalstimme die Führung, wobei den übrigen Stimmen Füllcharakter zukommt.

Das von Ingeborg Bachmann in diesem Lied benützte, vielsinnige Wort „Zikaden" wird auch in Henzes Interpretation herausgehoben. Im Takt 24 bilden die Singstimmen (Tenor und Bass im unisono) über dem Vers „wir singen im Chor der Zikaden" eine auf- und absteigende Linie in Sekunden, wobei einzig die Verbindung der letzten beiden Silben aus einem Tritonussprung besteht. Begleitet wird diese ruhige Tonfolge mit Portativ (liegender Ton b), erstem Cello (Sechzehntellauf) und zweitem Cello (Achtelbewegung). Der Rhythmus ist regelmäßig und flüssig gestaltet. Was aber auffällt, ist die horizontale Intervallkonstellation. Für die Worte „wir singen im Chor der" werden hauptsächlich konsonante Klänge verwendet. „Zikaden" aber wird sowohl horizontal als auch vertikal nur in Sekund- und Tritonusintervallen vertont. Im Hörspiel *Zikaden* beschreibt Ingeborg Bachmann den Gesang dieser Insekten:

> Denk dir erhitzte, rasende Töne, zu kurz gestrichen auf den gespannten Saiten der Luft, oder Laute, aus ausgetrockneten Kehlen gestossen – ja auch an einen nicht mehr menschlichen, wilden frenetischen Gesang müsste man denken. [...] (Die Musik hat schon begonnen und ist stark geworden wie ein Schmerz. Und sie hört auf wie ein Schmerz; man ist froh darüber.) (221)

An diesem Beispiel zeigt sich erneut, wie genau Henze auf Ingeborg Bachmanns Äußerungen eingeht und wie feinsinnig er sie zu interpretieren weiß.

Im vierten Lied erhält das Element des Wassers durch die Verkörperung des Meeres eine mythische Dimension. Viermal und wie einem Ritual entsprechend werden dem Wasser die realen und irrealen Errungenschaften des Sommers übergeben – „ins Meer werfen" (Vers 3), „ins Meer stürzen" (Vers 6), „ins Meer schütten" (Vers 8), „ins Meer mischen" (Vers 10). Es wird eine Vereinigung mit der Natur beschworen, um der Liebe Bestand zu garantieren.

Fast dem ganzen Lied ist die Quinte b-f als Orgelpunkt unterlegt. Die Singstimmen tragen den Text einzeln und einstimmig vor. Aus der Natürlichkeit des Quintklanges wächst nun die Weite des Meeres heraus, wenn sich die Einstimmigkeit zum Wort „Meer" zu dreistimmigen Klängen weitet – ausgeführt vom geteilten Alt in Takt 5, dem Tenor in Takt 11, dem Bass in den Takten 14 und 18. Zusätzlich zum Orgelpunkt werden die Worte an diesen Stellen von den tiefen Streichern begleitet, wobei sich das erste Cello mit der aufsteigenden Singmelodie und das zweite Cello mit der mittleren verbindet.

Durch das Auseinanderstreben des Klanges kann die Dimension des Meeres musikalisch gedeutet werden, durch das Vereinen von Menschen- und Instrumentalstimmen das Einswerden mit der Natur.

Die am Ende des vierten Liedes gestellte Frage, wann der Geliebte zurückkomme, wird kurz und vieldeutig beantwortet: „Frag nicht". Diese Antwort ist durch drei Merkmale musikalisch charakterisiert. Als erstes fällt auf, dass der eine Ton des Quint-Orgelpunktes (b) erstmals von der Pauke gespielt wird, und zwar im Tremolo. Als zweites ist eine Beruhigung des Antwortgebers feststellbar durch das auskomponierte Ritardando. Am dritten Merkmal lässt sich ein gewisses Zögern in der Antwort feststellen: „Frag nicht" wird in einer langsamen absteigenden Melodielinie, im Ambitus eines Tritonus interpretiert.

Hans Werner Henze, *Lieder von einer Insel* (Version 1964), 4. *Wenn einer fortgeht*, T. 38–42, Partitur S. 36 © B. Schott's Söhne, Mainz 1956

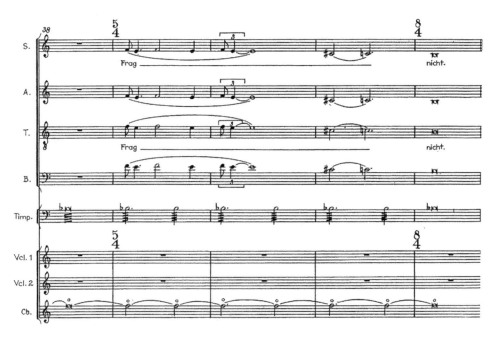

Diese Beispiele aus dem vierten Lied zeigen, wie Henze Techniken der Madrigalkunst in seinem Werk verarbeitet. Im Unterschied zur musikalischen Gestaltung von „Meer", welche das Wort direkt ausdeutet, kann bei der Vertonung von „Frag nicht" von einer Gefühlsdeutung gesprochen werden.

Das fünfte Lied ist strenger kontrapunktisch gestaltet als die vier vorangehenden. Sowohl in der Führung der Singstimmen als auch in den ihnen zugeordneten Instrumenten ist vollkommene Ausgeglichenheit feststellbar. Am Beispiel der Metapher „Feuer" sei dies näher erläutert.

Ebenso wie das Element des Wassers im vierten Gedicht, taucht das Element des Feuers im fünften Lied viermal auf. Musikalisch wird diese Metapher aber jedes Mal verschieden gestaltet.

Hans Werner Henze, *Lieder von einer Insel* (Version 1964), 5. *Es ist Feuer unter der Erde*, T. 15, 19, 30–31 und 69–71, Partitur S. 38–40, 43   © B. Schott's Söhne, Mainz 1956

Von Mal zu Mal wird das Wort gesteigert. Das Feuer erlangt zunehmend an Bedeutung, beginnt immer stärker zu ‚brennen': Der erste Einsatz in Takt 14 besteht ausschließlich aus kleinen Sekundschritten, die Notenwerte bestehen mit einer Ausnahme aus Vierteln und Halben. Beim zweiten Einsatz in Takt 19 sind die Intervallschritte zu großen Sekunden gewachsen. Die Notenwerte haben sich verringert, dadurch wird eine rhythmische Verdichtung erreicht. Der syllabische Gesang wird beim dritten Einsatz in Takt 30 aufgegeben. Auf „Feuer" ist ein Melisma über zwei Takte gesetzt. Zur kleinen und großen Sekunde, welche jetzt gemeinsam auftreten, kommt zusätzlich die kleine Terz hinzu. Rhythmisch wird eine Triolenbewegung hinzugezogen. Der Höhepunkt wird beim vierten Einsatz in Takt 69 erreicht. Die Stimmen sind jetzt geteilt, sodass ein achtstimmiger Chor entsteht. Das Melisma ist auf drei Takte gewachsen. Die Intervallsprünge haben sich bis zur kleinen Sext erweitert. Die Stimmen laufen in ausgewogener Gegenbewegung zueinander.

Die Verse, in welchen „Feuer" vorkommt, werden vom Portativ und beim vierten Einsatz zusätzlich von Posaune und Streichern colla parte begleitet. Diese Instrumentierung unterstreicht den Eindruck von Feierlichkeit. Das fünfte Lied, welches vom Text her die erlangte Vollkommenheit ausdrückt, erinnert musikalisch an eine Hymne.

Ingeborg Bachmanns und Hans Werner Henzes Zusammenarbeit stand unter optimalen Bedingungen. Sie begegneten sich im entscheidenden Moment, in welchem sie beide auf der Suche nach neuen Ausdrucksformen waren. Eine ideale äußere Arbeitsbedingung fanden sie in der ruhigen, natürlichen Abgeschlossenheit des südlichen Inseldaseins. Die innere Voraussetzung ist in der zu jenem Zeitpunkt vorhandenen geistigen Verwandtschaft zu suchen. Daraus erwuchs das große gegenseitige Einfühlungsvermögen in Bezug auf Text und Musik. Die ideelle Auffassung der beiden Künstler, das Alte als Ursprung zu akzeptieren und vereint mit neuen Ideen der heutigen Zeit verständlich zu machen, spricht aus allen gemeinsamen Werken. Hans Werner Henze zeigt mit seinem ungemein sensiblen Eingehen auf den Text seinen großen Respekt vor dem Wort. Er vermag auch Ingeborg Bachmanns Sprachskepsis mit seinem Klang zu entkräften, was sie ihm mit dem Gedicht *Enigma* – „Du sollst ja nicht weinen, / sagt eine Musik." (171) – zu danken wusste.

1. Vgl. Klaus Geitel, *Hans Werner Henze*, Berlin 1968, S. 117.
2. Ebd., S. 118.
3. Erstveröffentlichung in: *Jahresring 54. Ein Schnitt durch Literatur und Kunst der Gegenwart*, hg. v. Kulturkreis im Bundesverband der Deutschen Industrie, Stuttgart 1954, S. 39ff.
4. Maximilian Spaeth, *Nürnberger Zeitung*, 25. 1. 1967.
5. Spaeth zitiert Henze ebd.
6. Maximilian Spaeth, *Frankfurter Allgemeine Zeitung*, 31. 1. 1967.
7. Spaeth, *Nürnberger Zeitung* (Anm. 4).
8. Spaeth zitiert Henze ebd.
9. Spaeth, *Frankfurter Allgemeine Zeitung* (Anm. 6).
10. *Sunday Times*, 5. April 1970
11. Johannes Frankfurter, *Neue Zeit*, 28. 10. 1986.
12. Ingeborg Bachmann, *Gedichte, Hörspiele, Libretti, Übersetzungen*, hg. v. Christine Koschel, Inge von Weidenbaum u. Clemens Münster, München/Zürich ²1982 (*Werke* 1), S. 222. Weitere Zitate daraus sind im Text durch die Seitenzahl in Klammer belegt.
13. Ingeborg Bachmann, *Wir müssen wahre Sätze finden. Gespräche und Interviews*, hg. v. Christine Koschel u. Inge von Weidenbaum, München/Zürich ²1983, S. 17
14. Vgl. Walter Muth, *Einmal muss das Fest ja kommen*, in: *Interpretationen zu Ingeborg Bachmann. Beiträge eines Arbeitskreises*, hg. v. Rupert Hirschenauer u. Albrecht Weber, München 1976 (*Interpretationen zum Deutschunterricht*), S. 73–89.
15. Ingeborg Bachmann, *Todesarten: Malina und unvollendete Romane*, hg. v. Christine Koschel, Inge von Weidenbaum u. Clemens Münster, München/Zürich ²1982 (*Werke* 3), S. 245
16. Vgl. Geitel, *Henze* (Anm. 1), S. 117f.
17. Hans Werner Henze, *Re Cervo*, in: ders., *Musik und Politik*, Schriften und Gespräche 1955 – 1984, erw. Neuausgabe, München 1984, S. 37f.
18. Die Bandaufnahme eines Live-Mitschnittes der Uraufführung, bei welcher Henze einführende Worte sprach, wurde mir freundlicherweise von Radio DRS zur Verfügung gestellt. Die Äußerung Henzes bezieht sich auf das zweite Lied, Takt 40ff.
19. Vgl. das vollständige Zitat oben im Text. Ebd.

Martin Zenck

Dunkles zu sagen.
Oralität und Skripturalität der Lyrik
Ingeborg Bachmanns in den Kompositionen von
Giacomo Manzoni, Luigi Nono und Adriana
Hölszky sowie in den Gemälden Anselm Kiefers

Für Gerhard Buhr,
den langjährigen und seltenen Freund, zum 65. Geburtstag!

Schrift, Sprache, Sprechen und Musik stehen in der Dichtung Ingeborg Bachmanns nicht nur in einem innigen Zusammenhang. Sie sind vielmehr als unterschiedliche Medien in ein Verhältnis der Reflexionsbestimmung gesetzt, durch welche sich diese Medien soweit voneinander trennen, dass sie sich auszuschließen drohen. Dass die Musik eine merkwürdige, gar eine „wunderliche"[1] Kunst ist, wissen wir von der Dichterin, welcher die Musik unerreichbar für die Dichtung schien – eine Gegenwelt, ein Zauberzeichen, eine romantische Hieroglyphe – unentschlüsselbar. Dass aber die Stimme, die sie ihrer Dichtung verlieh, auch indem sie diese rezitierte, als scharf getrennt von der Schrift aufzufassen ist, dürfte ein weniger bekannter Sachverhalt sein, den ich hier entsprechend akzentuieren möchte. Unter Literaturwissenschaftlern sind zwar die zahlreichen Lesungen bekannt, mit denen Ingeborg Bachmann zu Lebzeiten vor allem bei den Rundfunkanstalten, insbesondere von Radio Bremen, Geld verdiente, da sie sonst von der veröffentlichten Literatur kaum leben konnte. Aber die Rezitationen ihrer Gedichte wurden bisher mehr als Befestigung eines in der geschriebenen Dichtung geäußerten Sinns verstanden und nicht als die Behauptung eines grundsätzlich eigenen und anderen Sinns, der durch die Stimme laut wurde. In strikter Parallele zu ihrem Dichterfreund Paul Celan bildet der über die Gedichte vermittelte Stimm-Korpus einen eigenen Bestand der Dichtung im Verhältnis zum Text-Korpus. Dabei gilt es, die Stimme im Gedicht unter der Frage „wer spricht hier?" von der Stimme zu unterscheiden, die diese dem Gedicht in der Rezitation verleiht. Grundsätzliche Bedeutung erhält hierfür Celans Gedicht *Stimmen*[2], das in den fünf bzw. sechs jeweils durch einen Asterisk getrennten Teilzyklen verschiedene Stimmen thematisiert, auch eine letzte, die nach der Josephs-Stimme keine klingende Stimme hat. Überdies hinaus zeigt sich etwa in Celans früher Lesung die Bedeutung einer anderen Textfassung dieses Gedichts. In den späteren Druckfassungen ist der Zyklus im Zyklus sechsteilig, während die erhaltene Lesung des Dichters neben vielen Abweichungen in der Prosodie eben eine nur fünfteilige Version wiedergibt. Der Vergleich zwischen einem Texttypus ‚Partitur' und einem der ‚Aufführung' in der Musik liegt auf der Hand, wobei sich gerade durch die Musik die Frage noch grundsätzlicher stellt: Ist die Aufführung der Text? Gibt es so viele Aufführungsmöglichkeiten, wie im Text verschlüsselt enthalten sind? Oder gilt, wozu ich eher neige, dass sowohl der Text einen Überschuss enthält, der von der Aufführung nicht realisiert wird, als auch dass umgekehrt die Aufführung ein Surplus an Sinn hervorbringt, der über den Text hinausschießt. In der musikwissenschaftlichen Interpretationsgeschichte hat sich deswegen langsam die Position durchgesetzt, dass der ‚Noten-Text' einen sub-oralen und sub-performativen Zwischen- und Untertext mitschreibt, mitkonotiert, ohne den der ‚Haupt-Text' des ‚Noten-Textes' überhaupt nicht aufgeführt werden kann. Die Aufführungsgeschichte, die oral-mimetisch vermittelte Tradition der Aufführungspraxis ist also ein integraler Bestandteil der skripturalen Überlieferung der Musik, ohne welche der dem Text einbeschriebene Sinn nicht transformiert, nicht in die klangliche Gestalt übersetzt werden kann.

Was bedeuten nun diese Überlegungen für das Verhältnis von Schrift und Stimme, von geschriebener Dichtung und Oralität? Zunächst einmal soviel, und dies ist schon entscheidend, dass sich die Stimme, eine Stimme, viele Stimmen der Dichtung einschreiben und über die Prosodie die rhythmisierten Klangfiguren des Gedichts bestimmen. Damit ist nicht nur von der Form, der Prosodie aus das Gedicht aus einem Stimmkorpus hervorgegangen, den es verkörpert, sondern der Sinn eines Gedichts ist ganz wesentlich aus dem Vorgang des Sprechens, aus einem performativen Akt heraus entstanden, der in spezifischen Formen nicht nur für die mündliche Literatur, sondern ebenso für die geschriebene der oralen Poesie Ossip Mandelstams[3] grundlegend wurde. Von den späten Gedichten dieses Celan so nahestehenden Dichters wäre heute kein einziges Gedicht aus der Zeit des Archipel Gulag erhalten, wenn er nicht dem Prinzip der oralen Poesie gefolgt wäre, durch das seine Frau, Nadeschda Mandelstam[4], die Gedichte im Gedächtnis behielt. Die mündliche Literatur ist also, um ihren Fortbestand zu sichern, auf das kulturelle Gedächtnis angewiesen, das die Erzählung wie die Poesie so von einer Generation an die folgende weitergibt und zwar in der klanglich-rhythmisierten Gestalt, die ihr ursprünglich der Autor/die Autorin verliehen hatte. Zurückbezogen auch auf die schriftlich überlieferte Literatur heißt das ganz wesentlich: die peripathetische Hervor-bringung eines Gedichts als ein Sprechakt findet später in der Rezitation sein erneutes Echo, wenn nicht das Gedicht überhaupt erst seine erste Existenzform durch die Lesung fand, wie im Falle von Ingeborg Bachmanns Gedicht *Dunkles zu sagen*, das sie erstmals 1952 in Niendorf während der Tagung der Gruppe 47 in der Gegenwart ihres Freundes Paul Celan vortrug. Demnach bedeutet die am 27. Mai desselben Jahres für den NDR aufgezeichnete Lesung[5] des Gedichts *Dunkles zu sagen* von der Dichterin Ingeborg Bachmann zumindest eine produktive Wiederherstellung des Sprechaktes, seines statu nascendi, durch den das Gedicht entstanden ist, keine bloße Verlautbarung und Wiederholung eines Sinns, der in der Schrift vollständig enthalten wäre. Zumindest steht die Genese des Gedichts im engsten Zusammenhang mit den beiden Lesungen von 1952 und der im gleichen Jahr erstellten Erstveröffentlichung ohne den Gedichttitel in den *Stimmen der Gegenwart*[6] und zwar dort als fünftes Gedicht des Zyklus *Ausfahrt*. Zwischen den beiden Lesungen und dem Erstdruck – und vielleicht auch der ersten handschriftlichen Niederschrift – besteht also direkter entste-hungsgeschichtlicher Kontext. Zumindest kann soviel gesagt werden, dass Sprechbarkeit und Sprachfindung in einem schöpferischen Bedingungsverhältnis standen.

Im Folgenden werde ich mich immer mehr diesem Sachverhalt nähern, das Sprechen als Animation eines toten, weil stummen Textes zu verstehen oder genauer die Stimme als das Organ aufzufassen, durch das der Text nicht als gefrorene Handlung, sondern als Ausdruck des Lebendigen zu vernehmen ist. Wenn die Stimme also einen Überschuss über die skripturale Gestalt des Gedichts hinaus hervorbringt, so keinen beliebigen, sondern denjenigen, der noch vor seiner

Verschriftlichung beim ausprobierenden Sprechen enthalten war. Es ist also bei der Gegenüberstellung des geschriebenen und gelesenen Gedichts der Sachverhalt festzuhalten, dass nicht die Frage entscheidend ist, inwiefern das Sprechen der Dichterin einen Sinn verwirklicht, der mit und durch die Schrift festgelegt ist, sondern dass die Rezitation gerade einen anderen Sinn artikuliert. Diese im Folgenden noch konkret auszuweisende Überlegung wird dann auch Konsequenzen haben für die Interpretation der Kompositionen über Gedichte von Ingeborg Bachmann durch Luigi Nono, Giacomo Manzoni und Adriana Hölszky und für die Interpretation von Bildern Anselm Kiefers, der dem Verhältnis von Schrift und Stimme im Gemälde besondere Aufmerksamkeit widmet. Schon hier kann soviel behauptet werden, dass vor allem die Komponisten Nono und Manzoni von der konkreten Stimme der Dichterin ausgingen und nicht von den Gedichten in Form von Schriftstücken. Im Vorgriff sei als Beleg hierfür Nonos berühmter Ausspruch – „sento la sua voce disperata"[7] – zitiert. Es ist die Stimme, die Nono wahrnahm, die ihn anrührte und die er ins Musikalische übersetzte und nicht die Transformation eines ausschließlich literaturwissenschaftlich bestimmbaren Sinns der Dichtung. Wenn die Künste einander begegnen, insbesondere die Musik der Dichtung,[8] so entsteht nach Ingeborg Bachmann keine einigende Synthese, sondern ein „Drittes", weil beide Medien nach ihrer Berührung als veränderte hervorgehen: weder bleibt das einzelne Gedicht nach der Konfrontation mit der Musik das, was es war, noch die Musik die Kunst, die sie als Gestalt vor dieser Begegnung mit der Dichtung inne hatte. Vermutlich war es diese besondere Musikalität der Dichterin, ihre auf die stimmliche Präsenz des Ich hin orientierte Konzeption von Dichten, welche die Musiker als so wesensverwandt mit der eigenen Kunst empfanden.

Dunkles zu sagen: Stimme – Sprechen – Oralität versus Skripturalität

Immer wieder hat Ingeborg Bachmann ihre eigenen Gedichte, *Die römischen Reportagen*, Ausschnitte aus ihrer Prosa gelesen, fast möchte man sagen aufgeführt und sich dabei selbst in ihrer fragilen Präsenz inszeniert. Unabhängig einmal von der poetologischen Referenz Ossip Mandelstams kann hier der Zusammenhang des Dichtens mit dem Sprechen ausgewiesen werden. Das „Ich" im Gedicht nannte Bachmann in einer ihrer Frankfurter Vorlesungen zur Poetik „die Platzhalterin der menschlichen Stimme",[9] das sie gegenüber den "unbestimmbaren Größen" des "Wir", "Es" und "man" hartnäckig verteidigte. Am deutlichsten sind für diese Stimmen des "Ich" die Spuren, die auf den Sprechgesang von Schönbergs *Pierrot Lunaire* im *Malina*-Roman verweisen. Dort ist eben nicht nur Schönbergs musikalische Sprache zu vernehmen, sondern mit dem zitierten Notentext auch ganz explizit der Sprechgesang, der sich hier von der Lektüre des Romans für den Leser abhebt. Gerade diese Zitate verweisen auf die aufführungspraktische Dimension der Lektüre, auf den Sprechgesang, wie ihn Schönberg von der Leipziger Rezitatorin Albertine Zehme[10] in Berlin erlernt hatte, eine rhythmisierte und tonal fixierte wie gleichwohl tonal aufgelöste Weise des Sprechens mit einer starken Modulation und immanenten Gestik der Stimme, die ihre theatral-szenischen Auswirkungen hatte. Schönberg gibt für uns heute mit der musikalisierten Sprechstimme ein Modell für die Rekonstruktion der Deklamationsweise um 1910, wie sie damals in Wien im Umkreis von Karl Kraus' "Theater der Dichtung"[11] und von Ludwig von Fickers Dichterkreis "Der Brenner" praktiziert wurde.[12] Die musikalischen Zitate aus Schönbergs *Pierrot Lunaire* finden sich exemplarisch und in weiterführender Form an zwei Stellen des Romans *Malina*.[13] Sie stehen in intermedialem Kontext mit den mit musikalischen Vortragsbezeichnungen versehenen Dialogen zwischen dem Ich und Malina und mit fortgeschriebenen Gedichten im Roman.[14] Ingeborg Bachmann gibt dort also jeweils genau, auch für den stummen Leser, die Art und die Höhe der Deklamation an, so wie Hugo von Hofmansthal einige seiner Bühnenstücke, vor allem die *Alkestis* ganz genau mit Tempi- und Vortragsbezeichnungen versehen hatte. Vor diesem Hintergrund der Mischung der Gattungen von Lyrik, Drama und Prosa im Roman und des Sprachwechsels durch die jeweiligen Stimmen in *Malina* also ist auch die Rezitationsweise der Dichterin Ingeborg Bachmann zu hören und wohl auch zu sehen: als eine Aufführung eines Textes im ‚Theater der Dichtung'.

Spätere Druckfassung[15]	frühere Lese- und Druckfassung[16]
Dunkles zu sagen	—
Wie Orpheus spiel ich	
auf den Saiten des Lebens den Tod	
und in die Schönheit der Erde	
und deiner Augen,	
[die den Himmel verwalten,]	[in die der Himmel taucht,]
weiß ich nur Dunkles zu sagen.	

Vergiß nicht, dass auch du, plötzlich,　　　[Auslassung: plötzlich]
An jenem Morgen, als dein Lager
Noch naß war von Tau und die Nelke　　　[vom Tau]
An deinem Herzen schlief,
den dunklen Fluß sahst,
der an dir vorbeizog.

                                      du neigtest dich über ihn,
                                      schriest auf und batest mich,
                                      dir mit dem Bogen das Haupt
                                      abzutrennen.

Die Saite des Schweigens
gespannt auf die Welle von Blut,
griff ich dein tönendes Herz.
Verwandelt ward deine Locke
ins Schattenhaar der Nacht,　　　　　　　　[im Schattenhaar]
der Finsternis schwarze Flocken
beschneiten dein Antlitz.

Und ich gehör dir nicht zu.
Beide klagen wir nun.

Aber wie Orpheus weiß ich
auf der Seite des Todes das Leben
und mir blaut
dein für immer geschlossenes Aug.

Bereits die mehr als deutliche Abweichung an einzelnen Stellen des Gedichts, ja mehr noch die ursprünglich umfassendere Form und eine weniger nüchterne sprachliche Formulierung, alle diese Aspekte weisen auf die Rezitation als eine lyrische Form sui generis hin, so als ob sich die grundlegende Veränderung, Erweiterung und dann Verkürzung eben nicht beim Schreiben, sondern beim lauten und umhergehenden Sprechen, beim Ausprobieren während der Lesungen und wohl auch vor ihnen ergeben hätte.

    Eine phonetische Analyse hat zunächst unabhängig von der durch die Textveränderungen sich ergebenden Semantik die Art der Artikulation, die Gestikulation, die Sprechhöhe, den Sprachklang und das Tempo des Sprechens zu bestimmen. – Zunächst spricht das lyrische Ich, welches die Figur der unausgesprochenen Eurydike annimmt und auch ausdrücklich auf das Sprechen, auf das Sagen von Dunklem – in der späteren Fassung sowohl im Gedichttitel als auch in Vers I,5, in der früheren Version eben erst am Ende dieser Strophe – hinweist. Es kann zwar noch gesagt werden, aber eben nur „dunkel". Was heißt dies nun genauer? – Nun zunächst auf der einen Seite soviel, als es von der phonetischen Analyse der Stimme her hörbar ist, im Gegensatz zur hellen, aufgehellten und offen schallenden Stimme mit weit geöffnetem Mund; auf der anderen Seite in Verbindung mit den Wortfeldern des Abgedunkelten und ihres Gegensatzes im Hellen, also von Nacht und Tag, wobei sich diese auch metaphorisch besetzten Lichtverhältnisse in der Schlussstrophe umkehren. – Wenn die Stimme Celans als ‚grau', leise, schwach und ihr Ausdruck als mühevoll bezeichnet werden kann, so die Stimme der Dichterin Bachmann als hell, vokal voll klingend mit der anrührenden, weil auch schmerzlichen Dialekteinfärbung. Ihr innerer Ausdruck liegt weit vorne, sozusagen auf der Zunge, obwohl noch mit viel abgestufter Sonorität. Roland Barthes, dem wir Entscheidendes über die „Rauhheit der Stimme" verdanken, stellt sich in einem seiner *Fragments d'un discours amoureux* die Frage, ob die Stimme mehr noch dem Körper oder eher doch schon der Artikulation zugehöre, ob sie also mehr noch innen als außen sei, bevor sie dann über die Schmerzgrenze der Lippen, der Trennlinie von Innen und Außen, gelange.[17] Bei der Bachmann können wir das Paradox vernehmen, dass der Sitz der Stimme bereits weit vorne ist, um in die prononcierte Artikulation überzugehen, dass sie aber gleichwohl noch den Klang des vollen Mundes, dass sie die Sprache voll in den Mund nimmt und dennoch eine Differenzierung zwischen gutturalem und hellem, fast metallenem Klang hat.

Bei der phonetischen Analyse ist es dann weiter von Bedeutung, wie sich der Sprachklang im Verhältnis zu den Klangfiguren im Gedicht wandelt, in welchem Tempo, in welchen Rhythmisierungen und mit welchen Zäsuren gesprochen wird, das Gedicht also so zu hören, als ob es reine Musik wäre und nur von der musikalischen Interpretation, der Stimmgebung auf einen möglichen Sinn geschlossen werden könnte. Während also Celans Stimme näselnd, nasal und äußerst zerbrechlich ist, hält Bachmann einen gezogenen Grundton bei vollmundiger Resonanz durch, um dann vor dieser durchgezogenen Stimme die Brüche, die Einengungen, die Verletzlichkeit laut werden zu lassen. Wie bewegt sich also die Stimme weiter im Gedicht, ihrem Referenz- und Resonanzraum? – Die Stimme der ungenannten Eurydike hat gegenüber der Helle des Himmels und der diese Helligkeit reflektierenden himmlischen Bläue der Augen nur „Dunkles", Nächtliches zu sagen. Aber dies „Dunkel" trägt sie. Sie ist ihm gewachsen, während Orpheus den ästhetischen Schein des Schönen und Hellen behauptet, indem er ein Spiel mit dem Schönen treibt, es nur verwaltet, weil er kraft seiner Profession als Sänger dafür mit seinem Saitenspiel zuständig ist. Da das Gedicht nicht wie im Roman *Malina* die beiden Figuren auf zwei Stimmen verteilt, ist die eine Stimme, mit der Ingeborg Bachmann das Gedicht spricht, in die Zerreißprobe zwischen einem ästhetisch schönen und ethisch wissenden Sprechen gespannt. Daraus erklärt sich, dass sie den weit gespannten Bogen eines durchgezogenen Grundtons nicht halten kann, dass mit der zunehmenden Verdunklung und Selbstvergewisserung einer Position der Moralität des Schönen die Stimme kleiner, ängstlicher, verletzlicher wird und vielleicht auch ins Weinen übergeht, wenn der große Atembogen mit dem „Und ich gehör dir nicht zu" gleichsam erstickt und damit der gemeinsame Lebensraum zusammengezurrt wird. In dem Maße, wie die ersten Strophen mit ihren Dehnungen und Erweiterungen die Atembögen weiten, zieht sich dieser Lebensatem mit der extremen Verkürzung auf zwei Verse zusammen.[18]

Die Forschung hat bisher die Thematik des „Dunklen" zu sehr einmal in der Intertextualität mit Celans Gedicht *Corona* und dem Selbstzitat in *Malina*, zum anderen in der verdeckten und gescheiterten Liebesgeschichte zwischen Celan und Bachmann gesehen. Zwei zentrale Hinweis jedoch auf einen anderen Aspekt, auf die extreme Umdeutung des Orpheus-Mythos, geben Henzes Unterstreichung und Anmerkung zum ersten Vers „Sieh dich nicht um" aus der dritten Strophe des Gedichts *Die gestundete Zeit*, ebenfalls noch aus dem Jahre 1952, wo Henze vermerkt „Anspielung auf orfeo, verstehe"[19], und die immer wieder beschworene Metapher des „Dunklen", der „dunklen Engel"[20] der Hölle und der hellen Macht des Himmlischen im folgenden Brief von Ingeborg Bachmann, den sie allerdings nie abschickte. „Die dunklen Engel" tauchen als „gefallene" wieder in *Ein Blatt für Mozart*[21] auf, den das 19. Jahrhundert vor allem als engelgleich verklärte – Donna Anna als Gretchen bei E.T.A. Hoffmann. Nach Bachmann ist die Musik Mozarts „von dieser Welt" und damit die Menschen „voll von dem gleichen Begehren", das immer auch die Möglichkeit eines Abgrundes einschließt. Demnach waren sich der Komponist Henze und die Dichterin darin einig, dass es auch unabhängig voneinander gelte, einen eigenen Weg zu suchen, welcher die dunklen Abgründe aufzusuchen und diese für die artistische Produktion fruchtbar zu machen hätte. Henze geht in einem der Briefe fast drohend so weit, von möglichen Skandalen zu sprechen, wenn Bachmann weiter „aus dem vollen" schöpfe. Er findet in diesen Gedichten eine dem „wunderbaren Idioten" Dostojewskijs vergleichbare „atmosphäre, und doch herrscht in ihnen eine eigene feuchtigkeit und wildheit, die es am ende des wunderbaren Idioten nicht gibt."[22] Dass damit auch eine Positionierung des Ich innerhalb des Orpheus-Mythos gemeint war, liegt auf Grund nicht zuletzt der Zitate auf der Hand. Während Heiner Müller in seinem kurzen Prosatext *Orpheus gepflügt*[23] noch ganz der Wiedergabe dieses Mythos folgte, wie ihn Ovid in seinen *Metamorphosen* nacherzählte, gaben Ingeborg Bachmann und später Hans Werner Henze in seinem Ballett *Orpheus hinter dem Stacheldraht* nach Edward Bond diesem Mythos jeweils eine ganz andere Gestalt. Pointiert formuliert konzentriert die Dichterin den Orpheus auf einen medienethischen Diskurs, der in *Dunkles zu sagen* im Vorgriff auf das ‚letzte Gedicht' *Keine Delikatessen* das ästhetische Spiel mit dem Schönen als unkritische und jederzeit verfügbare Veranstaltung des Himmlischen, als Anmaßung von Transzendenz ausweist. Aus diesem Grund entzweit sich das lyrische Ich der ungenannten Eurydike mit Orpheus – „und ich gehör dir nicht zu" – und setzt diesem eine moralisch wissende Position von der Seite des Todes entgegen, von der aus ihr gleichwohl die Augen ihres Orpheus in Traklscher Diktion in himmlischer „Bläue", aber eben „geschlossen" erscheinen.[24] Nicht Orpheus verliert seine Eurydike, weil er sich wie in der Skulptur von Rodin zu früh nach ihr, aus dem Totenreich aufsteigend, umsieht, auch nicht, weil er sie nach Heiner Müller zu früh noch im Kindbett beschlafen hätte, sondern sie trennt sich von ihm, tötet ihn auf sein Verlangen hin, weil sie sein ästhetisches Spiel mit dem Himmlischen nicht erträgt und Orpheus nicht erkennt, in welche Gefahr sich die Kunst damit im Verhältnis zur Realität, in welche Bedrohung Orpheus Eurydike damit bringt. Ein wichtiges Modell für diese beschriebene Situation findet sich im berühmten Bild „Paysage avec Orphée et Eurydice" von Nicolas Poussin (s. Abb. 1),[25] auf dem Orpheus über seinem Spiel auf der Harfe zwar die Frauen um sich betört, aber nicht erkennt, in welcher Gefahr sich Eurydike durch die aus dem Dunkel auftauchende Schlange befindet (s. Abb. 2).[26] Unübersehbar führt die Verlängerung des Schattens, aus dem die Schlange sich hervorwindet, zum dunklen Fluss des Todes, des Acheron, den an sich vorbeiziehen die spätere Fassung des Gedichts *Dunkles zu sagen* beschreibt, über den sich Orpheus aufschreiend beugt, wie die frühere Lesart dieses Gedichts bekundet.

Giacomo Manzonis, Hans Werner Henzes und Luigi Nonos musikalische Lektüren von Gedichten Ingeborg Bachmanns

Mit der mündlichen Überlieferung, also der anderen Lesart des Gedichts, und der eingeschriebenen Oralität der Stimme im Gedicht *Dunkles zu sagen* war ein anderer Aspekt als der des Textkorpus akzentuiert worden. Wenn die theaterwissenschaftliche These „Die Aufführung ist der Text" von Erika Fischer-Lichte[27] auf die Interpretation von Lyrik unter dem Gesichtspunkt der Rezitation übertragen werden kann, so ist diese Überlegung eine entscheidende Voraussetzung für die musikalischen Lektüren von Dichtung durch bestimmte Komponisten. Ihre Werke auf und über Gedichte von Ingeborg Bachmann können als eine komponierte Aufführung, als eine musikalisierte Lesung der Gedichte beschrieben werden. So kannte Hans Werner Henze die Stimme Ingeborg Bachmanns aus nächster Nähe, wenn er auch gleichwohl sich eine persönliche Lesart zu eigen machte, so wie es der Briefwechsel zwischen seiner Freundin Ingeborg Bachmann und ihm selbst immer wieder bezeugt. Weiter waren vor allem die italienischen Komponisten Luigi Nono und Giacomo Manzoni mit der Stimme von Ingeborg Bachmann und vor allem mit ihrer Bedeutung als Übersetzerin der italienischen Lyrik von Giuseppe Ungaretti und mit ihrer librettistischen Begabung vertraut, weswegen u. a. Luigi Nono förmlich hinter der ‚Bachmann' her war. Die sieben Briefe Bachmanns an Nono im Nono-Archiv in Venedig dokumentieren dies nicht weniger als die zahlreichen Hinweise auf diese Verbindung im Briefwechsel zwischen Bachmann und Henze. Trotz der jeweils gleichsam einkomponierten Stimme sind die musikalischen Lektüren von Manzoni und Nono grundverschieden. Während Giacomo Manzoni sich neben seiner Filmmusik und konzertanten Musik zum *Malina*-Roman intensiv mit dem letzten Gedicht *Es ist Feuer unter der Erde* aus dem Gedichtzyklus *Lieder von einer Insel* befasste und dies Gedicht am Ende seines Werkes *Finale ed Aria* geschlossen und vollständig komponierte, reduzierte Luigi Nono in seinen *Risonanze erranti* die Lektüre des ‚letzten Gedichts' Bachmanns, *Keine Delikatessen*, auf eine schmerzende Grundaussage. Diese beiden kompositorischen Auseinandersetzungen seien im Folgenden auch unter der Frage der Oralität thematisiert, denn die Musik bringt im Sinne des Prinzips der mündlichen Überlieferung auch und gerade die jeweilige Stimme zur Geltung. Aus ihr könnten wir erfahren, wie der Komponist die reale oder imaginäre Stimme im Gedicht gehört hat. Eine besondere Pointe hierbei ist der Sachverhalt, dass Hans Werner Henze bereits 1964 das letzte Gedicht *Es ist Feuer unter der Erde* aus Bachmanns *Liedern von einer Insel* komponiert hat, bevor sich dann Giacomo Manzoni 1991 im Schlussteil seines Orchesterliedes auf dieses Gedicht wiederum bezogen hat.

> Es ist Feuer unter der Erde,
> und das Feuer ist rein.
>
> Es ist Feuer unter der Erde
> und flüssiger Stein.
>
> Es ist ein Strom unter der Erde,
> der strömt in uns ein.
>
> Es ist ein Strom unter der Erde,
> der sengt das Gebein.
>
> Es kommt ein großes Feuer,
> es kommt ein Strom über die Erde.
>
> Wir werden Zeugen sein.[28]

Manzoni komponiert die Stimme im Sinne eines szenischen Auftritts. Nach einem lang gezogenen Orchesterstück mit eingehängtem Streichquartett, das sich reliefartig vom Orchestersatz abhebt, setzt zum Ende des Werks die Sopranstimme mit „Es ist Feuer unter der Erde" ein. Nachdem der vorhergehende Teil bereits als Finale bezeichnet wurde, ist das ganze Werk weniger ein Orchesterlied in der Tradition von Mahler und Zemlinsky, als ein Orchesterfinale mit Abgesang, also insgesamt eine Gesangsszene, in der die Stimme unter ungeheurer dramatischer Spannung erst sehr spät einsetzt. Dies dramaturgische Verfahren wird durch ein gegenläufiges unterlaufen. Manzoni komponiert den Text nicht in zunehmender Steigerung durch, sondern setzt die getroffenen Grundaussagen deutlich voneinander ab, blockiert also das Drama durch das Relief, das Geschehen durch das gleichsam still gestellte Bild.

Martin Zenck

Giacomo Manzoni, *Finale ed Aria*, T. 263–269, Partitur, S. 37

© G. Ricordi & C.s.p.a., Mailand 1991

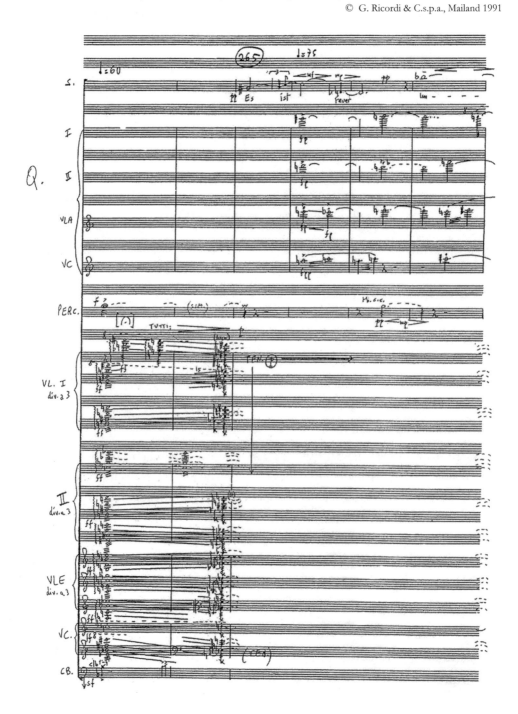

Aus diesem heraus klingt die Stimme. Das Bild wird durch die Stimme zu einem agens, vor allem weil sie innerhalb der abgesetzten Partien in sich durchgezogen erklingt, einen Duktus des Sprechens aufnimmt, wie wir ihn aus den Lesungen Ingeborg Bachmanns kennen: eher die Prosodie als den Inhalt, mehr die jeweils geschlossene Form als die oratorischen Akzente sprechend. Die Stimme, die Manzoni der Sängerin hier gibt, geht von dem ausgehaltenen Stimmklang Ingeborg Bachmanns aus, um sie dann melodisch weit gedehnten und geschwungenen Bögen zu überantworten, die dem Text gewachsen sind. Während die Stimme der Dichterin auch immer an ihrer eigenen, im Gedicht eingeschlossenen Stimme zu zerbrechen droht, erreicht die Musik eine immer größer werdende Konsistenz und, daraus folgend, eine Insistenz der Behauptung, von der gesagt werden könnte, dass sie über die Sprache zwingend hinausgeht, um dort auf die Musik zu treffen.

Unüberhörbar ist eine bereits vor dem Eintritt der Singstimme vorbereitete Schichtung der Komposition: der reliefartige, klar konturierte Streichquartettsatz, der wie zitiert und einkopiert erscheint, dann das Orchester-Tutti, explosiv mit Tremolo-Flächen aufgeladen, wobei die Klangblöcke durch massiv gezogene Glissandi miteinander verbunden sind. Diese beiden Satzschichten klingen dann auch, immer wieder unterbrochen, zur linear durchgezogenen und blühenden Singstimme. Es ist denkbar, dass Manzoni mit der Kombination von Streichquartettsatz und Singstimme die Intimität der ‚Aussage' bekräftigen wollte, wie sie modellhaft vor Manzoni in Schönbergs op. 10 und in Bergs *Lyrischer Suite* mit der Verbindung von Quartettsatz und Vokalstimme gegeben war. Vokalstimme und Quartettsatz bilden also eine artikulatorische Einheit, während der irisierende, fluktuierende Orchestersatz das Ganze wie eine aufgeladene Atmosphäre umgibt, es lodernd durchdringt. Von besonderer Bedeutung ist der Schluss, in dem sich die Singstimme und eine tiefe Flötenstimme aus dem Ensemble mit den Worten „Wir werden Zeugen sein" herauslösen. Während die menschliche Stimme erlischt, geht die Flötenstimme, vielleicht der Aulos von Orpheus, im prasselnden Feuer und dann in der Ferne, wo sich das Konturierte verliert, unter. Dort also, wo das Gedicht aufhört und damit auch die Sprache nichts mehr bezeugen kann, geht die Musik über die Sprache hinaus. Sicherlich hat die Komposition insgesamt mit Tod und Leben zu tun – am Schluss mit dem auch reinigenden Feuer, aus dem neues Leben entsteht, vor dem Eintritt der Singstimme immer wieder die anklingende Totenklage auf ein verlorenes Arkadien im *Nymphes des bois, déesses des fontaines*, deren eine, Atropos, den Lebensfaden von Ockeghem durchschnitt, worüber nicht nur Josquin in seiner fünfstimmigen Motette und „Déploration sur la mort de Johannnes Ockeghem", sondern auch seine Schüler Brumel, Binchois etc. trauerten (diese werden von Josquin in der genannten Motette mit aufgerufen, um mit ihm zusammen den Tod ihres Lehrers Ockeghem zu beweinen).

Henzes Komposition von Bachmanns Gedicht bezeugt auch den problematischen Status seines Komponierens um 1964. Bereits 1957 zum Zeitpunkt seiner früheren Auseinandersetzung mit seiner Freundin Bachmann, war er ihr wohl kaum in seinen *Nachstücken und Arien* reflexiv gewachsen. Die empörte Reaktion einiger Kompositionskollegen wie Luigi Nono, Boulez und Stockhausen während der Uraufführung dieses Werkes in Donaueschingen mag man zwar als skandalös betrachten, nicht aber vom erreichten Stand der Sprachkomposition aus, wie ihn der *Marteau sans maître* von Pierre Boulez 1954 und *Il canto sospeso* von Luigi Nono um 1956 verkörperten. Dabei hätte es nahe gelegen, Ingeborg Bachmanns Gedichte nach 1957 auf eben dem kompositorischen Reflexionsniveau zu komponieren, wie die Gedichte von René Char und Stéphane Mallarmé durch Pierre Boulez.[29]

Einen in jeder Hinsicht unvergleichlichen Weg beschritt Luigi Nono in seiner singulären Komposition auf eines der letzten Gedichte von Ingeborg Bachmann, *Keine Delikatessen*, das erstmals zusammen mit drei anderen Gedichten im *Kursbuch* 15 im November 1968 erschienen war. Wie beim Hölderlin-Quartett *Fragmente – Stille. An Diotima* zeigt sich auch in den *Risonanze erranti* der Vorteil – den eine lange Zeit des Zuwartens und Arbeitens mit sich bringt –, einer Textvorlage wie derjenigen Hölderlins oder Bachmanns etwas entschieden Neues abzugewinnen – wovon sie behauptet hätte, dass hier gerade im absoluten Differenzpunkt der Medien von Sprache und Dichtung augenblickshaft dennoch eine Gemeinsamkeit erreicht wird, indem beide Medien so ineinanderfallen, dass beide als vollkommen veränderte aus dieser Begegnung hervorgehen und nicht zurücksinken ins Spät-Romantische der Post-Moderne wie bei Hans Werner Henze.

Hans Werner Henze, *Lieder von einer Insel* (Version 1964), Nr. 5 *Es ist Feuer unter der Erde*, T. 10–18, Partitur S. 38   © B. Schott's Söhne, Mainz 1956

Martin Zenck

Ingeborg Bachmann[30]	Textfassung Luigi Nonos[31]
Keine Delikatessen	

<table>
<tr><td>

Nichts mehr gefällt mir.

Soll ich
eine Metapher ausstaffieren
mit einer Mandelblüte?
die Syntax kreuzigen
auf einen Lichteffekt?
Wer wird sich den Schädel zerbrechen
Über so überflüssige Dinge –

Ich habe ein Einsehn gelernt
mit den Worten,
die da sind
(für die unterste Klasse)

Hunger
      Schande
            Tränen
und
                  Finsternis.

Mit dem ungereinigten Schluchzen,
mit der Verzweiflung
(und ich verzweifle noch vor Verzweiflung)
über das viele Elend,
den Krankenstand, die Lebenskosten,
werde ich auskommen.

Ich vernachlässige nicht die Schrift,
sondern mich.
Die andern wissen sich
weißgott
mit den Worten zu helfen.
Ich bin nicht mein Assistent.

Soll ich
einen Gedanken gefangen nehmen,
abführen in eine erleuchtete Satzzelle?
Aug und Ohr verköstigen
mit Worthappen erster Güte?
erforschen die Libido eines Vokals,
ermitteln die Liebhaberwerte unserer
Konsonanten?

Muß ich
mit dem verhagelten Kopf,
mit dem Schreibkrampf in dieser Hand,
unter dreihundertnächtigem Druck
einreißen das Papier,
wegfegen die angezettelten Wortopern,
vernichtend so: ich du und er sie es

wir ihr?

(Soll doch. Sollen die andern.)

Mein Teil, es soll verloren gehen.

</td><td>

Nicht(s) mehr ... mir

(Soll ich ...
... Metapher ...
... mit einer ...?)

Einsehn gelernt...

Hunger
           Tränen

              Finsternis

Verzweiflung, Verzweiflung ...
... noch vor ...

... ich? ... du ... du? ... er? ... sie? ... .
... er? ... sie? ... es? ... .
... wir? ... ihr?

</td></tr>
</table>

Wie Anselm Kiefer niemals ausdrücklich das vollständige, scheinbar hermetisch geschlossene Gedicht ins Bild gesetzt hat, sondern einzelne Worte eines Gedichtes immer wieder mit anderen Bildern ver-setzt und damit das Gedicht in seinem Bild- und Wahrnehmungskontext um-besetzt hat, so verfährt Luigi Nono in seiner Sprachkomposition *Risonanze erranti* auf *Keine Delikatessen* von Ingeborg Bachmann im Sinne einer den Text neu verteilenden Lektüre. Während die Dichterin innerhalb ihrer Konsumkritik das Gedicht selbst doch noch zu einer erlesenen Delikatesse macht, nimmt Nono dem Gedicht diese Ebene der Selbstreflexion und liest es so im Klartext, wie Brecht ein Gedicht von Bachmann oder Celan gelesen hat. Bei der Lektüre Nonos bleibt von dem artifiziellen und sich zur Praline oder besser Mozart-Kugel selbststilisierenden Gedicht von Ingeborg Bachmann nicht viel übrig. Dafür aber das Wesentliche, all' das, was die Existenz des lyrischen Ich unmittelbar betrifft, aber nicht einmal den auf Hofmannsthal – ‚Manche freilich müssen drunten sterben' – anspielenden Schlussvers „Mein Teil, es soll verloren gehen." Was bleibt, ist die pure Verzweiflung nicht weniger als die gereckte Faust gegen „Hunger/Schande/Tränen/Finsternis". Am Schluss ein einziger Schrei-Klang auf dem angerufenen und bezweifelten „wir ihr?"

Was bleibt von der Existenz in der Konsumgesellschaft, die sich zu Tode amüsiert? Die wahrhaft prophetische Vorahnung auf Pier Paolo Pasolinis Untertitel zu den *Freibeuterschriften* „Die Zerstörung der Kultur des Einzelnen durch die Konsumgesellschaft"[32] ist überdeutlich, selbst wenn die dort aufgenommenen Aufsätze erst nach dem Tod Ingeborg Bachmanns erschienen sind. Ein anderer Aspekt wird aber in Nonos Sprachkomposition des Gedichtes *Keine Delikatessen* zentral, der mit dem kontrapunktischen, auch montagehaften Verfahren Kiefers in Verbindung gebracht werden kann. Dinge, Erfahrungen, die nicht vorgesehen sind oder nicht zusammengehören, zusammen zu führen und zusammen zu pressen. Bei Kiefer sind das Benjamins und Heiner Müllers ‚Engel der Geschichte' und der todbringende Starfighter. Bei Nono wird in den aufgebrochenen und unendlich verkürzten, wenn nicht verstümmelten Text noch ein anderer förmlich gewaltsam hinein gesprengt: eines der Gedichte aus den *Battle-Pieces* von Herman Melville, die keine affirmativen der Kriegsliteratur und der musikalischen Battaglien des 17. Jahrhunderts sind, sondern Aufrufe zum Kampf durch die Literatur.

Martin Zenck

Luigi Nono, *Risonanze erranti*, T. 372–379, Partitur (Neuausgabe von Roland Breitenfeld), S. 80–81
© Casa Ricordi – BMG Ricordi S.p.A., 1986

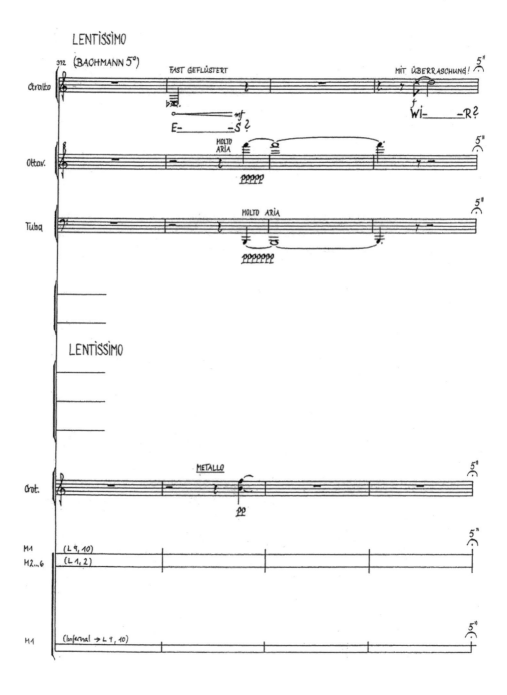

Dunkles zu sagen

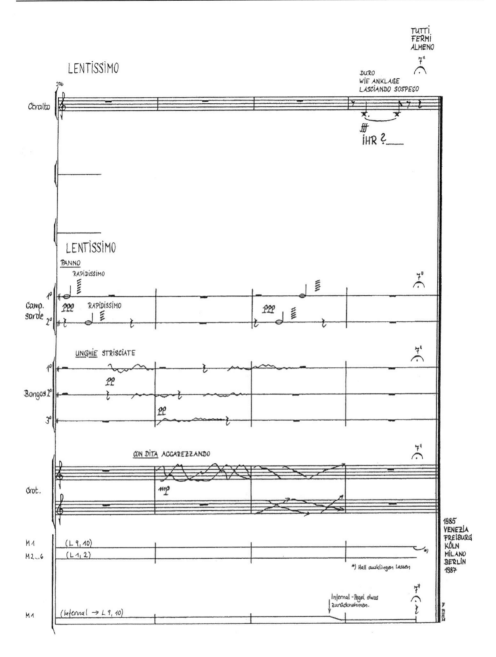

Auch wenn rein von der poetologischen Struktur und nicht von der musikalischen aus gesehen am Schluss die röchelnde Verzweiflung bleibt, hat sie sich erst nach dem möglichen Widerstand ergeben. Dadurch aber wird die Fallhöhe noch umspannender als im Gedicht Bachmanns, die das lyrische Ich vom Konsumterror vollkommen zerrieben und „verzehrt" sieht wie eine Delikatesse. Aber der Vergleich mit Kiefer beginnt erst dort, wo er übers Motivische und Arrangierende hinausgeht und sich eben in der manischen Wiederholung oder Aussetzung jeglichen Zusammenhangs, der Kehrseite der Reprise zeigt. Es ist der Blick, der unendlich gedehnte und konzentrierte wie in einem Teleskop, welcher die kaum noch wahrnehmbaren Dinge heranzieht und vergrößert, damit sie endlich in Erscheinung oder in anderer, auch diffuser Weise vors Auge treten – die flirrende Luft, der sich zerstäubende Sand, die Opazität, insgesamt eine ins Atmosphärische aufgelöste Dinglichkeit oder eine Über-Präsenz von Dingen, von Erfahrungs- und Hörresten, die sich noch in ihrer äußersten Ferne ins Auge oder ins Ohr eingraben.

Poetische Inschriften Ingeborg Bachmanns in Gemälden Anselm Kiefers

Inschriften gehen zusammen mit der ‚Stimme' in der Malerei in der Geschichte der Künste eine unterschiedliche Funktion ein, die Elisabeth Oy-Marra in diesem Band präzisiert. Michel Butor hat diesem Thema ein ganzes Bändchen unter dem Titel *Die Wörter in der Malerei*[33] gewidmet. Gerade weil Kiefer in dieser Tradition zuhause ist, stiften die Inschriften in seinen Bildern nicht geringe Verwirrung, weil sie weder dem Bild eine genauere Bedeutungsreferenz verleihen noch das Gedicht in seinem Bedeutungshorizont bestätigen. Eher wird, wie bei Nono und Kiefer zu sehen, etwas anderes, auch Fremdes hineingenommen. Die Grenzen des Verstehbaren werden versetzt. Das Nicht-Verstehbare rückt in ein anderes Verhältnis zum Verstehbaren. Die Irritation gerät in die Nähe einer Überdetermination oder einer Erschütterung, die noch jedes vorgängige Verstehen zurückweist.

Von einer Tradition war die Rede und zwar einer mehrfachen, in der die Gemälde Kiefers stehen: die Landschaftsmalerei, allerdings diejenige der verbrannten und zerstörten Erde, welche Kiefer später schönte; dann die Stillleben, die immer schon auch Bücher in sich aufnahmen, wie um 1886 bei Vincent van Gogh im „Stillleben mit Büchern"[34] oder wie bei Kiefer auch nur als übereinander gelegte in einer Installation arrangiert, wobei er diese Bücher in Blei fasst, als leblose Inventare in Regale stellt und von der ‚nature morte' umfasst. Schließlich gibt es eine dritte Traditionsschicht der Bilder mit Inschriften, Namen, Orten, näheren Bezeichnungen, auch mit direkten Zitaten aus Gedichten, wie in Juan Gris' „Stillleben mit Gedicht" von 1915, das zur Gattung der Bildgedichte[35] gehört. Während aber Juan Gris ein ganzes Gedicht in seine Bildkomposition einfasst, das Bild mit Worten durchschreibt, weist ein anderes Bild von René Magritte mit dem Titel „Die Kunst des Gesprächs" (1915) auf das Gedicht *L'art de la conversation* von Baudelaire.[36] Obwohl der Titel nur die Anspielung preisgibt, erhellt sich aus dem ganzen Gedicht, das im Verborgenen bleibt, wenn es nicht nachgelesen wird, erst der vollständige Sinn. Hier haben wir den direkten, aber auch wiederum verrätselten Zusammenhang mit den Inschriften in den Bildern Kiefers. Was bedeuten sie, gekritzelt wie von Kinderhand, für das Bild? Was bedeuten sie, geschrieben in einer Schülerschrift, vom Bild zum Gedicht zurückgehend, für das Gedicht?

Der Bildtitel „Der Sand aus den Urnen" ist der Leinwand mit Sand einbeschrieben. Die stilisierten Schriftzüge des Schülers Kiefer buchstabieren auf den Aufgangstreppen zu einem Mausoleum den Titel eines Gedichts aus dem frühen Zyklus *Mohn und Gedächtnis*[37] von Paul Celan. Dargestellt ist eine von Sand verstaubte Ruine, deren Umrisse verwischt sind. Die Buchstaben des Gedichts zeichnen sich vor diesem kaum fassbaren Hintergrund ab, verbinden sich aber auch mit den braun gefärbten Konturen der geschichteten Backsteine der aufsteigenden Treppen. Mit den Sprachzeichen sind Spuren gelegt, die denjenigen, der diese Stufen hinaufgeht, begleiten zu einer Grabstätte, einer riesenhaften Urne, die den Sand der Toten nicht mehr zu fassen vermag. Eine Landschaft des Todes, verweht vom Staub der Verbrannten. Die sich zum Titel des Gedichts zusammenschließenden Buchstaben „Sand aus den Urnen" sind die einzigen Spuren, welche auf eine menschliche Hand hinweisen. Als naive oder auch fassungslose Schrift eines jugendlichen Überlebenden ist sie auch eine Stimme des Überlebens. Sie erinnert an Rolf Riehms musikalisches Märchen *Machandelboom*, in dem der Komponisten seinen jungen Sohn ein Hölderlin-Gedicht in schwäbischer Sprache sprechen lässt, mit klarer, gleichwohl die Sprache nachbuchstabierender Stimme. So höre ich diese Schrift als Stimme aus dem Bild Kiefers heraus. Ein unscheinbares „für" in der oberen Bildmitte rechts verweist auf die Widmung des Bildes, das mit „für Ingeborg Bachmann" überschrieben ist. Damit ist es ein Dokument einer Freundschaft zwischen der Anrede und dem Zitat, zwischen der Bachmann und Paul Celan, die sich in der Erinnerungsarbeit an den Holocaust nahe standen. Die neuere Forschung vor allem von Christine Koschel[38] hat zahlreiche persönliche handschriftliche Widmungen Celans an Ingeborg Bachmann aus dem Gedicht-Zyklus *Mohn und Gedächtnis* nachgewiesen. In ihm steht auch das Gedicht *Der Sand aus den Urnen* an dritter Stelle. Der Maler Anselm Kiefer hat aus diesem Zyklus vor allem noch die Nr. 10 , das Gedicht der *Todesfuge*, für zahlreiche seiner Bilder ausgewählt mit den Anspielungen auf das verbrannte, „aschene Haar Sulamiths", deren Name bei Else Lasker-Schüler im gleichnamigen Gedicht eine so exemplarische Bedeutung hat, und das „goldene Haar Margaretes". Im diskutierten Bild „Der Sand aus den Urnen" hat Kiefer der Dichterin Bachmann und dem Dichter Paul Celan ein Denkmal gesetzt, eines zwar der tiefsten Zusammengehörigkeit beider, das aber getrennt ist, von der gewaltigen Urne. Um dies wenigstens anzudeuten, die Verbindung über eine „schlimme Brücke", ist das für die Widmung sprechende „für" nochmals ins Bild gesetzt, so dass sich die Zueignung Kiefers, der für Celans Widmungen an Ingeborg Bachmann spricht, auf das Gedicht *Der Sand aus den Urnen* bezieht.

Wie unmittelbar der Bezug zwischen Celan und Bachmann von Anselm Kiefer gesehen wurde, zeigt sich in mehrerer Hinsicht in den Bildern, die das Gedicht *Das Spiel ist aus*[39] von Ingeborg Bachmann umkreisen. „Wach im Zigeunerlager und wach im Wüstenzelt", der Bildtitel Kiefers, entstammt diesem Gedicht und zitiert den ersten Vers der vierten Strophe. Dann folgt bei Kiefer nach einem Punkt der Untertitel mit der Fortsetzung des zweiten Verses „es rinnt uns der Sand aus den Haaren". Die Assoziation zum „Sand aus den Urnen" ist naheliegend und kann dadurch befestigt werden, dass bei der Dichterin die Flucht zu zweien aus dem Totental gelingt und im Wüstenzelt dann noch „uns Sand aus den Haaren rinnt". Während der Sand einmal im zweiten Bild die beiden, Bruder und Schwester, noch im Leben miteinander verbindet, tritt er im ersten Bild als der „Sand aus den Urnen" zwischen die Toten, derer Kiefer gedenkt. Den Zusammenhang zwischen dem Gedicht *Das Spiel ist aus* von Ingeborg Bachmann und dem Gedicht *Der Sand aus den Urnen* von Paul Celan hat der Maler Anselm Kiefer ganz genau gelesen. Die „Haare", die wie Schriftzüge einer Spur durch das Bild gelegt sind, werden in Celans Gedicht *Der Sand aus den Urnen* angedeutet mit der „im Sand gemalten Braue". Das „Haus des Vergessens", die „wehenden Tore", die vom Spielmann des Todes mit „Sand gefüllten Urnen" sind als Chiffren im Bild Kiefers von 1999 deutlich zu erkennen. Wie bei René Magritte mit Bezug auf Baudelaire muss man bei Kiefer das ganze Gedicht nachlesen, damit sich die Chiffre im

Bild enträtselt. Was sich aber bei wechselseitiger Einsicht von Bild und Gedicht dennoch verstärkt, ist die Fremdheit der deutschen Schülerschrift gegenüber dem orientalisch-ägyptischen Bildkontext der Pyramide in der Wüste. Um zu verhindern, dass die Schrift ins Bild fällt, sichert Kiefer die Sprachzüge mit einem Lineal. Es dient nicht der Unterstreichung, sondern es sind die vorgezogenen Linien, damit die Schrift einen Halt hat – die Spur gesichert erscheint.

Das Gedicht *Das Spiel ist aus* von Ingeborg Bachmann, auch als Anspielung auf Sartres Drama *Les jeux sont faits* zu lesen, ist ein Fundus der Inspiration, aus dem Kiefer immer wieder geschöpft hat, indem er aus ihm heraus viele seiner Bilder entworfen hat. Worte, Satzteile, Verse und Doppelverse sind aus ihm herausgebrochen und werden durch die Bildbezüge in einen neuen Kontext gestellt – ein Verfahren des Displacements, der Delokalisierung von Gegenständen aus bekannten Orten in andere Orte, auch in Utopien und Heterotopien, von denen Christine Ivanovic[40] mit Bezug auf Ingeborg Bachmanns Gedicht *Böhmen liegt am Meer* sprach. Auch auf dies Gedicht hat Anselm Kiefer sich schon bezogen (s. Abb. 3)[41]. Hier befindet sich die Inschrift nicht verschlüsselt im Bild selbst, sondern deutlich am fernen und offenen Horizont, an dem Böhmen ins Meer übergehen könnte. Es ist also eine Versetzung eines Ortes an einen anderen, den es so nicht geben kann und dem es deswegen utopischen Charakter verleiht. Daniel Arasse hat in seiner essentiellen Studie über Anselm Kiefer darauf hingewiesen, dass gerade dieses Bild über *Böhmen liegt am Meer* in einem grundlegend neuen Kontext des Malers zu sehen ist, nicht mehr im unmittelbaren Zusammenhang der verbrannten Erde des Holocaust, sondern innerhalb blühender Landschaften.[42] Es zeigt sich hierin die veränderte Lektüre des Malers, in Bachmanns Gedichten nicht nur das Dunkle, den Abgrund und den Tod wahrzunehmen, sondern zunehmend auch das Lebendige.

Resümee – Oralität und Skripturalität

Von einem doppelten Ansatz war ich ausgegangen: aus der Vorstellung einer mündlichen Dichtung, dieser durch die Oralität einen möglichen und anderen Sinn zuzuweisen, den sie in der geschriebenen nicht hat; sodann die Komposition von Gedichten als eine Praxis der Rhetorik zu verstehen – die musikalisierte und konkret erfolgte Aufführung als eine ‚relecture' einer sowohl ursprünglichen Lesung zu verstehen als auch als einer, welche weit über das jeweilige Gedicht hinausgeht. Dabei konnte ich, ohne mir äußerlich die Autorintention Ingeborg Bachmanns zu Eigen zu machen, mich grundsätzlich auf ihre Konzeption der menschlichen Stimme beziehen. Diese ist denn nicht nur in der Dichtung als das Ich Platzhalterin der menschlichen Stimme sondern darüber hinaus geltend für die Beziehung von Musik und Dichtung. Dort ist sie, die frühere Wendung von der Platzhalterin wieder aufgreifend, der „Platzhalter für den Zeitpunkt, an dem Dichtung und Musik den Augenblick der Wahrheit miteinander haben."[43] In dieser Hinsicht erscheinen mir die Lesarten von Manzoni, Nono und Hölszky als solche, bei denen sich die Frage der Dichtung nach Maßgabe literaturwissenschaftlicher Interpretationen gar nicht mehr stellt, weil die anderen Künste, die Musik und die Malerei eine Dimension und eine Atmosphäre erreichen, innerhalb derer ganz andere Sinnbereiche, auch ungeordnete erschlossen werden, weil der Körpersinn – auch die Stimme in ihrem Rohzustand – nach Paul Valéry wesentlich anarchisch und multidimensional ist. Bei Nonos Lektüre gerät das antiästhetizistische Gedicht *Keine Delikatessen* in eine Brechtsche Wahrnehmung der Distanz und Nüchternheit: es wird buchstäblich aller Ornamente, aller sprachlichen Raffinessen entkleidet. Man wird sich darüber streiten können, ob die von Bachmann realisierte Dialektik, die Poetik als Delikatesse gerade mit ihren eigenen Mitteln der inszenierten Veranstaltung von Sprache zu demaskieren, ästhetisch zwingender ist als Nonos fragmentarisch-prosaische Lesart, selbst diese poetischen Veranstaltungen noch zurückzunehmen zugunsten einer einfachen und ganz grundlegenden Weise des Sprechens, die sich aus dem gewonnenen Freiraum der Vokalstimmen ergibt. In Analogie zu Marina Abramovics Performance *Freeing the Voice* könnte auch bei Nono von einer Befreiung der Stimme aus ihrer kulturell-syntaktischen Grammatik gesprochen werden.

Einen mit Nono zumindest vergleichbaren Weg sucht Adriana Hölszky in ihrem Vokalwerk *...geträumt...* aus dem *Nachtflug* Ingeborg Bachmanns auf. Sie sucht nicht den schmerzhaften Weg der Abbreviatur und Fragmentierung des Textes auf, vielmehr gerät der Text der Bachmann in einen wahren Strudel des Traums – deswegen der Werktitel *...geträumt...*[44], der aus dem Gedicht herausgebrochen ist –, in dem Worte und Bestandteile des Gedichtes umhergewirbelt werden. Für den Traum gelten nach Freud andere Kausalitäten als in der Alltagserfahrung und in der linearen Logik, nämlich ‚Verdichtung und Verschiebung'. Aus diesem „geträumt" wird also bei Adriana Hölszky ein eigener Traum vom Gedicht Bachmanns gewonnen. Hier sind auch nicht mehr, wie noch bei Nono, sukzessive und die Linearität gleichwohl aufsprengende Verfahren der Lektüre maßgeblich sondern vielmehr zentripetale und zentrifugale, die aus keinem symmetrischen Zentrum heraus die Wortfetzen herumwirbeln. Solche musikalisch-piktorial irritierende Lektüre, die den Gedichten von Ingeborg Bachmann innewohnt, täte einem literaturwissenschaftlichen und kunstgeschichtlichen Diskurs gut, der immer nach der ‚Ordnung der Dinge' in den Artefakten sucht. Folgt man hingegen den neueren mediävistischen Forschungen über *Die Stimme und die Poesie* von Paul Zumthor[45] und über *Hören und Sehen. Schrift und Bild* von Horst Wenzel[46] und versucht diese lebendigen Zusammenhänge für die Lektüre der Dichtung von Ingeborg Bachmann und ihre musikalischen Lesarten fruchtbar zu machen, ergeben sich andere, wenn nicht neue Perspektiven, die ich mit einem Bild vergleichen möchte, das uns Daniel Arasse in seiner Studie über Anselm Kiefer hinterlassen hat: nämlich die Verwandlung der Wahrnehmung dieser Gedichte, in ihnen nicht mehr nur die verbrannte Erde des Holocaust zu sehen, sondern auch blühende Landschaften.[47] Indem sich die Schrift, die Kinderschrift Anselm Kiefers zurückschreibt in den Augenblick, da sie mit dem Gedicht die vergangene Geschichte bezeugt, kann sich die Malerei gerade vermöge der verschriftlichten memoria auf den Kairos der Zukunft hinbewegen.

---

[1] Ingeborg Bachmann, *Die wunderliche Musik*, in: dies., *Essays, Reden, Vermischte Schriften*, hg. v. Christine Koschel, Inge von Weidenbaum u. Clemens Münster, München/Zürich ⁵1993 (*Werke* 4), S. 45–58.

[2] Vgl. Martin Zenck, *Musikalische Aspekte im Gedichtzyklus „Sprachgitter" von Paul Celan. Zum Gedicht „Stimmen"*, in: *Die Zeitlichkeit des Ethos. Poetologische Aspekte im Schreiben Paul Celans*, hg. v. Ulrich Wergin u. Martin Jörg Schäfer, Würzburg 2003, S. 165–175; vgl. insbesondere zur Interpretation des Gedichtes *Stimmen* den erhellenden Beitrag der Celan-Forscherin Christine Ivanovic, *Stimmen*, in: *Interpretationen. Gedichte von Paul Celan*, hg. v. Hans-Michael Speier, Stuttgart 2002, S. 42–62.

[3] Vgl. dazu exemplarisch den programmatischen Text von Ossip Mandelstam, *Gespräch über Dante*, in: ders., *Gespräch über Dante*, aus dem Russischen übertragen u. hg. v. Ralph Dutli, Frankfurt a. M. 1994 (*Gesammelte Essays* 2), S. 113–117; vgl. zur Bedeutung der Poetik sowie der einzelnen konkreten Dichtung Mandelstams für Paul Celan bei Christine Ivanovic, *„Kyrillisches, Freunde, auch das..." Die russische Bibliothek Paul Celans im Deutschen Literaturarchiv Marbach*, Marbach am Neckar 1996 (*Deutsches Literaturarchiv. Verzeichnisse. Berichte. Informationen* 21), vgl. dort die zahlreichen Literaturhinweise zur poetologischen Beziehung zwischen Celan und Mandelstam auf den Seiten 18–20.

[4] Nadeschda Mandelstam, *Das Jahrhundert der Wölfe. Eine Autobiographie*, aus dem Russischen von Elisabeth Mahler, Frankfurt a. M. 1973.

[5] Ingeborg Bachmann, *Gedichte 1948–1957. Gelesen von Ingeborg Bachmann*, Produktion des NDR aus dem Jahre 1952. Überspielung für den „Hör-Verlag", 1978 R. Piper & Co., Verlag Schott Musik International Mainz, Der Hör-Verlag GmbH, Stuttgart 1995, Audio Books.

[6] *Stimmen der Gegenwart*, Jg. 2, 1952, S. 33.

[7] Vgl. den Nachweis in Luigi Nono, *Scritti e colloqui* 1, hg. v. Angela Ida De Benedictis u. Veniero Rizzardi, Mailand 2001, S. 498; Martin Zenck, *„...la sua voce disperata..." Echos der Stimme Ingeborg Bachmanns in Luigi Nonos „Risonanze erranti"*, in: *Neue Zeitschrift für Musik. Luigi Nono*, 2004, Nr. 3, S. 33; vgl. den wörtlichen und ausführlichen Hinweis ebenfalls in der französischen Ausgabe der Schriften von Luigi Nono. Dort heißt der ausführliche Werk-Kommentar am Schluss zu den *Risonanze erranti* von Luigi Nono: „fragments plus significatifs de battle-pieces and aspects of the war (1866) de H. Melville qui se recomposent avec des fragments interrogatifs dramatiques de la dernière poésie keine Delikatessen de I. Bachmann (j'entends encore sa voix désespérée dans le dernier fragment de sa vie)", in: Luigi Nono, *Écrits*. Réunis, présentées et annotés par Laurent Feneyrou, traduits de Laurent Feneyrou, Paris 1993, S. 335.

[8] Vgl. dazu prinzipiell Ingeborg Bachmann, *Musik und Dichtung*, in: dies., *Essays, Reden, Vermischte Schriften* (Anm. 1), S. 59.

[9] Ingeborg Bachmann, *Frankfurter Vorlesungen. Probleme zeitgenössischer Dichtung*, München/Zürich ³1989, S. 61. An anderer Stelle hat Bachmann die menschliche Stimme noch grundsätzlicher im Verhältnis von Musik und Dichtung ausgewiesen „als den Platzhalter für den Zeitpunkt, an dem Dichtung und Musik den Augenblick der Wahrheit miteinander haben." Bachmann, *Musik und Dichtung* (Anm. 8), S. 62.

[10] Vgl. dazu die vorzügliche Studie von Reinhart Meyer-Kalkus, *Stimme und Sprechkünste im 20. Jahrhundert*, Berlin 2001. Dort insbesondere das Kapitel *Sprach-*

melodien im Melodrama – Arnold Schönbergs Zusammenarbeit mit Albertine Zehme in „Pierrot Lunaire", S. 299–318.

[11] Vgl. Gerhard Buhr u. Martin Zenck, *Georg Trakls Gedicht „Nachts" und die Kompositionen dieses Gedichts von Anton Webern, Theodor W. Adorno und Heinz Holliger – Versuch einer literaturwissenschaftlichen und musikwissenschaftlichen Doppelinterpretation*, in: *Das Gedichtete behauptet sein Recht. Festschrift für Walter Gebhard zum 65. Geburtstag*, hg. v. Klaus H. Kiefer, Frankfurt a. M. 2001, S. 503–561.

[12] Vgl. Meyer-Kalkus, *Stimme und Sprechkünste im 20. Jahrhundert* (Anm. 10). Dieser Studie verdanken wir an dieser Stelle zentrale Hinweise.

[13] Ingeborg Bachmann, *Malina*, in: dies., *Todesarten. Malina und unvollendete Romane*, hg. v. Christine Koschel, Inge von Weidenbaum u. Clemens Münster, München/ Zürich ^{5}1993 (*Werke* 3), S. 15, 319.

[14] Vgl. ebd., S. 308–313, 317.

[15] Ingeborg Bachmann, *Dunkles zu sagen*, in: dies., *Gedichte, Hörspiele, Libretti, Übersetzungen*, hg. v. Christine Koschel, Inge von Weidenbaum u. Clemens Münster, München/Zürich ^{5}1993 (*Werke* 1), S. 32; vgl. zur Interpretation dieses Gedichts Sigrid Weigel, *Ingeborg Bachmann. Hinterlassenschaften unter Wahrung des Briefgeheimnisses*, Wien 1999, S. 135–142; Peter Beiken, *Dunkles zu sagen. Die Dichterin hören und verstehen. Zur Hermeneutik von Ingeborg Bachmanns Lesen und Rhetorik des Sprechens*, in: *Ingeborg Bachmann*, hg. v. Robert Pichl u. Barbara Agnese, Rom 2004 (*Cultura Tedesca* 25), S. 77–94.

[16] Vgl. Bachmann, *Gedichte 1948-1957* (Anm. 5), und *Stimmen der Gegenwart* (Anm. 6).

[17] Vgl. Roland Barthes, *Fragments d'un discours amoureux*, Paris 1977, S. 85; vgl. die deutsche Übersetzung von Hans-Horst Henschen unter dem Titel *Fragmente einer Sprache der Liebe*, Frankfurt a. M. 1984, S. 158.

[18] Es sei vermerkt, dass es über dies Gedicht *Dunkles zu sagen* eine Komposition für tiefe Flöte in G und Sopran von Kurt Estermann aus dem Jahre 1988 gibt. Sie verteilt die Stimmen von Orpheus und Eurydike schematisch auf Flöte und Sopran, ohne je irgend der Erschütterungen des Gedichts, etwa des zerstörten Dialogs, des sich weitenden und sich kontrahierenden Atems, inne zu werden.

[19] Ingeborg Bachmann u. Hans Werner Henze, *Briefe einer Freundschaft*, hg. v. Hans Höller. Mit einem Vorwort von Hans Werner Henze, München/Zürich 2004, Faks. des Gedichts mit der Eintragung Henzes S. 30.

[20] Brief Ingeborg Bachmanns vom 1. Mai 1954 aus Rom, den sie an Hans Werner Henze nicht abschickte. Ebd., S. 34.

[21] Bachmann, *Die wunderliche Musik* (Anm. 1), S. 57.

[22] Hans Werner Henze an Bachmann, Brief vom 15. Mai 1954, in: Bachmann u. Henze, *Briefe* (Anm. 19), S. 35.

[23] Vgl. zu Heiner Müllers Umdeutung des Orpheus-Mythos Martin Zenck, *Orphée, Tristan, Hamlet, Prométhée. Les configurations d'une figure mythique chez Heiner Müller et Wolfgang Rihm*, in: Théâtre public CLX–CLXI. Heiner Müller, 2001, S. 59f.

[24] Georg Trakl, *Nachts*, in: Georg Trakl, *Dichtungen. Sommer 1912 bis Frühjahr 1913*, hg. v. Eberhard Sauermann u. Hermann Zwerschina, Basel u. a. 1995 (*Sämtliche Werke und Briefwechsel*. Innsbrucker Ausgabe 2), S. 436; vgl. dazu Buhr u. Zenck, *Georg Trakls Gedicht* (Anm. 11). Der Zusammenhang mit Hölderlins Formulierung „in lieblicher Bläue" ist nicht zu überhören. Entscheidend scheint mir der Zusammenhang mit zwei Werken (*In lieblicher Bläue*, 1958, nach Hölderlin und *Apoll und Hyazinth*, 1948/49 nach Trakl) von Hans Werner Henze zu sein, in deren Zentrum Hölderlin und Trakl stehen und die eine assoziative Verbindung zu den Gedichten Ingeborg Bachmanns herstellen mögen. Bei Bachmann heißt es: „und mir blaut / dein für immer geschlossenes Aug.", in Georg Trakls Gedicht *Nachts* „Die Bläue meiner Augen ist erloschen in dieser Nacht."

[25] Nicolas Poussin, „Paysage avec Orphée et Eurydice", Musée du Louvre, Paris, in: *Nicolas Poussin 1594–1665*. Katalog der Ausstellung in den Galeries nationales du Grand Palais, September 1994–Jänner 1995, hg. v. Pierre Rosenberg u. Louis-Antoine Prat, Paris 1994, S. 409.

[26] Nicolas Poussin, Detail aus „Paysage avec Orphée et Eurydice", Musée du Louvre, Paris, in: ebd., S. 411.

[27] Erika Fischer-Licht, *Die Aufführung als Text*, Tübingen 1983 (*Semiotik des Theaters. Eine Einführung* 3).

[28] Ingeborg Bachmann, *Es ist Feuer unter der Erde*, in: dies., *Gedichte* (Anm. 15), S. 123f.

[29] Es geht also bei der Kritik an Henze nicht um die Verwendung oder Nicht-Verwendung dodekaphoner oder serieller Techniken, nicht um die Grammatik, sondern um die Art einer non-linearen musikalischen Sprachbehandlung, der Dissoziation, Fragmentierung und Dramatisierung von Sprache im jeweiligen Gedicht.

[30] Ingeborg Bachmann, *Gedichte, Hörspiele, Libretti, Übersetzungen*, hg. v. Christine Koschel, Inge von Weidenbaum u. Clemens Münster, München/Zürich 1978 (*Werke* 1), S. 172–173.

[31] Luigi Nono, *Risonanze erranti*, Neuausgabe der Partitur von Roland Breitenfeld, Ricordi 1986, S. II–III.

[32] Pier Paolo Pasolini, *Scritti corsari*, Mailand 1975. Dt. Erstausgabe unter dem Titel *Freibeuterschriften. Aufsätze und Polemiken über die Zerstörung des Einzelnen durch die Konsumgesellschaft*, ins Dt. übersetzt von Thomas Eisenhardt, hg. v. Agathe Haag, Berlin 1975.

[33] Michel Butor, *Die Wörter in der Malerei. Essay*, aus dem Französischen von Helmut Scheffel, Frankfurt a. M. 1992.

[34] Vgl. die Abbildung ebd., S. 111.

[35] Vgl. ebd., S. 138f.

[36] Vgl. ebd., S. 73.

[37] Paul Celan, *Gedichte. Prosa. Reden*, hg. v. Beda Allemann u. Stefan Reichert, Frankfurt a. M. 1986 (*Gesammelte Werke in fünf Bänden* 3), S. 46.

[38] Christine Koschel, *Malina ist eine einzige Anspielung auf Gedichte*, in: *Ingeborg Bachmann und Paul Celan. Poetische Korrespondenzen. Vierzehn Beiträge*, hg. v. Bernhard Böschenstein u. Sigrid Weigel, Frankfurt a. M. 1997, S. 22.

[39] Bachmann, *Gedichte* (Anm. 15), S. 82.

[40] Christine Ivanovic, *Böhmen als Heterotopie*, in: *Interpretationen. Werke von Ingeborg Bachmann*, hg. v. Mathias Mayer, Stuttgart 2002, S. 109–121.

[41] Anselm Kiefer, „Böhmen liegt am Meer", Museum Frieder Burda, Baden-Baden. 1995, 190x559 cm, Öl, Acryl, Emulsion, Schellack auf Rupfen.

[42] Vgl. Daniel Arasse, *Anselm Kiefer*, München 2001, S. 183.

[43] Bachmann, *Musik und Dichtung* (Anm. 8), S. 62.

[44] Vgl. zu diesem Werk Martin Zenck, *‚wegfegen die angezettelten wortopern'. Adriana Hölszkys wirkliches und imaginäres Musiktheater*, in: *Neue Zeitschrift für Musik*, 2004, H. 4, S. 61.

[45] Paul Zumthor, *Die Stimme und die Poesie in der mittelalterlichen Gesellschaft*, München 1994.

[46] Horst Wenzel, *Hören und Sehen. Schrift und Bild. Kultur und Gedächtnis im Mittelalter*, München 1995.

[47] Vgl. Arasse, *Anselm Kiefer* (Anm. 42), S. 183.

*Abb. 1: Nicolas Poussin,
„Paysage avec Orphée et Eurydice",
Musée du Louvre, Paris
© Réunion des Musées Nationaux, Paris, 1994*

*Abb. 2: Nicolas Poussin,
Detail aus „Paysage avec Orphée et Eurydice",
Musée du Louvre, Paris
© Réunion des Musées Nationaux, Paris, 1994*

Abb. 3: Anselm Kiefer,
„Böhmen liegt am Meer", 1995,
Museum Frieder Burda, Baden-Baden

*Abb. 4: Anselm Kiefer,
„Nebelland hab' ich gegessen ...",
1997, Privatbesitz*

*Abb. 5: Anselm Kiefer,
„Dein und mein Alter und das Alter der Welt",
1997, Privatbesitz*

Abb. 6: Anselm Kiefer,
„Wach im Zigeunerlager ...",
1997, Privatbesitz

Abb. 7: Anselm Kiefer,
Backsteinstraße,

*Abb. 8: Anselm Kiefer,
„Sand aus den Urnen",
1997, Privatbesitz*

*Abb. 9: Anselm Kiefer,
„Grab des unbekannten Malers",
1983, Sammlung Ströher, Kunstmuseum Bonn*

*Abb. 10: Anselm Kiefer,
„Märkischer Sand",
1980, Stedelejk-Museum, Amsterdam*

Elisabeth Oy-Marra

„Dein und mein Alter und das Alter der Welt". Memoria und Evidenzia in den Gemälden Anselm Kiefers für Ingeborg Bachmann

Wie kaum ein anderer Künstler des späten 20. Jahrhunderts hat sich der Maler Anselm Kiefer mit Literatur beschäftigt. Seine Gemälde lassen sich aber weder als Illustrationen noch als umgekehrte Ekphrasen verstehen. Vielmehr handelt es sich um eine generelle Auseinandersetzung mit Tradition, Geschichte und Erinnerung, die auch jene Lyrik nach dem Holocaust einschließt, die mit dem grundsätzlichen Problem des Sagbaren nach dieser Katastrophe gerungen hat und der nicht zuletzt auch eine Sprachkritik eigen ist.[1] Neben zahllosen Bezügen auf die germanische und jüdische Mythologie ist es daher vor allem der Dichter Paul Celan, der Kiefer interessiert hat.[2] Mit dessen Gedichten setzte er sich vornehmlich in den Gemälden der 80er Jahre auseinander und nahm diesen Themenkreis im Sinne einer kreisförmigen Entwicklung – eine Figur, mit der Kiefer seinen Werkprozess beschrieben hat[3] – im Jahr 2005 in einer Ausstellung der Salzburger Galerie Thaddaeus Ropac wieder auf.[4] Erst relativ spät, gegen Ende der 1990er Jahre, setzte auch eine Beschäftigung mit der Lyrik Ingeborg Bachmanns ein, von der ich hier einige Beispiele vorstellen werde. Die Auseinandersetzung Kiefers mit der Bachmann steht – wie ich zeigen möchte – inhaltlich im Kontext der Auseinandersetzung des Malers mit der deutschen Geschichte und ist kaum von seiner Beschäftigung mit Paul Celan zu trennen. Dies gilt auch für die formale Besonderheit dieser Gemälde, die Einschreibung von Widmungen und Versfragmenten in die Textur der Bilder.[5] Sie sind nicht bloße Titelgebungen, sondern erinnern in der kindlichen Schreibschrift, in der sie ausgeführt sind, nicht zuletzt an einen schulischen Umgang mit Gedichten und damit an eine immer noch im Abschreiben präsente Mnemotechnik, die Schrift als Produkt dieses Prozesses abbildet. Die Schrift wird damit zu einem Teil des Bildes, das zusammen mit den übrigen Bildelementen einen Assoziationsrahmen absteckt, in welchem bildliche und schriftliche Verweise zu einer Erinnerungsarbeit im und am Bild werden. Aber nicht nur die assoziative Verbindung von Bildtraditionen mit den Versfragmenten der Bachmann, sondern auch die für Kiefer spezifische Einbindung der Schrift in den aufwendigen Werkprozess seiner Bilder stellen – wie zu zeigen sein wird – eine Auseinandersetzung mit der Lyrik Ingeborg Bachmanns dar, die nicht auf eine Illustration der Inhalte zielt, sondern Versfragmente zu einem Teil von Geschichte und ihrer partiellen Aktualisierung werden lässt. Zu fragen wird daher nach den Kriterien der Auswahl und der Fragmentierung, ihrer Aktualisierung durch das Bild und ihrer Bedeutungszuweisung im Bild sein. Dabei wird vor allem auch der Frage nachgegangen, welche Bedeutung die Auswahl der Versfragmente im Hinblick auf die Stimme des lyrischen Ich und ihre Umsetzung in den Bildern hat.

1997 schuf Kiefer eine Werkgruppe von Ruinenarchitekturen, in die Widmungen an Ingeborg Bachmann und Versfragmente aus ihren Gedichten einbeschrieben sind. Von den insgesamt drei Pyramidenbildern aus dem Jahr 1997 sind zwei explizit mit krakeliger Kinderschrift Ingeborg Bachmann gewidmet. Beide Gemälde stellen darüber hinaus auch einen Bezug zu Gedichten Bachmanns her. Über der einen Pyramide sind mit der gleichen ungeübten Kinderschrift die beiden letzten Verse aus ihrem Gedicht *Nebelland*, „Nebelland hab' ich gesehen, Nebelherz hab ich gegessen", ins Bild einbeschrieben (s. Abb. 4),[6] während die Inschrift der anderen Pyramide mit dem Zitat „Dein und mein Alter und das Alter der Welt" auf ihr Gedicht *Das Spiel ist aus* Bezug nimmt (s. Abb. 5).[7] Beide hier aufgerufenen Gedichte stammen aus dem Gedichtband *Anrufung des Großen Bären* aus dem Jahr 1956.[8]

Nun mag die Wiederholung des Bildmotivs und dessen Variation durch zwei so unterschiedliche Versfragmente zunächst den belesenen Betrachter irritieren. Durch die Widmung an die Dichterin wird die Pyramide trotz aller Unterschiede der Bilder zu einem Signum für Kiefers Auseinandersetzung mit der Dichterin Ingeborg Bachmann. Bevor ich mich mit den Versen selbst im Kontext der Bilder auseinandersetze, sei daher kurz auf dieses Bildmotiv und seinen Zusammenhang mit Ingeborg Bachmann verwiesen. Wie bereits Katharina Schmidt im Katalog der Riehener Ausstellung vermerkte, assoziiert der bachmannkundige Betrachter mit der Pyramide auch sogleich eine Begebenheit aus einem Roman der Dichterin. Tatsächlich verletzt sich im Wüstenkapitel des Romans *Der Fall Franza* die Protagonistin tödlich an der

Basis einer ägyptischen Pyramide.⁹ Dieser Roman gehört zu dem von Ingeborg Bachmann geplanten *Todesartenzyklus*, welchen sie den Opfern dieser Welt zugedacht hatte. Darüber hinaus spielte auch eine andere Pyramide für Ingeborg Bachmann eine Rolle. Auch wenn Bachmann sie nicht explizit genannt hat, so thematisierte sie diese doch implizit. In ihrem Prosatext *Was ich in Rom sah und hörte* schrieb sie über den protestantischen Friedhof in Rom, der an der Cestius-Pyramide gelegen ist:

> In Rom habe ich in der Früh vom Protestantischen Friedhof zum Testaccio hinübergesehen und meinen Kummer dazugeworfen. Wer sich abmüht, die Erde aufzukratzen, findet den der anderen darunter. Für den Friedhof, der an der Aurelianischen Mauer Schatten sucht, sind die Scherben auf dem Testaccio nicht gezählt, aber gering.¹⁰

Es ist bezeichnend für diesen Prosatext, dass die Dichterin die seit dem 18. Jahrhundert zum Bildsujet gewordene Pyramide mit keinem Wort erwähnt.¹¹ In Kiefers Gemälden fehlen jedoch jegliche Hinweise auf konkrete ägyptische oder römische Pyramiden. In beiden Bildern nehmen die Bauten das gesamte Bildfeld ein und sind vor einen trüben bis nebligen Hintergrund gestellt ohne jeglichen Hinweis auf ihre geographische Einbindung. Ihr grobes Mauerwerk betont die Schichtung der Steine. Hierdurch zitiert Kiefer nicht nur einen seit der Renaissance gängigen Grabmalstopos, sondern betont das Alter der Bauten durch die deutlichen Spuren der Verwitterung an den Bauwerken. Es handelt sich also nicht um intakte Bauwerke, nicht allein um die pyramidale Form der Bauwerke, sondern um Ruinen einer archaischen Grabmalsarchitektur. Damit ruft er die Tradition des Ruinengenres auf, wie es exemplarisch von dem Maler Hubert Robert (1733–1808) vertreten wurde.¹² Auch im Werk von Robert werden Ruinen aus ihrem historischen und geographischen Kontext gelöst und stehen für sich als Reflexionsfiguren der vergehenden geschichtlichen Zeit. Im Motiv der verwitterten Pyramide kommen daher zwei Traditionen zusammen, die in den Gemälden die Auseinandersetzung mit Zeit potenzieren: das archaische Grabmal, das in eine lang vergangene Zeit verweist und die Ruine, an der die Arbeit der Zeit sichtbar wird. Nun ließe sich diese Zeit, deren Vergehen an den verwitterten Steinen ablesbar wird, als geschichtliche Zeit und die geschichtete Pyramide als Denkmal bestimmen. Die Auseinandersetzung mit Geschichte stellt in Kiefers Werk eine Konstante dar, die er auf unterschiedlichste Weise immer wieder thematisiert hat.[13] Dabei handelt es sich allerdings nicht um die Darstellung von Geschichte im Sinne des traditionellen Historienbildes, sondern um die Arbeit am kollektiven Gedächtnis, das im Sinne Walter Benjamins einer Archäologie der Gegenwart gleichkommt.[14] In einem Interview anlässlich der Salzburger Ausstellung von 2005 hat Kiefer den Begriff von Zeit sehr genau differenziert. Die in Salzburg ausgestellten Bleibücher verglich er mit einem Denkmal:

> Die Bücherstapel sind wie Erdschichten. Sie sind aufgeschichtet und lasten aufeinander. Das ist etwas anderes als bei Büchern im Regal. Von daher sind die Stapel ein Denkmal. Die Geologie ist ja auch ein Denkmal, insofern sie geschichtliche Zeit darstellt. Es gibt die menschliche, die geschichtliche, die geologische und die kosmische Zeit.[15]

Die Schichtung, die Kiefer am Beispiel seiner Bücher hervorhebt, lässt sich auch an den Pyramiden ablesen. Auch die Ziegel sind aus gebrannter Erde und lassen sich daher mit den im Zitat genannten Erdschichten vergleichen. Interessant ist Kiefers Denkmalbegriff, den er offensichtlich nicht aus der Tradition des Denkmals, wohl aber aus der Erdschichtung gewinnt. Während das Denkmal in der frühen Neuzeit als Trutzburg gegen die Zeit verstanden wurde – Leon Battista Alberti hatte etwa den Marmor als ein der Zeit trotzendes Material angesehen, das die Memoria in der Zeit gewährleisten konnte[16] –, findet Kiefer in den Erdschichten offenbar ein Bild für die Arbeit der Zeit vor dem Hintergrund des Geschichtsbegriffs von Walter Benjamin. Dieser hat in den *Denkbildern* das Gedächtnis als Medium des Erlebten mit dem Erdreich als Medium der verschütteten Städte gleichgesetzt.[17] Er hat hier die Erinnerung mit einer archäologischen Ausgrabung verglichen, bei der es nicht nur um die Bergung von Bildern geht, sondern prozesshaft der „behutsame, tastende Spatenstich in's dunkle Erdreich"[18] thematisiert wird. Die Metapher der archäologischen Grabung bedeutet aber auch, wie Vittoria Borsò betont hat, dass die geborgenen Bilder von den Modalitäten und der Medialität der Freilegungsakte überschrieben sind, denn „im selben Augenblick, in dem sie offenbaren, verschütten sie den Urgrund."[19] Die Pyramiden Kiefers zeigen jedoch keine Ausgrabung, sondern einen archaischen Bau, der mit seinen in den Himmel ragenden Schichten Zeit auch als Ablagerung sichtbar macht. Das Denkmal für Ingeborg Bachmann ist daher eine Metapher für die geschichtliche Zeit, die unter sich das Erlebte begräbt.

Kiefer setzt dieses Denkmal nun zu zwei unterschiedlichen Gedichten der Schriftstellerin in Beziehung. In „Nebelland hab ich gesehen" (s. Abb. 4) ist auch die steil im Bild aufragende und über seine Grenzen hinweg reichende Pyramide in dichten Nebel gehüllt. Von ihr wird nur die frontale Seite sichtbar, während die rechte Seite und ihre Spitze im beigegrau des Nebels versinken. In der Mitte des unteren Drittels ist an der Pyramidenfassade ein bräunliches Ei aus gebranntem Ton, das „Nebelherz" befestigt, während vor ihr der Künstler in der Savasanahaltung des Hatha-Yoga mit geschlossenen Augen und durchgestreckten Armen parallel zu ihr auf dem Boden liegt.[20] Die Entgegensetzung des auf dem Boden liegenden Malers und der sich zuspitzenden Pyramide, deren Spitze im Nebel verschwindet, erinnert an die Beschriftung eines weiteren Pyramidenbildes Kiefers mit „Himmel" und „Erde", auf dem offenbar die Nähe der Pyramide zum Himmel thematisiert wird, oder besser, deren kosmischer Bezug, wenngleich das Wort „Erde" an der Spitze und das Wort „Himmel" etwa in der Mitte der Pyramide verortet wurde.[21] In „Nebelland" betont der am Boden liegende Mann die Erdverbundenheit des Menschen und lässt dagegen die Pyramide als himmelstrebendes Bauwerk erscheinen. Die Meditation Kiefers in der Leichnamstellung, der Savasanahaltung, ruft daher auch die Funktion der Pyramide als Grabmal wach.

Bachmanns Verse „Nebelland hab' ich gesehen, Nebelherz hab' ich gegessen" stammen aus der letzten Strophe des langen Gedichts *Nebelland* aus dem Band *Anrufung des Großen Bären*, das eigentlich ein frostiges Liebesgedicht ist.[22] Die fünf vorausgehenden Strophen nennen alle den Winter als Zeitpunkt der Liebe. Sie thematisieren das Paradox einer Liebe, die im Winter nicht gedeihen kann, unfruchtbar, die Geliebte treulos. Wie ein Fazit schließt sich die sechste Strophe „Nebelland hab' ich gesehen, Nebelherz hab' ich gegessen" an, in der das lyrische Ich die Vergeblichkeit dieser Liebe in einem Bild zum Ausdruck bringt. Ein Land im Nebel kann man nicht sehen und ein Nebelherz nicht essen. Doch nicht dieser Bezug zur Liebe ist auf Kiefers Gemälde hervorgehoben, sondern der Nebel, der in den Worten Nebelland und Nebelherz nicht nur wiederholt wird, sondern sich auf Land und Herz sichtlich ausgedehnt hat. Schon verwischen die Konturen der Pyramide. Doch werden nicht allein die Nominative „Nebelland" und „Nebelherz" hervorgehoben. Kiefer hat einen ganzen Vers ausgewählt und das lyrische Ich der Verse nicht unterschlagen. Im Gegenteil wird dieses durch die von ihm gewählte Schreibschrift noch unterstrichen, denn sie hat eine starke persönliche Note. Demgemäß sind Schriftzüge auch übermalt, wie im Nebel versunken. Wir können noch die Hand des Malers erahnen, der diesen Vers abschrieb. Wie Susanne Kogler und Martin Zenck betont haben, kommt der menschlichen Stimme in der Poetik Ingeborg Bachmanns ein besonderer Stellenwert zu, weil sie hierin die Platzhalterin des lyrischen Ich erkannte.[23] Dieses lyrische Ich wird von Kiefer nicht nur in der Auswahl der Verse betont, sondern von der Hand-Schrift des Malers überblendet, die zum Echo der Stimme geworden ist und ihren materiellen Niederschlag in der (Ab)-Schrift gefunden hat. Nun hat Kiefer auch schon in früheren Bildern Inschriften verwandt, die auch hier integrale Bestandteile waren. In den meisten Fällen handelte es sich jedoch um Namen. Es ist daher bezeichnend, dass er gerade in seiner Auseinandersetzung mit Ingeborg Bachmann Verse auswählte, in denen das lyrische Ich betont wird.[24]

Die eigentliche Widmung ist dagegen in gleichmäßigen, ordentlichen Lettern verfasst. Sowohl die Widmung als auch das Größenverhältnis von Versfragment und Pyramide machen deutlich, dass hier ein Bild beschriftet wurde. Die Inschrift stört die Fiktion des Bildes und betont damit die Flächigkeit des Mediums.

Auch das zweite Ingeborg Bachmann gewidmete Gemälde „Dein und mein Alter und das Alter der Welt" spricht den Betrachter an, wenngleich das lyrische Ich nicht ausdrücklich erwähnt ist (s. Abb. 5). Wieder ist eine Pyramide zu sehen, deren Sockel nun den ganzen unteren Bildrand einnimmt und deren Breite sich über die Bildränder hinaus erstreckt. Ihre Spitze ragt in einen wolkenbedeckten grauen Himmel. Das Versfragment aus Bachmanns Gedicht *Das Spiel ist aus* hat Kiefer in der rechten Bildhälfte am oberen Rand dem Bild einbeschrieben.[25] Die ebenfalls schreibschriftliche Widmung „Für Ingeborg Bachmann" befindet sich am rechten unteren Bildrand, am Sockel der Pyramide, der stark verwischt ist. Auch in diesem Bild hat Kiefer die Oberfläche der Pyramide besonders betont und das steinsichtige Mauerwerk als Abfolge poröser Schichten dargestellt. Diese Pyramide hat jedoch eine Wunde, aus der frisches Blut sickert. Die Inschrift „Dein und mein Alter und das Alter der Welt" setzt hier die mit dem Bauwerk und dessen Zeitspuren einhergehende Assoziation einer langen Geschichte mit dem deutlich kürzeren Alter des Menschen in Bezug und scheint in dieser Parallelisierung ein ‚Memento mori' zu meinen. Doch welche Geschichte ist hier gemeint? Indem im Vers vom Alter der Welt gesprochen wird, meint der Bau offenbar nicht allein die geschichtliche, sondern auch die geologische Zeit, die uns wieder auf Kiefers Gleichsetzung von Geschichte und Erdschichten verweist. Dieses Denkmal mahnt daher zur Vorsicht vor einer allzu linearen Vorstellung von Geschichte. Dem Vers „Dein und mein Alter und das Alter der Welt" folgen nämlich im Gedicht die Worte „misst man nicht mit den Jahren". In der Tat erzählt das Gedicht von einer jäh zu Ende gekommenen Kindheit. Nicht das tatsächliche Alter der Kinder bestimmt ihre Lebenswelt, sondern der bedrängende, hoffnungslose Krieg. Das tatsächliche Alter der Geschwister des Gedichtes ist aufgrund dieser Umstände nicht maßgeblich. Sie haben ihre kindliche Unschuld verloren und sind insofern älter als sie sein dürften. Bevor das ‚Spiel' noch begonnen hat, ist ihr Leben schon am Ende. Der Titel des Gedichts *Das Spiel ist aus* wird im ersten Vers der letzten Strophe sinnfällig gemacht: „Wir müssen schlafen gehen, das Spiel ist aus". Die Gegenüberstellung des Alters des jugendlichen lyrischen Ich und des Alters der Welt wird in Kiefers Gemälde zu einem tragischen Kulminationspunkt zugespitzt, indem dieser Gegensatz von menschlicher Lebenszeit und der langen Dauer der geologischen Zeit in der Gegenüberstellung von trutziger Pyramide und frischem Blut assoziierbar wird. Diese Entgegensetzung von Blut und Stein erinnert nicht nur an die Verletzung der Bachmannschen Romanfigur Franza, die sich an einer Pyramide eine tödliche Verletzung zuzog – im Bild ist es aber die Pyramide, die wie ein Wunderbild zu bluten scheint –, sondern evoziert in der Darstellung von toter Materie und vergangenem Leben, an welches das Blut gleichsam erinnert, einen Ausdruck von Vergeblichkeit und Trauer.

Beide Gemälde thematisieren aber noch ein weiteres Paradox: einerseits stellen sie in der Verbindung von Widmung und Pyramide ein Denkmal, ein Erinnerungsmal für die Dichterin dar, andererseits aktualisieren sie gleichzeitig aber auch das lyrische Ich, das durch die Handschrift des Künstlers vergegenwärtigt, vor Augen geführt wird. Dies geschieht jedoch nicht im Glauben an die Transparenz einer anonymen Schrift, sondern vermittelt in der Übertragung durch den Künstler, dessen Handschrift gerade in den Schriftzügen sichtbar wird und sich durch die Kinderschrift dem lyrischen Ich mimetisch anzugleichen sucht. Die Schrift wird damit zu einem Medium der Erinnerung, das die Verse Ingeborg Bachmanns zu aktualisieren vermag, dies aber nur in der Vermittlung durch den Akt des memorierenden Schreibens.[26]

Die im Versfragment inhärente Reflexion des menschlichen Alters vor dem Hintergrund des Alters der Welt stellt daher auch die Sinnfrage, deren Antwort allerdings nicht zu erwarten ist. In dem Interview anlässlich der Salzburger Ausstellung 2005 hat Kiefer denn auch von sich gesagt: „Ich habe immer versucht, was mich wirklich beschäftigt, auszudrücken, auf meine Art. Von daher tue ich natürlich so, als gäbe es einen Sinn. Aber auf trügerischem Boden. Ohne jedes Fundament. Ich kann nicht sagen, auf was wir beruhen."[27]

Genau diese Brüchigkeit von Sinnstrukturen, welche die Sinnfrage allerdings nicht wie im postmodernen Verständnis ganz umgeht, scheint Kiefer an Ingeborg Bachmann zu interessieren und ihn mit ihr zu verbinden.[28] Die Beschäftigung mit Geschichte gewinnt im Werk Kiefers hier eine neue Qualität. Hatte er es in den 80er Jahren noch darauf angelegt, die Betrachter seiner Bilder mit einer verdrängten Geschichte zu konfrontieren und zu schockieren, setzt er sich in den Bachmann gewidmeten Pyramidenbildern mit der Vergeblichkeit der Geschichte und mit der Überlegenheit geologischer Zeit selbst auseinander.

Am Beispiel dieser beiden Widmungsbilder an Ingeborg Bachmann habe ich zu zeigen versucht, dass Kiefer offenbar durch die Betonung des fragilen lyrischen Ich der Dichtung Ingeborg Bachmanns, in welcher jene den poetologischen Kristallisationspunkt ihrer Dichtung sah, einen bildlichen Diskurs von Geschichte und Überlieferung, Vergessen und Erinnern führt. Während dieser Diskurs zwischen Künstler und Lyrikerin stattfindet, bezieht er sich in einem weiteren Pendant auf die in Bachmanns Lyrik inhärenten dialogischen Strukturen.

Das Pyramidenbild ist nicht das einzige Gemälde, in dem Kiefer das Gedicht *Das Spiel ist aus* als Steinbruch verwendet hat. Auch die dem „Dein und mein Alter und das Alter der Welt" vorangehenden Verse „Wach im Zigeunerlager und wach im Wüstenzelt, es rinnt uns der Sand aus den Haaren" haben Kiefer noch im selben Jahr zu einem Gemälde angeregt (s. Abb. 6).[29] Wieder steht das Zitat im Kontext einer Ruinenarchitektur. Diesmal stellt Kiefer jedoch keine Pyramide dar, sondern eine Backsteinstraße, wie Kiefer sie auf seiner Reise nach Südindien am Ort der Herstellung der Backsteine gesehen und fotografiert hatte (s. Abb. 7).[30] Die fein säuberlich wie eine Straße auf dem Sand angeordneten Backsteine sind nur am linken oberen Bildrand in Unordnung geraten. Sie bahnen einen Weg über das unsichere Wüstenterrain. Ihre tonige Farbe unterscheidet sich kaum vom sandigen Boden, auch ist die Oberfläche des Gemäldes so brüchig, dass man den rieselnden und beweglichen Sand zu spüren meint. Die dem Gemälde titelgebenden Verse scheinen von Kinderhand am oberen Bildrand auf das Bild geschrieben worden zu sein. Die Schreiblinien sind bis zum Bildrand hin durchgezogen, führen scheinbar über ihn hinaus, so als sollte durch sie eine prinzipielle Unendlichkeit der Inschrift evoziert werden. Anders als in den Pyramidenbildern sind die Buchstaben auf eine Linie gestellt. Sie erinnern an die Schreibhefte der Grundschule, welche den Schülern die Schönschrift erleichtern sollen. Zwischen den Wörtern „Zigeunerlager" und „wach" ist ein „und" eingefügt, genau so wie es Kinder tun, die beim Abschreiben ein Wort vergessen haben und dies später einfügen. Die Kinderschrift nimmt die Jugend des lyrischen Ich auf. Brav sind die unheimlichen Worte abgeschrieben, ihr düsterer Sinngehalt steht in krassem Gegensatz zur kindlichen Schreibübung, so dass man sich fragen muss, ob das Kind denn ahnen konnte, was es da schrieb. Die Backsteinstraße auf sandigem Terrain nimmt Bezug auf die Worte „Wüste(nzelt)" und „Sand" der Inschrift. Rostige Eisendrähte werden mit den Haaren der Inschrift assoziierbar. Die dargestellte Backsteinstraße scheint ein Versuch zu sein, die Wüste zu urbanisieren. Die Oberfläche der Backsteine spiegelt die Wellenförmigkeit des Untergrundes wider, an den Rändern hat dieser bewegliche, sandige Untergrund die Straße auch schon zerstört. Er wird seine langsame Zerstörung fortsetzen. Die allmähliche Zerstörung der menschlichen Anstrengung um die Befestigung der Wüste, die anschauliche Versandung der Straße als Zeichen der Zivilisation zeigt eine Natur, die sich des Menschwerks bemächtigt, unter sich alles begräbt. Die Bemächtigung von Bauwerken durch die Natur ist ein altes Thema des Ruinenbildes und macht einen Teil seiner Faszination aus.[31] In dieser Tradition handelt es sich aber immer um eine Entgegensetzung von Architektur und Lebenskraft der Natur. Kiefers Natur ist der Sand, der kein Leben ermöglicht, sondern dieses im Gegenteil erstickt. Von der Versandung geht eine tödliche Bedrohung aus, die dem Imperativ des Versfragments „wach" eine besondere Brisanz zuweist.

Diesem Gemälde hat Kiefer ein Pendant gegenübergestellt, das wie die Pyramidenbilder mit den Worten „Für Ingeborg Bachmann" der Dichterin gewidmet ist (s. Abb. 8). Das hier einbeschriebene Versfragment „Sand aus den Urnen" stammt jedoch nicht aus einem Gedicht Ingeborg Bachmanns. Sein Autor ist stattdessen Paul Celan, dessen erster Gedichtband diesen Titel trägt und der eines seiner Gedichte aus dem Band *Mohn und Gedächtnis* mit diesem Titel überschrieben hat.[32] Auf dem Gemälde ist eine blockartige Ruinenarchitektur zu sehen, vor der gemauerte Fahrspuren vorbeiführen. Es herrscht ein Sandsturm im Bild, welcher die Konturen des Baus und der Straße stellenweise verwischt hat. Wie von Geisterhand geschrieben erscheint das Versfragment quer über den Fahrspuren. Auch für diesen Backsteinbau ließ sich Kiefer auf seiner Reise nach Südindien anregen.[33] Hier sah er ein Gebilde aus geschichteten Backsteinen, das kein Gebäude, sondern eine Schichtung von Backsteinen zum Zweck ihrer Aufbewahrung darstellt. In der Umsetzung seines Eindrucks evoziert er jedoch eine Grabmalsarchitektur, wie sie der Maler – anknüpfend an die Entwürfe des nationalsozialistischen Architekten Wilhelm Kreis – bereits in früheren Gemälden dargestellt hat. In dem Gemälde „Grab eines unbekannten Malers" verwandte Kiefer den Entwurf Wilhelm Kreis für ein Grabdenkmal des unbekannten Soldaten, wie es Hitler an den äußersten Stützpunkten der deutschen Armee geplant hatte (s. Abb. 9).[34] Die Grabmalsarchitektur erscheint in Kiefers Bild aus dem Jahr 1997 nun stärker verwittert. Auch das Zitat, der „Sand aus den Urnen" ruft die Assoziation des Gebäudes mit einem verlassenen Grabmal wach, die quer durch das Bild gelegten gepflasterten Fahrspuren stellen darüber hinaus wieder einen Bezug zu frühen Bildern her, in denen Kiefer Schienen exemplarisch für die Züge nach Auschwitz dargestellt hatte. Die stark verwitterte, völlig verlassene Todeslandschaft verweist noch einmal auf den Bezug zum Holocaust, doch aktualisiert sie ihn nicht mehr. Vielmehr thematisiert sie vor allem den Tod der Opfer. Das Grabdenkmal, das ursprünglich für das Andenken der gefallenen Soldaten geplant worden war, wird hier einerseits zu einem schaurigen Denkmal der Opfer des Holocaust, über das sich jedoch der Sand der Vergessenheit gelegt hat und andererseits wiederum zu einem Grabdenkmal Ingeborg Bachmanns. Die Rede Bachmanns vom „Sand aus den Haaren" stellt Kiefer Celans Titel *Sand aus den Urnen* gegenüber und spielt damit auf eine bekannte intertextuelle Technik Ingeborg Bachmanns an, für die eine konsequente Dialogizität charakteristisch ist.[35] Diese Dialogizität wird von Kiefer in den beiden Bildern aufgenommen und auf seine Bildfindungen erweitert. Denn beide Backsteingebäude stehen in derselben Wüstenlandschaft, die sicher auch ein Hinweis auf die einsame Position beider Dichter ist. So lassen sich die Bilder als Zustandsbeschreibung des Widmungsbildes und als Antwort der Dichterin auf diesen Zustand mit dem Appell „wach(!)" lesen. Die Stimme des lyrischen Ich stellt daher zugleich auch eine Hoffnung dar, die Präsenz einer menschlichen Stimme in der Wüste.[36]

Nicht zum ersten Mal thematisiert Kiefer in diesen Gemälden das Material Sand. Berühmt ist sein frühes Gemälde „Märkischer Sand" von 1980, in dem er in Bezug auf Theodor Fontane eine dem Vergessen anheim gestellte politische Topographie darstellte (s. Abb. 10).[37] Wie schon in diesem frühen Gemälde wird der Sand hier zu einer Metapher des Vergessens, dem Versanden der Erinnerung, in welches der Maler allerdings Spuren der Geschichte gelegt hat. Wie Monika Wagner gezeigt hat, thematisiert Kiefer hier das Verhältnis von Erinnern und Vergessen als einen sich gegenseitig bedingenden Prozess.[38] Das Erinnern wird in den Widmungsbildern an Ingeborg Bachmann allerdings nicht durch Namen, sondern Stimmen bzw. deren Niederschlag in der Schrift als Medium der Überlieferung geleistet. Wie in den Pyramidenbildern aktualisieren sie die Bilder und entfachen so nicht zuletzt einen Dialog zwischen Schrift und Bild als Medien der Erinnerung, in dem sich beide Medien bedingen.

Wie ich zu zeigen versucht habe, führt Kiefer in seinen Widmungsbildern „Für Ingeborg Bachmann" seine Arbeit an der Erinnerung fort, die sein Werk von Anfang an gekennzeichnet hat. Hier geht es ihm jedoch nicht mehr um die Aktualisierung von traumatisch verdrängten Bildern. Hingegen tritt in diesen Gemälden die Auseinandersetzung mit der Stimme und der Handschrift als Medium der Erinnerung in den Vordergrund, für die er bezeichnenderweise Versfragmente aus dem Werk von Ingeborg Bachmann ausgewählt hat. Der Maler schreibt sich schließlich in die dialogische Struktur der Dichtung Bachmanns ein, deren Leben er der toten Materie der Bilder gegenüberstellt. Mit Ingeborg Bachmann verbindet ihn darüber hinaus eine Auseinandersetzung mit Sinnfragen, deren Brüchigkeit er immer wieder vor Augen führt.

1   Sabine Schütz, *Anselm Kiefer. Geschichte als Material. Arbeiten 1969–1983*, Köln 1999; Lisa Saltzman, *Anselm Kiefer and Art after Auschwitz*, Cambridge 1999; Daniel Arasse, *Anselm Kiefer*, München 2001.

2   Schütz, *Anselm Kiefer* (Anm. 1), S. 285–301; *Anselm Kiefer für Paul Celan*, Katalog der Ausstellung in der Galerie Thaddaeus Ropac, Salzburg 2005; Elisabeth Oy-Marra, *Anselm Kiefer liest Paul Celan und Ingeborg Bachmann*, in: *Erzeugen und Nachvollziehen von Sinn. Rationale, performative und mimetische Verstehensbegriffe in den Kulturwissenschaften*, hg. v. Martin Zenck (Kolloquium Februar 2004 in Bamberg), erscheint 2007.

3   „Es gibt da keine lineare Entwicklung. Das ist bei mir eher eine kreisförmige Bewegung, die immer wieder Sachverhalte von früher aufgreift, verändert und unter neuen Blickwinkeln betrachtet." Götz Adriani im Gespräch mit Anselm Kiefer, in: *Anselm Kiefer für Paul Celan* (Anm. 2), S. 15.

4   *Anselm Kiefer für Paul Celan* (Anm. 2).

5   Monika Wagner, *Bild-Schrift-Material. Konzepte der Erinnerung bei Boltanski, Siggurdsson und Kiefer*, in: *Mimesis, Bild und Schrift*, hg. v. Birgit Erdle u. Sigrid Weigel, Köln u. a. 1996, S. 23–39; allgemein hierzu vgl. auch Michel Butor, *Die Wörter in der Malerei*, Frankfurt a. M. 1992; *Die Sprache der Kunst. Die Beziehung von Bild und Text in der Kunst des 20. Jahrhunderts*, hg. v. Eleonora Louis u. Toni Stoos, Wien 1993.

6   Arasse, *Anselm Kiefer* (Anm. 1), S. 252f.

7   *Anselm Kiefer. Die sieben Himmelspaläste 1973–2001*, Katalog der Ausstellung in der Fondation Beyeler, 28. 10. 2001–17. 2. 2002, Riehen 2001, S. 65–69.

8   Ingeborg Bachmann, *Anrufung des Großen Bären*, in: dies., *Gedichte, Hörspiele, Libretti, Übersetzungen*, hg. v. Christine Koschel, Inge von Weidenbaum u. Clemens Münster, München/Zürich ⁵1993 (*Werke* 1), S. 81–148.

9   Ingeborg Bachmann, *Der Fall Franza*, in: *Das Buch Franza. Das „Todesarten"-Projekt in Einzelausgaben*, hg. v. Monika Albrecht u. Dirk Göttsche, München/Zürich 1998, S. 134; Katharina Schmidt, *Archaische Architekturen*, in: *Anselm Kiefer* (Anm. 7), S. 66.

10 Ingeborg Bachmann, *Was ich in Rom sah und hörte*, in: dies., *Essays, Reden, Vermischte Schriften*, hg. v. Christine Koschel, Inge von Weidenbaum u. Clemens Münster, München/Zürich ⁵1993 (*Werke* 4), S. 34.

11 Vgl. hierzu etwa die Zeichnungen der Cestius-Pyramide von Goethe. Petra Maisak, *Das Grab in Arkadien. Goethes Zeichnungen der Cestius-Pyramide*, in: *„…endlich in dieser Hauptstadt der Welt angelangt!". Goethe in Rom*, hg. v. Konrad Scheurmann u. Ursula Bongaerts-Schomer, Mainz 1997, S. 178–183.

12 Zu Hubert Robert vgl. Jean de Cayeux, *Hubert Robert*, Paris 1989; Paula Radisich, *Hubert Robert. Panted Spaces of the Enlightenment*, Cambridge 1998; zum Ruinenbild

vgl. Hartmut Böhme, *Ruinen-Landschaften. Zum Verhältnis von Naturgeschichte und Allegorie in den späten Filmen von Tarkovskij*, in: *Natur und Subjekt*, hg. v. dems., Frankfurt 1988, S. 334–379; Ders., *Die Ästhetik der Ruinen*, in: *Der Schein des Schönen*, hg. v. Dietmar Kamper u. Christoph Wulf, Göttingen 1989, S. 287–304; Gérard Raulet, *Die Ruine im ästhetischen Diskurs der Moderne*, in: *Ruinen des Denkens. Denken in Ruinen*, hg. v. Norbert Bolz u. Willem van Reijen, Frankfurt a. M. 1996, S. 179–214.

[13] Vgl. hierzu Monika Wagner, *Das Material der Kunst. Eine andere Geschichte der Moderne*, München 2002, S. 126f.

[14] Ebd.

[15] Götz Adriani im Gespräch mit Anselm Kiefer (Anm. 3), S. 17.

[16] Leon Battista Alberti, *De Architectura*, in: ders., *L'Architettura [De re Aedificatoria]* Bd. 2, hg. v. Giovanni Orlandi, Mailand 1966, S. 670–677.

[17] Walter Benjamin, *Denkbilder*, zit. in: Wagner, *Das Material der Kunst* (Anm. 13), S. 127.

[18] Walter Benjamin, *Denkbilder. Ausgraben und Erinnern*, in: ders., *Kleine Prosa. Baudelaire-Übertragungen*, hg. v. Tillman Rexroth, Frankfurt a. M. 1991 (*Gesammelte Schriften* IV, 1), S. 400.

[19] Vittoria Borsò, *Gedächtnis und Medialität: Die Herausforderung der Alterität. Eine medienphilosophische Perspektivierung des Gedächtnis-Begriffs*, in: *Medialität und Gedächtnis*, hg. v. Vittoria Borsò, Gerd Krumeich u. Bernd Witte, Stuttgart 2001, S. 48.

[20] Acryl, Emulsion, Sand und Objekt aus gebranntem Ton auf Leinwand, 570 x 800 cm, Privatsammlung, vgl. Arasse, *Anselm Kiefer* (Anm. 1), S. 25ff.

[21] Vgl. hierzu: Arasse, *Anselm Kiefer* (Anm.1), S. 182f.

[22] Bachmann, *Anrufung des Großen Bären* (Anm. 8), S. 105f.

[23] Vgl. hierzu den Beitrag von Martin Zenck im gleichen Band.

[24] Dies zeichnet allerdings nicht alle Gemälde aus, die auf Ingeborg Bachmann bezogen sind. Vgl. daher auch „Gewitter der Rosen", 1998 und „Böhmen liegt am Meer", 1995; vgl. dazu auch Arasse, *Anselm Kiefer* (Anm. 1), S. 148, 184.

[25] Bachmann, *Gedichte, Hörspiele, Libretti, Übersetzungen* (Anm. 8), S. 82f.

[26] Zum Erinnerungsdiskurs vgl. allgemein Aleida Assmann, *Erinnerungsräume. Formen und Wandlungen des kulturellen Gedächtnisses*, München 2003; *Schriftgedächtnis – Schriftkulturen*, hg. v. Vittoria Borsò u. a., Stuttgart 2002.

[27] Götz Adriani im Gespräch mit Anselm Kiefer (Anm. 3), S. 17.

[28] Vgl. auch Dieter Mersch, *Nicht-Verstehen*, in: *Erzeugen und Nachvollziehen von Sinn* (Anm. 2).

29 Emulsion, Acryl, Schellack, gebrannter Ton und Eisen auf Leinwand, 280 x 560 cm, 1997, Privatsammlung, vgl. dazu Arasse, *Anselm Kiefer* (Anm. 1), S. 170.

30 Als Vorbilder dienten Fotografien, die Kiefer auf seiner Reise aufgenommen hatte. Vgl. hierzu Arasse, *Anselm Kiefer* (Anm. 1), S. 264.

31 Vgl. hierzu Böhme, *Ruinen-Landschaften* (Anm. 12).

32 Paul Celan, *Gedichte. Prosa. Reden*, hg. v. Beda Allemann u. Stefan Reichert, Frankfurt a. M. 1986 (*Gesammelte Werke in fünf Bänden* 3), S. 7, 46.

33 Vgl. hierzu Arasse, *Anselm Kiefer* (Anm. 1), S. 264.

34 Vgl. hierzu Schütz, *Anselm Kiefer* (Anm. 1), S. 338–345.

35 Vgl. hierzu *Ingeborg Bachmann und Paul Celan. Poetische Korrespondenzen*, hg. v. Bernhard Böschenstein u. Sigrid Weigel, Frankfurt a. M. 1997; Sigrid Weigel, *Ingeborg Bachmann. Hinterlassenschaften unter Wahrung des Briefgeheimnisses*, Wien 1999, S. 410–453.

36 Zu erinnern ist hier auch an Celans Gedicht *Lied in der Wüste* aus dem Band *Mohn und Gedächtnis*, vgl. Celan, *Gedichte. Prosa. Reden* (Anm. 32), S. 31.

37 „Märkischer Sand", Sand, Stroh, Kohle, Acryl, Papier, Schellack über Fotografie auf Leinwand, 30 x 555 cm, Stedelijk Museum, Amsterdam.

38 Wagner, *Das Material der Kunst* (Anm. 13), S. 129f.

Moritz Eggert

Gegenwart – ich brauche Gegenwart.
Notizen zur musikalischen Entstehungsgeschichte des Tanztheaters von Birgitta Trommler und Moritz Eggert

Die Musik zum Ingeborg-Bachmann-Tanztheater *Gegenwart – ich brauche Gegenwart*[1] entstand, anders als andere meiner Arbeiten für die Bühne, in nichtchronologischer Reihenfolge und auch in keiner festen einheitlichen Besetzung. Dies hatte sehr viel mit dem Konzept der Choreographin Birgitta Trommler zu tun – ihre Idee war es, der Person Bachmann durch eine Aufsplitterung in verschiedene einzelne Charaktere, dargestellt durch Tänzerinnen von sehr unterschiedlichem Typus, nahezukommen, ein eher intuitiver als intellektuell erklärender Ansatz, welcher bei der Komplexität der Person Bachmanns auch etwas unangenehm ‚Didaktisches' haben hätte können.

Sehr früh war klar, dass Sprache nur sehr reduziert vorkommen sollte. Wir wollten kein Potpourri aus Bachmanntexten erstellen, sondern eher der Person Bachmanns selbst durch eine Art phantasmagorischen imitatorischen Prozess nahe kommen, quasi als sei Bachmann selbst eine Art Bühnen- oder Romanfigur. Daher war für mich auch sofort klar, dass die Musik extrem unterschiedliche Formen, Gattungen, Besetzungen benutzen musste, um diesem Reichtum an verschiedenen ‚Bachmann-Charakteren' gerecht zu werden. Auch war es klar, dass Livemusik und die bei Tanztheater oft übliche ‚Musik vom Band' gleichberechtigt nebeneinander stehen sollten.

Ein besonders wichtiger experimenteller Teil der Arbeit war für mich die kompositorische Verwendung von ‚Körpergeräuschen' der Tänzer, die sie selbst zu Instrumentalisten machte. Gerade letzteres stellte sich als große Herausforderung für alle Mitwirkenden heraus, die trotz allerlei Frustration und Anstrengungen aber letztlich sehr schöne Ergebnisse zeitigte, die den Aufführungen eine sehr eigene, fast intime Note gaben.

Im Laufe eines Jahres entstanden also bewusst ‚vereinzelte' Stücke, deren endgültige Reihenfolge erst im Laufe der Arbeit mit Birgitta Trommler festgelegt wurde. Für mich bilden alle diese Stücke einen größeren ‚Bachmann-Komplex' in meinem eigenen Schaffen, und obwohl die meisten dieser Stücke inzwischen auch ein Eigenleben haben und alleine aufgeführt werden, gibt es doch untereinander vielgestaltige Bezüge, die auf der Verwendung in diesem Tanztheaterstück beruhen.

Einen Großteil der Arbeitszeit verbrachte ich in Rom, der Stadt, der man in Bachmanns Schriften so oft begegnet, und die in Marino bei Rom geführten Gespräche mit Bachmanns engem Freund Hans Werner Henze waren für die Arbeit und das Begreifen der ‚wahren' Person Bachmanns sehr anregend.

Insgesamt besteht der *Gegenwart – ich brauche Gegenwart*-Werkkomplex aus folgenden Stücken: *Et in Arcadio Ego, Luftküsse, Meer/Wüste, Böhmische Hymne, Avec ma main brulée, Symphonie 1.0, Flüchtige Begegnung, Adagio, Heute, Skelter*. Im Folgenden möchte ich auf die einzelnen Stücke und deren Verwendung im Tanstheaterstück eingehen.

Et in Arcadia Ego für Streichquartett (vom Band)

> „und in Arkadien ich" ist ein Satz der einem oft beim Studium von Renaissance-Gemälden ins Auge fällt. In der symbolgeladenen Kunstsprache dieser Epoche wurde dieser Satz als eine Art ‚memento mori' gebraucht, also „auch in Arkadien existiere ich (der Tod)".
>
> [...] Der Tod (oder dessen Möglichkeit) ist ein Thema des Stückes, aber nicht in einem programmatischen Sinne, eher in einem musikalisch-abstrakten. Und es ging mir um eine Darstellung von Schönheit und deren Vergänglichkeit.[2]

Die Todessehnsucht von Bachmann – ob bewusst oder unbewusst – war natürlich eines der Motive unseres Stückes, daher war es wichtig, dies schon in der ersten ‚Nummer' als Motiv zu etablieren.

Die Musik dieses Streichquartetts ist von großer Zerbrechlichkeit und Zartheit – kein zerfallendes Paradies, sondern ein zärtliches, fast sanftes Vergessen wird hier beschworen. Wir benutzten diese Musik, um alle Bachmann-,Figuren' vorzustellen, wie wandelnde Schatten der eigenen Psyche in ihren jeweiligen Aktivitäten gefangen. Letztlich verwendet wurden die ersten sechs Minuten des insgesamt 15-minütigen Stückes. Nachdem sich aus einem monodischen

Anfang das *Et in Arcadia Ego*-Thema etabliert hat, geht die Musik in einen ‚alla caccia'-artigen, repetitiv bewegten Zwischenteil über, welcher den von Zeitgenossen oftmals bestätigten extrem nervösen Charakter Ingeborg Bachmanns symbolisiert. Diese Nervosität bildet quasi die Initialzündung des Stückes, die verschiedenen Inkarnationen von Bachmann begeben sich auf die Wanderung.

Moritz Eggert, *Gegenwart – ich brauche Gegenwart*, 1. Teil *Et in Arcadia Ego*, T. 250–254, Partitur
© Moritz Eggert 1997

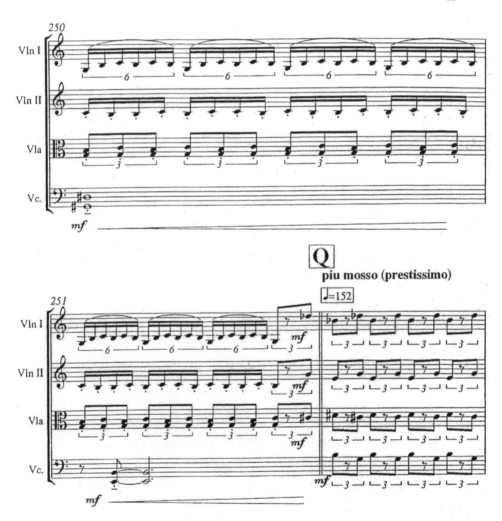

Luftküsse für 6 oder mehr Performer (Live)

Dieses kurze Zwischenspiel war ursprünglich als eine Art erste Etüde für die Tänzer gedacht, um die Klangerzeugung durch Körpergeräusche zu üben, bekam aber dann eine zunehmend wichtige Rolle im Stück. *Luftküsse* hat eine sehr einfache musikalische Struktur, die sich jedoch – selbst für Musiker – als komplex zu realisieren herausstellte: ein kanonisch sechsfach verschobenes Pattern verlängert sich langsam vom ersten ‚Luftkuss'-Moment an, wodurch eine zunehmend komplexe polyphone Struktur aus diversen Geräuschen wie Atmen, Schlagen auf die Backe, Schnaufen etc. entsteht. Ab der Mitte des Stückes findet ein umgekehrter Prozess statt: Jetzt wird vom Anfang des Patterns jeweils ein Ereignis weggenommen, bis nur noch das Atmen übrig bleibt.[3] Dieser letzte Vorgang bedeutete tatsächlich lange Probenarbeit, denn das ‚Weglassen' stellte sich in der Ausführung als wesentlich schwieriger dar als das ‚Addieren'.

Im Stück flirten hier die verschiedenen Inkarnationen Bachmanns mit einem androgynen Mann (dargestellt durch Yavier Picardo) – das Flirten wird hier als Spiel mit strengen Regeln, aber auch deutlich ironisiert dargestellt, ein Spiel, das Ingeborg Bachmann selber gerne spielte.

Obwohl das Stück nur zwei Minuten dauert, war es eines der meistgeprobten Stücke von *Gegenwart*. Die Tänzer wurden hierbei durch den Einsatz von Körpermikrophonen verstärkt, sodass auch die leisesten Atemgeräusche Teil der musikalischen Faktur wurden, die musikalischen Aktionen wurden – deutlich stilisiert – zur Grundlage einer strengen Körperchoreographie.

Moritz Eggert, *Gegenwart – ich brauche Gegenwart*, 2. Teil *Luftküsse*, T. 18–23, Partitur

Meer/Wüste für Klavier vierhändig und 2 Schlagzeuger (Live)

‚mehr meer bitte, bitte mehr meer'

Diese beiden Stücke beschäftigen sich mehr mit einer imaginären Fremde, als mit konkretem exotischen Material. „Meer" ist ein kontinuierlicher „stream of consciousness". Die Musik befindet sich ständig in schneller innerer Bewegung, die harmonischen Prozesse dagegen sind extrem verlangsamt, geradezu durchscheinend. Die Idee von „Wüste" wiederum ist die Darstellung von Stillstand trotz der hörbar schnellen Abfolge verschiedener Teile; tatsächlich entsteht die Musik durch die Überlagerung von verschiedenen rhythmischen Schichten, die im wesentlichen unverändert bleiben.[4]

Die beständige Suche nach einem ‚anderen Ort', der durchaus als auch Neudefinition der eigenen Person verstanden werden kann, zieht sich durch das Bachmannsche Schaffen. Gleichzeitig war Bachmann dafür bekannt, ihren eigenen ‚Ort' mitzunehmen, auch in die Fremde.

„Meine römischen Freunde machen sich alle darüber lustig, dass es mir gelungen ist, mitten in Rom eine wienerische Wohnung zu haben und ostinatamente daran festzuhalten"[5] ist ein Zitat von Bachmann, und dies entspricht auch Hans Werner Henzes Erzählungen über sie. Daher sind in diesen Stücken imaginäre vereinnahmte Orte zu hören. Böhmen liegt am Meer, aber Böhmen ist auch mit zum Meer genommen worden.

Die *Meer*- und die *Wüsten*-Musik – als möglichst harscher Kontrast konzipiert: hier Fluss, dort strenge Rhythmik – kamen an zwei verschiedenen Stellen unseres Stückes. In *Meer* ist die schreibende Bachmann zu sehen, die ihren „stream of consciousness" fast manisch zu Papier bringt. In *Wüste* wird der Zustand der Dürre nach dem Schreiben dargestellt, der sich im wiederum streng choreographierten Flirten mit verschiedenen Männertypen äußert.

Rhythmisch entspricht die Struktur von *Wüste* exakt dem Stück *Flüchtige Begegnung*, von dem unten die Rede sein soll. Idee war hier, dass es eine Verinnerlichung des ‚Wüsten'-Zustandes gibt, der erst von Musikern (aussen) gespielt wird, dann in ‚Körpermusik' (durch die Tänzer selbst erzeugt) verinnerlicht wird.

Böhmische Hymne für gurgelnde Stimmen (Live)

Dieses kurze Stück variiert eine einfache tonale Melodie, die zuerst unisono, dann antiphon und schließlich kanonisch vorgetragen wird. Der komische Effekt entsteht vor allem aus der Tatsache, dass das Stück ausschließlich mit Wasser gurgelnd vorgetragen wird. Durch die ständige Gefahr des Verschluckens oder des unangemessenen Lachens entsteht eine seltsam zerbrechliche Spannung bei den Ausführenden, die sich ganz unmittelbar auf die Zuschauer überträgt, daher hat auch dieses Stück inzwischen ein Eigenleben als Performance entwickelt, das nur noch peripher auf die ursprüngliche Einbindung in den Bachmannkomplex hinweist.

„Böhmen liegt am Meer"[6], deswegen auch hier die Vereinnahmung des Prinzips ,Wasser' auf die den Menschen nächste Weise: durch Schlucken, Spucken, Gurgeln.

Im Stück hatte die *Böhmische Hymne* etwas spöttisch Aufmüpfiges: die Bachmannkarnationen sitzen lümmelnd am Tisch und spucken den schüchtern sich nähernden Männerfiguren die Hymne verächtlich entgegen. Die Komik hat auch etwas Bitteres und Ablehnendes, denn Nähe wird letztlich nicht zugelassen, sondern nur ironisch abgehandelt.

Moritz Eggert, *Gegenwart – ich brauche Gegenwart*, 4. Teil *Böhmische Hymne*, T. 1–34, Partitur
© Moritz Eggert 1997

Gegenwart – ich brauche Gegenwart

Avec ma main brulée für 8 Performer und Sprecher/in (Live)

> Das Motiv des Feuers („Avec ma main brûlée j'écris sur la nature du feu" = „Mit meiner verbrannten Hand schreibe ich über das Wesen des Feuers" – das Bachmann von Gustave Flaubert übernommen hat) und das des Wassers sind wie zu einer Obsession für die Autorin des Romans geworden.[7] (Mihaela Zaharia)

Auf den Satz „Avec ma main brulée…" stieß ich bei meiner Lektüre von Bachmanns *Malina*, und es war für mich klar, dass aus dem Bezug darauf eines der zentralen Stücke unseres Abends werden sollte. Die fast eigenprophetische Verbindung dieses Satzes zur Todesart Bachmanns ist offensichtlich.

Avec ma main brulée ist der Versuch, die ‚Körpermusik' der Tänzer bis zu den Grenzen der Möglichkeiten zu treiben. Bei Tänzern handelt es sich selten um ausgebildete Musiker, die Noten lesen können, daher darf die Musik bestimmte

Grenzen der Komplexität nicht überschreiten, muss z. B. immer auswendig lernbar und in der Abfolge logisch bleiben. Dennoch stellte dieses Stück eine enorme Hürde bei den Proben dar, denn tatsächlich werden von mir in der Komposition extrem viele ungewöhnliche ‚Mundgeräusche' verwendet, die den Tänzern zuerst einmal didaktisch vermittelt werden mussten.

Moritz Eggert, *Gegenwart – ich brauche Gegenwart*, 5. Teil *Avec ma main brulée*, T. 133–135, Partitur © Moritz Eggert 1997

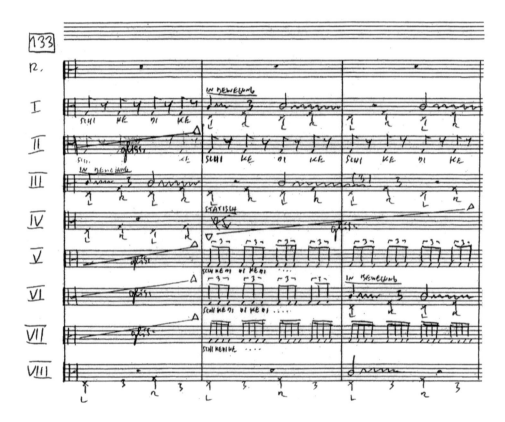

Diese dann in einen längeren musikalischen Verlauf zu bringen – das Stück dauert in seiner Originalversion acht Minuten – und dabei gleichzeitig den Mitmusikern, also den anderen Tänzern, zuzuhören (Tänzer konzentrieren sich normalerweise allein auf die Koordination von Bewegung, nicht von Klang), stellte sich als sehr schwierig heraus. Am Ende wurde das Stück für die Aufführung leicht gekürzt und manche Bewegungsabläufe vereinfacht, um den Tänzern bessere Konzentration zu ermöglichen.

Der stets wiederholte Satz „Avec ma main brulée" wird von einem zusätzlichen Sprecher quasi als Rhythmusgeber eingesprochen; am Ende kommt der Satz auf Deutsch, während sich das Stück, ähnlich wie in *Luftküsse*, rückwärts zu seinem Anfangspunkt entwickelt. Die Tänzer traten in der Aufführung hierbei aus ihrer Rolle heraus und bildeten einen gemeinsamen großen ‚Chor', der sich langsam und fast bedrohlich von einer Wand der hinteren Bühne auf das Publikum zu bewegte. Das Feuer kam, sehr zur Sorge des Brandschutzes des Staatstheaters Darmstadt, auch ganz konkret ins Spiel, nämlich durch das rituell wiederholte Anzünden eines Streichholzes als Teil der musikalischen Aktionen.

Symphonie 1.0 für 12 Schreibmaschinen (4 Soloschreibmaschinen live, 8 Schreibmaschinen vom Band)

Während der Arbeit an *Gegenwart – ich brauche Gegenwart* komponierte ich in einem Studio der Villa Massimo in Rom. In einer Ecke stand, wahrscheinlich schon seit Dekaden, eine uralte schwarze Schreibmaschine. In den Arbeitspausen begann ich auf dieser Schreibmaschine klanglich zu experimentieren und irgendwann kam dann der Gedanke, eine richtige Symphonie aus Schreibmaschinen zu schreiben, die im Stück eine Rolle spielen könnte. Hierbei fand ich interessant, dass ein sehr kontrapunktischer Satz von Schreibmaschinenklängen dem Prasseln von Regen sehr nahe kommt, was wiederum eine Brücke zum Motiv des Wassers schlägt.

„Mehr Meer bitte – bitte mehr Meer" ist daher der Satz, dessen Tippen den Anfang der *Symphonie* bildet, die in Form eines Concerto grosso gestaltet ist, es werden also vier Solisten einem größeren Tutti gegenübergestellt. Die *Symphonie* hat zwei Sätze, wovon der erste eher antiphonen Charakters ist und der zweite eine langsame Steigerung entwickelt, die auf einem Tangorhythmus basiert. Das Prasseln einer immer vielstimmiger werdenden Schicht aus ‚Schreibmaschinenregen' löscht irgendwann die hörbare Musik aus. Dieser Satz bildete den Schluss unseres Stückes. Während die Bühne dunkel wurde, wurden die Akteure langsam durch projizierte Schriftzeichen überlagert und verschwanden im Dunkel.

Bei der sehr strengen Komposition entwickelte ich bewusst ein sehr großes und komplexes Vokabular von Schreibmaschinenklängen, um mich von den eher gaghaften Schreibmaschinenstücken à la Jerry Lewis abzusetzen. Diese wurden durch eine eigene Notation verdeutlicht.

Moritz Eggert, *Gegenwart – ich brauche Gegenwart*, 6. Teil *Symphonie 1.0*, Legende

© Moritz Eggert 1997

1) CR= Carriage Return, d.h. der Wagen wird mit dem linken Hebel zurückgeschoben.
2) Tippen auf beliebigen Buchstabentasten (Fähnchen nach oben: rechte Hand, Fähnchen nach unten: linke Hand)
3) Ausnotierter Carriage Return: Das Glissando entspricht dem Rollen des Wagens von links nach rechts, die Kreuznote entspricht dem geräuschhaften Anschlag des Wagens in der äußersten Position. Der linke Hebel wird danach noch gedrückt gehalten!!!
4) Der Carriage Return-Hebel wird losgelassen (leichtes ratterndes Geräusch)
5) Das Glöckchen klingelt. Die Notation ist oft bewußt ungenau, da die Mechanik des Glöckchens bei den meisten älteren Schreibmaschinen nicht exakt arbeitet.
6) Rechte ALT-Taste
7) Linke ALT-Taste
8) Leertaste
9) Drehen am rechten Seitenrad (mit diesem Rad wird die Wagenrolle gedreht)
10) Mit der flachen Hand auf den Rahmen der Schreibmaschine schlagen
11) Rückwärtstaste (der Wagen wird um eine Position nach links geschoben)
12) Manchmal ist nur Carriage Return, nicht aber das Zurückschnalzen des linken Seitenhebels notiert. In diesem Fall Seitenhebel sofort loslassen!
13) Der linke Seitenhebel wird gedrückt, der Wagen wird (nicht bis zum Anschlag!!!) nach rechts geschoben, danach wird zum Beispiel eine andere Note gespielt, der linke Seitenhebel wird erst mit der Note am Ende des punktierten Bogens losgelassen.
14) Automatischer Laufknopf (Achtung, nicht bei allen Schreibmaschinen vorhanden!!!). Dieser Knopf läßt den Wagen von links nach rechts rollen (bei längeren Tönen klingelt hierbei das Glöckchen)
15) Apostroph/Häkchen: hier ist eine Taste zu verwenden, die den Wagen NICHT weiterbewegt (anderes Tippgeräusch)
16) Zahlentaste (leicht anderer Klang als Buchstabentaste, in einigen Fällen).

Auch dieses Stück gewann nach *Gegenwart* ein Eigenleben und wird seitdem oft eigenständig aufgeführt. Dem zuträglich war die Tatsache, dass der Tuttipart bewusst einfach gehalten wurde, und auch von Laien und Jugendlichen gut realisiert werden kann.

Eine denkwürdige Aufführung fand im Rahmen des Sound Symposiums auf Neufundland (Kanada) statt – dort herrschte ein derartiger Mangel an alten Schreibmaschinen, dass ein vorheriger Aufruf im Radio nötig war, um genügend Instrumente zusammenzubekommen. Diejenigen, die ein Instrument mitbrachten, durften natürlich auch selbst mitspielen. Viele der Mitwirkenden lernten dadurch als ersten deutschen Satz überhaupt einen Satz von Ingeborg Bachmann auswendig.

Ob Bachmann selbst eine Schreibmaschine zum Schreiben benutzte, weiß ich nicht, aber ich vermute, es würde zu ihrer nervösen Person gepasst haben.

Flüchtige Begegnung für 8 oder mehr Tänzer (Live)

Flüchtige Begegnung ist ein Zwillingsstück zu dem *Wüste*-Teil aus *Meer/Wüste*. Die rhythmische Struktur entspricht exakt derjenigen in *Wüste*, nur sind die Geräusche durch andere Aktionen der Tänzer ersetzt. So wird zum Beispiel ein Ostinato der Pauken aus *Wüste* zum Schenkelklatschen des Vortänzers in *Flüchtige Begegnung*.

Wie auch in *Avec ma main* gibt es hier eine Bewegungschoreographie, d. h. die Tänzer vollführen nicht nur musikalische Aktionen, sondern bewegen sich dabei auch gezwungenermaßen durch den Raum. Dies basiert auf vorgegebenen Schrittfolgen, die Bewegung selbst bekommt dadurch etwas manisches, wird zum Selbstzweck. Die zwei Gruppen der Tänzer (Männer und Frauen) begegnen sich immer wieder, ohne dass es zu einer Durchdringung kommt, die Welten bleiben getrennt. Der Mittelteil des Stückes kulminiert in einer Trommelimprovisation – im Stück auf einer Badewanne –, danach findet eine Verdichtung der Ebenen statt und das Stück legt quasi noch einen Gang zu.

Der durchgehende 5/8-Takt machte den Tänzern in Darmstadt weniger Schwierigkeiten als befürchtet, zu meinem großen Erstaunen scheiterte aber eine spätere Aufführung des Stückes mit afrikanischen Tänzern in Ghana an eben dieser Taktart – die Trommelmusik in Ghana kennt keine ungeraden Taktarten, daher war das Stück für die afrikanischen Musiker und Tänzer trotz höchster rhythmischer Begabung unausführbar.

Moritz Eggert, *Gegenwart – ich brauche Gegenwart*, 7. Teil *Flüchtige Begegnung*,
T. 187–194, Partitur
© Moritz Eggert 1997

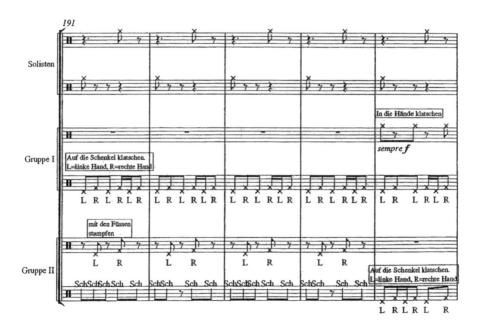

Adagio – An Answered Question für 32 Solostreicher (vom Band)

Die mit Abstand längste musikalische ‚Nummer' im Stück bestand aus einem Solotanz der zerbrechlichsten aller Bachmann-Figuren (Dörthe Stöß), der in einem selbstzerstörerischen Tanz ums Feuer mündete – oder vielmehr um mit Kerzen gefüllte Schalen, die langsam auf die Bühne gezogen wurden. Die Musik dafür entstand tatsächlich unabhängig und vor dem Bachmann-Projekt – bei *Adagio* handelte es sich um ein 16-minütiges Orchesterstück –, erwies sich aber als sehr passend und wurde fast in voller Länge verwendet. Die Musik ist sehr traumverloren, eine Art Paraphrase auf den Schluss des Adagios von Mahlers 9. Symphonie und die berühmte *Unanswered Question* von Charles Ives. Das Stück kulminiert in einem quasi endlosen harmonisch aufgeladenen Glissando von den tiefsten Tönen zu den höchstmöglich erreichbaren auf den ersten Geigen, auf denen die Musik dann in einer morbiden letzten Geste abbricht.

Heute für 9 Sprecher (Live)

Der berühmte ‚heute'-Text aus *Malina*, der von der Unmöglichkeit eines Zeitbegriffs im poetischen Sinne handelt, war der einzige Text Bachmanns, der im Zentrum der Aufführung stand. Konsequenterweise wollte ich diesen Text auch nicht im üblichen Sinne ‚vertonen', sondern eine echte Sprechpartitur komponieren, die einerseits von ‚Laien' – also den Tänzern – realisierbar ist, andererseits aber die im Text beschriebenen Gleich- und Ungleichzeitigkeiten im Sinne konkreter musikalischer Poesie fassbar macht.

Hierbei spielten auch szenische Elemente eine Rolle. Zum Teil müssen Wörter gesprochen, dann schnell auf Zettel geschrieben werden, die gleich zerknüllt und weggeworfen werden, Wörter werden in ihre Einzelteile zerlegt, geschrien, geflüstert, chorisch oder einzeln gesprochen, kurzum: die ganze Palette sprachlicher Äußerungsformen wird bedient.

Szenisch war dieses Stück sehr streng realisiert. Die Bachmann-Figuren und ‚ihre' Männer versammelten sich an einem langen Tisch in Formation des Abendmahls von Leonardo da Vinci, also zum Publikum blickend, und lasen den Text aus der Partitur ab. Durch diese Aufstellung konnten die kontrapunktischen Prozesse des Stückes deutlich gemacht werden, Wörter wandelten zum Beispiel von links nach rechts und wieder zurück usw.

Moritz Eggert, *Gegenwart – ich brauche Gegenwart*, 9. Teil *Heute*, T. 70–95, Partitur

© Moritz Eggert 1997

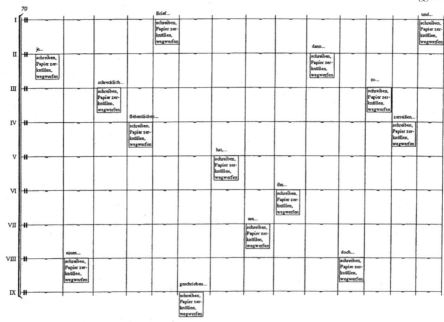

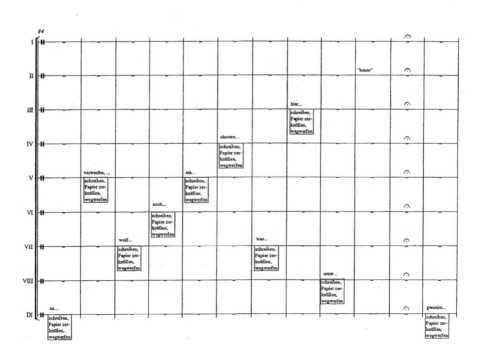

Skelter für Saxophonquartett (vom Band)

Max Goldt schrieb einmal einen ironischen Essay über einen (falsch) erinnerten Film, *An American Quilt*. Das Stück *Skelter* ist (bewusst ungenau) erinnerte Musik und zwar die musikalische Erinnerung an das Stück *Helter Skelter* aus dem berühmten ‚Weißen Album' der Beatles, ein Stück das prophetisch die gesamte Punk-Musik vorwegnimmt. Es ist natürlich Absicht, dass nach einem Stück über die Unmöglichkeit des ‚heute' ein Stück über die Unmöglichkeit der Erinnerung eine Rolle spielte.

Skelter benutzt eine untypische Quartettbesetzung, zwei tiefe und zwei hohe Saxophone erzeugen schon durch die Aussparung der Mitte eine gewisse Spannung zwischen unerreichbaren Polen. Beim Komponieren hörte ich mir absichtlich das Stück der Beatles nicht an – in dem auch kein Saxophon vorkommt –, suchte vielmehr nach dessen Spuren in meiner Erinnerung, die in keiner Weise Anspruch auf Genauigkeit erhebt. Diese Zerrüttung der exakten Wiedergabe – das Festhalten am Moment, der in Auflösung begriffen ist –, ist das Thema des Stückes.

Im Tanztheater war dies die aggressivste und selbstzerstörerischste Szene einer Bachmann-Figur. Die kleinste und akrobatischste aller Tänzerinnen (Yoshiko Waki) warf sich ununterbrochen gegen die hintere metallene Bühnenwand, bis zur Verletzungsgefahr und Selbstaufgabe. Diese Szene leitete die letzte Phase des Stückes ein, zu welcher der oben schon erwähnte ‚Schreibmaschinentanz', der zweite Satz der *Symphonie 1.0*, erklang.

Mit diesem Abriss über die Musik hoffe ich, einen Einblick in die Motive meiner musikalischen Arbeit an dem ‚Bachmann-Projekt' gegeben zu haben. Es handelte sich auf jeden Fall um eine der für mich anregendsten und fruchtbarsten Arbeiten meiner Laufbahn, was sicherlich auch mit der ewigen Faszination der Künstlerin Ingeborg Bachmann zu tun hat.

---

[1] UA: 28. Februar 1997, Darmstadt, Staatstheater; Bühne: Gudrun Schretzmeier, mit Katrin Schyns, Cristina Czetto, Amelia Poveda, Jenny Coogan, Dörthe Stöß, Yoshiko Waki, Javier Picardo, Rolf Kast, Guido Markowitz, Richard Taylor, Musiker: Martina Bittner, Arne Willimczik (pf.), Wolfgang Umber, Edgar Pritsch

(perc.), Dirigent der vorproduzierten Aufnahmen: Moritz Eggert, Art Core Sax-Saxophonquartett, Orchester des Staatstheater Darmstadt, Farandole-Quartett

2   Moritz Eggert, Text zur Partitur.

3   In der Partitur ist das Atmen durch eine Mundharmonika vorgesehen, im Laufe der Probenarbeiten stellte sich dies jedoch als störend heraus und wurde durch ein quasi erotisch aufgeladenes lautes Atmen ersetzt. In den vielen unabhängigen Folgeaufführungen dieses Stückes hat sich jedoch die Mundharmonika als Klangträger endgültig durchgesetzt.

4   Eggert, Text (Anm. 2).

5   Zit. in: Sigrun Höllrigl, *Heimatsuche um das „Haus Österreich". Gedanken von und zu der Schriftstellerin Ingeborg Bachmann*, in: *art2000.kulturjournal*. http://ezines.onb.ac.at:8080/www.silverserver.co.at/art2000/archiv/litera.htm

6   Ingeborg Bachmann, *Letzte unveröffentlichte Gedichte*, hg. v. Hans Höller, Frankfurt a. M. 1998, S. 117.

7   Mihaela Zaharia, Literatur und Literaturverfilmung. Ingeborg Bachmann: *Malina*. http://www.e-scola.ro/germana/mihaela_zah.html

Julia Hinterberger
„Man spürt den Bachmann-Text als Abwesenheit". Zu Adriana Hölszkys *Der gute Gott von Manhattan*

Ingeborg Bachmanns 1958 erstgesendetes, in der Tradition der „Todesarten-Thematik"[1] angesiedeltes Hörspiel *Der gute Gott von Manhattan* reflektiert anhand einer schlichten Liebesgeschichte die Dialektik von kollektiver Ordnung und individueller Freiheit.

Der für die phonische Realisation konzipierte, 1959 jedoch bereits in gedruckter Form publizierte Text beschreibt die Beziehung zwischen dem europäischen Studenten Jan und der amerikanischen Studentin Jennifer. Dem Schema einer Rahmenerzählung folgend, wird diese Haupthandlung, die im Zeichen utopischer Liebe steht, aus der Retrospektive der juridischen Dialoge zwischen dem Richter und seinem Gegenspieler, dem des Mordes an Jennifer angeklagten guten Gott von Manhattan, rekonstruiert.

Die Funktion der Musik im Hörspiel

„Die Musik ist nur dort allein, wo sie den Text folgerichtig ablöst."[2] Die dezidierten Regieanweisungen zum Werk *Der gute Gott von Manhattan* reflektieren Ingeborg Bachmanns differenzierten Umgang mit Musik. Sechsmal von der Autorin gefordert, fungiert die Musik im Hörspiel weder als Einleitung noch als einzelne Szenen verbindende Brücke, sondern wird wohl überlegt an wesentlichen Stellen des Textes positioniert. Die Dialoge der Protagonisten und Protagonistinnen und die Handlung auf einer Metaebene kommentierend, übernimmt die Musik die Funktion einer Chiffre[3] und transportiert somit Botschaften, die innerhalb des Textes nicht direkt verbalisiert werden.

Fünf der sechs Einsätze sind funktional an Medien wie Radio oder Automat gebunden bzw. ergeben sich aus dem Kontext und können, der Terminologie Mechtild Hobl-Friedrichs zufolge, als „Inzidenzmusik"[4] bezeichnet werden.

Natürlich motiviert und demnach eigentlich einer eigenständigen dramaturgischen Funktion entbehrend, kommt dieser Musik dennoch programmatischer Charakter zu, den bereits Bachmanns erste Regieanweisung postuliert: „Wenn sie [Jennifer] den Hebel [des Nussautomaten] niederdrückt, löst er ein paar Takte Musik aus, eine Musik, die noch öfter zu hören sein wird." (278) Bei ihren Direktiven differenziert die Autorin bewusst zwischen der einmaligen, unbestimmten Angabe „Musik" und dem mittels Demonstrativpronomen näher definierten, fünfmaligen Verweis „Die Musik", der sich auf die oben zitierten Klänge aus dem Nussautomaten bezieht. Die Verbindung von Nüssen, dem Futter der diabolischen, auf Veranlassung des guten Gottes liebende Menschen verfolgenden und mordenden Eichhörnchen, und einer wiederholt erklingenden Musik indiziert bei näherer Betrachtung des Textes bereits an dieser Stelle eine negative Dynamik.

Diese natürlich motivierte Musik ertönt in weiterer Folge in einer Nachtbar, im Stundenhotel, am Ende der Theaterankündigung der beiden Eichhörnchen Billy und Frankie sowie abermals in einer Bar. Signifikant erscheint die Tatsache, dass diese Musikeinsätze jeweils im unmittelbaren Kontext verbaler oder physischer Gewalt positioniert sind und eine Gratwanderung zwischen Liebe, Sexualität und Destruktion beschreiben. So leitet etwa Musik jene dissonante Kommunikation zwischen den Liebenden ein, innerhalb derer Jennifer ihre Schmerzen an Händen und Schultern beklagt und mittels dieser religiös konnotierten Stigmata ihre beginnende Passion, gepaart mit masochistischer Lust, signalisiert. Den Regieanweisungen entsprechend analoge Klänge durchdringen den Dialog des Paares im Stundenhotel, der abermals die Wechselwirkung zwischen weiblicher Unterwerfung und sexueller Begierde thematisiert. In diesem Kontext konterkariert die Musik zudem die patriarchalische Rolle Jans, indem sie trotz dessen expliziten Verbots unterschwellig anhebt, crescendierend die Kommunikation der Liebenden durchdringt und letztendlich die erste sexuelle Begegnung zwischen Jan und Jennifer imaginiert. Obwohl sie die Szene abrundet bzw. zwei Tageszeiten voneinander trennt, präsentiert sich die Musik hier nicht als Brücke, sondern evoziert vielmehr die beziehungsimmanente Destruktion der Liebenden.

Der vierte Einsatz illustriert abermals den programmatischen Charakter der Musik, die an dieser Stelle eine Theaterankündigung der Eichhörnchen, im Zuge derer auf die grausige Präsentation der „schönsten todbringenden Liebesgeschichten" (294) der Weltliteratur verwiesen wird, klanglich beschließt und demzufolge in direktem Kontext mit dem Sterben liebender Menschen steht. Wurde bislang der Zusammenhang zwischen Destruktion und dem Ertönen einer bestimmten Musik lediglich angedeutet, so manifestiert sich diese These beim sechsten Erklingen der Musik, das Bachmann folgendermaßen beschreibt: „Er [der Barmann] dreht weiter [am Radioapparat] und stößt auf die Musik, die laut hervorbricht und dann von einer dumpfen Detonation abgebrochen wird." (326) Abermals verlangt die Autorin „Die Musik", die damit von einer ‚Hintergrundmelodie' aus dem Automaten zu einem die Explosion der utopievernichtenden Bombe einleitenden Element avanciert. Die den Regieanweisungen zufolge nahezu leitmotivisch verwendete Musik antizipiert von Beginn an die negative Kulmination des Geschehens und präsentiert sich weniger deskriptiv als vielmehr kommunikativ, „sie soll vermitteln, was sich durch Sprache nicht mehr sagen lässt."[5]

Konträr zu den eben erwähnten, funktional gebundenen und natürlich motivierten Klängen ertönt in Szene 26 eine nicht näher definierte Musik, welche die kryptisch endende Kommunikation zwischen Jennifer und dem guten Gott abrundet. Die Szene, die gleichzeitig den dramaturgischen Höhepunkt des Hörspiels darstellt, abschließend, fungiert die Musik aber auch an dieser Stelle nicht als Brücke, sondern dient infolge ihres unvermittelten Erklingens vielmehr der Intensivierung der im Dialog transportierten verbalen Botschaften.

Ingeborg Bachmann konnte eigenen Angaben zufolge ihre Intentionen zur klanglichen Ausgestaltung bei den Produktionen ihres Hörspiels *Der gute Gott von Manhattan* nicht realisieren: „Ich hab das Hörspiel geschrieben und hab es der Hörspielabteilung gegeben. Ich weiß nicht, wie es anderen Autoren geht, aber ich bin eigentlich nie eingeladen worden, bei den Proben dabeizusein, obwohl es mich interessiert hätte."[6] Entsprechend fassettenreich präsentiert sich die Musik in den insgesamt sechs im Zeitraum zwischen 1958 und 2000 entstandenen Hörspielen. Während in der Produktion Fritz Schröder-Jahns[7] (1958) die dezidierten Regieanweisungen Bachmanns bezüglich der Anzahl der Einsätze von Musik sowie deren Positionierung penibel eingehalten werden, setzen sich die radiophonen Inszenierungen der Regisseure Gert Westphal (1958), Axel Corti (1959), Klaus Leonhard (1971),

Peter Groeger (1977) sowie Judith Lorentz und Giuseppe Maio (2000) deutlich über die Instruktionen der Autorin hinweg. Signifikant erscheint bei der Vielschichtigkeit der musikalischen Gestaltungen die Tatsache, dass keine der sechs phonischen Realisationen zwischen den fünfmal in Verwendung tretenden, mittels Demonstrativpronomen näher definierten Klängen („Die Musik") und der einmalig unbestimmten „Musik" differenziert. Die dezidierten Anweisungen Bachmanns ignorierend, degradieren sowohl die oben genannten Regisseure als auch die involvierten Komponisten die Funktion der Musik: von einer das Geschehen auf einer Metaebene kommentierenden Chiffre hin zu einem die Szenen bloß abrundenden bzw. zu einem überleitenden dramaturgischen Instrument.

Erst Adriana Hölszkys musiktheatralische Transformation des Hörspiels schenkt den von Bachmann geforderten Klängen adäquate Bedeutung. Das 2004 im Rahmen der Schwetzinger Festspiele uraufgeführte Musiktheaterwerk *Der gute Gott von Manhattan* setzt mit grotesken Ausdrucksintensitäten und irritierenden Klangsplittern Akzente und etabliert die musikalische Annäherung an das Hörspiel als eine neue Rezeptionsebene.

Vergleich von Bachmanns Hörspieltext mit Kims und Hölszkys Libretto

> Ich lerne und wachse mit dem Text, habe am Ende der Arbeit eine ganz andere Beziehung zum Text als zu Beginn. Ich nehme den Text wie Nahrung zu mir, der Text wird ein Teil von mir, und daraus entsteht etwas Neues, Anderes.[8] (Adriana Hölszky)

Dem Anspruch eines neuen, eigenständigen Werkes, in dem die literarische Vorlage lediglich als Impuls fungiert, gerecht werdend, weist bereits das von Yona Kim in Kooperation mit Adriana Hölszky entworfene Libretto zum Musiktheaterwerk *Der gute Gott von Manhattan* deutliche inhaltliche Akzentverschiebungen gegenüber dem gleichnamigen Text Ingeborg Bachmanns auf. Hölszkys Aussage „Man spürt den Bachmann-Text als Abwesenheit"[9] soll demnach motivgebend für den gesamten Vergleich der Rezeptionsebenen Hörspieltext, Libretto sowie deren musiktheatralischer Umsetzung sein.

Handlungsebenen im Hörspiel

Das in der Blütezeit des österreichischen Hörspiels entstandene Werk Bachmanns folgt dem Prinzip der ‚Rahmenerzählung' und setzt sich aus den sowohl personell als auch dramaturgisch differenziert gestalteten Strängen Rahmen- und Haupthandlung sowie einer von zwei Eichhörnchen dominierten Ebene zusammen.

Der Terminus Rahmenhandlung impliziert, dass die Dialoge innerhalb dieser Ebene – die Kommunikation zwischen dem Richter und dem des Mordes an der Studentin Jennifer angeklagten guten Gott – Anfang und Ende des Hörspiels bilden und eine entsprechend relevante Position im Text einnehmen. Seine Rolle als subjektiver Erzähler von Beginn an positionierend, rollt der gute Gott aus der Retrospektive die Haupthandlung auf, die im Zeichen transzendierender Liebe steht. Seine oberflächlich betrachtet unreflektierten Morde rational und mit größter Eloquenz erklärend, avanciert der gute Gott bereits in der ersten Szene der Rahmenhandlung vom Angeklagten zum Kronzeugen, der schließlich die grenzüberschreitende Liebe als das eigentlich zu verhandelnde Vergehen ins Zentrum der Dialoge mit dem Richter rückt.

Konträr zu der von programmatischen Ortswechseln geprägten Liebesgeschichte vollzieht sich die Rahmenhandlung statisch in einem einzigen hermetischen Raum, dem fiktiven Gerichtssaal. Alle physischen Aktivitäten, mit Ausnahme des Auf- bzw. Abtritts der Titelfigur, werden hier ausgespart. Die Rahmenhandlung ist vielmehr ausschließlich auf den – die traditionelle Hierarchie im Gericht konterkarierenden – Dialog der Gegenspieler konzentriert, die sich letztendlich beide zum vom guten Gott repräsentierten Ordnungssystem bekennen.

Die vergleichsweise schlichte, nahezu banal anmutende Liebesgeschichte zwischen Jennifer und Jan beschreibt die verschiedenen Entwicklungsstadien einer Beziehung – von lustorientierter „Reisebekanntschaft" (286) über „Vereinbarung auf Distanz" (290) bis hin zur absoluten, grenzüberschreitenden Liebe –, die sich strukturell betrachtet in vier Phasen entfaltet.[10] Charakteristikum jeder Stufe ist der von der Außenwelt initiierte bzw. von den Liebenden selbst intendierte Moment des Abschiedes sowie eine darauf folgende Intensivierung der Beziehung. Scheitern die ersten drei Trennungsversuche bereits im Ansatz, so avanciert bemerkenswerterweise der letzte, von den Liebenden lediglich als temporär begrenzt beabsichtigte Abschied zur unwiderruflich endgültigen Trennung durch den Tod Jennifers. Diese alltägliche Liebesgeschichte erhält erst durch die existenzbedrohenden Aktivitäten des guten Gottes, die sich dem Publikum primär über die Kommunikation innerhalb der Rahmenhandlung eröffnen, jenen „dramatisch-spannenden Impetus", den Claus Reinert auf die Wechselwirkung der beiden Handlungsstränge zurückführt. „Je für sich entbehren diese beiden Handlungsebenen eines dramatischen Konflikts; aufeinander bezogen aber entsteht eine Polarität, die der Unbedingtheit ihrer Handlungsträger wegen zur Katastrophe führen muß."[11]

Konträr zum statischen Raum- und Zeitkontinuum der Rahmenhandlung spielen eben diese Einheiten in Bezug auf die Intensität der Liebe, die sich zu verschiedenen Tages- und Nachtzeiten an diversen symbolträchtigen Schauplätzen entfaltet, eine programmatische Rolle. Der ersten Begegnung am Grand Central Bahnhof folgt eine Nacht in wenig renommierten Etablissements wie Nachtbar und Stundenhotel. Erst das Atlantic Hotel bringt die gleichermaßen verhängnisvolle wie vom Paar zunehmend ersehnte „Auffahrt" (289) in den 7., den 30. und schließlich 57. Stock, wo sich die Liebenden, näher dem Himmel als der Erde, der Gesellschaft endgültig zu entziehen suchen und für sie die „Gegenzeit beginnt." (317)

Signifikant erscheint in diesem Kontext die Wechselwirkung zwischen dem kontinuierlichen Austritt der Liebenden aus der Gesellschaft, den damit verbundenen Ortswechseln sowie den Trennungsversuchen des Paares, die in drei der vier Fälle unter anderem auf Initialmomente der Außenwelt zurückzuführen sind. In der ersten Szene offenbart sich diese Kraft der Außenwelt anonym in Form einer allgemein treibenden Wirkung des von ständigem Kommen und Gehen gezeichneten Bahnhofes; in Szene drei hingegen erweist sich die Stimme einer nicht näher definierten Frau, die von außen in das schmutzige Zimmer des Paares dringt und mit ungehaltenen Worten zum Aufbruch drängt, als massiver Störfaktor. Das Telefon als gesellschaftliches Medium zur Kommunikation vereitelt dem Paar in Szene 13 die bereits angetretene „Auffahrt" und zwingt es zu abermaligem Kontakt mit der Außenwelt, symbolisiert durch Jans Dialoge mit einem Zeitungsverkäufer und einem Polizisten in Szene 15. Dieser emotionsgeladenen Begebenheit auf der Straße folgen der kontinuierliche Austritt aus der Gesellschaft sowie die metaphorische Himmelfahrt in den obersten Stock des Atlantic Hotels. Nach der negativen Kulmination in Szene 15 konzentriert sich die Haupthandlung – ähnlich der Rahmenhandlung – auf den Dialog zwischen den Liebenden, der ausschließlich in Zimmern des 30. bzw. 57. Stocks des Atlantic Hotels geführt wird. Erst in Szene 24 wiederholt sich die Absicht des – nun für eine kurze Zeitspanne geplanten – Abschiedes, der sich konträr zu den drei vorangegangenen Trennungsversuchen in völliger Isolation vollzieht und damit auf die Initiative des Paares selbst zurückgeht.

Jenem das Ende der absoluten Liebe antizipierenden dramaturgischen Höhepunkt des Hörspiels, der Zusammenführung der beiden Ebenen durch den guten Gott und Jennifer in Szene 26, folgt der dramatische: die Explosion der utopievernichtenden Bombe, die Jan während seiner bereits vor dem Tod Jennifers angetretenen Resozialisation in das gesellschaftliche Ordnungssystem in einer Bar erlebt.[12]

Neben diesen beiden Handlungssträngen konfrontiert Ingeborg Bachmann das Publikum mit einer dritten Ebene, deren Träger die schwer zu dechiffrierenden, schillernd-grotesken Eichhörnchen Billy und Frankie sind. Zeitlich in den Handlungsstrang der Liebesgeschichte eingebaut, durchkreuzen die beiden diabolischen Handlanger des guten Gottes in drei knappen, in sich geschlossenen Szenen die Aktionen des Paares, ohne jedoch mit diesem zu kommunizieren. Die vierte von Billy und Frankie dominierte und mit den Worten „Im Theater" überschriebene Szene thematisiert im Jargon der Eichhörnchen die schönsten, hauptsächlich auf das Sterben konzentrierten Liebesgeschichten der Weltliteratur. Obwohl die Stimmen der beiden Akteure lediglich aus dem Hinterhalt des Marionettentheaters ertönen, kommt es in diesem Kontext zur unmittelbarsten Begegnung zwischen den Eichhörnchen und den Liebenden, die das grausige Spektakel aus dem Zuschauerraum verfolgen.

Das burleske Verhalten der dämonischen Charaktere bildet einen deutlichen Kontrast zu den nüchternen Dialogen der Rahmenhandlung sowie der von Emotionen geprägten Liebesgeschichte.

Handlungsebenen im Libretto

Um den literarischen Text zugunsten einer schärferen Profilierung der Charaktere zu straffen, sparte Yona Kim im Libretto die Rahmenhandlung aus und fokussiert lediglich die Liebesgeschichte sowie die immanente Ebene der

Eichhörnchen. Neben der Auslassung des Richters, der innerhalb des Hörspiels im Zuge seiner Beweisaufnahmen die Funktion des guten Gottes detailliert definiert, resultiert aus dieser Textkomprimierung eine allgemeine inhaltliche Akzentverschiebung, die das Musiktheater in die Tradition einer „balladesken Liebesgeschichte"[13] mit kriminalistischem Flair stellt und damit die Intentionen Bachmanns konterkariert. Ihre intensive Suche nach einem adäquaten Titel für das Hörspiel sowie die letztendlich getroffene Entscheidung reflektieren die zentrale Rolle, die Bachmann dem guten Gott im Text zuweist. Indem sie den Namen des Antagonisten im Titel des Hörspiels exponiert, betont sie die Relevanz der von ihm geprägten Rahmenhandlung als Forum zur Erläuterung seiner radikal existenzbedrohenden, das gesellschaftliche Ordnungssystem aufrechterhaltenden Lebensphilosophie.

Infolge der Streichung dieser Rahmenhandlung wird der gute Gott im Musiktheater seiner Funktion als narrativer, das Gesamtgeschehen erläuternder Figur enthoben und avanciert von der eloquenten, rational kalkulierenden Titelperson zum konturlos-irren Nebendarsteller, der nur am Ende des Stückes unvermittelt und gleich einem ‚diabolus ex machina' die vernichtende Bombe überbringt. Die Degradierung zur Randfigur erfolgt jedoch ohne entsprechende Modifikation des Titels zur Legitimierung derartiger inhaltlicher Verschiebungen. Motive für die Beibehaltung des Titels trotz offenkundiger Divergenzen zur literarischen Vorlage mögen zum einen das Kokettieren mit der Publikumswirksamkeit eines durchaus bekannten Hörspiels, zum anderen jedoch ein Spiel mit den titelimmanenten Assoziationen und Erwartungshaltungen der Zuschauer sein. Eine Titelfigur, die jeglichem Kontext entrissen und ohne nähere Erläuterungen erst am Ende des Stücks auftritt, erscheint ob ihrer Bezeichnung paradox und schafft Momente der Irritation, die Hölszky musikalisch radikal intensiviert. Als Konsequenz der Elimination der Rahmenhandlung fällt zudem die Kritik Bachmanns an jener durch den Richter repräsentierten opportunistischen Gesellschaft weg, die sich um der Wahrung der Verhältnisse willen und für die Wiederherstellung alter Konventionen dem radikalen Herrschaftssystem eines Menschen unreflektiert unterwirft.

Zwar behält Kim in ihrer Konzeption des Librettos die Chronologie des Hörspieltextes weitgehend bei, doch integriert sie das Glaubensbekenntnis des guten Gottes – ein ursprünglich zentrales Moment der Rahmenhandlung – in den Hauptstrang.

Ich glaube an eine große Konvention und an ihre große Macht, in der alle Gefühle und Gedanken Platz haben, und ich glaube an den Tod ihrer Widersacher. Ich glaube, dass die Liebe auf der Nachtseite der Welt ist, verderblicher als jedes Verbrechen, als alle Ketzereien. Ich glaube, dass, wo sie aufkommt, ein Wirbel entsteht wie vor dem ersten Schöpfungstag. [...] Ich glaube, dass die Liebenden gerechterweise in die Luft fliegen und immer geflogen sind. (318)

Dieses religiöse Credo deklamiert der gute Gott nun im Musiktheater – eingeleitet von lediglich drei das Thema Liebe und Partnerschaft reflektierenden Sätzen – bei seinem ersten Auftritt in der dritten Szene des zweiten Akts unvermittelt ins Publikum. Dieser Auftritt fungiert zudem als Überleitung zum anschließenden Dialog mit Jennifer, der nun jedoch, aufgrund der Aussparung der Rahmenhandlung, nicht mehr als dramaturgischer Höhepunkt im Sinne einer Zusammenführung der Handlungsstränge wirkt.

Weiters strukturiert die Librettistin die im Hörspiel wie lose aneinander gereihten Bilder den räumlichen, thematischen Wechseln folgend in zwei Akte zu jeweils sechs Szenen. Das Spiel der Eichhörnchen wirkt in diesem Kontext als Achse des Musiktheaterwerks, welche die beiden Akte in nahezu formvollendeter Symmetrie teilt, woraus wiederum eine strukturelle wie inhaltliche Verschiebung der literarischen Vorlage resultiert: Während der Theaterbesuch der Liebenden im Hörspiel in einer Phase der Harmonie erfolgt und der dritte Trennungsversuch des Paares im Anschluss daran im Hotel und auf der Straße stattfindet, fungiert das im Libretto erst nach dieser dritten Eskalation positionierte Spiel der Eichhörnchen als Wendepunkt in der Liebe zwischen Jan und Jennifer. Ansonsten entfaltet sich die Haupthandlung gemäß der Vorlage in vier komprimierten, im Kontext der jeweiligen Abschiede stehenden Stufen.

Sprachspuren und Charaktere im Hörspiel

Den Bachmannschen Sprachduktus beibehaltend, reduziert Kim den Hörspieltext auf ein Drittel seines ursprünglichen Quantums und minimiert das ehemals groß angelegte Personal auf nunmehr sechs Protagonisten und Protagonistinnen (Jan, Jennifer, Billy, Frankie, Zigeunerin, guter Gott) sowie die monoton-geschlechtslosen Stimmen, die im Musiktheater als „Chor" bezeichnet werden. Präsentiert sich das Hörspiel in seiner Ausgestaltung als vierstimmige Komposition, deren Sprachspuren dialogisch (Richter/guter Gott, Jan/Jennifer, Billy/Frankie) bzw. monologisch (Stimmen aus dem Off) organisiert sind,[14] so setzt sich das Libretto aufgrund der ausgesparten Rahmenhandlung lediglich aus drei Sprachspuren zusammen.

Auch das Kommunikationsverhalten erfährt im Musiktheater mitunter eine Modifikation: Im Bachmannschen Text zwischen konsensualer Kommunikation und destruktiver Dissonanz changierend, folgen die Dialoge der Liebenden den Codes einer geschlechterspezifischen Liebessprache. Regieanweisungen wie „laut", „ironisch", „beleidigend", „kalt", „wach" etc. illustrieren die hegemoniale Rolle Jans gegenüber seiner Geliebten, der stereotype weibliche Eigenschaften wie „weinerlich", „zitternd", „unsicher", „ängstlich", „zärtlich", „schläfrig", „mit schwacher Freude" etc. zugeordnet werden. (283ff.) Während Jennifer von Beginn an die absolute Liebe repräsentiert und ihr Handeln ausschließlich emotional motiviert ist, zeichnet sich in Jans Verhaltensmustern ein Erkenntnisprozess über das Phänomen Liebe ab, der sich parallel zu den Phasen der Liebesgeschichte in vier Stufen entfaltet.[15] In den ersten drei Phasen übernimmt der Student die Rolle des rational und analytisch die Liebe reflektierenden Mannes, der seine Partnerin wiederholt zu vernünftigem Verhalten auffordert, sie sowohl verbal als auch physisch unterwirft und semantisch Ähnlichkeiten zum Ordnungssystem des guten Gottes aufweist. Erst die von ihm initiierte völlige Isolation von der Außenwelt und deren destruktiven Einflüssen auf die Beziehung ermöglicht den utopischen Austritt aus der Gesellschaft, der eine verbale Veränderung Jans mit sich bringt. Seine von Rationalität geprägte Diktion negierend, schwört er Jennifer pathetisch ewige und bedingungslose Liebe bis zum gemeinsamen romantisierten Tod:

> Und darum will ich dein Skelett noch als Skelett umarmen und diese Kette um dein Gebein klirren hören am Nimmermehrtag. Und dein verwestes Herz und die Handvoll Staub, die du sein wirst, in meinen zerfallenen Mund nehmen und ersticken daran. […] Ich möchte ein Ende mit dir, ein Ende. […] Mein Geist, ich bin wahnsinnig vor Liebe zu dir, und weiter ist nichts. Das ist der Anfang und das Ende, das Alpha und Omega. (316)

Die Verwendung christlicher Terminologie antizipiert bereits in dieser Phase der „Gegenzeit" (317) Jans Resozialisation in das System des guten Gottes, der – abgesehen von seinem Namen – auch mit religiösen Werten und Ausdrücken operiert.[16] Die absolute, transzendierende Liebe offenbart sich für Jan letztendlich nur als mystisches Abenteuer, das er nach seiner Rückkehr in die

Nützlichkeitswelt „vielleicht nie vergessen wird." (327) Der Erkenntnis, dass die „Realisierung des Absoluten in der Sozietät, in der er leben muss, unmöglich ist"[17], folgt eine abrupte Regression des Studenten. Mit seiner physischen wie ideellen Rückkehr in die konventionelle, vom guten Gott repräsentierte Welt weist Jan Analogien zu zahlreichen Männerfiguren im Œuvre Ingeborg Bachmanns auf, an denen die Autorin wiederholt scharfe Kritik übt.

Während Jan sich der Liebe phasenweise annähert und der Grenzübertritt zur Gegenzeit ein Wagnis darstellt, repräsentiert Jennifer von Beginn an die absolute Liebe; lediglich die Intensität ihrer Gefühle verändert sich. Als gleichermaßen emanzipierte wie naive Initiatorin der ersten Begegnung avanciert sie kurzzeitig zu einer Männer verführenden Undine, um sich dem Auserwählten nach dessen positiver Reaktion zu unterwerfen.[18]

Mit dieser weiblichen Hauptfigur konstruiert Bachmann in ihrem Hörspiel ein Frauenbild, das sich erst aus dem Dialog der Liebenden in seiner Vollständigkeit erschließt. Die in ihrer Struktur wiederholt von destruktiven Elementen durchzogene Kommunikation des Paares illustriert die Parallelität zwischen einer steigenden Intensität der Gefühle Jennifers und ihrem zunehmenden Identitätsverlust, der letztendlich in einer todbringenden Selbstverleugnung kulminiert. Ihre Worte „Ich werde bald nichts mehr sein. Wär's zu Ende. Ich ohne Schmerzen. Wäre ich ohne mich." (320) verweisen auf das nahe Ende einer Passion, die sich bereits in der ersten Phase einer flüchtigen Reisebekanntschaft mittels der christlich konnotierten Stigmata in den Handflächen der Frau abzeichnet. Im Sinne eines „weiblichen Masochismus"[19] empfindet Jennifer jedoch bei den Momenten physischer und verbaler Gewalt, die der Kommunikation der Liebenden als geschlechterspezifischer Diskurs eingeschrieben sind, auch Lust: „Man könnte sogar argumentieren, dass für Jennifer die Unterwerfung unter den Mann [...] die Grundvoraussetzung einer weiblichen Erotik ist, die um der Liebe willen die eigene Auslöschung und Zerstörung anzunehmen bereit ist."[20]

Indem sie mit einer Zigeunerin und einem Bettler kommuniziert, signalisiert Jennifer ihre Nähe zu Menschen außerhalb des konventionellen ‚göttlichen' Ordnungssystems, kann sich diesem jedoch aufgrund ihrer bedingungslosen Liebe zu Jan sowie ihres stereotyp weiblichen Verhaltens nicht zur Gänze entziehen. Lediglich die Zigeunerin, die Antipodengestalt des guten Gottes, repräsentiert im Hörspiel figurimmanent die absolute Liebe und Freiheit.

Konträr zu den zwischen Konsonanz und Dissonanz changierenden, von wechselnden Kommunikationspartnern und -partnerinnen geprägten Dialogen der Liebenden folgen die in sich geschlossenen Gespräche der Eichhörnchen im Hörspiel dem gleichförmigen Modus einer Tonlage.[21] Vom Richter bereits in der ersten Szene auf deren negative Außenwirkung reduziert – „Es soll Länder geben, in denen diese Nagetiere scheu und unschuldig sind; aber sie sehen gemein und verdorben aus bei uns, und es heißt, sie seien mit dem Bösen im Bund" (273) –, definiert der gute Gott die Nagetiere als seine „Briefträger, Melder, Kundschafter und Agenten" (274) und informiert damit das Publikum über die Funktion seiner dämonischen Handlanger. Innerhalb der Dialoge der Liebenden wiederum fungieren die von Jennifer zärtlich als „gute, liebe Eichhörnchen" (314) bezeichneten Figuren als anonyme Übermittler imaginärer, die Beziehung positiv beeinflussender Briefe, die zumeist die Chiffre „Sag es niemand" (279) enthalten. Die Eichhörnchen selbst präsentieren in vier Szenen ihren skurril-dämonischen Charakter, ihre Kommunikation fokussiert das fassettenreiche Sterben berühmter Liebespaare der Weltliteratur gleichermaßen wie jenes konkreter Personen Manhattans.

Obwohl infolge ihres Sprachverhaltens eindeutig negativ konnotiert, erweisen sich die Eichhörnchen als zutiefst ambivalente Charaktere. Ihre aus den vier Szenen ersichtliche groteske Persönlichkeit wird von den anderen nicht erkannt, sondern entsprechend der jeweiligen individuellen Lebensphilosophie uminterpretiert und auf diese modifizierte Weise ins jeweilige Weltbild integriert. Sowohl der gute Gott als auch die Liebenden „benutzen" (305) die Tiere und instrumentalisieren sie für ihre Bedürfnisse, sei es als Diener oder als die Liebe vorantreibende Spielgefährten.

Neben den grotesken Eichhörnchen treten im Hörspiel weitere Momente der Irritation in Form monoton-geschlechtsloser Stimmen auf, die zum einen „Rudimente von Aussagen" reproduzieren, „die der vom guten Gott erkämpften leidenschaftslosen Welt angehören"[22], zum anderen als skurriles Sprachrohr der Konsumgesellschaft fungieren.[23]

Mittels Großbuchstaben visuell von den Dialogen getrennt, wirken die Stimmen seltsam ungreifbar und ohne nachvollziehbare Regelmäßigkeit zwischen den beiden Handlungsebenen. Positioniert Bachmann die ersten sechs Einsätze der Stimmen gleich einer Überleitung am Ende der jeweiligen Szene, so durchdringen sie bei ihrem siebenten und letzten Auftritt unterschwellig den Dialog zwischen Jan und dem Barmann. Während die ersten sechs Einsätze aus einem nicht näher definierten Off kommen, ertönen die Stimmen in Szene 27 dezidiert aus einem Radio und antizipieren mit ihren auf den ersten Blick unzusammenhängenden Phrasen und Floskeln die Detonation der Bombe, die schließlich ebenfalls aus dem Apparat vernommen werden kann. In ihrer „geschlechtslosen" (270) Artikulationsweise „ohne Timbre" (276) üben die monologisch organisierten Stimmen suggestive Macht auf die Gesellschaft, allen voran jedoch auf die Liebenden aus und dringen in ihr Unterbewusstsein ein. Sie kommentieren und reflektieren das Geschehen des Hörspiels, warnen mit imperativgeprägter Sprache, zitieren gleichermaßen die Worte des guten Gottes wie konsumorientierte Werbeslogans und spiegeln in ihrer fragmentarischen Ausdrucksintensität die Zerrissenheit der im Werk dargestellten Welt wider.

Diese vierte, monologisch organisierte Sprachspur lässt sich weder in das ansonsten konventionelle Raumkonzept des Hörspiels integrieren, noch weist sie dramaturgische Kontinuität auf. Die enigmatischen „Sprachformeln der Öffentlichkeit"[24] entwickeln sich von allgemeingültigen Geboten zu radikalen Beeinflussungsmechanismen und treten vorwiegend in unmittelbarem Zusammenhang mit intendierten Abschieden der Liebenden auf. Ihre grotesken Worte korrelieren mit dem Agieren des guten Gottes und der Eichhörnchen und suggerieren eine vorantreibende bzw. bremsende Wirkung, ersichtlich an der Distinktion „gehen" und „Halt". (276ff.)

Sprachspuren und Charaktere im Libretto

Inkohärente Dialogfragmente sowie ein ständiger Wechsel von Konsonanz und Dissonanz dominieren im ersten Akt die stark gestraffte, sprunghafte Kommunikation zwischen Jan und Jennifer und illustrieren die Fragilität ihrer Beziehung. Demzufolge fokussieren die ersten sechs Szenen weniger die im Hörspiel thematisierte, vom guten Gott repräsentierte und innerhalb der Rahmenhandlung artikulierte negative Kraft von außen, sondern vielmehr die beziehungsimmanente verbale wie physische Destruktion. Erst im zweiten Akt erfolgt eine stringente Entwicklung von Dissonanz zu Harmonie, im Zuge derer die Liebenden jene konsensuale Ebene der Kommunikation finden, die ihren Austritt aus der Gesellschaft und die Hinwendung zur utopischen Liebe markiert und sie gemäß der literarischen Vorlage bis zu ihrer endgültigen Trennung begleitet.

Behält Kim Komponenten wie Raum und Zeit sowie die Bachmannsche Diktion bei, so schärft sie durch die Textkomprimierung die Charaktere der Liebenden und entzieht dem Text damit weitgehend das Kolorit der späten 1950er Jahre. Klischeehaft typisierende Regieanweisungen und moralische Integrität demonstrierende Bemerkungen wie Jennifers: „Man geht nicht mit einem Fremden ins Hotel, nicht wahr?" (282) aussparend, avanciert die im Hörspiel eingangs als naiv-extrovertiert und mitteilungsbedürftig präsentierte Studentin Jennifer am Beginn des Librettos zu einer offensiven Frau. Im Bewusstsein möglicher Konsequenzen ihrer Beziehung beschließt Jennifer die zweite, von physischer und verbaler Gewalt gezeichnete Szene mit den bedeutungstragenden Worten „Was hat die Zigeunerin bloß gesagt"[25] und positioniert ansatzweise ihre aktive Rolle in der Beziehung mit Jan. Erst ab der vierten Szene des ersten Aktes lösen sich die bis dahin teilweise kontroversen Dialoge zugunsten einer harmonisierenden Devotion der Frau auf; ihre in der literarischen Vorlage plakativ illustrierte verletzlich-weibliche Seite rückt jedoch im Kontext des dritten intendierten Abschiedes in den Hintergrund. Erscheinen Jennifers Charakterzüge bis zu eben dieser Szene fassettenreicher als im Hörspiel, so gleicht die Studentin im Anschluss daran zunehmend ihrem literarischen Vorbild. Mit der Straffung der Dialoge schärft Kim das Profil Jennifers und verdeutlicht ihren Wandel von der emanzipierten, selbstreflexiven Frau der ersten Szenen des Librettos zur unterworfenen, identitätslosen Partnerin Jans, die sich in deutliche Abhängigkeit begibt und dem von Bachmann entworfenen Bild entspricht.

Konträr dazu präsentiert sich Jan infolge der Textkomprimierung vergleichsweise konturlos und verbal gemäßigt. Zentrale Formulierungen wie „mein Kind" (282) oder „Weil ich aber so misstrauisch bin, wirst du noch genauer geprüft" (290) ebenso aussparend wie poetische, den charakterlichen Wandel des Mannes dokumentierende Passagen, wird Jan vom Bachmannschen Patriarchen zu einer verhältnismäßig eindimensionalen Figur.

Quantitativ und inhaltlich nahezu unverändert, gewinnen die Textpartien der Eichhörnchen im Verhältnis zur deutlich minimierten Haupthandlung an substanzieller Aussagekraft. Explikationen des guten Gottes zu ihrer Funktion eliminierend, beschließt Kim mit zwei von den vier Auftritten der Eichhörnchen die Szenen I/6 und II/1, integriert sie dadurch in die Haupthandlung und verklammert das von den Nagetieren präsentierte Theaterspiel entgegen der Chronologie des Bachmannschen Textes. Der letzte, in sich geschlossene Dialog der Eichhörnchen avanciert mit den resümierenden Worten „Gründliche Explosion und schlechte Berechnung. Ein Toter zu wenig" (326) zum musiktheatralischen Ende. Demzufolge etablieren sich Billy und Frankie im Libretto von Untergebenen des guten Gottes zu bedeutungstragenden, an exponierten Plätzen der Handlung positionierten Figuren, die in ihrer physischen Omnipräsenz den guten Gott substituieren und damit die Triebhaftigkeit und nicht die Rationalität des Liebesmordes unterstreichen.

Die deutlichste Akzentverschiebung erfahren jedoch die enigmatischen Stimmen: Ehemals monoton-geschlechtslos aus einem undefinierten Off ertönend und suggestive Wirkung auf ihr Umfeld ausübend, wandeln sie sich zu aktiv auf das Geschehen Bezug nehmenden und optisch der jeweiligen Situation angepassten Figuren.[26] Präsenter als im Hörspiel folgen ihre Auftritte nur teilweise der Chronologie des Bachmannschen Textes, sind meist fragmentiert oder neu strukturiert; einzelne Phrasen werden zur Gänze ausgespart. Daraus resultiert im ersten Akt hinsichtlich der Farbsymbolik eine interessante inhaltliche Modifikation: Im unmittelbaren Kontext intendierter Trennungen artikulieren die Stimmen bei Kim die Phrase „Gehen bei grünem Licht gehen"[27] und fordern damit die Liebenden zum Weitergehen im Sinne des systemkonformen Abschiedes auf. In Phasen konsonanter, harmonischer Kommunikation zwischen Jan und Jennifer positioniert Kim hingegen die Floskel „bei rotem Licht stehenbleiben"[28], die das Paar zum Innehalten animieren und vor unüberlegten, systemgefährdenden Entscheidungen warnen soll.

Die Musik in Adriana Hölszkys *Der gute Gott von Manhatten*

> Meine Entscheidung, das Hörspiel von Ingeborg Bachmann als Textvorlage zu verwenden, bedeutet für mich die Herausforderung, ein Musiktheaterwerk zu schreiben, das den Ausgangspunkt negiert, um zu einem anderen „Hörspiel" zu gelangen. Es ist der umgekehrte Weg zum Hörspiel, der hier auskomponiert wird.[29] (Adriana Hölszky)

Konvergenzen bzw. von der Komponistin bewusst initiierte Divergenzen zu Bachmanns Hörspiel *Der gute Gott von Manhatten* prägen das fern einer

Literaturoper angesiedelte Musiktheaterwerk und reflektieren Adriana Hölszkys kreativ-unkonventionellen Umgang mit einem der bekanntesten Hörspieltexte der Nachkriegszeit.

Aufgrund des Uraufführungsortes spart Adriana Hölszky elektroakustische Tonspuren aus, erweitert aber das klassische Orchester um atypische Instrumente wie Alphorn, Akkordeon, Mundharmonika, Celesta, Zimbal oder Gitarre und positioniert die insgesamt 49 Instrumentalisten einem akribischen Plan folgend sowohl im Orchestergraben als auch hinter der Bühne sowie in den dafür adaptierten Zuschauerrängen. Auf diese Weise involviert die Komponistin den gesamten Raum des Theaters in ihr Konzept einer „Klangfelderarchitektur"[30] und konfrontiert das von den Instrumenten regelrecht umzingelte Publikum mit irritierenden, mitunter Bedrohung evozierenden Klangsplittern.

Dem schichtspezifischen Kompositionsprinzip folgend, bilden die heterogene Instrumentengruppen wie Akkordeon/Mundharmonika/Saxophon und das homogene Ensemble Gitarren/Celesta/Cembalo/Zimbal ebenso hermetische Klangräume wie die drei von den übrigen zwölf separierten Streicher, die in verschiedene Konstellationen gegliederten Bläser, die isolierten Alphörner sowie die dialogisch bzw. monologisch geführten Sprachspuren der handelnden Personen. Die unabhängig voneinander existierenden, in ihrer akustischen Ausgestaltung einzeln wahrnehmbaren Klangschichten beschreiben ihr eigenes Drama, ihre eigene Zeit und Dynamik, „es ist so, als hätte man mehrere Stücke mit mehreren Schicksalen."[31] Aus der Verschachtelung dieser individuellen musikalischen Räume sowie der konstruktiven und destruktiven Interaktion zwischen den Schichten ergeben sich Momente starker Irritation.

Der komplexen Ordnung und Struktur der Partitur entsprechend, verlaufen die von den Instrumentalensembles dominierten Klangräume jedoch nie parallel zur Kommunikation zwischen den sechs Charakteren, vielmehr müssen die Liebenden gegen die musikalisch-geräuschhaften Einflüsse dieser Schichten bestehen. Fokussiert das Libretto im ersten Akt infolge der starken Straffung der Dialoge die beziehungsimmanente Destruktion zwischen Jan und Jennifer, so intensiviert Hölszky mittels der instrumentalen Klangräume die Gewalt von außen.

Große Intervallsprünge, Verfremdungselemente wie Knarren, Sprechgesang, langsames oder mit Geräuschen angereichertes Sprechen etc. und eine ins Extreme ausdifferenzierte Dynamik illustrieren die wiederholte verbale und physische Gewalt in der Beziehung der Liebenden (Mezzosopran und Tenor) und modifizieren oftmals die Semantik der Dialoge. Daraus wiederum ergeben sich deutliche Divergenzen zwischen den Bachmannschen Charakteren und den von Hölszky entworfenen klanglichen Psychogrammen der beiden. Die Komponistin revidiert mittels fassettenreicher stimmlicher Schattierungen das im Libretto vergleichsweise eindimensionale Bild Jans. So wandelt sich dieser vom rational die Liebe reflektierenden Patriarchen des Hörspiels zum anfänglich berechnenden Taktiker, dessen verfremdete Artikulationen oftmals die eigentliche Bedeutung seiner Aussagen konterkarieren:

Adriana Hölszky, *Der gute Gott von Manhattan*, Szene I/3, T. 18, Partitur S. 50

© Breitkopf & Härtel, Wiesbaden 2004

Das zweimalig nach unten gerichtete Glissando sowie die mit höchstmöglicher Sprechstimme artikulierte Silbe „rei" persiflieren die Denotation des oben exemplarisch angeführten Satzes und verleihen der Bekundung Jans einen negativ-ironischen Beigeschmack. Sowohl in der literarischen Vorlage als auch im Libretto geradlinig präsentiert, avanciert der Protagonist im Musiktheater zum janusköpfigen Charakter, dessen subtiler Sprachduktus sich der jeweiligen Situation anpasst. Indem er seine artikulatorische Bandbreite ausschöpft, wandelt sich Jan beispielsweise in der zweiten Szene des ersten Aktes innerhalb weniger Takte vom Befehle erteilenden Mann zum lustorientierten Chauvinisten. Dominieren akzentuierte, verfremdete und dynamisch ins Extreme geführte Klanggesten die ersten beiden Takte, so zeichnet sich bei der dritten Aussage Jans eine Entwicklung von einer im fff gehaltenen, bereits mit konventionellen Ausdrucksintensitäten und linearer Stimmführung artikulierten Aufforderung zu den mittels legato und decrescendo Geborgenheit suggerierenden Worten „Mach die Augen zu." Die auf- und abschwellende Dynamik sowie das mit geknarrter Stimme realisierte Wort „süß" konterkarieren jedoch die eben geschaffene Atmosphäre und zeigen Jans triebhaftes Handeln.

Adriana Hölszky, *Der gute Gott von Manhattan,* Szene I/2, T. 93, 101, 105, 107, Partitur S. 41 © Breitkopf & Härtel, Wiesbaden 2004

Auch Jennifer revidiert mehrfach mittels verfremdeter Klanggesten die Semantik einzelner Aussagen. Illustriert beispielsweise die durchaus konsensuale Kommunikation der Liebenden in der vierten Szene des Librettos die hegemoniale Position Jans, so persiflieren im Musiktheater Jennifers geknarrt artikulierte Worte „gerettet" und „geborgen" Jans Beschützerrolle, die er selbst wiederholt durch Verfremdungseffekte ironisiert. Jennifer gewinnt in Hölszkys Werk durch die raschen Wechsel extremer emotionaler Zustände an Konturen: „Die Pendelbewegungen der Klangeigenschaften entsprechen den schnellen unvorhersehbaren Zuständen von Jennifer. Sie ist zwischen zwei Pole gezogen, zwischen Himmel und Hölle."[32]

Antizipieren am Beginn des zweiten Aktes vergleichsweise homogene Schichten und der punktuelle Einsatz einzelner Instrumentalensembles den Austritt der Liebenden aus der Gesellschaft, so dominieren in der dritten Szene, mit dem letzten von Jan intendierten Abschied, dissonante Klangsplitter und irritierend-verfremdete, in ihrer Kommunikation bereits überwunden geglaubte Klanggesten den Dialog der Liebenden. Inkompatible musikalische Räume des Orchesters sowie der groteske, undomestizierte Geräuschpartikel ebenso wie Wortfragmente artikulierende Chor symbolisieren die in diesem Kontext überdurchschnittlich präsente Destruktion der Außenwelt. Erst Jans emphatisches, mit expressiver Gesangsstimme teilweise solistisch deklamiertes Liebesbekenntnis veranlasst das Orchester zum vorübergehenden Schweigen und weist auf Jans Charakterwandel vom rationalen Taktiker zum emotionalen, liebenden Mann hin.

Adriana Hölszky, *Der gute Gott von Manhattan*, Szene II/3, T. 48, Partitur S. 219
© Breitkopf & Härtel, Wiesbaden 2004

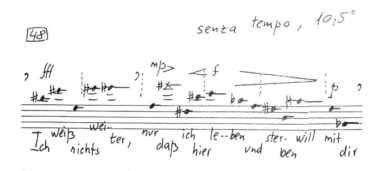

Der freie, nicht rhythmisierte Sprachduktus der Liebenden symbolisiert die Zeitlosigkeit, in der sich die beiden befinden und fungiert damit als Pendant zu den pulsierenden Klangschichten des Chors und des Orchesters. Ausnahmen bilden einzelne Parallelen zur Diktion der Eichhörnchen und der enigmatischen Stimmen. So artikuliert Jennifer beispielsweise in Szene I/1 das Wort „Nüsse" im rhythmisch prägnanten Stil der Nagetiere, während sie in Szene II/2 zusammen mit Jan den Mangel an Zeit in Analogie zu den Klanggesten des Chors beklagt.

Adriana Hölszky, *Der gute Gott von Manhattan*, Szene I/1, T. 45–46 und Szene II/2, T. 41–42, Partitur S. 11, 202   © Breitkopf & Härtel, Wiesbaden 2004

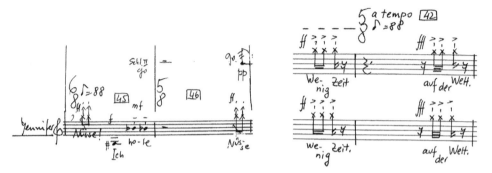

Signifikant erscheint darüber hinaus, dass die von den Liebenden vor allem in Stadien dissonanter Kommunikation verwendeten Verfremdungseffekte der Ausdrucksintensität des guten Gottes entlehnt sind und das Verhaftetsein des Paares mit dem vom guten Gott repräsentierten Ordnungssystem illustrieren. Auch die Zigeunerin – im Hörspiel Symbol für Freiheit und absolute Liebe – präsentiert sich im Musiktheater nur anfänglich als Antipodengestalt des guten Gottes. Knarrend und mit höchstmöglicher Singstimme artikulierend, negiert sie das von Bachmann entworfene positive Bild und „kippt mit ihrer Stimme plötzlich ins Ordinäre um, vielleicht, weil sie gar nicht aus der Hand lesen kann."[33]

Im ppp gehaltene, statische Klanggesten kündigen den Auftritt des guten Gottes an, den Hölszky als „die negative Zeit [...], die Erneuerung verhindert"[34], interpretiert. Als androgyner Countertenor dem landläufig männlichen Gottesbild enthoben, präsentiert sich der gute Gott als die stimmlich extremste Figur. Konträr zum ursprünglich eloquenten, rationalen, mithin suggestiven Repräsentanten der Konventionen wandelt sich sein Charakter im Musiktheater zum aggressiv-radikalen Irren. Paradoxe Ausdrucksintensitäten wie Knurren, Murmelstimme, Sprechen mit Hauch, Atmen mit Text, hysterische Lachkoloraturen, überdimensionale Intervallsprünge sowie eine kreischende, geräuschhaft angereicherte Artikulation prägen das unvermittelte Erscheinen der Titelfigur.

Adriana Hölszky, *Der gute Gott von Manhattan*, Szene II/3, T. 54–56, Partitur S. 221

© Breitkopf & Härtel, Wiesbaden 2004

Nach anfänglichem Stillstand der Zeit und den entsprechend statischen musikalischen Räumen des Trios Mundharmonika/Saxophon/Akkordeon sowie der Streicher löst das impulsiv dargebotene Glaubensbekenntnis des guten Gottes am Ende der Szene II/3 sowohl im Chor als auch im Orchester ein wahres Erdbeben an fulminanten, dynamisch ins Extrem getriebenen und überzeichneten Klanggesten gleich einer vorweggenommenen Explosion aus.

Im Gegensatz dazu präsentiert sich der gute Gott im anschließenden Dialog mit Jennifer gemäß der literarischen Vorlage als reflektierte, eloquente und in seinem Verhalten der Norm entsprechende Person. In diesem Kontext stellt sich die Frage, ob die sprachliche Wandlungs- und Anpassungsfähigkeit des guten Gottes seine figurimmanente Ambivalenz illustriert oder vielmehr ein Indiz für sein rationales Kalkül ist, mittels einer verbalen Maske eine vorübergehende Vertrauensbasis zu Jennifer aufzubauen, um so die todbringende Bombe ungehindert übermitteln zu können. Erst der von Jennifer wiederholt im ffff artikulierte Imperativ „Gehen Sie" reaktiviert seine extremen Klangregister und intensiviert sie, indem der von Hölszky als „Supernova"[35] titulierte gute Gott sirenenhaft asemantische Klangpartikel ausstößt und mit deformierten Akzenten seinem offensichtlichen Wahnsinn Ausdruck verleiht.

Ähnlicher musikalischer Mittel bedient sich der enigmatische, das Geschehen kommentierende und reflektierende Chor des Musiktheaters. In seiner Ausdrucksintensität als individueller Klangraum wahrnehmbar, folgen seine Einsätze nicht der Chronologie des Librettos, sondern überlagern mitunter die dialogisch organisierten Sprachspuren der Liebenden und der Eichhörnchen sowie die radikalen Monologe des guten Gottes. Wirken die Stimmen im Hörspiel Bachmanns suggestiv-manipulativ auf ihre Umwelt, so etabliert sich der Chor mit grotesk-überzeichneten Klängen als energetischer Motor des Musiktheaterwerks, der wiederholt die Hauptfiguren in ihren Aktionen beeinflusst.

Hölszky realisiert die von der Autorin in ihrem Text vorgeschriebene Geschlechtslosigkeit der Stimmen ansatzweise mittels einer ausgewogenen Besetzung von jeweils vier Vokalisten und Vokalistinnen. Bachmanns Forderung einer monoton-timbrelosen Artikulation beantwortet die Komponistin jedoch mit radikalen Klängen, durch die der Chor zum aktiv agierenden Organ der konventionellen Welt wird und wiederholt einzelne Schichten des Orchesters instrumentalisiert, um seine Botschaften klanglich zu untermauern. Gleich einer Sogwirkung schließen sich beispielsweise in Szene I/3 die Streicher und das Trio Mundharmonika/Saxophon/Akkordeon dem Rhythmus der radikal im fff gehämmerten Imperative „Sagt es allen, sagt es der Welt" an, lediglich einzelne Instrumentengruppen wie Schlagwerk oder das Ensemble Celesta/Cembalo/Zimbal/Gitarre bilden mittels Nachschlag ein marginales Gegengewicht. Neben derart klaren, bedeutungstragenden Botschaften artikuliert der Chor wiederholt asemantische Phoneme, die mitunter ebenfalls von den Instrumentalisten übernommen und mittels spezifischer Spieltechnik realisiert werden. In seiner Ausdrucksintensität verfügt der Chor über die breiteste Palette akustischer Klanggesten, er erweitert die irritierend-paradoxen Sprachformeln des guten Gottes um eine Vielzahl perkussiver Elemente. Während das Artikulationsregister der Titelfigur ausschließlich die Stimmakrobatik des Protagonisten forciert, erweitert Hölszky das Klangpotenzial des Chors, indem sie neben der Stimme auch die Hände und Füße als gleichberechtigte Mittel zur Klangerzeugung integriert.

Adriana Hölszky, *Der gute Gott von Manhattan*, Szene I/3, T. 105–07, Partitur S. 67

© Breitkopf & Härtel, Wiesbaden 2004

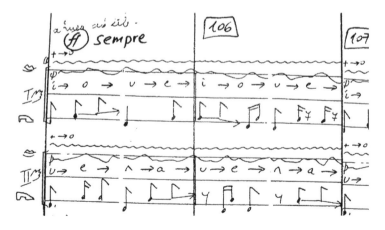

Weisen die Stimmen Bachmanns bei oberflächlicher Betrachtung Parallelen zum kommentierenden und das Geschehen auf einer Metaebene reflektierenden Chor des klassischen griechischen Dramas auf, so präsentiert sich der Chor im Musiktheater diesbezüglich ambivalent. Während er einerseits aufgrund der modifizierten Bezeichnung von Bachmanns „Stimmen" zu Hölszkys „Chor" sowie seiner oftmaligen Rolle als warnendes, Botschaften verkündendes Organ durchaus Bezüge zum Chor der griechischen Tragödie zeigt, negiert er andererseits durch seine aktive Präsenz und seine Funktion als energetischer Motor des Musiktheaters diese Assoziation. Er bildet zusammen mit dem guten Gott und seinen diabolischen Untertanen eine Sphäre, stellt sich jedoch durch seine grotesk-irritierende Ausdrucksintensität als schwer zu dechiffrierende Ebene dar, die Hölszky wie folgt beschreibt:

> Man weiß nicht, was die Stimmen sind. Z.B. ist die Reklame, die der Chor mit verschiedenen Geräuschmitteln macht, nicht nur Reklame, sie hat auch etwas Böses in ihrer Geräuschhaftigkeit. Er präsentiert vielleicht auch die Erinnerungen oder Gedanken des guten Gotts.[36]

Die akzentuierten Rhythmen des Chors wiederum treten in Wechselwirkung zu jenen der Eichhörnchen Billy und Frankie. Da sie im Musiktheater dem Kontext entrissen sind und jeglicher Explikation entbehren – ihre Definition in der Rahmenhandlung des Hörspiels entfällt – erscheinen diese beiden rätselhaft und ungreifbar, lediglich die Liebenden verweisen mehrfach auf ihre Existenz. Erst die subtile Stimmführung von Billy, Frankie und gutem Gott am Ende des Musiktheaters suggeriert deren mephistophelisches Bündnis. Mit Paradoxien und Verfremdungen operierend, distanziert sich die Komponistin auch an dieser Stelle von der literarischen Vorlage, indem sie die im Hörspiel deutlich männlich dominierten Eichhörnchen mit zwei Sopranstimmen besetzt und mittels ähnlicher Stimmlage klangliche Parallelen zum androgyn kreischenden guten Gott erzeugt. Halsbrecherische Lachkoloraturen, schwindelerregende Höhen, extreme Intervallsprünge, eine bis in die kleinste Nuance differenzierte Dynamik sowie von der Lust am Töten beflügelte schrille Klänge illustrieren die artikulatorischen Analogien zum Sprachduktus des guten Gottes. Distanziert dieser sich im Hörspiel als rationaler, die Morde reflektierender Charakter deutlich vom triebhaften Agieren seiner Handlanger und erhebt er sich damit hierarchisch über sie, so ergibt sich seine Apotheose im Musiktheater aus seiner überzeichneten Klangintensität. „Er ist stimmlich das Extremste, wie eine Bombe. Er hat etwas, was andere nicht haben, wie Kratzgeräusche oder Hauchen. Auch die Eichhörnchen sind schrill und scharf wie ein Messer, aber er hat die höchste Schärfe."[37]

Zur Klimax der Paradoxien entwickelt sich jedoch das in seiner Relevanz deutlich aufgewertete Theaterspiel der Eichhörnchen. Explizit auf das Sterben der literarischen Liebespaare Orpheus und Eurydike, Tristan und Isolde, Romeo und Julia, Abälard und Héloise und Paolo und Francesca konzentriert, fungiert die Theaterankündigung der Nagetiere im Hörspiel als eine von Jan und Jennifer nicht wahrgenommene Warnung. Im Musiktheater hingegen als Achse etabliert, beschreibt diese Szene in ihrer klanglichen Ausgestaltung einen „anderen Raum"[38], ein im p gehaltenes, Schwerelosigkeit suggerierendes Pendant zu den hektisch pulsierenden Schichten des Chors. Irisierende Klänge der Instrumentenkombination Vibraphon, Celesta, Akkordeon, Cembalo, Zimbal und Marimbaphon prägen das Spiel und antizipieren die Existenz einer alternativen Realität. Diese nahezu harmonisierenden musikalischen Gesten treten wiederholt als „Klangfenster"[39] in beiden Akten des Musiktheaters auf, wie etwa in Szene I/3, wo sie die frenetisch gehämmerten Imperative des Chors „Sagt es allen sagt es der Welt" sowie die implizite klanglich-geräuschhafte Explosion ablösen.

Die Synthese von dem ausschließlich das Sterben thematisierenden Schauerstück und der anderen, harmonisch-unwirklichen Sphäre erscheint paradox und bewirkt eine inhaltliche Akzentverschiebung zum Bachmannschen Hörspieltext. Ursprünglich negativ konnotiert, wandelt sich der dargestellte Tod der Liebespaare zur transzendierenden Kraft:

> Auch wenn sie sterben, auch wenn sie dann in einer anderen Welt sind: Sie sind zusammen. Ihre Kraft überdauert den Tod. Das ist die Essenz bei allen Opernpaaren. Es geht nicht um die romantische Sicht, das Verschwinden der Liebenden aus der Welt, sondern darum, dass diese Kraft, die über den Tod hinaus trägt, auch heute wirken kann. [...] Jan und Jennifer gehen in eine andere Wirklichkeit, in einen anderen Raum.[40]

Doch auch in diese andere Sphäre dringen wiederholt Momente der Irritation, der Störung. Inkompatible Schichten und schrille, deutliche Parallelen zu den pulsierenden Klangfragmenten der diesseitigen Welt aufweisende Motive der Es-Klarinetten bilden im Spiel ein Gegengewicht zur alternativen Realität. Erst am Ende des Stückes ‚pulverisiert' Adriana Hölszky die vom guten Gott repräsentierte diesseitige Welt und setzt mit der „Auflösung des Semantischen zugunsten des Klanglichen und Geräuschhaften"[41] einen neuen, positiven Akzent in der Rezeption des Bachmannschen Hörspiels. Nicht die kosmische, universelle Macht des guten Gottes, sondern die absolute Liebe trägt letztendlich den Sieg davon.

Mit ihrer musikalischen Interpretation des Textes revidiert die Komponistin darüber hinaus das von Ingeborg Bachmann entworfene geschlechterspezifische Rollenbild der Liebenden. Während Bachmann die Rezipienten im Hörspiel bereits in der ersten Szene über Jans Reaktion auf Jennifers Tod in Kenntnis setzt – „Dieser Mensch hatte geschworen, er werde das Schiff nicht nehmen, sondern leben und sterben mit ihr, [...]. Und er nahm das Schiff, und er hat sich nicht einmal die Zeit genommen, sie zu begraben. [...] Er verdient wirklich zu leben!" (275) –, zeigt Hölszky mit ihrer musikalischen Annäherung an den Text einen gemeinsamen Übertritt des Paares in eine andere Sphäre. Die Frage, ob der Tod die Voraussetzung für eine derartige Transzendenz ist und damit das göttliche Vernichtungskommando, das die Liebenden „unter die Sternbilder versetzt" (318), positive Aspekte für Jan und Jennifer gewinnt, bleibt jedoch letztendlich offen.

---

[1] Hans Höller, *Ingeborg Bachmann*, Reinbek 1999, S. 114.

[2] Ingeborg Bachmann, *Der gute Gott von Manhatten*, in: dies., *Gedichte, Hörspiele, Libretti, Übersetzungen*, hg. v. Christine Koschel, Inge von Weidenbaum u. Clemens Münster, München/Zürich ^{5}1993 (*Werke* 1), S. 220. Im Folgenden werden Zitate daraus mit den Seitenzahlen in Klammern belegt.

[3] Mechtild Hobl-Friedrich, *Die dramaturgische Funktion der Musik im Hörspiel*, Erlangen/Nürnberg 1991, Diss., S. 77.

[4] Ebd., S. 75.

[5] Claus Reinert, *Unzumutbare Wahrheiten? Einführung in Ingeborg Bachmanns Hörspiel „Der gute Gott von Manhattan"* (*Abhandlungen zur Kunst-, Musik- und Literaturwissenschaft* 346), Bonn 1983, S. 125.

[6] Ingeborg Bachmann, *Wir müssen wahre Sätze finden. Gespräche und Interviews*, hg. v. Christine Koschel u. Inge von Weidenbaum, München/Zürich ^{3}1991, S. 36f.

[7] Fritz Schröder-Jahn setzt zwar immer die gleiche Musik ein, differenziert aber nicht zwischen den Angaben „Die Musik" und „Musik".

[8] Adriana Hölszky im Gespräch mit Klaus-Peter Kehr und Yona Kim, in: *Programmheft zur Uraufführung des Musiktheaterwerks „Der gute Gott von Manhattan"*, hg. v. Yona Kim u. Stephanie Twiehaus, Schwetzingen 2004, S. 9.

[9] Ebd.

[10] Reinert, *Unzumutbare Wahrheiten* (Anm. 5), S. 12.

[11] Ebd., S. 17.

[12] Nach einem für seine Begriffe langen Zeitraum der Askese lässt Jan sich zu einem Barbesuch hinreißen, wo er sowohl einen neuen Kommunikationspartner, den Barmann, findet, als auch zu gesellschaftlichen Medien wie Zeitung und Radio greift.

[13] Bachmann, *Wir müssen wahre Sätze finden* (Anm. 6), S. 24.

[14] Sigrid Weigel, *Ingeborg Bachmann. Hinterlassenschaften unter Wahrung des Briefgeheimnisses*, München 2003, S. 222.

[15] Vgl. Reinert, *Unzumutbare Wahrheiten* (Anm. 5), S. 25.

[16] Die Verwendung von Termini wie Schöpfung, guter Glaube, Glaubensbekenntnis etc. sowie Wertvorstellungen im Sinne einer Nächstenliebe untermauern die Titulierung des Hauptprotagonisten. Bachmann, *Der gute Gott* (Anm. 2), S. 296, 318.

[17] Kurt Bartsch, *Die Hörspiele von Ingeborg Bachmann*, in: *Die Andere Welt. Aspekte der österreichischen Literatur des 19. und 20. Jahrhunderts. Festschrift für Hellmuth Himmel zum 60. Geburtstag*, hg. v. Kurt Bartsch, Dietmar Goltschnigg, Gerhard Melzer u. Wolfgang Heinz Schober, Bern 1979, S. 327.

[18] Parallelen zum Wasserfrauenmythos weist sie auch insofern auf, als sie Jan die Liebe lehrt und ihn damit – ähnlich wie Goethes Protagonistin in der Ballade *Der Fischer*, die mit dem Vers „Halb zog sie ihn, halb sank er hin, und ward nicht mehr gesehn" das Schicksal des Mannes beschließt – in ihr Universum ‚zieht'. Konträr zum Ableben des Mannes und demzufolge in deutlicher Tradition zu den Frauenfiguren in Bachmanns Werk ist jedoch Jennifer das eindeutige Opfer des Hörspiels, das letztendlich allein den Liebestod stirbt.

[19] *Bachmann Handbuch. Leben – Werk – Wirkung*, hg. v. Monika Albrecht u. Dirk Göttsche, Stuttgart/Weimar 2002, S. 94.

[20] Ebd.

[21] Vgl. Weigel, *Hinterlassenschaften* (Anm. 14), S. 222.

[22] Ebd., S 215.

[23] Hier zeigt sich eine deutliche Parallele zu dem thematisch wie formal ähnlichen Gedicht *Reklame* aus dem zweiten Lyrikband, *Anrufung des großen Bären*, Ingeborg Bachmanns.

[24] Weigel, *Hinterlassenschaften* (Anm. 14), S. 222.

[25] Yona Kim, *Der gute Gott von Manhattan. Unveröffentlichtes Libretto*, Juli 2002, S. 5.

[26] Laut Regieanweisung treten sie als Reisende, Morgengymnasten, Hotelgäste, Trauergesellschaft, Verkäufer, Mönche, Liftboys, Zimmermädchen und letztendlich als Todesengel auf.

[27] Kim, *Libretto* (Anm. 25), S. 6.

[28] Ebd., S. 7.

[29] Jörn Peter Hiekel, *Ordnung und Groteske*, in: *Programmheft zur Aufführung des Musiktheaterwerks „Der gute Gott von Manhattan" in Dresden*, Redaktion: Hans-Georg Wegner, Dresden 2005, unpaginiert.

[30] Adriana Hölszky, *Einige Aspekte meiner kompositorischen Arbeit*, in: *Adriana Hölszky*, hg. v. Eva-Maria Houben, Saarbrücken 2000, S. 81.

[31] *Programmheft* Schwetzingen (Anm. 8), S. 11.

[32] *Programmheft* Dresden (Anm. 29).

[33] *Programmheft* Schwetzingen (Anm. 8), S. 12.

[34] Ebd., S. 13.

[35] *Programmheft* Dresden (Anm. 29).

[36] *Programmheft* Schwetzingen (Anm. 8), S. 14.

[37] Ebd., S. 13f.

[38] *Programmheft* Dresden (Anm. 29).

[39] Ebd.

[40] Ebd.

[41] Ebd.

Eva-Maria Houben

Wie wunderlich ist die neue Musik? Gedanken zu Ingeborg Bachmanns Essay *Die wunderliche Musik* (1956) mit Blick auf Musik der Gegenwart

Auf die Frage, ob Musik sie beim Schreiben „inspiriere", antwortete Ingeborg Bachmann 1971 im Gespräch mit Ekkehart Rudolph: „Nein." Rudolph insistierte: „Sie sagten, die Musik hilft Ihnen." Ingeborg Bachmann darauf: „Aber auf eine ganz andere Weise. Sie hilft mir, indem sich in ihr für mich das Absolute zeigt, das ich nicht erreicht sehe in der Sprache, also auch nicht in der Literatur, weil ich sie für überlegener halte, also eine hoffnungslose Beziehung zu ihr habe."[1]

Was könnte die „Überlegenheit" der Musik ausmachen? Ich lese Ingeborg Bachmanns Essay *Die wunderliche Musik* noch einmal: neu. Und für mich kristallisiert sich beim Lesen heraus: Die Musik ist auf einen Hörer geradezu angewiesen. Nicht die Klänge und Klangverbindungen, die als Zeichensystem zu analysieren sind, über die zu sprechen ist, begründen die „Überlegenheit" der Musik. Vielmehr bringt Musik in der Wahrnehmung des einzelnen Hörers Unbegrenztes im Begrenzten zur Sprache. Dies Gehörte entzieht sich allerdings der sprachlichen Mitteilung. Oder: Sprechen über dies Gehörte wird ein Balanceakt, ein risikoreiches Unterfangen, das sich auf Scheitern einlässt. Hören: ein sprachloses Staunen, eine Überschreitung.[2]

Ich lese Ingeborg Bachmanns Essay mit Bedacht vor dem Hintergrund eigener Hörerfahrungen. Mein Erleben von Musik jetzt prägt meine Lesart und meine Deutung, die bewusst subjektiv ausfällt. Ich höre heute Musik des ausgehenden 20. und des 21. Jahrhunderts, die Ingeborg Bachmann nicht mehr hören konnte. Ich lese also den 1956 entstandenen Essay[3] mit der Frage nach seinem prophetischen Gehalt, mit der Frage nach seiner Bedeutung für mein Hören jetzt.

Prophetie im künstlerischen Sinne bewährt sich in einer immer neuen Gegenwart jederzeit jetzt und greift aufs Zukünftige wie aufs Vergangene vor. Alte Musik, Musik der Tradition wird wieder neu im Augenblick neuer Entstehung: neuen Hörens. Aus dieser Perspektive frage ich nicht danach, welche Musik ihrer Vergangenheit und Gegenwart bestimmend für Ingeborg Bachmanns Hören von Musik und Denken über Musik war. Es wird in diesem Zusammenhang auch eher wenig von Belang sein, welche Musik sie als neue Musik ihrer Zeit rezipierte und welche Musik der Tradition ihr im Speziellen zusagte und welche eher nicht. Sie selbst sagte:

> Aber überhaupt gibt es für jemand, der eine wirkliche Beziehung zur Musik hat, diese Einschränkungen nicht auf bestimmte Zeiten, auf bestimmte Komponisten. Es kommt mir ungeheuer einseitig vor, wenn ich oft bei anderen Menschen entdecke, daß sie – ich weiß nicht – nur Barockmusik und Jazz hören oder so etwas. Das ist mir auch unbegreiflich, denn wenn man nicht die Musik aus allen Zeiten zu verschiedenen Zeiten gehört hat, so wird sie wirklich nichts anderes als ein gelegentliches Genussmittel. Und sie so zu degradieren, das fiele mir nicht ein.[4]

Die Legitimation, Ingeborg Bachmanns Essay *Die wunderliche Musik* vor dem Hintergrund aktueller und subjektiver Hörerfahrungen und Hörerlebnisse neu zu lesen, gibt mir das eigene Ohr, das sich notgedrungen auf eine chaotische Welt einlässt. Ich begebe mich damit bewusst auf schwankenden Boden.

In der Musik, so Bachmann, „zeigt sich das Absolute" – es zeigt sich aber nur einem H ö r e r, der sich auf das Klanggeschehen einlässt, der sich ansprechen, anrufen lässt.[5] Musik ist auf den Hörer angewiesen, daran lässt Bachmanns Essay nicht den geringsten Zweifel:

> Was hörst du noch, weil du mich nicht hören kannst, wenn die Musik zu Ende ist?
> Was ist es?!
> Gib Antwort!
> „Still!"
> Das vergesse ich dir nie.[6]

Diese Worte, die letzten in dem Schlussabschnitt mit dem Titel *Musik*, stellen die dialogische Beziehung zwischen Hörer und Musik gleichsam resümierend heraus. Zu Beginn dieses letzten Abschnitts *Musik* heißt es:

> Was aber ist Musik?
> Was ist dieser Klang, der dir Heimweh macht?

Wie kommt's, daß du in deinen Todesstunden wieder nach der Nachtigall rufst und dein Fieber wild aus der Kurve springt, damit du sie noch einmal im Baum sehen kannst, auf dem einzigen hellen Zweig in der Finsternis? Und die Nachtigall sagt: „Tränen haben deine Augen vergossen, als ich das erste Mal sang!" So dankt sie dir noch, der du zu danken hast, denn sie vergißt es dir nie.[7]

Eine Anspielung auf Hans Christian Andersens Märchen *Die Nachtigall*. Eine künstliche Nachtigall hatte die Stelle der Nachtigall am Hofe des Kaisers von China eingenommen. Eines Tages war ihr Räderwerk verbraucht und sie durfte nur noch ganz selten aufgezogen werden. Als der Kaiser auf dem Totenbett lag, war niemand da, die künstliche Nachtigall aufzuziehen, es herrschte große Stille. „Ringsumher in allen Sälen und Gängen waren Tuchdecken gelegt, damit man keinen Tritt vernähme, und deshalb war es überall so still, so still." Die Stimmen der Taten des Kaisers erhoben sich, und es gab keine Musik, sie zu verdecken. Der Tod starrte den Kaiser an „und es war so still, so erschrecklich still." Es ist die Nachtigall, die diese fürchterliche Stille bricht, sie fliegt an das Fenster und singt und singt. „Wie soll ich dir lohnen?" fragte der Kaiser. „,Du hast mir gelohnt!' sagte die Nachtigall, ,Tränen haben deine Augen vergossen, als ich das erste Mal sang; das vergesse ich dir nie, das sind die Juwelen, die eines Sängers Herzen wohltun. Aber schlafe nun, werde frisch und gesund! Ich will dich einsingen.'"[8]

> Was hörst du noch, weil du mich nicht hören kannst, wenn die Musik zu Ende ist?
> Was ist es?!
> Gib Antwort!
> „Still!"
> Das vergesse ich dir nie.

So heißt es im Essay. Joachim Eberhardt spricht die Anspielung auf Hans Christian Andersens Märchen *Die Nachtigall* an und führt weiter aus:

> In Bachmanns Text dient der Gesang der Nachtigall als Beispiel für die Wirkung von Musik. Indem die Nachtigall sich bedankt, scheint die Musik selbst dem Hörer zu danken, daß er sich von ihr bewegen läßt. Bezeichnend ist, daß die Miniatur „Musik" diese Bewegung wiederholt. Ihr letztes Wort zitiert die Nachtigall, und es ist gerichtet an das Du, welches als Hörendes zuvor befragt wird. Wer also befragt es? Wessen Dank würde am Ende des Textes von Gewicht sein?
> Es ist die Musik selbst, der Bachmann hier ihre Stimme leiht. Die Musik ist es, welche nicht mehr gehört werden kann, „wenn die Musik zu Ende ist", und die

Musik darf dem Hörer ihren Dank verheißen wie die Nachtigall dem Kaiser in Andersens Erzählung. Wenn die Stimme der Musik das „Ich" dieses letzten Textes ist, dann bedeutet das auch, daß die Musik nicht weiß, was sie für den Hörer ist. Sie sieht nur ihre Wirkung auf ihn. Erst in seiner Ergriffenheit wird sie wirklich, da sie auf ihn wirkt.[9]

Diese Wirkung aber – und an dieser Stelle wäre, im Anschluss an Joachim Eberhardt, noch etwas weiter auszuholen –, diese Wirkung hat Musik, hat Klang immer beim Verschwinden, nach dem Verschwinden. Hören ist immer Nachhören. Erst „wenn die Musik zu Ende ist", wenn der Klang verschwunden ist, zeitigt die Musik, zeitigt der Klang seine Wirkung. Musik ist zu Ende: jetzt kann sich Musik ereignen. Äußeres und inneres Ohr hören und hören weiter und dazu.

Ein Hörer lässt sich anrufen, lässt sich ansprechen von der Musik: „Still!" Er wird wirklicher Hörer erst beim Still-Werden. Beim Nachhören. Dieses Still-Werden ist zugleich eine Bewegung ins Schweigen hinein. Der einzelne Hörer ist ganz auf sich zurückgeworfen beim Hören, er erfährt in seiner ‚Ergriffenheit', beim Anspruch der Musik seine Vereinzelung, erlebt eine unsägliche Situation. Dieser Gedanke an das „Still!" kann dabei mehr und anderes als ein „Ende der Kommunikation"[10] oder einen Verweis auf „die Unmöglichkeit der Versprachlichung von Musik"[11] bedeuten. Musik – so lese ich diese Zeilen des Essays – kann das Erlebnis von Da-Sein in und als Flüchtigkeit, Vergänglichkeit und Sterblichkeit und eine schöpferische Situation beim Nachhören ermöglichen; kann diese unsägliche Situation, in der Sprache versagt, beschwören.[12]

Ingeborg Bachmanns Essay handelt von Musik, die sich immer zwischen Erklingen und Verklingen, zwischen Erscheinen und Verschwinden bewegt. Ohne den Hörer, der sich öffnet und einlässt, ist Musik machtlos. Im Dialog mit dem Hörer kann Wunderliches geschehen: Aufscheinen eines Unbegrenzten im Begrenzten.

Der Essay ist in einzelne betitelte Abschnitte gegliedert: *Vorbereitungen, Garderobe, Zuhörer, Ohren, Dirigenten, Sänger, Ballett, Partituren, Alte Musik, Neue Musik, Schwere und leichte Musik, Musikstädte, Ein Blatt für Mozart, Musik*. Ich möchte nicht Abschnitt für Abschnitt abhandeln, möchte vielmehr den Text in seiner Gesamtheit als einen Text über „Musik als existentielle Erfahrung"[13] lesen und dabei versuchen, den prophetischen Gehalt des Essays einzukreisen und zu fragen: Welche Musik gibt mir immer wieder neue und andere

Antworten auf Fragen, die der Bachmann-Text stellt? Mit den dabei wieder neu entstehenden Fragen wende ich mich an den (Mit-)Hörer: Hörst Du (hier) auch? Ich höre dabei sogenannte alte Musik der Tradition „mit neuen Ohren"[14] wie auch zeitgenössische Musik. Ohne mich auf Verallgemeinerung und Systematisierung einzulassen, gebe ich ausgewählte Beispiele einzelner Stücke.

Zuvor, vor den Verweisen auf die musikalischen Beispiele, führe ich Gegensätze, die der Essay aufstellt, ohne Anspruch auf Vollständigkeit an und greife dabei zwei systematische Aspekte auf: den Aspekt des Materials, dessen Diskussion auch Fragen nach Komposition berührt, und den des Hörens. Zunächst zu den Gegensatzpaaren des Essays; ich füge jeweils Zitate aus dem Text Bachmanns hinzu.[15]

1. Zivilisation, Zivilisiertheit, funktionierender Musikmarkt und Kulturbetrieb auf der einen und Wildheit, Naturhaftigkeit, Rohheit, Ungebändigtes auf der anderen Seite stehen sich gegenüber. *Vorbereitungen* (zum Konzert): „In der Arena wird auf die Raubtiere gewartet, aber herein kommen Trompeten, von einer unsichtbaren Elefantenhorde hochgehalten, die bescheiden auf die hintersten Plätze geht." Die Materialien, aus denen die Instrumente gefertigt sind, verbergen ihre Herkunft nicht, trotz makelloser Politur; manch eines musste durchs Feuer gehen bei der Bearbeitung:

> Viele Instrumente kommen aus den Wäldern; die Herkunft ist ihnen noch anzusehen an Haut, Darm und Holz. Die Schlagzeuge haben auf den Geröllhalden das Klingen gelernt, und das Blech ist in den Schmieden im Tönen und Schmettern unterwiesen worden. Aus einer rauhen, vorzeitlichen Gesellschaft sind sie mit der Zeit alle in die feinere des Publikums geraten.

Das Publikum selbst: eine domestizierte Horde; eine Ansammlung von einst Wilden. „Aber auch das Publikum ist einmal aus den Wäldern gekommen. Es klatscht in die Hände, erwartet den Bändiger der lauernden Zimbel und der vorpreschenden Pauken und gibt in Wahrheit den Auftakt zum Kampf. Es erinnert sich wieder: Musicam et circenses!" Auf der anderen Seite die Welt der Abendroben, der Kleider aus „Taft" und „Brokat". „Nackte Schultern, empfänglich für Musikkaskaden, von eifersüchtigen Bewundrern an Perlenketten gelegt, und unberührbare Schultern, von Schals verhüllt." Nicht zu vergessen die Welt der *Musikstädte* und „Musikwochen", der Festivals, Sensationen, Mammutveranstaltungen, der Wettbewerbe und Preisverleihungen, die Welt der Mozartkugeln und des musikalischen Nippes.

2. Auf der einen Seite das Körperliche, die Schwere des Körpers, das Abstoßende des rein Organischen, Anatomischen auch – auf der anderen Seite die Leichtigkeit und Schwerelosigkeit der Klänge und der Träume, die Schwerelosigkeit beim Fliegen. So heißt es im Abschnitt *Sänger*: „Geglaubt werden ihnen nur die Töne. Ihre nachdrücklichen Schritte, ihre monströsen Handlungen, ihr Lächeln, ihre Gefühle nicht. Am allerwenigsten die Worte, die sie zerdehnen und raffen nach Belieben, im Legato, im Tremolo, im Triller." „Einmal werden sie sich in Goldammern verwandeln und sich den überflüssigen Ballast ihrer Körper und Hirne unter die Federn stecken." Und über die Tänzer (*Ballett*) ist zu lesen: „Nachdem sie den Auftakt versäumt haben, stoßen sie ab, springen, schweben und treffen auf einem Akkord auf, den sie in einer Pirouette zerwirbeln. Einen Augenblick lang sind sie, in einem, die Last und jene, die sie abwerfen."

3. Dem Ungebändigten und Chaotischen einer Welt, die naturgemäß aus den Fugen ist, in der nämlich alles klingt, einer Welt, die den engen Rahmen dessen, was ein Mensch hören kann, sprengt und deren Fülle an Differenzen überwältigt, tritt eine Welt der musikalischen Ordnungssysteme gegenüber. Das Chaos aller möglichen Tonhöhen wird durch Stimmungssysteme gebändigt, Stimmführungsregeln werden aufgestellt. Der Text hat – im Abschnitt *Alte Musik* – die Musik des 18. Jahrhunderts mit der Entwicklung der temperierten Stimmung im Blick:

> Das Clavicembalo ist ausgereift. [...] Die Welt gerät zurück in die Fugen. Weil es unter diesem Himmel nur die gleichbleibende Zahl von Tönen gibt und die Variation alles ist, bestehen Chaconne und Passacaglia darauf, das eine Thema in jeder Verwandlung hörbar zu machen.

4. Musikwelt, Welt des Konzertbetriebs und des Öffentlichen einerseits und Alltagswelt, Welt des Privaten und des vielleicht körperhaft Sinnlichen andererseits sind zwei voneinander geschiedene Welten. Einmal gibt es die Welt der Musik, in der eine Komposition zur Aufführung kommt, eine Welt, in die der Hörer beim Betreten des Konzertsaales allmählich hineinfindet und beim

Heben des Taktstocks gänzlich eintaucht; daneben eine Welt außerhalb dieser Musikwelt, in der Musik nicht mehr und noch nicht wieder erklingt; eine Welt, aus welcher der Hörer kommt und in die er nach dem Konzert wieder entlassen wird. „An der Garderobe bringt das Publikum die Ohren in Ordnung und gibt das Gehör ab." *Garderobe*: Hier scheiden sich Ohren und Gehör. Hören drinnen und draußen – etwas gänzlich Anderes. *Ohren*: Eben nicht nur „schön gewundene Schneckenhäuser, in die Melodien sich zurückziehen möchten", sondern auch „Registratoren von Schüssen und Einschlägen und dem Rascheln des Papiers auf einer nicht zugänglichen Konferenz." – „Was aber ist Musik?" Der Text stellt nicht nur diese Frage nach dem Was, sondern, implizit, auch die Frage: Wo ist Musik? Wo ist Musik vor dem Erklingen? – nach dem Verklingen? Wo geht Musik hin, wo bleibt Musik? Fragen Bachmanns, in den Text hineingelesen: Wo ist Musik, bevor die Mäntel und das Gehör an der Garderobe abgegeben werden? Wo bleibt Musik danach, nach dem Konzert?

5. Diese Frage wird mit Blick auf eine Komposition, einen Konzertabend gestellt. Sie lässt sich aber auch beim Hören des einzelnen Klangs stellen. Angesprochen wird, in *Partituren*, das Begriffspaar Notenbild/Partitur einerseits und Klangwirklichkeit andererseits. Es gibt kein Klingen ohne Verklingen. Klang kann nicht klingen ohne zu verklingen, kann nicht erscheinen ohne zu verschwinden. Hören, so ist zu hören, ist immer Nachhören. Das Verschwinden ist dem Klang beim Erscheinen schon eingeschrieben. Ist der Umkehrschluss paradox? – Wo geht Klang hin nach seinem Verklingen? – in mich hinein?[16] Die Frage nach dem Wo berührt die Frage nach dem Was (Was denn Musik sei), ist aufs engste mit dieser Frage verwoben. Bachmanns Text sucht Antworten per Ausschlussverfahren: Nicht die eine einzige und spezielle Ausführung ist die Musik, und auch nicht der Notentext ist die Musik. Die Wirklichkeit der Musik ist ihr Verschwinden. Und damit entzieht sie sich jedem Versuch, ihrer habhaft zu werden.

> Die Musik bleibt unwirklich als Bild und vergeht in der Zeit, in der sie wirklich erklingt. Aber sie kann auch die Zeichen nicht stellen, wenn sie nicht schon erklungen ist vor einem inneren Ohr. Sie tut einen lebendigen Sprung auf das Blatt, auf dem sie, festgehalten, zum Zeichen abstirbt, und sie tut einen tödlichen Sprung vom Papier ins Leben.

Im inneren Ohr eines Hörers, in einer stillen Wirklichkeit, lebt die Musik, und im äußeren Ohr eines Hörers lebt sie auch. Immer aber ist die Musik auf die Wirklichkeit des Hörens angewiesen, um lebendig zu sein. Der Klang bezahlt seinen Sprung vom Notenblatt ins Leben mit dem Tod, sobald er erklingt, vergeht er. Aber erst im Erklingen gewinnt er Lebendigkeit. – In seiner Prozeßhaftigkeit, in seinem Auftauchen und Verschwinden kann er Lebensvorgängen ähnlich werden, ohne diese abzubilden.

6. Stille und Klang, Schweigen und Sprechen, Unhörbares und Hörbares, inneres und äußeres Ohr, Transzendenz und Immanenz sind aufeinander bezogen, vermittelt. Klang und Stille sind zwar zu unterscheiden, aber nicht zu trennen. Sobald Klang erscheint, wird Stille unterbrochen; sobald Klang verschwindet, wird es still. Aber Stille, so wird es in diesem Text auch deutlich, ist ja kein akustisches Phänomen. Es gibt immer Klang, Laut, Geräusch. Doch: wenn es still wird, ist einer auf sich selbst zurückgeworfen; wenn es wirklich still wird, kann sich alles Mögliche ereignen, da ist der Hörer wirklich Hörer. Wenn es still wird, erschafft weniger der Komponist, sondern eher der Hörer das, was jetzt geschieht.[17] Mit dem Totschlag an der Stille wird, so der Essay (*Schwere und leichte Musik*), der „Totschlag an der Zeit" betrieben, der auch Totschlag an der Lebenszeit des je Einzelnen ist:

> Es gibt Schlager, die über Nacht berühmt werden und vergessen von einem Tag zum andern, denn über Nacht muß immer etwas gegen die Stille gefunden werden, die im Nachrücken ist. […] gegen die freien Abende des ganzen Jahres gibt es die Filmmusik, die den Totschlag an der Zeit untermalt.

Musik, so ist zu lesen, kann dem Menschen das Kostbarste rauben, seine Lebenszeit, seine freie Zeit.[18] Musik, so ist weiter zu lesen, kann aber auch Überlebenshilfe werden: „Zuzeiten sind wir Dachbewohner und pfeifen von allen Dächern. In anderen Zeiten leben wir in Kellern und singen, um uns Mut zu machen und die Furcht im Dunkeln zu überwinden. Wir brauchen Musik. Das Gespenst ist die lautlose Welt." In der lautlosen Welt ginge es uns wie dem chinesischen Kaiser auf dem Totenbett, der von „schrecklicher" Stille umgeben ist: „Es war so still, so erschrecklich still." Stille wird im Essay nicht als akustisches Phänomen beschrieben, sondern Still-Werden und Still-Bleiben und Schweigen werden als besondere Zustände, Haltungen oder Situationen des Hörens erfaßt.

Meine Methode: Ich suche mit Blick auf die Aspekte Material und Hören Bewegungen zwischen vielleicht nur gedachten Gegensätzen; Bewegung an Grenzen, in Grenzen. Ich frage: Wie gewinnt ein Klang Geräuschhaftigkeit, Prozesshaftigkeit und Zusammenhanglosigkeit? – Die Frage könnte anders auch lauten: Wie wird ein musikalischer Klang einem Klang, einem Geräusch ‚draußen', außerhalb der Musikwelt, ähnlich? – Wie kann es geschehen, dass die ungebändigte Welt alles Klingenden Eingang findet in das – vermeintlich? – geschlossene Gehäuse einer Komposition? Wie kann es sein, dass ich als Hörer Musik höre und gleichzeitig höre, wie ich körperlich da bin oder wie die Klänge körperlich auf mich wirken? (In Bachmanns Sprache: Ich habe nichts an der Garderobe abgegeben, habe beides behalten, mein Gehör und meine Ohren.) Wie ist es möglich, dass ich lange nach Schluss eines Konzerts die Klänge immer noch im Ohr haben kann, dass ich also weiterhören kann, weiter über jeden Schluss hinaus? – dass ich also Unaufhörlichkeit und Unanfänglichkeit in ein Stück hineinhören kann – und auf diese Weise die Grenzen zwischen Musikwelt und Alltagswelt verschwimmen? Es ist dies auch eine Frage nach der gleichwertigen und gleichzeitigen Aktivität von innerem und äußerem Ohr. Es ist dies auch eine Frage nach der paradoxen Existenz eines Klangs als etwas Verschwindendes, als etwas im Verschwinden Begriffenes und alsbald Verschwundenes.

Das zwanzigste aus Chopins 26 *Préludes* op. 28 (entstanden vermutlich 1836; UA 1839), das *Prélude* c-Moll: Zu hören ist ein Hin und Zurück; in gleich bleibendem Rhythmus bewegt sich der Vordersatz (Takt 1–4) zur Dominante, in wiederum beibehaltenem Rhythmus (Takt 5–8) zurück zur Tonika.

Frédéric Chopin, 26 *Préludes* op. 28, Nr. 20, c-moll, in: *Preludes for piano*, hg. v. I. J. Paderewski, L. Bronarski, J. Turczynski, Krakau [19]1979 (*Complete works* 1), S. 43

Hier, nach acht Takten, ist ein Abschluss erreicht; hier könnte sich aber auch eine weitere Entwicklung anschließen. Statt dieser gibt es eine Wiederholung der letzten vier Takte, allerdings wird diesmal leiser gespielt; die Takte 9–12 werden nicht piano gespielt wie zuvor, sondern pianissimo. Und diese Wiederholung bei zurückgenommener Dynamik öffnet das Stück: wenn e i n e Wiederholung geschah, so lassen sich unzählige weitere Wiederholungen denken – und auch hören. Hören wird auch eine Art Denken. Wie lange kann ich weiterhören, über den Schluss des *Prélude* hinaus? Der Schlussklang führt in seinem Verklingen weiter, die Stille danach lädt zum Nachhören ein. Ich höre weiter, höre über die eine Wiederholung vieles mit, höre über die eine Wiederholung, dann aber auch über den Schlussklang hinaus. Ich kann hören, wie, auf welche Art und Weise, ein Stück diesmal verklingt, kann hören, wie dieses Stück – und kein anderes –, dieser Schlussklang – und kein anderer – verklingt. Die Komposition thematisiert nicht nur die Wiederholung innerhalb des eigenen Verlaufs, sie bringt auch potentielle Wiederholungen der Aufführung dieses Stücks zur Sprache, spielt gar auf die Wiederholungsmöglichkeit von Musik überhaupt an. Ein solcher Vorgang wie dieser, wie dieses Wiederholen und Verklingen, wie dieses Einladen zum Nachhören, hat kein Ende, bricht irgendwo ab.

Zu hören ist, wie ich Unbegrenztes im Begrenzten hören kann. Die acht (= zweimal vier) Takte, dann die vier wiederholten Takte, schließlich der Schlusstakt geben eine klar begrenzte Struktur vor. Eine Struktur freilich, die den Hörer durch die Wiederholung der Takte 5–8 und durch den verklingenden Schlussklang ins Freie entlässt.

Ich frage: Was höre ich danach, nach dem Verklingen? Wer so fragt, kann auch fragen: Was höre ich vor einem Erklingen, bevor ich die Garderobe aufsuche? Peter Gülke spricht mit Blick auf die Symphonie-Eröffnung Anton Bruckners von einem „Anfang vor allem Anfang": manch eine Eröffnung sei „ein hörbar, d. h. musikgewordener Zustand von Noch-nicht-Musik". Die überaus leisen, zurückhaltenden „Misterioso-Anfänge" beschreibt er als „Situationen der Offenheit, des Noch-nicht-Festgelegtseins".[19] Ich höre noch vor den „Anfang vor allem Anfang".

Hans-Joachim Hespos, *stitch für elektrifiziertes akkordeon, e-baß, hybride elektrische wandler und achtkanalige abstrahlung* (entstanden 2002; UA Berlin 2003 durch Interzone perceptible): Ausführende wie Hörer erleben eine Attacke auf ihren Leib, auf ihre Körperlichkeit. *stitch* greift an, schmerzt, verwundet – „jenseits von lautstärkevorstellung nervenzerfetzend" – „vorbereitungslos extremer hochenergetischer zusammenschuß explo/implosiv punktstickRiss schnittblitz schmerzKreischender zeitschlag aufreißender schlupf von ultrakrasser energie" – „nichts schleim gitterKLIRR Vakuum-Strahlung fluktuierender schaum".[20]

stitch ist physische und psychische Attacke, sagt: So ist das! Wirklichkeit ist so! Hör hin, sieh hin! Wirklichkeit übertrifft all mein Vorstellungsvermögen, ist immer ‚jenseits' aller ‚Vorstellung'. Im jäh hereinbrechenden Schmerz fallen wir in Da-Sein hier und jetzt, in je eigene Leiblichkeit. In diesem Augenblick werden wir ganz (geistes-)gegenwärtig, plötzlich (wieder) ganz da. Der überraschende Schmerz sagt: Da! Jetzt![21]

Ein Vergleich dieser Fassung mit einer anderen zeigt, dass in der anderen Fassung die Hinweise „multiphone klirrstrahlung", „stratosphäres auf-sirren" „(ppp)" fehlen. Die eine Fassung kennt also, im Unterschied zur anderen, zwei Abschnitte: den Blitz/Riss/Schlag, der eine Dauer von 0,2 bis 0,5 Sekunden nicht überschreiten soll, und das sehr leise „auf-sirren" („ppp"), das als Nachschwingen die Bebungen, die der Schlag ausgelöst hat, weiterträgt.

Hans-Joachim Hespos, *stitch* (Version a), Partitur

© hespos-eigenverlag (H 136 E), Ganderkesee 2002

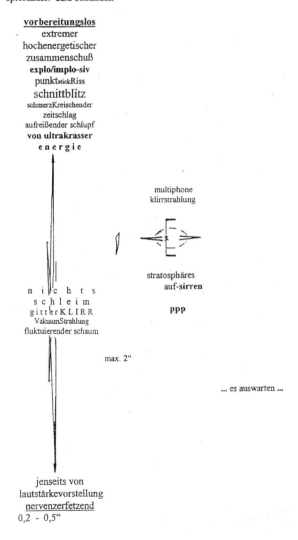

Hans-Joachim Hespos, *stitch* (Version b), Partitur

© hespos-eigenverlag (H 136 E), Ganderkesee 2002

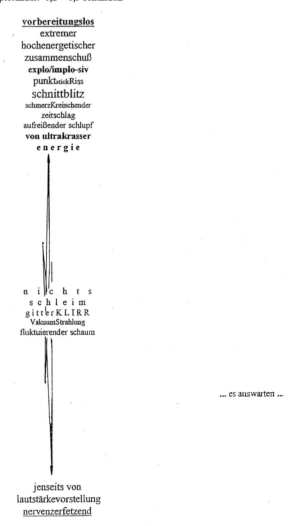

Die Fassungen haben von daher unterschiedliche Aufführungsdauern: Eine Aufführung derjenigen Fassung, die nur den Blitz/Riss/Schlag zu Gehör bringt, dauert laut Partitur 0,2 bis 0,5 Sekunden. Die Aufführungszeit der anderen Fassung verlängert sich auf 2 Sekunden durch den Einbezug der Strahlung des Blitzes, in der Partitur als „multiphone klirrstrahlung" bezeichnet. Der Blitz selbst und seine Ausstrahlung sind durch eine Atemzäsur voneinander getrennt.

Bei diesen Überlegungen zur tatsächlichen Dauer des Stücks kommen allerdings Zweifel an der von Hespos angegebenen Aufführungsdauer auf. Wann beginnt das Stück? Wann hört es auf? Sobald ich Fragen wie diese stelle, kann das Stück abendfüllend, kann es gar ein unaufhörliches und unanfängliches Werk werden. Zu Beginn heißt es: „... es abwarten ..." Wann kann ich anfangen, *stitch* zu hören? Irgendwann und irgendwo jederzeit und überall. Vor dem Blitzeinschlag höre ich schon, höre Noch-Nicht (noch nicht erschienen). „... es abwarten ...": dazu muss ich keinen Konzertsaal betreten. Ich kann einfach hier und jetzt „jetzt" sagen und anfangen zu hören. „... es auswarten ...": Wann höre ich auf, *stitch* zu hören? Vielleicht niemals. Nach dem Blitzeinschlag höre ich nichts mehr, und ich kann jetzt befreit immer weiter nichts hören, nichts wissen, nichts erwarten: „... es auswarten ...". Ich kann weiter hören, höre: noch nicht verschwunden, noch nicht, immer noch nicht. Hören kommt an kein Ende.

Dies wäre Hören ohne Unter-Halt – freier Fall in eigene Körperlichkeit, in Existenz jetzt. Ich höre. Kein Unterhaltungsprogramm nimmt mir das Leben ab. Mit Bachmanns Worten: Ich erlebe die Situation, in der Stille „im Nachrücken ist". Ambivalenz eines schöpferischen Zustands.

stitch bewegt sich zwischen überaus lautem und sehr leisem Klang, beim Nachbeben ist fast nichts, kaum noch etwas zu hören. fast nichts: für Hespos „schnittstelle für unendlichkeiten".[22]

Ist das noch Musik? Diese Frage verleitet zur weiteren, was denn eigentlich (heute) Musik sei. Was heißt Musik-Machen? – Musik-Hören? *stitch* regt mich als Hörer an, weiter zu hören, auch und gerade dann weiter zu hören, wenn nichts mehr zu hören ist, feste Vorstellungen davon, was denn Musik sei (sein könnte), was denn Musik-Hören, Musik-Machen bedeute, aufzubrechen und zu erweitern – über Grenzen hinaus.

Die Orgel als Blasinstrument kann im 32'-Register des Pedals einen Klang hören lassen, der in seiner Tiefe eher als Vibration im Raum zu spüren ist. Zu hören ist ein Klang, dessen Tonhöhe nicht zu erkennen ist, der auch kaum als Orgelklang zu bestimmen, sondern eher als Raumschwingung zu fühlen ist. Die Hörschwelle wird überschritten.

Der extrem tiefe Orgelklang mag eine gedachte Grenze zwischen Stille und Klang, zwischen Klang und Geräusch erschüttern. Ist dieser eher spürbare, eigentlich zu tiefe, kaum noch, fast nicht mehr hörbare Orgelklang da oder nicht da? Ich verwende sprachliche Formulierungen wie „fast", „kaum", „eher", „eigentlich", „zu": da stellen sich mir solche Fragen. Kann ein Orgelton auch durch bloßen Tastendruck erscheinen – ohne hörbar zu werden?

ein klang für violoncello von Antoine Beuger (entstanden 1999; UA Berlin 1999 durch Ringela Riemke) ist ein Stück, bei dessen Aufführung in der Schwebe bleiben kann, ob ein Klang da ist oder nicht. Dass und vor allem wie jeder einzelne Hörer anders hört, ist zu hören. Der Klang, ein äußerst leiser Flageolettklang, umkreist die Schwelle zwischen Erscheinen und Verschwinden.[23]

Der Flageolettklang ist bei seinem ersten Erscheinen gerade eben da, kaum gänzlich aus Stille hervorgetreten. Er verschwindet bereits, bevor er überhaupt recht erschienen ist. Lässt sich sagen, der Klang sei von Bogenstrich zu Bogenstrich weniger da? Wie verändert sich mein Hören beim zweiten und dritten Bogenstrich durch Wissen und Erinnerung?

Divergente Hörerfahrungen schaffen ein Refugium der Unsicherheit, der Unentscheidbarkeit. Hören wird auch eine Art von Wissen. Wir sehen den Bogenstrich und wissen: Da ist etwas. Was hören wir jetzt? Wir erinnern uns beim zweiten und dritten Bogenstrich an denjenigen davor: Ist immer noch etwas zu hören?

Wie der Klang erscheint, das hängt entscheidend von den Vorstellungen des jeweiligen Interpreten ab. Was heißt „langsam", „sehr langsam", „sehr sehr langsam"? Jeder Einzelne wird diese Anweisungen anders lesen, anders ausführen. Der Ausführende wird erfahren: Der Ton, der beabsichtigt war, kommt vielleicht gar nicht zum Vorschein. Der langsame Bogenstrich ermöglicht ein Eigenleben des Klangs.

Antoine Beuger, *ein klang für violoncello*, Partitur

© edition wandelweiser (ew 01.171), Haan 1999

ein klang
für violoncello

antoine beuger
1999

für carlo, ringela und barbara

ein
klang ein verlorn
gegebenes
(barbara köhler)

ein flageolett

drei bogenstriche:

langsam — ein sehr leiser ton

sehr langsam — ein kaum hörbarer ton

sehr sehr langsam — kein ton mehr

viel zeit nach jedem strich

Klang erscheint als etwas Zusammengesetztes. Je langsamer der Bogenstrich ist, desto poröser ist die Klangbewegung, Klang wird immer wieder unterbrochen. Höre ich einen Klang bei einem Bogenstrich oder viele Klänge? Der Flageolettklang selbst: ein Klang oder viele? Ich höre im Teilton die Zusammensetzung des Klangs, höre auch dessen Grundton mit. Der Grundton wird nicht gespielt, er ist aber präsent. Wie fein kann ich einen einzelnen Klang zerreiben? – Höre ich überhaupt drei verschiedene Klänge bei drei Bogenstrichen oder immer denselben? Wann ist ein Klang der eine bestimmte Klang, dieser und kein anderer? Höre ich jemals einen Klang? Ich höre Ein- und Ausschwingung des Klangs, höre die Ausgleichsvorgänge zwischen Ein- und Ausschwingen. Was ist gemeint, wenn von dem Klang die Rede ist? Klang, den ich als Zusammengesetztes und als Teil eines Zusammengesetzten zugleich höre, macht mich unsicher: Was heißt „ein Klang"? Beides gilt: *ein klang für violoncello*, genauer: „ein flageolett", ist bei drei Bogenstrichen – „viel Zeit nach jedem Strich" – nicht mehr nur ein Klang. Durch den Zeitablauf während der Ausführung und durch die unterschiedlichen Bogenstriche entsteht eine Folge von Klängen, die differenziert sind. Zugleich bleibt *ein klang* tatsächlich ein Klang, der erscheint und verschwindet..., der verschwindet, um frisch und neu, als ein neuer und anderer, wieder hervorzutreten. Ich weiß nicht mehr, was ein Klang ist.

Ich höre Klingen als Ver-Klingen. Klang bezahlt seinen Sprung ins Leben mit dem Tod, aber nur durch diesen „tödlichen Sprung vom Papier ins Leben" wird er „wirklich" für einen Hörer. Er „vergeht in der Zeit, in der [er] wirklich erklingt."[24] Ich höre Klang, der vergeht, sich in der Zeit verliert und im Raum zerstreut; höre bald Klang als Nachklang. Zugleich: Vor-Spiel. Noch-Nicht ist zu hören in der Zeit dazwischen, zwischen dem einen Klang und dem nächsten. Altes ist noch nicht verschwunden, Neues noch nicht erschienen. Klang als sich verlierender, als etwas Vergehendes: existent im Verschwinden, im Erscheinen, im Wechsel (oder in der paradoxen Gleichzeitigkeit?) von Erscheinen und Verschwinden. Umkreist und betreten wird die Schwelle zwischen Hörbarkeit und Unhörbarkeit, der Übergang, an dem Hörbares und Un-Hörbares (fast) nicht mehr zu unterscheiden sind. Unhörbarer Klang wird hörbar unhörbar. Äußeres und inneres Ohr begegnen einander.

Klang zeigt, wie in *stitch*, das Materielle seines Schwingens. Ich kann bei einem Bogenstrich „Haut, Darm und Holz"[25] hören; kann hören, wie Bogenhaare in die Saite greifen, wie der Klang eines einzigen Bogenstrichs porös und durchbrochen ist, wie selbst ein Bogenstrich aus einer Vielzahl von Punkten zusammengesetzt ist. Das Stück *ein klang* lässt mich mit dem Flageolett-Ton hören, dass ein Klang aus einer Vielzahl von Flageolett-Tönen zusammengesetzt ist. Musik wirft mich immer wieder auf die Vielheit zurück – macht mich sprachlos.

Beim Hören von *ein klang* kann ich, wie beim Hören von *stitch*, fragen: Wann ist das Stück zu Ende? In *ein klang* bleibt es nach dem dritten und letzten Bogenstrich längere Zeit still – „viel zeit nach jedem strich". In *stitch* gilt es, weiterzuhören, es „auszuwarten". Hier wie dort kann ich fragen: Wann geht die letzte Stille im Stück in die Stille nach dem Stück über? Es gibt keine Garderobe mehr, an der das Gehör abgegeben werden könnte. Der Konzertsaal und die Welt draußen, außerhalb des Aufführungsraums, gehen als Räume ineinander über.

Musik fragt:

Was hörst du noch, weil du mich nicht hören kannst, wenn die Musik zu Ende ist?
Was ist es?!
Gib Antwort!

---

[1] Ingeborg Bachmann im Gespräch mit Ekkehart Rudolph, in: Ingeborg Bachmann, *Wir müssen wahre Sätze finden. Gespräche und Interviews*, hg. v. Christine Koschel u. Inge von Weidenbaum, München/Zürich ²1983, S. 85.

[2] In seinem Aufsatz *Der Musik-Essay der Bachmann* arbeitet Hans-Jürgen Feurich kommunikationstheoretische Grundlagen und für ein „Misslingen musikalischer Kommunikation" bzw. für ein „gelungenes Verstehen" maßgebliche Faktoren heraus. Ausgehend von der Bewegung zwischen Subjekt und Objekt, Hörer und Kunstwerk erläutert er – auch anhand einer Grafik – „Bedingungszusammenhänge kommunikatorischer Prozesse durch das Modell des ‚hermeneutischen Zirkels'". Vgl. Hans-Jürgen Feurich, *Der Musik-Essay der Bachmann aus musikwissenschaftlich-rezeptionsdidaktischer Sicht*, in: *Polyästhetische Erziehung. Klänge, Texte, Bilder, Szenen*,

Theorien und Modelle zur pädagogischen Praxis, hg. v. Wolfgang Roscher, Köln 1976, S. 284.

[3] „Im Jahresring 1956/57 erschien der Essay unter dem Titel *Musik* zusammen mit den Gedichten *Tage in Weiß*, *Haarlem*, *Reklame*, *Toter Hafen* und *Rede und Nachrede* (S. 217–227). In *Melos* erschien der erste Teil des Essays (die ersten sieben Miniaturen) unter dem Titel *Die wunderliche Musik* (Jg. 23, Sept. 1956, H. 9, S. 244–246), der zweite Teil unter dem Titel *Noch einmal: Die wundersame Musik* (Jg. 23, Nov. 1956, H. 11, S. 313–316)." Corina Caduff, *‚dadim dadam' – Figuren der Musik in der Literatur Ingeborg Bachmanns*, Köln/Weimar/Wien 1998 (*Literatur-Kultur-Geschlecht. Studien zur Literatur- und Kulturgeschichte. Große Reihe* 12), S. 94, Anm. 70.

[4] Bachmann im Gespräch mit Rudolph (Anm. 1), S. 85.

[5] Corina Caduff geht ausführlich auf das Verhältnis von Sehen und Hören, Auge und Ohr ein, wie es sich im Essay darstellt, und kommt zu dem Schluss: „Bachmanns Arbeit am Konnex von (Sprach)Bildlichkeit und Musik liegt das ästhetische Paradigma der bilderlosen Musik zugrunde." Caduff, *‚dadim dadam'* (Anm. 3), S. 105.

[6] Ingeborg Bachmann, *Die wunderliche Musik*, in: Ingeborg Bachmann, *Essays, Reden, Vermischte Schriften*, hg. v. Christine Koschel, Inge von Weidenbaum u. Clemens Münster, München/Zürich ⁵1993 (*Werke* 4), S. 58.

[7] Ebd., S. 57.

[8] Hans Christian Andersen, *Die Nachtigall*, in: Hans Christian Andersen, *Märchen*. Mit Illustrationen von Theodor Hosemann, Graf Pocci, Raymond de Baux, Ludwig Richter, Otto Speckter. Übersetzung von Heinrich Denhardt. Auswahl und Nachwort von Leif Ludwig Albertsen, Stuttgart 1986, S. 283ff.

[9] Joachim Eberhardt, *„Es gibt für mich keine Zitate". Intertextualität im dichterischen Werk Ingeborg Bachmanns*, hg. v. Wilfried Barner, Georg Braungart, Richard Brinkmann u. Conrad Wiedemann, Tübingen 2002 (*Studien zur deutschen Literatur* 165), S. 235.

[10] Hartmut Spiesecke, *Ein Wohlklang schmilzt das Eis. Ingeborg Bachmanns musikalische Poetik*, Berlin 1993, S. 27.

[11] Carduff, *‚dadim dadam'* (Anm. 3), S. 105.

[12] Zum Nachhören vgl. auch Suzanne Greuner, *Schmerzton. Musik in der Schreibweise von Ingeborg Bachmann und Anne Duden*, Hamburg/Berlin 1990 (*Literatur im historischen Prozeß* 24), S. 68-69. Suzanne Greuner zum Abschnitt *Musik*: „Noch stärker als der vorangegangene versucht dieser Text als ganzer dem Charakter des ‚Offenbarwerdens' der Musik gerecht zu werden. Er nähert sich ihm an, indem er eine

musikähnliche Bewegung vollzieht, die am Ende mit dem Moment ‚wenn die Musik zu Ende geht' zusammenzufallen scheint. Mit dem von wem auch immer gesagten ‚Still' kommen nicht nur die Fragen zum Schweigen, sondern es mahnt sie – und uns Fragende – auch zu einem Aufhorchen, Nachhorchen, zu jenem Hören, das vielleicht allein innewerden wird, was das ist, das es der Musik ermöglicht, die grenzenlose Stille auszumessen und für einen Moment gleichsam von innen zu begrenzen."

[13] Helmut Lachenmann, *Musik als existentielle Erfahrung. Schriften 1966–1995*, hg. und mit einem Vorwort versehen v. Josef Häusler, Wiesbaden 1996.

[14] Vgl. dazu Eva-Maria Houben, *Alte Musik mit neuen Ohren. Schubert – Bruckner – Wagner – …*, Saarbrücken 2000.

[15] Auf Widersprüche, die Ingeborg Bachmanns Musik-Essay aufdeckt, kommt Wolfgang Roscher zu sprechen, wenn er die Tendenz zur „Enttarnung und Entharmlosung des Ästhetischen", welche der Essay erkennen lässt, darlegt. Der Essay rege den Leser an, umzudenken, anders zu denken, er rege zum Staunen, zum Wundern an: „Eben dieses Erstauntsein und Erstauntmachen, dieses Um- und Andersdenkenlernen kennzeichnen Titel, Substanz und Effekt des Essays ‚Die Wunderliche Musik' von Ingeborg Bachmann." Wolfgang Roscher, *Der Musik-Essay der Bachmann aus ästhetisch-kulturpädagogischer Sicht*, in: *Polyästhetische Erziehung* (Anm. 2), S. 272f.

[16] Vgl. Eva-Maria Houben, *Hector Berlioz. Verschwindungen: Anstiftungen zum Hören*, Dortmund 2006.

[17] Vgl. Antoine Beuger, *Still-Werden: „ein bestimmter Zustand des Hörens"*, in: *immer wieder anders – überraschend neu. Noch einmal 5 Jahre Komponisten-Porträts an der Universität Dortmund*, hg. v. Eva-Maria Houben, Dortmund 2004, S. 14.

[18] Vgl. Heinz-Klaus Metzger, *Anarchie durch Negation der Zeit oder Probe einer Lektion wider die Moral. Hebel – Adorno – Cage (Variations I)*, in: *Musik-Konzepte. Sonderband. John Cage I*, hg. v. Heinz-Klaus Metzger u. Rainer Riehn, München ²1990, S. 147: „Unsere Zeit läuft ab, da hilft kein ‚carpe diem', keine spes aeternitatis, auch kein Komponieren. Wer sich unter diesen Umständen vermisst, Musik zu schreiben, also ästhetische Gebilde zu konzipieren, deren Wesen darin besteht, Zeit zu artikulieren und dadurch in Anspruch zu nehmen, verfügt mit der technischen Festlegung der Dauer seiner Komposition niemals nur über abstrakte Zeitspannen, die sich musikalisch als Ereignis, Gestalt, Relation, Struktur, Form konkretisieren, sondern immer auch über ein Stück der realen Lebenszeit seiner prospektiven Hörer, das unwiederbringlich ist. Entbehrt eine musikalische Komposition schlechthin dessen, was ein Interesse an ihr begründen könnte, so daß Hörer, die ihr unglücklicherweise folgen, darüber Alternativen sinnigerer Erfahrung oder Aktivität ipso facto versäumen, so hat

der Komponist tatsächlich ihr Leben verkürzt. Solches Komponieren gravitiert virtuell zum Mord."

[19] Peter Gülke, *Brahms, Bruckner. Zwei Studien*, Kassel 1989, S. 118.

[20] Hans-Joachim Hespos, *stitch*. Partitur, Ganderkesee 2002. – Zu Hans-Joachim Hespos' sprachlichen Zeichen und Notationszeichen vgl. Eva-Maria Houben, *hespos – eine monographie*, Saarbrücken 2003, S. 106–126.

[21] Dies und das Folgende nach Eva-Maria Houben, *Hans-Joachim Hespos: „stitch" – kurz und schmerzhaft*, in: *Musik & Ästhetik* VIII, 2004, H. 30, S. 58–66.

[22] Hans-Joachim Hespos im Gespräch, 27. 7. 2002, Ganderkesee.

[23] Antoine Beuger, *ein klang für violoncello*, Partitur, Haan 1999.

[24] Bachmann, *Die wunderliche Musik* (Anm. 6), S. 52.

[25] Ebd., S. 45.

Die Autorinnen und Autoren

Karen R. Achberger, Professorin für Germanistik am St. Olaf College, Northfield, Minnesota. Veröffentlichte die erste englischsprachige Monographie und mehr als 25 Artikel über Ingeborg Bachmanns Werk. In Vorbereitung ist eine kommentierte Übersetzung von Bachmanns kritischen Schriften.

Barbara Agnese, Lehrbeauftragte am Institut für Vergleichende Literaturwissenschaft der Universität Wien. Zahlreiche Publikationen zu Literatur und Ästhetik sowie Sprachphilosophie und Komparatistik. Übersetzungen von Werken Bachmanns, Jelineks, Sloterdijks, Wittgensteins ins Italienische.

Christian Bielefeldt, wissenschaftlicher Mitarbeiter im Fach Musik an der Universität Lüneburg, daneben Cellist im Theaterbereich. Interessensschwerpunkte sind Musik und Stimme, Filmmusik, Popularmusik und Neue Musik nach 1945. Publikationen zu Bachmann und Henze.

Andreas Dorschel, Professor für Musikästhetik am Institut für Wertungsforschung der Kunstuniversität Graz, 2006 Gastprofessor an der Stanford University (USA). Hg. der *Studien zur Wertungsforschung*, Monographien u. a.: *Hugo Wolf*, *Nachdenken über Vorurteile*, *Gestaltung – Zur Ästhetik des Brauchbaren*.

Moritz Eggert studierte Klavier und Komposition u. a. bei Wilhelm Killmayer in München und Robert Saxton in London, zahlreiche Preise und Kompositionsaufträge, z. B. *Vom zarten Pol* für 4 Sänger, Sprecher und Orchester für die Salzburger Festspiele 2007; *Freaks*, Oper, geplante UA 2007 in Bonn.

Stefanie Golisch, 1995–2003 Lehrbeauftragte für Neue Deutsche Literatur in Bergamo, freiberufliche Literaturwissenschaftlerin, Übersetzerin und Autorin. Neben Aufsätzen und Monographien über Uwe Johnson und Bachmann erschienen u. a. die Erzählungen *Vermeers Blau* (1997) und *Pyrmont* (2006).

Julia Hinterberger studierte Musikpädagogik und Deutsche Philologie in Salzburg. Studienassistentin an der Abteilung für Musikwissenschaft des Mozarteums Salzburg. Ihre Dissertation zum Thema *Die musikalische Rezeption von Texten Ingeborg Bachmanns* steht vor dem Abschluss.

Eva-Maria Houben, Professorin für Musiktheorie in Dortmund, Komponistin und Musikerin. Zahlreiche Veröffentlichungen zu zeitgenössischer Musik, Monographien u. a. zu Adriana Hölszky, Violeta Dinescu, Juliane Klein und Hector Berlioz. *Verschwindungen: Anstiftungen zum Hören* (2006).

Susanne Kogler, Mitarbeiterin am Institut für Wertungsforschung der Kunstuniversität Graz, Dissertation über Sprache und Sprachlichkeit im zeitgenössischen Musikschaffen, Charlotte-Bühler-Stipendiatin, arbeitet in Paris an einer Habilitationsschrift über Theodor W. Adorno und Jean-Francois Lyotard.

Monika Müller-Naef studierte Musikwissenschaft, Germanistik und Literaturkritik an der Universität Zürich. Zu ihren Forschungsschwerpunkten zählen die Zusammenarbeit von Ingeborg Bachmann und Hans Werner Henze sowie das Schaffen von Michael Haydn.

Elisabeth Oy-Marra, Professorin für Kunstgeschichte in Mainz. Interessensschwerpunkte sind u. a. die italienische Malerei der Renaissance und des Barock sowie Kunst und kulturelles Gedächtnis. Aktuelles Forschungsprojekt ist die *Admiratio. Zur Geschichte einer wahrnehmungstheoretischen Kategorie*.

Karl Ivan Solibakke, Mitarbeiter am Institut für Neuere Deutsche Literaturwissenschaft in Düsseldorf, 2006 Gastprofessor für Deutsche Kulturwissenschaft und Philologie in Maryland, College Park. Publikationen zu Vertonungen von Bachmann, Bernhard, Jelinek, Kafka und neuerdings Heine.

Hartmut Spiesecke, studierte Literaturwissenschaft und Musikwissenschaft bei Dalhaus, war danach Senatssprecher in Bremen und leitete von 2000 bis 2006 die Presse- und Öffentlichkeitsarbeit der Deutschen Phonoverbände in Berlin. Forschungsschwerpunkt ist die musikalische Poetik Ingeborg Bachmanns.

Antje Tumat, Lehrbeauftragte in Heidelberg und an der Musikhochschule Stuttgart, Leiterin des Forschungsprojekts *Die Libretti des Stuttgarter Hoftheaters im 19. Jahrhundert*. Publikationen zur Oper, etwa zu *Mozarts Umgang mit der Tradition* oder *Henzes Bassariden im Kontext der 68-Bewegung*.

Martin Zenck, Professor für Historische Musikwissenschaft in Bamberg, davor u. a. auch Produzent für Neue Musik beim WDR in Köln, zahlreiche Publikationen, etwa zu *Kunst als begriffslose Erkenntnis* und zu Musik im Exil. Vor dem Abschluss steht ein Buch über *Pierre Boulez und das Musiktheater*.